겸손과 온유의 목회자 곽재근 목사

겸손과 온유의 목회자 곽재근 목사
- 시대를 밝힌 복음의 등불

발행	2021년 9월 28일
지은이	정상운
발행인	맹균학 / 윤상문
디자인	박진경, 이보람
발행처	대한예수교장로회(합동한신)총회 / 킹덤북스
등록	제2009- 29호(2009년 10월 19일)
주소	경기도 용인시 기흥구 동백동 622- 2
문의	전화 031- 275- 0196 팩스 031- 275- 0296

ISBN 979-11-5886-221-3   03230

Copyright ⓒ 2021 정상운
이 책은 저작권법에 따라 보호받는 저작물이므로 무단전재와 복제를 금지하며,
이 책의 내용의 전부 또는 일부를 이용하려면 반드시 저작권자와 킹덤북스의
서면 동의를 받아야 합니다.

※ 잘못된 책은 구입한 곳에서 교환하여 드립니다.
※ 책 가격은 표지 뒷면에 있습니다.

킹덤북스(Kingdom Books)는 문서사역을 통해 하나님의 나라를 확장하고,
한국 교회와 세계 교회를 섬기고자 설립된 출판사입니다.

겸손과 온유의 목회자 곽재근 목사

― 시대를 밝힌 복음의 등불

정상운 지음

대한예수교장로회(합동한신)총회 / 킹덤북스

Meek and Lowly in Heart
Reverend Chae Keun Kwak

Sang-Un Jeong, Ph.D.

2021

Kingdom Books

발행사 맹균학 ……………………………………………………………… 8
저자 서문 정상운 …………………………………………………………… 13
근영 사진 곽재근 목사 ……………………………………………………… 19
주요 이력 …………………………………………………………………… 20

1부 | 곽재근 목사의 생애와 역사적 평가

Ⅰ. 곽재근 목사의 생애: 겸손과 온유의 목회자 ………………… 24
Ⅱ. 곽재근 목사에 대한 역사적 평가 ……………………………… 29

2부 | 1936년 성결교 총회 분립에 대한 연구

3부 | 곽재근 목사의 설교 및 강론(1928-1935년)

Ⅰ. **1928년** ………………………………………………………… 78
   1. 완전(完全)한 대로 나아가라
   2. 하나님이 찾으시는 화염(火焰)의 사자(使者)
   3. 안디옥 교회에 대하여
   4. 예수를 참으로 아는 자의 행복(幸福)

      5. 보혜사(保惠師) 성령과 신자와의 관계

II. 1929년 ·· 109
      1. 은혜받은 자가 주의할 일
      2. 법(法)대로 구하면 응답(應答)하시는 하나님
      3. 제사장(祭司長)과 기름
      4. 충성(忠誠)을 다하라

III. 1930년 ··· 128
      1. 세례 요한에 대하여
      2. 참 증인(證人)

IV. 1932년 ··· 140
      1. 근본적(根本的) 부흥을 간원(懇願)함
      2. 감활천위적(感活泉偉績)
      3. 실험적(實驗的) 증인(證人)
      4. 제일 위대한 은혜(恩惠) – 사랑
      5. 나를 좇으라

V. 1933년 ·· 172
      1. 만우(晩雨)를 빌라
      2. 선(善)한 목자(牧者)와 양(羊)
      3. 그리스도의 정병(精兵)
      4. 헌금(獻金)과 헌신(獻身)

VI. 1934년 ··· 197
      1. 그리스도의 신이 없는 사람은 그리스도인이 아님
      2. 하나님을 기쁘시게 할 도리(道理)
      3. 성서적 신앙의 공효(功效)

VII. 1935년 ·· 228
      1. 안식일(安息日)과 주일(主日)
      2. 기도(祈禱)의 궤도(軌道)
      3. 하나님의 요구(要求)

4부 | 순회 선교행전(宣敎行傳)

    I. 서북선(西北鮮) 순회기(巡回記) ··································· 248
    II. 관동(關東)과 일본(日本) 각지(各地) 순회기(巡回記) ············ 257

5부 | 추모의 글

I. 고(故) 김상준(金相濬) 목사를 추억(追憶)함 ·················· 268
II. 고(故) 변남성(邊南星) 목사를 추도함 ························ 276

6부 | 성경 주해 - 히브리서 강의(希伯來書 講義, Lectures on Hebrews)

서문 ·· 282
I. 제1장 ·· 288
II. 제2장 ·· 298
III. 제3장 ··· 310
IV. 제4장 ··· 321
V. 제5장 ·· 330
VI. 제6장 ··· 338
VII. 제7장 ·· 348
VIII. 제8장 ··· 363
IX. 제9장 ··· 371
X. 제10장 ··· 390
XI. 제11장 ·· 416
XII. 제12장 ··· 447
XIII. 제13장 ·· 467

7부 | 부록

I. 대한예수교장로회(합동한신)총회 ····························· 482
   1. 총회 신조
   2. 총회에 토지 기부: 곽재근 목사의 뜻을 이은 김정순 권사
II. 정상운, 『한국성결교회 백년사』(예수교대한성결교회/ 성결교회와 역사연구소, 2019년) 관련 부분 ························· 487
III. 李泉泳, 『聖潔敎會史』(기독교대한성결교회 출판부, 1970년) 관련 부분 493
IV. 곽재근 목사 가계도(家系圖) ································ 495

발 행 사

대한예수교장로회(합동한신)총회 총회장
맹균학

곽재근 목사님의 전기-유문집은 오대용 목사님의『生命의 冕旒冠』으로 이미 1972년에 발행된 바가 있다. 그럼에도 이번에 곽재근 목사님의 생애를 재조명하여 책으로 출판하게 된 것은 곽재근 목사님의 생애가 우리 교단의 지난 역사의 중심에 서 있기 때문이다. 85차 총회의 중점 사업으로 지난 총회의 역사를 재조명하고자 하는 것은 올바른 역사 인식의 토대 위에서만 총회의 바른 정체성을 확립할 수 있기 때문이다. 이 귀한 사업을 위하여『겸손과 온유의 목회자 곽재근목사』를 출판하게 되어 하나님께 감사를 드린다. 특별히 집필을 기꺼이 맡아주신 정상운 전 성결대학교 총장님께 무한 감사의 말씀을 드리는 바이다.

1936년 우리 총회 창립의 역사는 실로 한국 기독교 선교사(韓國基督敎宣敎史)의 어두운 역사에 대한 개혁의 발로(發露)였다. 책의 내용에서도 명쾌하게 지적한 대로 당시 선교사 중심의 동양선교회의 경제적인 보조를 종속 수단으로 삼아 한국성결교회 위에 군림하고 지배하는 선교사들에 대한 반선교사 운동과 반교권 운동에서 우리 교단은 출발하였다. 당시 성결교회는 한국인 전 교역자들이 1932년 자치 선언(自治宣言)을 계기로 경제적인 자립을 통하여 정치적인 자치를 실행하고, 선교사 지배 구조가 아닌 한국 교역자들의 자주적인 총회를 구성하고자 하였다. 그리하여 1936년 3차 총회에서 합법적으로 이전 총회와 같은 방법으로 총회 임원이 선출되었으나 중도에 일방적으로 선교사에 의해서 무효 선언이 되는 불상사가 일어났다. 이로 인해 무너진 교권을 바로 세우고자 1936년 11월 25일 평양 상수리교회에서 정치적 통제 기관을 배제하고, 성서 이외의 어떤 법규를 세우지 않는 오직 성경이 말하는 하느님의 교회를 세우게 된 것이다. 당시 곽재근 목사님, 변남성 목사님, 안형주 목사님 등 개혁과 자치를 주장하는 30여 명 목회자들은 낡은 교권주의를 배격하고 신조, 교회, 신앙, 선교에 있어서 오직 신구약 66권 성경이 기준이 되는 하느님의 교회를 조직하였다.

우리는 이 책을 통해 곽재근 목사님과 동역자들이 일방적인 정치적 횡포에 타협하거나 굴하지 않고 성경적 교회의 바른 신학, 바른 신앙, 바른 교회를 세우고자 하였던 불굴의 신념을 배우며 우리 교단 역사의 정체성을 확인할 수 있다. 그리고 지난 과거에 있어서 굴절된 역사 기록의 아픔, 다시 말해 합법적인 총회에서 선출된 총회장이 불법 총회로 호도되고 목사 면직과 다수의 교역자들이 징계에 처하였음에도 불구하고, 오히려 성결교회를 내부적으로 음해하고, 파당을 일으켰다고 평가하는 굴절된 역사를 바로잡는 계기를 갖게 되었다.

오대용 목사님께서는 생전에 이모 목사의 저서『성결교회사』의 굴절된 역사를 지적하며 1936년 성결 교단의 분립의 책임이 곽재근 목사님에게 있는 것으로 잘못 기록된 사실에 대하여 성결 교단 그 누구도 바르게 수정하라고 충고하는 분이 없다고 마음 아파하셨다. 그런데 성결대학교 제5-6대 총장을 역임하셨을 뿐만 아니라 교회사 연구의 권위자이신 정상운 박사님께서 학자적, 신앙적 양심으로 1936년 성결교 총회 분립에 대한 연구를 통하여 당시 분립 사건을 재조명, 평가하면서 1936년 제3회 총회 때 행하였던 동양선교회 이사회의 잘못된 처사를 지적하고 선교사들에게 타협하거나 굴하지 않았던 동역자들 곽재근 목사, 변남성 목사 등 '하나님의 교회' 교단(현, 합동한신총회)의 구성원들에 대하여 객관적으로 바르게 규명하여 주셨다.

여러 가지 맡은 일로 분주한 중에서도 방학을 반납하고 과거의 아픈 역사를 치유하는 본서를 집필해 주신 정상운 박사님께 총회 모든 구성원을 대표하여 다시 한번 깊이 감사드린다. 이번에 정말 고맙게도 새로 찾아내신 많은 자료들은 곽재근 목사님께서 우리에게 남겨 놓으신 총회에 길이 남을 영적 유산과 목회 지침임이 분명하다. 목사님의 순결하신 삶을 누가 이어가고 있는가? 온갖 어려움에도 바른 총회를 세우고자 하였던 고결하신 뜻을 누가 실천해 가고 있는가?

그 뜻을 이어 가기 위해 본서의 출판을 제안하신 재단이사장 문귀병 목사님과 교회적으로 재정적 지원을 아끼지 않은 순성교회, 곽재근 목사님의 후손, 덕인재단과 교단 소속 교회들에게 감사의 마음을 전한다. 또한 출판위원으로 수고를 아끼지 않은 부총회장 박종만 목사님, 총무 이향우 목사님께도 감사의 마음을 전하며 출판을 위해 수고하신 킹덤북스(Kingdom Books) 대표 윤상문 목사님께도 감사를 드린다.

2021년 9월

저자서문

정상운

　지나온 한국교회 역사를 거슬러 올라가면, 기독교 하나님의 교회(현, 대한예수교장로회[합동한신]총회)는 1936년 성결교회 제3회 총회 파동의 어려운 역사적 상황에서 태동되었다. 동양선교회의 근시안적 안목과 지배욕은 1932년 자치 선언 이후 경제적 자립과 함께 정치적 자치를 하고자 했던 한국인 교역자들의 열망을 저버리고 한국 성결교회의 최초 분립을 낳게 하고, 그 결과 기독교 하나님의 교회(당시 '하느님의 교회')가 1936년 11월에 세워졌다.

　그동안 기독교 하나님의 교회를 보는 시각과 역사 서술은 다분히 부정적으로 일관하였으나 사실과 달리 왜곡된 부분이 혼재(混在)하고, 그 중심에는 곽재근 목사님이 있었다. 따라서 이 책은 1936년 하나님의 교회 사건을 재해석하는데서 출발하고 있다. 곽재근 목사의 역사적 재평가를 통하여 첫째는 '곽재근 목사 바로 보기'와 지금까지 세간에 알려지지 않은 1930년 전후의 곽재근 목사님의 주옥같은 글을 독자들에게 소개하므로 '곽재근 목사 다시 보기'의 일환(一環)으로 만들어졌다.

곽재근 목사님은 한국성결교 창립자 정빈과 김상준 1세대 지도자 뒤를 이은 2세대 지도자로서 이명직 목사님과 함께 책임과 역할과 다하였다. 1907년 복음전도관으로 시작한 성결교회가 기존 장로교, 감리교와 같은 기성 교단(旣成敎團) 체제의 목회 중심으로 전환한 1921년 이후 성결교 교역자회 회장과 경성성서학원 교수를 맡았고, 1930년에 들어와 제1, 2회 성결교 총회 때 부총회장을 지낸 영향력 있는 지도자였다. 그리고 1936년 이후에는 대한기독교 하나님의교회 2대 공의회장과 한양신학원 원장, 덕인학원 이사장 등을 맡아 평생 하나님 나라 확장에 헌신을 다하며 지난 시대 이 땅에 복음 전도와 목양의 사명을 다한 하나님의 충성된 일꾼이었다.

본서 곽 목사님의 글이 말해 주듯이 뜨거운 구령 열정과 깊은 신앙, 그리고 높은 학식과 영적 리더십은 성결교 역사 초기에 큰 영향을 끼쳤고, 1936년 사건으로 성결교회는 영적 거목을 잃는 손실을 가지게 되었다. 교단 분립 이후에 곽재근 목사님은 기독교 하나님의 교회(예장합동한신)의 사부(師父)로서 교단의 중심축 역할을 다하며 기독교 하나님의 교회 성장과 발전에 헌신하였다. 지금에 와서 생각해도 도저히 이해할 수 없는 선교사들의 월권과 전횡(專橫)에 대해 바른 신앙에 서서 불의와 타협하지 않고 억울하게 모진 수모와 고난을 받았지만 곽재근 목사님은 기도 중에 온유한 마음으로 응대하시며 주의 종의 본(本)을 삶으로 보여주셨다. 혹자가 말하는 것과 같이 곽 목사님은 파당과 분파를 일삼은 자가 아니었고, 겸손히 주의 말씀을 붙잡고 순종하는 희생과 헌신의 하나님의 사람이었다.

코로나19로 어려운 상황이지만 주어진 사명으로 생각하고 집필 의뢰를 받고 기쁜 마음으로 수락하였으나 처음 생각과 달리 많은 어려움이 있었다. 기존 자료가 불분명하여 원문을 대조하며 일일이 확인하고, 한자어 중심의 글을 현대체로 바꾸는 일에 많은 시간이 소요

되었기 때문이다. 그러나 그 과정 중에 곽 목사님의 새로운 자료를 찾으며 밭에 감추인 보화를 찾아낸 기쁨과 같은 영적 감동 속에 자신을 돌아보는 계기도 갖게 되었다. 근 한 세기 전의 글이지만 이 책을 정독하는 독자들에게 성령의 감동이 임하여 큰 은혜를 충만히 받을 줄 확신한다.

지금까지 세간에 알려진 글은 『十字架』의 "기도하고 전도에만 힘쓰자"(1967년 7월호)를 비롯한 두, 세편을 제외하면, 설교(강의)가 총 9편에 불과하다. 그러나 이번에 새로 17편을 찾아 추가하면서 총 26편의 글을 1928-1935년까지 연도별 게재 날짜에 맞추어 소개함으로써 당대 상황에 따른 메시지 이해를 돕도록 하였다. 특히 독자들의 이해와 편의를 위해 지금은 잘 쓰지 않은 고어 등 한자어에 대한 뜻풀이를 하고 문체를 교열하여 누구나 쉽게 읽도록 하였다. 그러나 추모문과 선교행전(宣敎行傳)의 글은 될 수 있는 한, 원문 그대로 옮김으로 독자들에게 곽 목사님만이 가진 독특한 문체와 뉘앙스를 한

세기의 간극(間隙)이 있으나 가감없이 전달하려고 노력하였다. 성서 주해인 히브리서 강의는 "希伯來書講義" 제목으로 1928년을 시작으로 약 5년 기간에 걸쳐 총 39회 『活泉』에 연재되었는데 『生命의 冕旒冠』에서 찾지 못해 누락한 히브리서 10장 1절부터 21절 부분은 새로 첨가하였다. 실제로 그동안 곽재근 목사님에 대한 이해는 지금까지 『生命의 冕旒冠』으로 제한된 면이 없지 않았다. 그러나 이제는 이러한 작업을 통해 곽재근 목사님에 대한 이해와 연구의 폭이 넓어지게 되어 얼마나 다행스러운지 모르겠다.

본서가 나오도록 집필을 의뢰하신 맹균학 총회장님과 처음부터 실무를 맡아 중간 역할을 하며 애써주신 박종만 부총회장님께 감사드린다. 이 책이 세상에 빛을 보도록 기도해 주시고 이끌어 주신 문귀병 증경총회장님께 감사드리며, 뒤에서 격려해주신 기독교 명문 사학 덕인학원의 이경애 이사장님께도 감사드린다. 그리고 책 출판을 기쁜 마음으로 맡아 수고해주신 킹덤북스(Kingdom Books) 대표

윤상문 목사님과 실무진 여러분께도 감사한 마음을 전한다.

모쪼록, 이 책을 통해 한 시대를 밝힌 복음의 등불, 겸손과 온유의 목회자이신 곽재근 목사님에 대한 바른 이해를 갖게 되고, 미래지향적으로 예장합동한신총회와 동근생(同根生)인 한국성결교회와의 교류와 협력이 일어나기를 바라는 마음 간절하다. 또한 새롭게 소개되는 곽재근 목사님의 글들로 인해 코로나19로 지친 한국교회에 은혜의 소낙비가 내려 영적으로 해갈함을 얻고 소생하는 일이 있기를 기도하며 모든 영광을 하나님께 돌린다.

2021년 9월 7일
수리산에서

郭載根 牧師 近影

곽재근(郭載根) 목사 주요 이력

1893년 7월 9일(음) 한학자 곽유익(郭裕益)의 차남으로 출생

　　　(출생지: 평남 강서군 수산면 운남리 126)

1897-1907년 한문서당 기룡제(騎龍齊)에서 한학문 수학

1908년 백동린(白東麟)의 3녀 백운근(白雲根)과 결혼

1909년 평남 순안 의명중학교(義明中學校) 입학

1913년 의명중학교 졸업

1913년 경성성서학원(京城聖書學院) 입학

1916년 경성성서학원 졸업

1916년 충남 부여군 홍산교회 부임

1916-17년 충남 부여군 금천리교회 개척, 시무

1917-20년 충남 부여군 은산교회 시무

1920년 4월-1921년 충남 대전교회 개척, 시무

1921년 9월-1922년 충남 부강교회 개척, 시무

1922년 4월-1926년 함남 북청읍교회 개척, 시무(지교회 6교회를 세움)

1923년 목사 안수

1924년 함경도 감리 목사

1926년 경성성서학원 교수 및 학생감(學生監)

1926년 성결교회 교역자회 회장으로 피선

1927-1928년 신공덕리교회 시무

1927년 경성성서학원 사감 및 학생감

1928년 서대문 전도관장 임명됨, 성결 교단 기관지『활천(活泉)』기자

1929년 동양선교회 조선성결교회 이사

1929년 경서성서학원 교수 및 학생감(남자부)

1931년 서북 지방(西北地方) 각 교회 순회 및 부흥회 인도

1931년 독립문교회 시무

1932년 관동 지방(關東地方) 각 교회 순회 및 부흥회 인도

1932년 일본 각지 한국인교회 순회 및 부흥회 인도

1933년 성결교회 제1회 총회 부총회장 피선

1934년 성결교회 제2회 총회 부총회장 재선

1936년 3월 성결교회 제3회 총회

1936년 목포 북교동 성결교회 시무, 성결 교단 탈퇴함

1936년 11월 대한기독교 하나님의 교회('하느님의 교회 제1회 공의회') 창립

1942년 일제(日帝)의 교회 탄압으로 목포교회 해산

1945년 8월 15일 해방(解放), 목포교회 재건

1946년 한국독립촉성위원회 위원장으로 국가에 봉사함

1946년 목포 측후동교회 개척

1946년 국민회(國民會) 회장 피선

1946년 사창 기동교회 설립 협력

1948년 하나님의 교회 제2대 공의회장 피선

1949년 목포 덕인학원(德仁學園) 이사장 선임

1954년 재단법인 성덕원(고아원) 이사장 선임, 목포 순성교회 설립

1956년 4월 15일 대한기독교 하나님의 교회 한양신학원(漢陽神學院) 창설, 초대 원장

1956년 신유(神癒) 체험(고혈압으로 중풍병 발병)

1963년 교단 규약에 의해 목포 순성교회 담임 목사 사직(정년 퇴임)

1970년 2월 17일 오후 5시 향년 78세로 하나님의 부르심을 받음

1부

곽재근 목사의
생애와 역사적 평가

I. 곽재근 목사의 생애: 겸손과 온유의 목회자

"샤론의 꽃 예수 나의 마음에 거룩하고 아름답게 피소서 내 생명이 참 사랑의 향기로 간 데마다 풍겨나게 하소서."
초여름 길목 5월부터 하늘을 향해 흰 꽃을 피우고 향기를 발하는 골짜기의 백합화처럼, 상처는 받되 아름다운 향기로 조용히 응수하며 하나님과 사람 앞에 겸손과 온유의 성결한 삶을 살았던 곽재근 목사의 생애를 간략히 되돌아본다.

곽재근(郭載根)은 1893년 7월 9일에 평남 강서군 수산면 운남리에서 곽유익의 둘째 아들로 태어났다. 조부 곽룡한은 대대로 내려오는 한학자이었고, 부친 역시 한학자인 선비 집안으로 공맹지도(孔孟之道)의 한학에 조예가 깊었다. 곽재근은 어릴 때부터 남달리 두뇌가 총명하여 7살 때 사서삼경을 마칠 정도였기에 '운남리의 신동'이라는 별명까지 듣게 되었다. 15살이 되던 해에 같은 군에 사는 백동린의 셋째 딸 백운근(白雲根)과 결혼하였다.

결혼 후 그는 순안 의명중학교에 3학년으로 편입하여 신학문을 배우게 되었다. 기독교 미션 학교를 택한 것은 예수 가정이었던 이모님 내외분의 권유 때문이었다. 의명중학교에서는 성경을 토대로 신학문을 가르쳤다. 이로 인해 곽재근은 성경 말씀과 자연스럽게 가까워졌는데, 그중에서도 요한복음 3장 16절을 통하여 하나님의 사랑과 구속의 도를 깨우쳤다.

"나는 지금까지 공자와 맹자의 교훈만을 받아 도덕과 예의로써만 자기를 완전케 해보려고 애썼습니다… 오직 예수 그리스도의 대속하신 공로를 믿음으로만 죄인인 내가 의롭다함을 얻을 수 있음을 깨달았습니다."

구원 체험 후, 그는 방과 후와 토요일 오후 학생 전도대를 조직하여 전도하였고, 전도를 어찌나 열심히 하였는지 학교에서는 '전도사'로 통하게 되었다.

1913년, 의명중학교를 수석으로 졸업한 그는 고향으로 돌아와 부모님을 섬기며, 새벽마다 산에 올라가 부모 형제들의 구원을 위하여 남모르게 눈물을 흘리며 기도하던 중, 자신을 부르시는 주의 음성을 듣고, 주의 종이 될 것을 결심하였다. 그는 용강에 계신 이모님 내외를 찾아가 주의 종이 되는 길을 열어줄 것을 부탁드렸다.

마침내 이모부님의 친동생인 아현복음전도관 주임 교역자 강시영 전도사의 주선으로 1914년 봄 경성성서학원에 입학하게 되었다. 성서학원에서 공부하던 중 모친의 별세 소식을 듣고도 교수 회의의 만류로 가보지 못한 일로 인해, 곽씨 문중은 곽재근의 아내와 어린 자식들을 집에서 쫓아내었다. 안타까운 처지에 놓이자 이 일을 알게 된 성서학원과 교수들이 거처할 방을 마련해 주어 다른 수양생들과는 달리 식구들이 함께 살도록 하였다.

온갖 어려움 중에 그는 1916년 졸업하여 충남 부여의 금천리교회를 창립하였고, 다음해에는 전성운 전도사가 주임 교역자로 있는 부여군 홍산교회로 파송되었다. 곽 전도사의 파송으로 홍산교회가 부흥되자, 지교회인 '바야위교회'가 개척되고, 그곳의 주임 교역자가 되었다. 얼마 후 전성운 전도사가 이직하자, 1920년까지 홍산교회의 주임 교역자가 되었다. 1920년 대전교회, 1921년 부강교회, 1922년에는 함경남도 최초의 성결교회인 북청교회를 역시 창립하여 개척하였다. 기도와 전도에 남다른 은사와 능력을 보이던 그는 북청교회를 개척한지 1년 만에 홍원, 여포리, 예원리, 평산, 니망지리, 나하대 인근 마을에 지교회를 세우고, 예배당 건축에 힘을 써서 1923년 7월 북청교회를 헌당하고 이로 말미암아 성결교회가 한반도 최북단 관북 지방에 진출하는 데 교두보를 놓는 큰 결실을 갖게 하였다.

1923년 목사 안수를 받은 그는 이듬해 함남지방회 감리사를 맡아 크게 사역하는 중에, 경성성서학원 교수로 발탁되었다. 그는 성경 강해, 교회사, 조직 신학, 교리사 등 맡겨진 다양한 과목들을 훌륭히 소화해 내어 가르침으로 학생들로부터 만능 교수로 이름이 자자했다. 뿐만 아니라 전도에도 열심을 보여 1928년에는 서대문 전도관 관장으로 임명되었다. 이미 1926년 성결교회 교역자회 회장으로 피선되었으니 곽재근 목사는 교수뿐만 아니라 성결 교단 교역자회 회장으로서 교단과 학교의 가장 영향력 있는 중심인물로까지 부상되었다.

곽 목사는 1929년 5월 30일 영국 선교 단체인 스타홀 선교회(Star Hall Mission)에 소속된 크로슬리(E. A. Crossly) 양과 메리 해취(Mary Hatch) 양이 건축 헌금으로 보내온 7,000원 거금을 가지고 서대문 전도관 건물을 건립하고 헌당 예배를 드렸다. 헌당 예배 후 시내 각 교회에서 자원자가 합세하여 기존의 전도대원들과 힘써서 전도한 결과 결심자가 719명이나 되는 열매를 맺게 되었다. 뿐만 아니라 1929년 제1회 연회에서 곽 목사는 한국인으로서는 처음으로 성결교회 최고의결 기관인 이사회의 이사가 되었다. 1931년에는 순회 이사로 북으로는 함남, 함북 지방을, 남으로는 일본 각지에 흩어져 있는 재일 조선성결교회를 순회하며, 부흥 집회를 통해 큰 은혜를 끼쳤다.

1932년 자치 선언에 힘입어, 1933년 제1회 총회가, 한국인 교역자들의 전체적인 의사를 결정하여 실행하고자 하는 근대 민주주의적 대의 정치 제도에 대한 간절한 염원에 따라 실시되었다. 곽 목사는 역사적인 제1회 창립 총회에서 부총회장으로 선출되었고, 다음해에도 부총회장으로 재임되었다. 그러나 일 년을 넘겨서야 개최된 1936년 제3회 총회에서 변남성 목사의 합법적인 총회장 당선을 무효화시킨 안타까운 사건이 발생하자, 곽 목사 또한 어처구니없는 동양선교회의 처사와 중앙 간부들의 태도에 회의를 느껴 '하나님의 교회'에 합류하였다.

이후 곽 목사는 8.15 해방 후 목포교회를 재건하며 한국독립촉성위원회 위원장을 맡았고, 1946년에는 국민회 회장으로 피임되었고, 1948년에는 '하나님의 교회' 제2대 공의회장으로 피선되었고, 이듬해는 목포 덕인중·고등학교 이사장으로 피임되었다. 6·25 한국 전쟁 후인 1956년에는 대한기독교 하나님의 교회 한양신학원(한양신학교)을 창설하여 초대 원장으로 취임하여 사역하면서 목포순성교회를 섬기며 지사충성(至死忠誠)하다가 1970년 2월 17일 향년 78세로 하나님의 부르심을 받았다.

II. 곽재근 목사에 대한 역사적 평가

1. 여는 말

1907년 평양 대부흥 운동이 거세게 확산될 즈음인 1907년 5월 30일 장로교, 감리교와 달리 한국성결교회는 외국 선교사의 주도로 세워지지 않고 2명의 한국인 전도자에 의해 세워졌다.

자생적 개척의 첫 삽을 뜬 이는 정빈과 김상준으로, 이들은 성결교회 창립 1세대 지도자에 해당한다. 한국성결교회 창립의 주역인 이들은 교회(당시는 복음전도관이라 부름)를 개척하며 노방 전도할 때 갖은 조롱과 오해를 받았으나, 영혼 구원하는 일에 개가죽을 뒤집어 쓴다해도 사양치 않을 정도로 불타는 구령열을 가지고 복음을 전한 결과 10년 만에 14교회로 늘어났고, 동양선교회 총본부가 일본 동경에서 조선 경성으로 옮겨지고 종래의 복음 전도 본위의 복음전도관 체제에서 기성 교단으로 목회 본위의 교단으로 전환될 때인 1921년에는 36교회로 급속히 증가되었다. 그러나 아쉽게도 성결교회 1세대 지도자인 정빈과 김상준이 교단을 떠남(정빈 1914년에 떠났다가 1917년 돌아와서 다시 1921년에 떠나고, 김상준은 정빈이 돌아오던 해인 1917년 교단을 떠남)으로써 한국인 지도자 공백이 생기고 그 자리에 이명직 목사가 1945년 해방 전까지 한국성결교회를 이끌었다.

그러나 지금까지 인식되어 온 것과 달리 좀 더 구체적으로 말하자면 1930년대 전후 한국성결교회의 2세대 지도자는 이명직 목사 한 사람이 아니라 성결교 최초 교역자회의 초대 회장과 경성성서학원의 역량있는 교수로 제1회, 2회 총회 시 이명직 목사가 총회장이었을 때 부총회장으로 사역하였던 곽재근 목사를 빼놓을 수가 없다. 그것은 해방 이전 한국성결교회에 끼친 영향이 지금까지 기존 성결교회사에 왜곡된 기록과 달리 지대하였고, 곽재근 목사의 사역과 사상이 오늘을 살아가는 우리에게 깊은 복음적인 영적 감동과 울림을 가져다주기 때문이다. 곽재근 목사에 대한 역사적인 재평가는 아쉽게도 너무 늦은 감이 있다.

2. 곽재근 목사의 사역과 1936년 하느님의 교회 제1회 공의회

경성성서학원을 1914년에 졸업한 곽재근은 교회 개척에 뛰어난 면모를 보였다. 정리하여 보면, 앞서 간추린 생애에서 살펴본 것과 같이 충남 부여에서 금천리교회를 창립하고 다음해 1915년에는 홍산교회로 파송받아 교회를 부흥시키고, 지교회 '바야위'교회를 개척하며 주임 교역자가 되었다. 이후 1920년 대전교회, 1921년 부강교회, 1922년 함경남도 최초의 성결교회인 북청교회를 일 년마다 개척하였다. 그리고 기도와 전도에도 남다른 은사와 능력을 보이며 북청교회를 개척한 지 일 년 만에 홍원, 여포리, 예원리, 니망지리, 나하대 인근 마을에 지교회를 계속해서 세우고, 예배당 건축에도 힘을 써서 1923년 7월 북청교회 헌당식을 거행함으로써 성결교회가 한반도 최북단 지역인 관북 지방에 진출하는데 중요한 교두보를 놓는 괄목할 결실을 보게 하였다.

1923년 목사 안수를 받은 그는 이듬해 함남지방회 감리사를 맡아 크게 사역하는 중에 경성성서학원 교수로 30세 젊은 나이에 발탁되었다. 교수로서 학생들을 잘 가르쳐 신망이 두터웠을 뿐만 아니라 전도에도 열심을 보여 1928년에는 서대문 전도관 관장으로 임명되었다.

곽 목사는 1929년 5월 30일 동양선교회와 긴밀한 선교 협력을 해 온 영국 선교 단체인 스타홀(Star Hall) 선교회에 소속된 크로슬리(E. A. Crossly) 양과 메리 해취(Mary Hatch) 양이 건축 헌금으로 보내온 7,000원 거금을 가지고 경성에서 번화한 거리에 서대문 전도관 건물을 건립하고, 헌당 예배를 드렸다. 헌당 예배를 드리고 난 후 경성 시내 각 교회에서 자원한 전도자들을 기존 전도자들과 합세하여 힘써서 전도한 결과 결심자가 719명이나 되는 큰 결실을 맺게 되었다.

곽재근 목사는 1926년 성결교회 최초로 한국인 교역자들의 공식 모임인 교역자회(敎役者會) 회장에 이어서 재차 1929년 성결교회 제1회 연회에서 한국인으로서는 처음으로 최고의결 기관인 이사회의 이사가 되어 성결교회 최고 지도자로서 지대한 이명직 목사와 함께 큰 영향력을 끼치며 신학교(경성성서학원)와 교단의 중추적인 역할을 감당하였다. 그리고 1931년에는 전국 교회 순회 이사가 되어 북으로는 함경남도, 함경북도 지역과 북간도를 남으로는 일본 각지에 흩어져 있는 재일본(在日本) 조선성결교회를 순회하며 감독하고 부흥 집회를 통해 큰 은혜를 끼치며 교회 부흥과 구령 운동을 일으켰다.

1930년대에 들어오면서 교회 수가 점점 증가하고 한국인 교역자가 늘어나면서 한국인 교역자의 역할과 책임이 요구되자, 종래의 동양선교회라는 선교사 중심의 중앙집권적 정치 제도를 탈피하고자 하는 민족 주체적 의식이 한국인 교역자를 중심으로 모아져 자치 선언이 운운되고, 그 기세가 교단 저변에 확산되기 시작했다. 따라서 이명직 목사를 중심으로 교회 건축비와 교역자 생활비 거의 전액을 동양선교회 선교부에 의존하였던 관계를 청산하고 한국성결교회 교인들의 헌금으로 경제적인 자립과 함께 정치적인 자치를 모색하여 1932년 3월 26일 자치 선언(自治宣言)을 하게 되었다:

"하나님의 크신 능력과 넓으신 사랑과 깊으신 은혜를 찬송하여 마지않나니 우리 조선에 순복음이 전파된 지 이미 25년이라. 지금까지 선교 본부의 유지를 받아 여기까지 발전됨은 진실로 감사하는 바니라. 이제는 우리가 자립하지 않으면 아니될 것은 연회를 조직한 후 4개 성상의 훈련을 받고 또한 각오를 가지고 왔도다. 일반 교회와 교역자 제위는 비장한 결심과 담대한 용기로 전진하기를 희망하며 이에 우리는 신앙 위에 서서 조선예수교 동양선교회 헌법 제3편과 제4편과 부록 제1장으로 제5장까지를 폐지하고 자치(自治)를 선언(宣言)함.

1932년 3월 26일

허인수(*선교사) 이명직 최석모 곽재근"

이러한 1932년 자치 선언의 기세는 1933년으로 확산되어 발전되었다. 1932년 자치 선언에 힘입어 1933년 4월 12일 한국인 교역자들의 전체적인 의사를 결정하여 실행하고자 하는 근대 민주주의적 대의 정치(代議政治)에 대한 간절한 염원에 따라 이사회에 예속되고, 한국인의 독자적인 행정 능력이 없는 연회를 해체하고 제1회 총회가 개최되었다. 무기명 비밀 투표를 한 결과 총회장으로 이명직 목사, 부총회장 곽재근 목사가 선출되었다. 일 년이 지난 1934년 4월 제2회 총회가 개최되고 이명직 목사가 다시 총회장으로 선출되면서 경제적 자립(自立)과 함께 정치적 자치 운동(自治運動)은 계속되었다. 그러자 동양선교회는 제1회 총회에서 결의한 이사 선출권을 한국인 교역자들이 모여 개최한 총회에 이양(移讓)함으로 한국성결교회의 정치적 자치가 이루어지는 것을 반대하고 나왔다. 그러면서 제2회 총회 기간 중인 4월 24일에 킬보른 총리의 권사(勸辭)를 통해서 미국의 불경기를 들어 한국 교역자들의 봉급을 끊을 것을 말하며 자치 운동에 제동을 거는 부정적 태도를 보였다. 동양선교회 총본부에서는 한국성결교회의 요청을 거부하고 이사회를 장악한 채 일 년 뒤인 1935년에는 제3회 총회를 소집조차 하지 않았다. 그러나 한국 목회자들의 자치, 자립 운동은 계속되었다. 1935년 8월 22일에 6개 지방 순회목회자들과 한국인 이사들이 다시 모여 재차 자치 선언을 하였다. 다음 달인 9월 『활천』 편집자인 이명직 목사가 경질되고, 허인수(P. E. Haines) 선교사가 임명되었다. 곽재근 목사를 비롯한 한국인 이사 전원이 이사직 사표를 제출하였고, 바로 이어 이사회 진영이 개편되었다. 새 이사장으로 허인수 선교사, 한국인 이사로는 이명직, 곽재근, 최석모, 이건 등이 재임되었다. 그러나 이후 『활천』에는 정치적 자치, 경제적 자립 운동을 운운하거나, 표방하는 글이 허인수 선교사의 통제하에 실리지 못했고, 반면에 자치, 자립 운동에 대한 허인수 선교사의 악평 섞인 글들은 1935년 11월부터 1936년에 이르기까지 거의 매호마다 빠지지 않고 실리게 되었다.

시간이 흐를수록 선교사들의 고압적 권위적인 태도나 한국 교역자들의 자치 운동의 열망은 표면화되지 않고 내적인 갈등으로 심화되어 확산되었다. 이런 반면에 선교사들은 여전히 정치적 주도권을 잡고 있었고, 이사회를 통하여 절대적인 교권을 발휘하고 있었다.

이러한 대립적 상황에서 제3회 총회는 어수선하고, 불안한 분위기 속에서 선교사들이 뜻하지 않는 이변(異變)을 가지게 하였다. 1936년 3월 24일부터 경성성서학원 대강당에서 제3회 총회 및 심령수양회가 열렸다. 그런데 제3회 총회에서는 제1, 2회 총회와 달리 총회장으로 이명직 목사가 아닌 새로운 인물인 교단 개혁과 자치를 요구하는 신진 개혁 계층의 지지를 받았던 서부지방회(西部地方會) 회장인 변남성 목사가 선출되었다. 제1, 2회 총회 때와 마찬가지로 동일한 선거 방식에 따라 무기명 비밀 투표를 통해 성결교회 제3회 총회장으로 변남성 목사가 이명직 목사를 누르고 합법적인 새로운 총회장으로 당선되었다. 그런데 이게 무슨 변고(變故)인가? 정당한 선거를 통해 변남성 목사가 총회장으로 선출되었건만 중간에 무효처리하는 뜻하지 않은 불상사(不祥事)가 야기되었다. 뒤에서 지금까지 총회를 관망하여 오던 동양선교회 총본부 이사회가 총회가 진행되는 도중임에도 불구하고 갑자기 중간에 개입하여 새로 뽑힌 신임 총회장인 변남성 목사의 선거 결과를 무효 선언하는 일을 자행(恣行)하였다. 이사회는 무리하게 합법적인 절차를 걸친 선거 결과를 원인 무효로 할 뿐만 아니라, 변남성 목사에게 총회장직을 사직하도록 종용하다가 일이 뜻대로 되지 않자 변남성 목사를 3월 25일자로 바로 목사 면직 처분하였다. 성결교회라는 이름이 부끄러울 정도로 이것은 분명히 과거 한국 교회사에서 어디에서도 찾아볼 수 없는 오만함에 가까운 동양선교회의 일방적 처사였다. 동양선교회 이사회는 더 나아가 적법한 총회 절차를 거쳐 선출된 총회장을 일부 인사들과 제휴하여 새 총회를 불신임시킬 뿐만 아니라, 총회 체제를 환원하여 선교사 중심의 이사장 체제로 만들었다. 그리고 1935년 미국 총본부에서 일방적으로 조선교회에 통보한 이사회 직제 변경안에 따라 9월 3일부로 새로 이사회 임원을 구성하였다. 동양선교회 총본부에서 허인수 이사장 이름으로 발표된 이사회 명단에는 곽재근 목사는 빠진 채 상무이사로 지일 선교사, 이명직, 최석모, 이건, 박현명 목사 5인이 들어가 있다.

당시 성결교회 2세대 한국인 지도자 중에서 최고 위치에 있었던 1, 2대 총회장인 이명직 목사는 3회 총회의 선거 결과에 승복하기보다는 이전까지의 태도와는 달리 이사회 편에 섬으로 선교사들의 재신임을 얻게 되었다. 이사로 복귀할 9월 즈음에는 『활천』 편집인(주간)직을 다시 갖게 되었다. 다음의 이명직 목사의 글(『활천』 제167호 [1936.10], "헌법 발표에 대하야")은 당시에 그가 취했던 이중적 태도를 잘 보여주고 있다:

"그러나 법의 정신은 간담회니, 교역자회니, 연회니, 총회니 하더라도 감독 정치의 중심 정신은 언제든지 서서 있었다. 이는 동양선교회의 정체(政體)인 까닭이다. 그런데 여기 대하여 오해된 사상을 품은 이도 약간 있었든 줄로 생각된다. 그것은 곧 공화 정치로 생각하였던 것이다. 그러나 감독정체나 공화정체나 그 내용을 보면 차이점은 이것이다. 공화(共和)라 하면 각 교회 당회가 능히 교역자를 초빙하여 세운다는 의미이겠고 감독(監督)이라 하면 교역자를 교회가 자립하지 못하고 파송하는 것이다. 그러므로 우리 동양선교회는 창립 30년 말 파송제를 사용하여 왔으니 감독정체의 제도 그대로 실시된 것이오, 하등의 변화가 없었던 것이다. 또 감독정체는 교회를 통치하는 데 매우 필요한 제도인 줄로 생각된다. 또는 감독이든지 감독을 대표하는 이사라든지 위원이라든지 이는 누구든지 자천하여 될 것이 아니요. 선거로 될 것인데 당분간은 총본부가 임명한다고 하여도 필경에는 그 선거권을 우리 조선인에게 줄 것만은 명약관화(明若觀火)한 일이다."

    1933년 제1회 총회 때 총회에서 이사 선출 결정 문제와 관련한 이사회의 부정적인 태도에 대한 반동의 여파와 1936년 제3회 총회마저 동양선교회 이사회의 일방적인 독단으로 총회가 파행적으로 해산되면서 교단 분립이라는 안타까운 정치 제도의 분극(分極)의 변형을 갖게 되었다. 지금에 와서 보더라도 이해할 수 없는 황당한 이사회의 일방적인 제3회 총회 무효 선언은 교단 개혁과 자치를 주장하였던 목회자들의 통분(痛憤)과 함께 큰 반발(反撥)을 사게 되었고, 결국은 당시 의식 있는 신진 개혁 세력들이 일시에 대거 성결교를 떠나는 안타까운 결과를 초래하게 하였다.
    제1회, 2회 교단 총회 부총회장을 맡아 한국성결교회 2세대 대표 지도자 반열에 있었던 곽재근 목사는 동양선교회 총본부의 일방적인 전횡과 이에 합세하여 교권을 끝까지 놓치 않는 일부 한국 교역자들의 비굴한 처신과 정치적 행위에 타협하지 않고 꿋꿋이 제3회 총회 결과를 그대로 받아들였다. 그러자 동양선교회 총본부는 앞서 언급하였듯이 합법적으로 총회장으로 선출된 변남성 목사에게 총회장직을 사의하도록 종용하였고, 이것이 여의치 않자 변남성 목사를 바로 목사 면직하고, 이에 동조치 않았던 곽재근 목사에게는 6개월 근신 처분이라는 징계를 내렸다. (변남성 목사는 목사 면직된 후 하느님의 교회 제1회 총회장으로 다시 피선되었으나 마음 고생을 많이 한 탓인지 안타깝게도 1939년 봄 39세의 나이로 소천함)

당시 징계 처분의 과정은 사전 각본에 맞춘 것처럼 일방적으로 26개 항목을 들어서 죄를 뒤집어 씌우는 일종의 마녀사냥을 방불하게 하였다. 곽재근 목사는 죄 없으신 예수께서 험한 십자가를 달게 지심을 생각하면서 정치적 힘을 이용한 대응이나 일체의 변명을 하지 않고 자신이 전적으로 책임을 질 각오로 묵묵히 받아들였다. 이후 일의 진상을 다 알게 된 목포 북교동성결교회 성도들이 곽 목사에 대한 교단의 처사에 크게 분개하여 성결교회를 탈퇴하게 되는 지경에 이르게 되었다.

1938년 7월 말경 선교사들과 한국인 이사진들이 원산 명사십리 해수욕장에서 모인 하기수양회에 전국 각지에서 뜻있는 성결교회 교역자들 60여 명이 서명하여 면직된 변남성 목사, 서재철, 김광원, 송태용 전도사와 근신처분된 곽재근 목사의 구명 복직을 탄원하는 진정서를 가지고 간곡히 해벌 구명을 하였으나 받아들여지지 않았다. 오대용 목사(편저)의 『생명의 면류관』 75쪽에서는 당시 상황을 다음과 같이 말하고 있다:

"1936년 제4차 총회에서 뜻밖에도 평양의 청년 목사 변남성 씨가 총회장에 피선되어 의회를 진행하는 중 수뇌 인사들이 사태를 달리

수습하려고 선교사에게 헌책하였다. 그리하여 선교사로 하여금 총회를 해산케 하고 정치 체제를 다시 감독 정치로 환원한다는 폭탄선언을 하게 하였고, 교단을 바로 잡아 보려던 인사들을 도리어 '선교사 반대파'니 '불순분자'니 하여 숙청하기에 이르렀다. 당시 총회장 되었던 변남성 목사는 목사직을 파면시키고, 고 곽재근 목사님은 비밀 누설이라는 죄목으로(사실 무근) 6개월 정직 처분을 내리고 서재철, 김광원, 송태용 등은 전도사직을 면직 처분하여 각각 철추를 내리었다. 이들은 교단 분열을 꾀한 적은 털끝만치도 없었으나 일이 이렇게 된 것은 아무래도 하나님께서 별달리 쓰시기 위한 섭리였다고 아니할 수 없다. 그전 교단을 탈퇴한 그들은 다른 교파를 세우려는 예상에서나 전제 아래서 되어진 것이 아니고 다만 하나님만 바라보고 건곤일척(乾坤一擲) 모험적으로 그 문턱을 나섰던 것이다. 최후의 방법으로 이 같은 태도를 취하기는 하였으나 무슨 계획이 없었으니만치 탈퇴한 교회나 교역자들은 통일이 없고, 각자의 행동을 취할 수밖에 없어 혹은 타 교파에 전속하기도 하고, 혹은 은퇴하기도 하고, 어떤 교회들은 독립적으로 있기도 하였다."

그러자 결국 동년 11월 25-29일까지 평양 상수리교회에 모여 성결교를 탈퇴한 목회자들을 중심으로 '하느님의 교회 제1회 공의회'를 조직하게 되었다. 창립할 당시 하느님의 교회는 교역자 14명, 15개 교회로 출발하였는데 곽재근 목사를 비롯하여 변남성, 안형주, 양석봉, 송태용, 서재철, 김광원, 한성과, 정남수 등 당시의 가장 촉망받고 있는 신진 목회자들이 대거 포함되어 있다. 제1회 공의회는 공의회를 개최하며 합의문을 다음과 같이 작성하였다.

> "1. 신도라면 의무화되어 생명적인 신앙을 폐하는 느낌이 있으니 성서 그대로를 믿을 것.
> 2. 교회라면 인간의 책략과 모계(謀計)가 없는 하나님만이 말씀하시고 주관하시는 평화스러운 교회로 할 것.
> 3. 신앙이라면 그리스도와 신부와의 사이에 그 무엇이나 게재할 수 없고 조종할 수 없는 자유로운 신앙으로 할 것.
> 4. 복음 선교라면 물질적 세력으로 상한 갈대 같은 연약한 양심을 짓밟지 않는 순전한 복음의 선교로 할 것.
> 5. 의타 사상을 버리고 자립 교회로 키워갈 것."

위의 합의문에 나타난 내용을 보면 동양선교회 선교사들에 대한 당시 제1회 공의회에 참가한 한국 교역자들의 절박한 심정과 정치적 상황을 잘 들여다 볼 수 있다. 11월 29일 하느님의 교회 제1회 공의회에서 곽재근 목사는 변남성, 이태석, 김광원, 김정기, 윤낙영, 서재철, 송태용과 함께 하느님의 교회 선언문을 발표하였다. 그 주된 5가지 내용은 '하느님의 교회는 교단 명칭을 하나님께서 성서에 보이신 대로 하느님의 교회로 하고, 하느님의 교회는 단일성 존재이므로 모든 성도들이 하나가 될 것을 주장하고, 특별한 신앙 개조를 제정치 않고 단순히 성서를 신앙의 기준으로 삼고, 정치적 통제 기관이나 따로 법규를 세우지 않고 그리스도의 통치에 직속하여 성서를 정칙(政則)으로 하고, 교회 간 주님의 사업에 대하여는 상호 협력을 할 것'을 천명하였다.

부언하자면, 하느님의 교회는 동양선교회와 같은 선교사 중심의 정치적 통제 기관의 하향식 조직 체제를 거부하고, 처음 출발부터 진일보한 민주적인 대의 체제인 공의회(公議會) 제도를 받아들였다. 또한 특정 신학이나 신앙 개조에 매이기보다는 단순히 성서를 신앙의 기준으로 삼는 등 교리(敎理)와 제도(制度)에 매인 제도권 교회의 거부, 구체적으로는 동양선교회 이사회 정치에 대한 반동(反動)으로 외국 선교사와 전혀 상관없는, 그리고 복음적인 순수한 한국인들로 구성된 자생 교단(自生敎團)으로 세워졌다. 해방 이전 한국교회 역사에서 어느 교단에도 쉽게 찾아볼 수 없는 이와 같은 하느님의 교회 창립 과정의 특별함은 곽재근 목사의 신앙적 지론과 성서적 목회관을 그대로 반영해 주고 있다.

이후 곽재근 목사의 탁월한 리더십에 힘입어 하느님의 교회는 일제 말 교단 해산의 아픔을 겪었지만, 해방 이후 교회 재건에 힘써 8교회가 회집되어 다시 하나님의 교회로 세워지게 되었다. 1946년 목포 측후동교회를 개척한 곽재근 목사는 국민회 회장으로 피임되고, 1948년에는 하나님의 교회 제2대 공의회장으로 선출되어 하나님의 교회를 발전시켜 나갔다. 그 이듬해인 1949년에는 오늘날 기독교 명문사학으로 우뚝 성장하여 발전한 목포 덕인학원(德仁學園) 이사장으로 피임되었고, 6.25 한국 전쟁 이후에는 전쟁고아들을 위한 성덕원 이사장이 되어 예수 그리스도 사랑의 실천을 몸소 수행하기도 하였다. 1956년에는 하나님의 교회 교역자 양성기관인 한양신학원(漢陽神學院)을 창설하여 주의 종들을 양성하는 일에 헌신하였다. 그리고 목포 순성교회 사역을 끝으로 한평생 주님께 받은 사명을 위해 진력(盡力)하다가 1970년 2월 17일에 하나님의 부르심을 입게 되었다.

3. 역사적(歷史的) 평가(評價)

지금까지 살펴본 바, 하나님의 교회 교단의 중심에 서 있었던 사역을 차치(且置)하고 한국성결교회에서만 보더라도 해방 이전 성결교 제2세대 대표적 반열의 지도자였던 곽재근 목사에 대한 비중과 역할은 결코 간과할 수 없는 중요한 위치에 놓여 있다. 그러나 지금까지 국내에서 성결교회 역사 기록과 관련하여 발간된 교단(성결 교단에 속한)저술에는 해방 이전이나 이후에 있어서 좀 더 정확히는 1936년 이후로 곽재근 목사의 사역을 1936년 사건과 관련하여 언급할 때 정당한 평가나 객관적인 올바른 소개가 없었다. 다시 말해 '없었다'라기보다는 '제대로 하지 않았다'는 표현이 오히려 맞는 말이라고 할 수 있다.

그나마 다행스러운 것은 1936년 사건을 객관적으로 다루며 간접적이기는 하지만 곽재근 목사에 대한 바른 이해의 폭을 처음 넓혀 준 감리교의 이덕주 목사의 연구 외에는 전무(全無)하다. 지금까지 곽재근 목사 개인에 대한 본격적인 생애 정리와 소개는 오대용 목사의

『生命의 冕旒冠』뿐이고, 『大韓基督敎하나님의 敎會 五十年 正史』에서 살펴볼 수 있을 뿐이다. 그러다 보니 한국성결교회와 한국 교계(신학교들)에서는 과거 동양선교회와 기득권의 입장에서 바라본 왜곡된 기존 역사 기록의 내용을 무비판적으로 수용하기에 이르렀다.

이천영 교수의 과거 역사적 사실의 왜곡 내용을 몇 가지로 나누어 살펴보면 다음과 같다. 첫째, 1936년 사건의 진상과 원인을 말하지 않고 '다소의 의견 대립'으로 역사적 사건의 본말을 흐리게 한 점, 둘째, 1936년 사건을 서선(西鮮) 출신과 서울 출신의 지방색적인 감정 대립으로 인한 불만으로 한정시켜 단순한 인간적인 지역 감정으로 축소시킨 점, 셋째, 중앙 세력과 지방 세력 간의 교권 다툼으로 발전시키면서 '1936년 하나님의 교회 사건'을 사소한 일인데도 불구하고 큰 문제로 비화시켜 교단을 분규시켰던 파행으로 본 점, 그리고 또한 당시 지도권을 가지고 있었던 동양선교회 선교사들에 대해서 불손한 감정을 가진 일부 세력들의 책동으로 서술하는 식의 지극히 주관적인 역사 서술로 일관한 점이다. 따라서 1936년 하느님교회 분립과 곽재근 목사에 대한 지금까지의 대부분의 기존 인식은 당대 상황에 대한 보다 면밀한 이해와 기존 해석에 대한 비판적 시각의 검토가 충분히 이루어지지 않은 가운데 서울신학대학교 이천영 교수의 해석과 평가에 머물렀다. 결과적으로 이러한 역사 인식과 이해는 한국성결교회의 동근생(同根生)인 하나님교회에 대한 일정한 거리두기로 종래 무관심으로 이어졌고, 곽재근 목사와, 그리고 교단적으로는 대한기독교 하나님의 교회(현, 예장합동한신)에 대하여 한국성결교회가 지난 과거 잘못된 처사에 대한 역사적 반성과 시정을 갖지 못하게 하는 가장 큰 걸림돌 역할을 하였다.

필자는 성결대학교 신학대학원장일 때인 2001년 기성 교단지 『활천』사에서 원고 청탁을 받아 『활천』 7월호(572권) '이 달의 성결인' 지면에 '겸손과 온유의 목회자 곽재근 목사' 제목으로 "하늘을 향해 꽃을 피우고 바람에 날려 향기를 발하는 백합화처럼, 상처는 받되 아름다운 사랑의 향기로 조용히 응수하는 삶을 살았던 곽재근 목사"로 소개한 바 있다. 그리고 이 글에 앞서서 1997년에 『성결대학교 교수논문집』 26집에 게재한 "1936년 성결교 총회 분립 사건에 대한 연구" 논문을 통해 지금까지 통설로 받아들여진 하나님의 교회에 대한 기존 정설이 정설(正說)이 아니라 역사적 사실과 다른 한쪽으로 치우친 왜곡된 오설(誤說)임을 다음과 같이 분명하게 규명한 바 있다.

> "한국성결교회는 제1회 총회를 통하여 경제적인 자립을 통하여 정치적인 자치를 실행함으로써 동양선교회의 지금까지의 지배적 감독제로부터 벗어난 자주 총회를 구성하고자 하였다. 1934년 제2회 총회 시에 한국인 교역자들이 총회에 이사 선정 권한을 양도하는 안건 상정으로 인하여 종래의 동양선교회 이사회 대신에 총회가 상위 기관으로 바뀌려는 시점에 다다르자 동양선교회는 1936년 합법화 과정을 거쳐 총회장을 선출한 제3회 총회를 일방적으로 해산시키는 과오를 범하였다. 동양선교회 총본부는 1936년 제3회 총회를 통해 정당하게 선출된 신임 변남성 목사를 비롯한 신진 개혁 세력으로

부터 붕괴되어 질 것을 우려한 나머지 이사회 정치에 순응하는 한국 교역자들과 손을 잡고 총회를 중간에 해산하였던 것이다.

자치 운동의 실패와 선교사들의 파행적인 주도권의 강점(强占)은 이에 대한 반동으로 1936년 11월 25일 평양 상수리교회에서 정치적 통제 기관을 배제하고 성서 이외의 법규를 세우지 않은 하나님의 교회를 태동시키는 결과를 낳게 하였다. 이것은 변남성, 곽재근 목사를 비롯한 신진 개혁 세력이 창설한 1936년 하나님의 교회가 성결교회를 내부적으로 음해하고, 파당을 일으켰다는 반선교사, 불순자의 세력이라는 기존의 부정적인 평가를 지양(止揚)하게 해준다. 또한 지방색 문제, 한국인 이사들 간의 의견 불일치, 젊은 세대와 노년 세대의 갈등 구조는 간접적(間接的)인 요인(要因)임을 말해준다. 왜냐하면 해방 이전 주체적인 한국성결교회를 수립하려는 한국 목회자들의 의지에 대해 동양선교회 선교사들이 근시안적(近視眼的) 관점에서 이것을 불순한 태도로 보고 한국성결교회의 자치 운동을 방해(탄압)한 데서부터 하느님의 교회가 창설되었기 때문이다."

4. 닫는 말

결론적으로 정리하자면, 앞서 생애를 통해 사역을 살펴본 바와 같이 지금까지 곽재근 목사에 대한 '선교사들에게 대항하고 파당과 분파를 일삼은 불순세력'이라는 부정적이며, 무비판적으로 사실을 왜곡시켜 평가된 모든 기존의 잘못된 역사 서술은 바르게 시정되어야 한다.

곽재근 목사는 교권욕이나 파당과는 전혀 상관없는 3순 신앙(三純信仰: 純潔, 純愛 ,純粹)의 인물로서 일제 강점기로부터 해방 이후에까지 이 시대를 밝힌 복음의 등불로써 한국교회의 큰 기둥 같은 신실한 하나님의 일꾼이었다. 즉, 불의와 타협하지 않은 백합같이 순결(純潔) 신앙의 지도자(指導者), 자기를 해하는 자까지라도 예수 그리스도의 사랑으로 품고 고난을 달게 지고 간 십자가 순애(純愛) 신앙의 목회자(牧會者), 신구약 66권 성서 그대로를 믿고, 전하고, 가르친 성서적 순복음(사중복음), 순수(純粹) 신앙의 교육자(敎育者)이며 복음 전도자였다.

(* 故 곽재근 목사 49주기 추모 학술세미나[2019.2.18.] 내용을 정리한 내용, 임의상 각주 생략.)

2부

1936년 성결교 총회 분립에 대한 연구

1936년 성결교 총회 분립에 대한 연구

I. 여는 말

한국성결교회는 1945년 해방 이전에 교단 분립의 시련을 겪게 되었다. 1936년 3월 17일에 개최된 제3차 총회에서는 서북계(西北系) 소장 목사인 변남석 목사가 무기명 비밀 투표를 거쳐 2대 총회장인 이명직 목사에 이어 총회장으로 선출되었다. 이 일은 당시로서는 파격적인 이변이었다.[1]

전국 각지의 총회 총대들이 모여 합법적으로 총회장을 선출했으나, 동양선교회 이사회에서는 일방적으로 총회 도중 총회 무효 선언

---

1 李泉泳, 「聖崇敎會史」, (서울:기독교 대한 성결교회 출판부, 1970), 81.

을 내리고 해산을 선언하였다. 이에, 이사회의 결정에 불복한 일부 성결교 목사들이 성결교를 떠나, 그해 11월 29일 새 교단인 하느님의 교회를 창립하게 되었다.

1936년 성결교 총회 분규 사건은 단순한 성결교회만의 사건이 아닌 당시 한국교회가 안고 있는 문제점을 표출시킨 사건이었다.[2] 1919년 3.1운동 직후 표면적으로나마 문화 정치를 표방하며 완화된 정책을 보였던 일제는 만주 침략(1931년)을 계기로 한국을 아시아 대륙 침략의 전초기지화하면서 강압적 통치 정책을 펴나갔다.[3] 1920년 중반부터 1930년대 기간에 한국교회는 자기 모색의 전환기를 맞으며 여러 면에 걸쳐서 갈등과 분쟁이라는 시련을 겪었다. 한국인의 주체적 신앙과 교회 수립 운동의 노력은 결과적으로 지금까지 볼 수 없었던 다양한 교단과 종파 분립이라는 현상을 갖게 하였다:

> 이 시기 한국 기독교는 교회·교파 간, 신학의 진보·보수 간, 선교사와 한국인 사이, 서북 지방 교인과 중부 지방 교인 사이의 갈등과 분쟁으로 내적인 시련을 겪고 있었다. 또한 체제화되고 교권화되는 제도권 교회의 경직성도 문제가 되었다. 이 같은 내적 갈등으로 인한 분규와 분파 현상 속에서도 한국인의 주체적 신앙과 교회 수립 운동이 꾸준히 전개되었다. 그러나 이러한 주체적 신앙 운동이 제도권 교회로부터 '이단'으로 정죄받게 되면서 한국 기독교 전체의

---

2 이덕주, "1936년 성결교 총회 분규 사건," 「韓國基督敎會史硏究」, 제17호(1987. 12), 18.
3 한국기독교 역사연구소, 「한국기독교 역사 II」(서울: 기독교문사, 1991), 147-9.

갱신 운동으로 발전하지 못함에 따라 다양한 '종파' 분립 현상이 나타나게 되었다.[4]

주지하는 바와 같이 일제하의 한국교회의 교권은 선교사들에 의하여 주도되었다. 반교권적(反敎權的)이라는 말은 반선교사적(反宣敎師的)이라는 말과 동일한 의미를 가지고 있었다는 것이 일제하 한국교회의 특성이었다.[5] 반선교사(反宣敎師) 운동과 반교권 운동의 한계를 구분 짓기는 어려우나,[6] 선교사 주도의 교회에서 한국인의 주도권 행사에 대한 관심이 3.1운동 이후 민족 자존적(民族自尊的) 기풍의 진작과 함께 높아 갔다.[7]

일부 선교사들이 갖고 있던 인종 차별주의와 문화 우월주의적 사고, 그것에서 비롯된 비행과 추문 사건으로 한국교회와 선교사 사이엔 긴장 관계가 조성되었다. 여기에다 1세 선교사들이 지니고 있던 한국교회에 대한 주인 의식과 지배 의욕, 2세 선교사들의 한국 문화에 대한 몰이해 등의 부정적 요인들이 복합적으로 작용하여 한국교회와 선교사 간에 위기 상황까지 연출되었던 것이다. 게다가 선교사와 한국교회 사이의 벌어진 틈새를 파고들어 한 교회 안에 반(反)선교사 운동을 획책하려 한 일제의 침략적 음모까지 겹쳐서 선교사 문

4　Ibid.,
5　金南植,「日帝下 韓國敎會 小宗派運動硏究」(서울: 새순출판사, 1987), 31.
6　김남식은 반선교사 운동과 반교권 운동을 둘로 구분하여 반선교사 운동으로는 崔重珍의 自由敎 와 李萬集의 '自治敎'를 들고, 반교권 운동으로는 조선기독교회(1935년), 하나님의 교회(1936년), 적극 신앙단을 들고 있다.
7　金南植,「日帝下 韓國敎會 小宗派運動硏究」, 175.

제는 상당히 복잡한 양상으로 전개되었다. 따라서 이 같은 1920-30년대 선교사와 한국교회 사이의 갈등은 한국교회 발전의 저해 요인이 되기도 하였는데,[8] 이것은 내적으로는 기성 교회에 대한 비판과 동시에 혁신 운동이었고,[9] 외적으로는 선교 초기로부터 절대적인 권위를 행사해온 선교사들의 전횡에 반대한 반교권 운동이었다.[10]

1920-30년대 한국교회의 선교사 비판 내지 배척 운동은 한국 기독교인들의 자립과 자치 운동으로 발전되어 선교사들의 인종차별적 우월주의, 제도권 교회의 교권적 저항에 투쟁하는 쪽으로 나갔다. 그러나 그 결과 이단 시비에 몰려 제도권 교회로부터 추방을 당하였고, 이들은 자치와 자유를 주장하며 별개의 교회 조직을 형성하기 시작했다.[11] 그 대표적인 예는 장로교에서 최중진의 '자유교회', 김장호의 '조선기독교회', 이만집의 '자치교회', 박승명의 '마산예수교회'이다.[12] 이 같은 현상은 감리교의 경우에는 이용도 목사의 예수교회와 1935년 1월 25일 감리교 만주선교연회 북만 지방의 변성옥, 현성원, 한동규 등을 중심으로 설립한 조선기독교회(朝鮮基督敎會)를 들 수 있다.[13] 그리고 성결교회의 경우에는 1936년 11월에 곽재근, 정남수,

---

8 한국기독교 역사연구소,「한국기독교의 역사 II」, 175.
9 교회에 대한 비판의 소리는 1917년 이광수의 "금일 조선 야소교회의 결점" 이란 논문이 발표된 이후로 높아져 갔다. 적극 신앙단 신용우는 1920년대의 반기독교 운동은 현재 조직되어 있는 기독 교단이나 또는 개인에 대한 절요(必要)한 반성제를 보았다. cf.「開闢」(1925년 11월호), 71과 全炳昊,「崔泰瑢의 生涯와 思想」(1983년) 참조.
10 基督敎思想編輯部編,「韓國敎會와 이데올로기」(서울: 대한기독교서회, 1983), 197.
11 한국기독교역사연구소,「한국기독교의 역사 I」, 192.
12 Ibid., 197.
13 全澤鳧,「韓國敎會發展史」(서울: 大韓基督敎出版社, 1987), 227-28.

변남성을 중심으로 세워진 하나님의 교회를 들 수 있다.

II. 교단 조직(1921년)과 자치 선언(1932년)

한국성결교회는 1907년 성령 부흥 운동의 불길이 거세게 일어날 때 장·감에 비해 20여 년이 뒤진 상태에서 조선 땅 한복판 경성에서부터 시작되었다.[14] 순수한 복음전도관으로 시작한 초기 한국성결교회는 특별한 교회 조직 없이 15년간 순복음이라 불린 사중복음을 전하는 일에 주력하였다. 처음 출발 때에는 교파를 형성할 의향이 전혀 없었으나 개종한 사람들을 가까운 아무 교회나 권해도 적응치 못하고 돌아옴으로 추종자가 늘고, 그동안 선교 목적으로 새워진 전도관이 서른세 곳이나 이르게 되었으므로 자연스럽게 교회의 형태를 취하게 되고, 결국 1921년에는 교회 체제로 전환하여 동양선교회 성결교회라는 교단 조직을 하게 되었다.[15] 이후 교단으로서의 조직 정비가 요청되자 같은 해 4월부터 정식 의회가 아닌 교회 발전의 유익을 위해 대화를 나누는 간담회(懇談會)를 일 년에 한 차례씩 모이게 되었다.

비정치 조직인 교역자 간담회는 1924년에 교역자회로 발전되었고, 1929년에는 감리교 제도를 본떠서 연회(年會)로 정착하였다. 제1회 연회에서는 레티 카우만(Lettie B. Cowman) 여사와 킬보른(E. A.

---

14 정상운, 「한국성결교회사(1) (서울: 은성, 1997), 136.
15 鄭祥雲, 「聖潔敎會와 歷史硏究(I)」 (서울: 이레서원, 1997), 184.

Kilbourne) 부총리가 참석한 가운데 경성성서학원에서 개최하였는데, 초대 의장에는 우드(Harry F. Woods) 선교사, 부의장에는 박영순(朴瑩淳) 목사, 서기 이상철(李相徹), 부서기 이건(李鍵) 목사를 선출하였고, 58인이 모인 가운데 평신도 대회를 가졌다.[16]

그러나 교역자회와 마찬가지로 연회는 독자적인 행정 능력을 갖지 못했다. 동양선교회는 1921년 한국에서 성결교회로 교단 조직화할 때 모든 교회 정치는 동양선교회 총리가 전체를 관장하고, 그 하부 조직으로 고문회를 두어 의견을 청취하는 형태의 조직을 가졌다. 1924년부터 고문회는 이사회로 변경되었고, 선교사 중심의 이사회는 한국인 교역자 중심의 교역자회 뿐만 아니라 이후의 조직된 연회의 모든 기능을 감독, 통솔하였다.[17] 따라서 성결교회는 교단 조직 후 10년간은 정치적으로 교단 조직의 기능 형태를 갖추게 되었으나, 반면에 선교사의 절대적인 권한 아래 모든 일을 지배받게 되었다. 다만 이 같은 이사회 조직 외에 재정을 담당하는 재단 이사회가 별도로 있었는데, 재단이사회에 한국인이 참여한 것은 1929년이 처음으로 이명직 목사가 첫 한국인 재단이사였다.[18] 그러나 1930년에 들어오면서 교회수가 점점 더 증가하고 한국인 교역자가 늘어남으로써 한국인 교역자의 역할과 책임이 요구되자, 종래의 동양선교회라는 선교사 중심의 중앙집권적 정치 제도를 탈피하고자 하는 민족 주체적

---

16 李明植, 「朝鮮耶蘇教 東洋宣教會 聖潔教會 略史(京城: 朝鮮耶蘇教 東洋宣教會 聖幕教會 理事會, 1929), 23. 「朝鮮耶蘇教 東洋宣教會 聖幕教會 略史」를 이후 「略史」로 표기함.
17 Ibid., 31.
18 이덕주, "1936년 성결교 총회 분규 사건", 19.

의식이 한국인 교역자를 중심으로 모아져 1932년에 자치 선언(自治宣言)이 선포되고, 그 기세가 교단 저변에 확산되기 시작하였다.[19] 따라서 이명직 목사를 중심으로 교회 건축비와 교역자 생활비 거의 전액을 동양선교회 선교부에 의존하였던 관계를 청산하고, 한국성결교회 교인들의 헌금으로 경제적인 자립과 함께 정치적인 자치를 모색하여 자치 선언을 하게 되었다.[20] 1932년 3월 26일 제4차 연회에서는 다음과 같은 내용의 자치 선언을 결의하였다:

> 하나님의 크신 능력과 넓으신 사랑과 깊으신 은혜를 찬송하여 마지않나니 우리 조선에 순복음이 전파된지 이미 二十유五년이라. 지금까지 선교 본부의 유지를 받아 여기까지 발전됨은 진실로 감사하는 바니라. 이제는 우리가 자립하지 않으면 안 될 것은 연회를 조직 후 四개성상의 훈련을 받고 또한 각오를 가지고 왔도다. 일반 교회와 교역자 제위는 비장(悲壯)한 결심과 담대한 용기로 전진하기를 희망하며 이에 우리는 신앙 우에 서서 조선 예수교 동양선교회 성결교회 헌법 제3편과 제4편과 부록 제1장으로 제5장까지를 폐지하고 자치(自治)를 선언(宣言)함.
> 一千九百三十二年 三月 二十六日
> 조선 예수교 동양선교회 성결교 리사회

---

19 鄭祥雲, 「聖潔敎會와 歷史硏究(I)」, 186.
20 Ibid., 186 ; 「활천」, 통권 454호, 95.

許仁守, 李明稙, 崔錫模, 郭載根[21]

1932년 자치 선언의 기세는 1933년으로 확산되어 발전되었다. 이에 이사회에 예속되고, 한국인의 독자적인 행정 능력이 없는 연회를 해체하고, 제1회 총회를 개최하여 무기명 투표를 통하여 이명직 목사를 총회장으로, 부회장에는 곽재근 목사를 선출하였다.[22] 동양선교회 총본부의 허락에 의하여 1933년 4월 12일 오후 2시에 경성성서학원에서 가진 성결교회 제1회 총회는 교회 통치의 최고 권위로서 총회를 인정하고, 총회 조직을 목사 대표와 평신도 대표로 구성하였다.[23] 특별히, 제1회 총회에서는 이사를 선출하고, 임기 내에 개선할 권한이 총회에 있음을 헌법에 포함시켰다:

第六節에 第九條와 第十條를 增加하다.
第九條 = 總會는 牧師된 會員中에서 理事를 選擧하느니라.
第十條 = 總會는 四分之三 以上의 出席과 票決로 任期內에라도 理事를 改選할 權限이 있느니라.[24]

제1회 총회는 이사회는 총회에서 선거한 7명의 이사로 조직하고,

---

21 「朝鮮郎好敎 東洋宣敎會 聖彩敎會第四回 年會會議錄」(1932), 31-2.
22 鄭祥雲, 『韓聖第敎會와 歷史硏究(I)』, 187. cf.「朝鮮耶蘇敎 東洋宣敎會 聖潔敎會 第一回 總會會錄」(1933), 3.
23 鄭祥雲, 『韓國聖彩敎會와 歷史硏究(I)』, 17.
24 Ibid.,

이사회의 사무 처리와 의사 결정은 5인 이상의 결의로 규정함으로써 과거 이사장의 독점하였던 절대적 권한에 제동을 거는 등 지금까지의 정치 제도에 볼 수 없었던 파격적인 새로운 정치 질서를 요구하였다. 그러나 아직도 동양선교회 이사회를 총회보다 동양선교회 조선야소교 동양선교회 성결교회 정치체(政)의 최고 권위 기관으로 인정함으로 총회의 위상은 사실적으로는 이사회에 예속된 정치 제도라는 한계를 보였다. 총회 이사 선거 문제는 중대하고도 민감한 사항인지라 동양선교회 총본부에서 승인이 있기까지 유보하고, 그 이전에 모든 행정 사무집행권은 전이사회(前理事會)에 일임하자는 안건이 가결되었다.[25] 제1회 총회는 동양선교회에서 임명하던 이사를 일반 교회에서 대표로 파송한 대의원들에 의해서 총회에서 선거하여 뽑는 하향식 정치 제도에서 상향식 정치 제도로 그 방향을 선회시킴으로 결과적으로는 선교사들의 권한을 약화시키는 일을 초래케 하였다. 동양선교회 총본부의 승인이라는 형식적 절차가 남아 있지만, 이것은 중앙집권적 정치 제도에서 탈피하고 한국인 교역자들의 전체적인 의사를 결집하여 실행하고자 하는 근대 민주주의적 대의 정치 제도에 대한 간절한 표방이었다. 따라서 선교사는 다른 한국인 목회자들과 동등한 위치에서 총회 회원으로 참여케 되었고, 종래에 행사하던 절대 권력을 사용할 수 없게 되었다. 여기에 한국인 목회자들과 선교사들 사이에 교회 주도권을 둘러싼 미묘한 갈등과 대립

---

[25] Ibid., 18.

이 표출되기 시작하였다.[26]

1932년 자치 선언과 1933년 제1회 총회를 통한 정치적인 자치와 경제적 자립의 노력을 통한 결과는 사뭇 지대한 것이었다. 물론, 선교 초기부터 네비우스 방법을 따라 실천한 장로교에 비해서는 경제적 자급의 시기와 액수가 미미한 것이지만, 자치 선언에 따른 경제적 자급의 노력은 상당한 결과로 나타났다.[27] 실제로 북장로교의 선교지역의 경우 1909년에 교회 건물이 840개소 있었는데, 그중에서 20 교회 정도가 선교비의 도움을 그것도 부분적으로 받고 있었을 뿐이었다.[28]

1931년부터 1933년까지 한국성결교회의 재정 형편을 살펴보면 자치 선언을 한 후 자급 비중이 현저히 증가되었다. 즉, 1932년에는 자치 자금이 전체 수입금액 중의 29%를 차지하는 1,016,794원이었고, 1933년에는 1,236,090원으로 28.7%에 해당하였다.[29]

이뿐만 아니라 선교에 있어서도 괄목할 만한 결과가 나타났다. 표 1에 나타난 것과 같이 1932-34년에 걸쳐서 이 기간에 만주 지역에서

---

26 이덕주, "1936년 성결교 총회 분규 사건", 19.
27 한국 장로교는 감리교에 비해서 훨씬 이른 시간에 자립하여 자치하는 교회가 되었다. 그것은 감독교회와 장로교회라는 교회 치리의 형태의 차이에서도 기인하지만, 한국에 온 네 장로교 선교회가 연합하여 네비우스 방법을 따라 실천한 결과라고 말할 수 있다. 1907년 '조선 장로교 독노회'가 조직되고, 1912년 9월에 제1회 총회를 개최하였다. 1915년 이후로 단 한번의 예외를 제외하고 한국인이 총회장이 되었다. 따라서 1907년부터 자립한 장로교는 선교사들은 다만 손님이요, 협조자로서의 역할을 감당하였다. 김영재, 「한국 교회사」 (서울: 개혁주의 신행협회, 1996년), 125-32 참조.
28 S. A. Moffett, "Evangelical Work, Quarto Centennial Papers", 1909, 23; 閔庚培, 「韓國基督敎 社會運動史」, 91-2에서 재인용.
29 이덕주, "1936년 성결교 총회 분규 사건", 20.

신설된 교회는 14개소(기도소를 포함하면 26개소)라는 통계가 나타나고 있다.

<표1> 재만 성결교회 설립 통계(1925 - 1939년)

교회 수/년도	1925	1926-31	1932-34	1935-38	1939
전체 교회 수	1	4	14(기도소 포함)	21	22
신설 교회 수	1	3	13	7	1
폐지 교회 수			3		

안수훈 목사는 자치 선언의 결과를 다음과 같이 말한다:

> 과연, 자치 선언은 한국 사람의 힘과 노력으로 '한국성결교회'를 크게 부흥시켜 보자는 뜻에서 이루어진 것이다. 성결교회의 자립 선언이 있는 뒤, 1년 만에 놀라운 결과가 나타났다. 그 결과는 다음과 같다. 신설 교회 50개, 새 세례 교인 2,000명, 새 구도자 15,000명, 신축된 교회 13개, 주일 학생 3,000명이었다.[30]

따라서 자치 선언을 통한 자립 선교는 성결교회에 자립적 선교 의욕을 고취시킨 나머지 만주 선교에 절대적인 영향을 미쳐 재만교회들로 하여금 자립적이고, 자기 의존적이며 적극적인 교회 설립과 성장을 가져오도록 하는 결과를 낳게 하여 해방 이전 한국성결교회를 장로교, 감리교와 더불어 한국교회 3대 교단 중에 하나로 부상하는

---

30 안수훈, 「한국성결교회 성장사」, 162; 「活泉」 제124호(1933), 2.

위치에 올려놓았다.

III. 1936년 성결교 총회 분립

앞서 언급한 바와 같이 1932년에 자치 선언을 하고, 1933년에 제1회 총회를 창립한 후, 일 년이 지난 2차 총회에서 다시 이명직 목사가 총회장으로 선출되면서 경제적 자립과 함께 정치적 자치 운동은 계속되었다. 동양선교회는 1회 총회에서 결의한 이사 선출권을 총회에 이양함으로 한국성결교회의 정치적 자치가 이루어지는 것을 반대하고 나왔다.

제2회 총회 둘째 날인 4월 24일 오후 2시 이사회 대표로 회장이 보고하는 중에 전 총회에서 이사 선정에 관한 내용을 총본부와의 교섭결과 이사회는 총회에 그 권한을 이양하지 않을 것임을 내시하였음을 말하였다. 그러자 2차 총회에서는 강송수, 변남성, 유기태, 배신환을 교섭 위원으로 선출하여 이 문제를 킬보른 총리와 직접 교섭하기로 가결하였다.[31] 그 결과 4월 28일 총본부의 회시(回示)의 결과는 다음의 내용으로 보내왔다:

> 朝鮮敎會의 理事選擧權은 自給과 兼行하여야 할 것과 總本部는 速히 理事選擧權을 朝鮮敎會에 讓與하고 싶으나 朝鮮敎會 自給形

---

31 「朝鮮郎 蘇教 東洋宣教會 聖潔教會 第二回 總會會錄」(1934), 8-9.

便을 보아서 時期尙早이므로 時期를 기다리라는 것이었다.[32]

또한 동양선교회 총본부에서는 총회 기간 중 4월 24일 오전 10시에 킬보른 총리의 권사(勸辭)를 통해서 미국의 불경기를 들어 한국 교역자들의 봉급을 끊을 것을 말하며 자치 운동에 제동을 거는 부정적 태도를 보였다:

> 朝鮮敎會가 進步함도 좋으나 聖神의 充滿을 求함을 忘却하면 안 될 것이외다. 今後 우리의 責任은 重大합니다. 故로 더욱 聖神의 充滿을 熱求해야 할 것이외다. 東洋宣敎會의 方針은 宣敎師는 漸漸 물러가고 本國人으로 主張하게 하는 것이올시다.[33]

동양선교회 총본부에서는 한국성결교회의 요청을 거부하고, 이사회를 장악하고 1935년 총회를 소집하지 않았다. 그러나 한국인 목회자들의 자치, 자립 운동은 계속되었다. 1935년 8월 22일에 6지방 순회목회자들과 한국인 이사들이 다시 모여 재차 자치 선언을 하였다.[34]

다음 달 9월 「活泉」 편집자인 이명직 목사가 경질되고, 허인수(P. E. Haines) 선교사가 임명되었다. 이명직 목사를 비롯한 한국인 이

---

32 Ibid., 37.
33 「朝鮮耶蘇敎 東洋宣敎會 聖潔敎會 第二回總會會錄」(1934), 7.
34 이덕주, "1936년 성결교 총회 분규 사건", 21.

사 전원이 이사직 사임서를 제출하였고, 곧 이사회 진영이 바뀌었다. 새 이사장으로는 허인수(P. E. Haines), 한국인 이사로는 이명직, 곽재근, 최석모, 이건 등이 재임되었다. 이후, 「活泉」은 자치, 자립 운동을 운운하는 글이 허인수 선교사의 통제하에 실리지 못했고 반면에, 자치, 자립 운동에 대한 허인수 이사장의 악평 섞인 글들은 1935년 11월부터 1936년에 이르기까지 거의 매호마다 채워졌다.[35] 선교사들의 권위주의적 태도나 한국 교인들의 자치 운동의 열망은 표면화되지 않고 내적인 갈등으로 심화되어 갔다. 선교사들은 여전히 주도권을 잡고 있었고, 이사회를 통하여 절대적인 교권을 발휘하고 있었다.[36]

이러한 상황 아래에서 제3회 총회는 어수선하고, 불안한 분위기 속에서 뜻하지 않은 이변을 낳게 되었다. 1936년 3월 24일부터 경성 성서학원 대강당에서 제3회 총회 및 심령수양회가 열렸다.[37] 3차 총회 기간 중에 이사회 회원 중의 한 사람이며, 총회 부회장인 곽재근 목사와 개혁과 자치를 요구하는 신진 계층의 지지를 받은 서부 지방회(西部地方會) 회장인 변남성(邊南星)[38] 목사가 무기명 투표를 통해 3대 총회장으로 선출되었다. 이것이 성결교의 최초 분립이라는 사건

---

35 허인수(P. H. Haines) 이사장의 글은 1935년 11월(통권 156호)의 "원망하는 자는 도덕적 문둥병자,"를 비롯하여, "위 형제의 위험," (통권 161호, 1936년 4월), "신앙을 키질하는 금일," (통권 162호, 1936년 5월), "사(思)하고 곡(哭) 하라," (통권 163호, 1936년 6월), "임간사(林間蛇)," (통권 164호, 1936년 7월) 등이 기재되었다.
36 金南植, 「日帝下 韓國敎會 小宗派運動硏究」, 45.
37 "公告", 「活泉」, 제160호(1936), 속지.
38 「朝鮮耶蘇敎 東洋宣敎會 聖潔敎會 第二回 總會會錄」(1934), 58.

을 가져오게 한 사실상 문제의 시작이었다. 1, 2회 총회에서 선거를 통해 이명직 목사가 선출되었고, 동일한 선거 방식에 따라 3회 총회장으로 변남성 목사가 총회장이 되는 합법적인 총회장 교체가 이루어졌다. 그러나 1, 2회 총회와 달리 이사회는 여기에 대한 불만이 대단하였다. 따라서 그 이전의 임원과 제협해서 3차 총회를 계획적으로 불신임해 버리고 말았다.[39] 이 일에 대해 안수훈 목사는 다음과 같이 말한다:

> 총회장에는 갑자기 지방 대표인 젊은 청년인 변남성 목사가 당선되었다. 그리하여 중앙 대의원들은 큰 충격을 받게 되었다. 곧 중앙 세력이 한데 뭉치어 제3회 총회를 무효로 돌리고, 이사회를 총회 대신의 집권 기관으로 하였다. 이상한 일이었다. 전국 지방회에서 파송된 대의원들이 합법적으로 모여 결성한 모든 결의가 어찌하여 모두 무효화가 될 수 있는가? 어떤 법에 의하여 총회의 결의가 무효가 되고, 또한 무슨 이유로 제3회 총회를 이사회 및 중앙 세력들이 무효 선언을 할 수 있는가?[40]

동양선교회 총본부 이사회는 총회를 무효 선언 할 뿐 더러, 합법적 선거 절차를 통해 총회장이 된 변남성 목사를 3월 25일자로 면직 처분하였다. 또한 더 나아가 동양선교회 이사회는 적법한 총회 절차를

---

39 閔庚培,「韓國基督敎會史」(서울: 大韓基督敎 出版社, 1982, 37.
40 안수훈,「한국성결교회 성장사」, 163.

거쳐 선출된 총회장을 직전 총회 임원들과 제휴하여 새 총회를 불신 임시킬 뿐만 아니라, 총회 체제를 선교사 중심인 이사장 체제로 만들고, 1935년 미국 총본부에서 일방적으로 조선교회에 통보한 이사회 직제 변경안에 따라 9월 3일부로 이사회 임원을 새로 구성하였다.[41]

동양선교회 총본부에서 허인수 이사회장으로 발표된 이사는 상무 이사로 지일(池逸), 이명직, 최석모, 이건, 박현명 5인과 순회 이사로 강시영, 이문현, 김응조, 박영순, 강송수, 이정원 6인으로 발표하였다.[42] 당시 성결교의 한국 지도자로 최고 위치에 있었던 2대 총회장인 이명직 목사는 변남성 목사의 선거 결과에 승복하기보다는 지금까지의 태도와는 달리 이사회 편에 섬으로 선교사들의 재신임을 얻게 되었고, 이사로 복귀할 9월 즈음에 「活泉」 편집인(주간)직을 다시 갖게 되었다. 다음의 글은 제3회 총회 당시 이명직 목사가 취했던 이중직 입장을 암시해주고 있다:

> 그러나 法의 精神은 懇談會니 敎役者會니 年會니 總會니 하더라도 監督政治의 中心精神은 언제든지 서서 있었다. 이는 東洋宣敎會의 政인 까닭이다. 그런데 여기 대하야 誤解된 思想을 품은 이도 若

---

41 미국 총본부로부터 한국교회에 통보한 '이사회 직제 변경안'의 조직은 다음과 같다.
  "第一節 組織
  第一條 理事會는 東洋宣敎會 朝鮮聖潔敎會가 完全히 自給되여 總會에서 選擧할 때까지 總本部에서 任命 하나니라.
  第二條 理事會는 東洋宣敎會 總本部에서 任命한 七人의 理事로 組織하나니라.
  第三條 理事會는 東洋宣敎會 朝鮮聖潔敎會를 統治할 最高權威機關이니라" "理事會 公告", 「活泉」 제148호(1935), 속지.
42 김 "謹告," 「活泉」, 제167호(1936), 속지.

干 있었든 줄로 생각된다. 그것은 곧 共和政?로 生覺하였든 것이다. 그러나 監督政 나 共和政 나 그 內容을 보면 差異點은 이것이다.

共和라 하면 各敎會 堂會가 能히 敎役者를 請聘하야 세운다는 意味이겠고 監督이라 하면 敎役者를 敎會가 自立하지 못하고 派送을 받는 것이다. 그러므로 우리 東洋宣敎會는 創立 三十年末 派送制를 使用하여 왔으니 監督政體의 制度 그대로 實施 된 것이오. 何等의 變化가 없었던 것이다. 또 監督制度는 敎會를 統治하는데 매우 必要한 制度인줄로 생각한다. 또는 監督이라든지 監督을 代表하는 理事라든지 委員이라든지 이는 누구든지 自遷하야 될 것이 아니오 選擧로 될 것인데 當分間은 總本部가 任命한다 하야도 畢竟에는 그 選擧權을 우리 朝鮮人에게 줄 것만은 明若觀火의 일이다.[43]

이사회의 일방적인 제3회 총회 무효 선언은 개혁과 자치를 주장하였던 목회자들의 반발을 사게 되었고, 결국은 당시 의식 있는 신진 개혁 세력들이 성결교를 떠나는 결과를 초래하게 하였다. 2회 총회 부회장이었던 곽재근 목사를 비롯하여 변남성, 안형주, 서재철, 김광원 등이 탈퇴하게 되었다.[44]

---

43 主幹, 憲法發表에 對하야," 「活泉」, 제167호(1936, 10), 1.
44 936년에 떠난 교역자 이름과 일자는 다음과 같다. 변남성 3월 25일, 서재철 4월 20일, 김광원 4월 20일, 곽재근 7월 13일부로 사직하였다. 송태용 전도사는 1936년이 아닌 1935년 9월에 장서철, 문학열, 조정현 목사, 리근직(신천교회 전도부인)과 함께 시작하였다. 또한 같은 해 12월에는 장막전도대 대장인 정남수 목사가 사직하였다. cf. 「活泉」, 155호, 158호, 164호 "通信" 참조.

IV. 하느님의 교회 창설

1933년 1회 총회시 총회에서 이사 선출 결정 문제와 관련한 이사회의 부정적인 태도에 대한 반동의 여파와 제3회 총회마저 이사회의 전횡적 독단으로 총회가 파행적으로 해산되자, 한국성결교회는 교단 분립이라는 과정을 거쳐 새로운 교단을 창립하는 정치 제도의 분극이라는 변형을 보였다. 1935년 12월 27일 이미 동양선교회 이사회에 의해 면직된 정남수 목사는 총독부 당국에 '하느님의 교회' 포교원을 제출하고, 1936년 5월에 당국의 공인을 받았다.

이후 1936년 성결교를 탈퇴한 목사들을 중심으로 11월 25일부터 29일까지 평양 상수리 교회에 모여 '하느님의 교회 제1회 공의회(敎會 第一回 公議會)'를 조직하였다.[45] 창립 당시 참가한 교역자들은 약 14명, 15개 교회로 평신도들을 포함하여 30여 명이었다: "곽재근 목사, 변남성 목사, 안형주 목사, 오계석 목사, 양석봉 전도사, 김승만 목사, 송태용 전도사, 서재철 전도사, 김광원 전도사, 김정기 전도사, 정희열 전도사, 한성과 목사, 정남수 목사, 이용선 전도사 등."[46]

이들은 제1회 공의회를 개최하며 하느님의 교회 선언문을 작성하였는데, 작성할 당시 준비 위원들은 다음과 같은 내용을 합의하였다:

---

45 「聖化」, 通卷 24號(1937, 1), 34.
46 오대용, 「大韓基督敎 하나님의 敎會 五十年 正史 (서울: 대한기독교 하나님의 교회 총회, 1986년), 47-8,

1. 신도라면 의무화되어 생명이 있는 신앙을 폐하는 느낌이 있으니 성서 그대로를 믿을 것.

2. 교회라면 인간의 책략과 모계(謀計)가 없는 하나님만이 말씀하시고 주관하시는 평화스러운 교회로 할 것.

3. 신앙이라면 그리스도와 신부와의 사이에 그 무엇이나 개재할 수 없고 조종할 수 없는 자유로운 신앙으로 할 것.

4. 복음 선교라면 물질적 세력으로 상한 갈대 같은 연약한 양심을 짓밟지 않는 순 전한 복음의 선교로 할 것.

5. 의타 사상을 버리고 자립 교회로 키워갈 것.

6. 초교파적인 교회로 육성할 것.[47]

11월 29일 하느님의 교회 제1회 공의회 교역자 대표인 곽재근, 변남성, 이태석, 김광원, 김정기, 윤낙영, 서재철, 송태용[48] 8인의 이름으로 '하느님의 교회 선언'을 발표하였다:

一. 하느님의 敎會는 그 名稱을 하느님께서 聖書에 보이심에 依한 것임(고전 1:2, 10:32, 11:16, 22, 15:9, 고후 1:1, 갈 1:13, 살전 2:14, ?전 3:5, 15절 등).

二. 하느님의 敎會는 聖書上 元來 單一性 存在이매 이 眞理대로 모든 聖徒들이 主 안에서 하나 되어야 할 것을 主張함.

---

47 Ibid., 46-7.
48 「聖化」, 通卷 24號 (1937, 1), 34-5.

三. 하느님의 敎會는 信仰個條를 制定치 않고 單純히 聖書를 信仰의 基準으로 함.

四. 하느님의 敎會는 政治的 統制機關을 두지 않으며 또한 聖書 이외의 法規를 세우지 않고 各個敎會가 다만 敎會의 머리이신 그리스도의 統治에 直屬하야 聖書를 唯一의 政則으로 함.

五. 하느님의 敎會는 各 個敎會의 協同을 要하는 主의 事業에 對하여는 互相聯合

하야 行함.

主後 一九三六年 十一月 二十九日[49]

하느님의 교회는 정치적 통제 기관의 하향식 조직 체제를 거부하고, 민주적 대의 체제인 공의회 제도를 받아들였다. 또한 신앙 개조에 매이기보다는 단순히 성서를 신앙의 기준으로 삼는 모습을 보이는 등 교리와 제도에 매인 제도권 교회의 거부, 구체적으로는 동양선교회 이사회 정치에 대한 반동으로 조직된 교단임이 창립 선언에 잘 반영되고 있다.

하느님의 교회에 소속한 사람들은 여러 종파 출신의 배경을 가지고 있다. 이 속에서 새로운 종파를 형성하였고, 또 많은 이들이 이 종파를 떠나는 현상들이 있었다.[50] 정남수 목사는 교역을 그만두고 중

---

49 Ibid., 34.
50 金南植,「日帝下韓國敎會 小宗派運動硏究」, 45.

국에 갔다가 1948년에 대한기독교 나사렛 교회를 설립하였다.[51] 송태용은 장로교회로 전직하였고, 서재철은 1939년에 나사렛 교회에 가입하였고, 양석봉은 성결교회로 돌아갔다.

1942년 청량리 하느님의 교회에서 가진 제4회 공의회에서는 하느님의 교회 교단을 일단 해산하고 장로교회로 합동하기로 결의하였으나, 해방 후 2, 3년 동안 8교회가 다시 하나님의 교회로 세워졌다. 1949년 4월 정남수 목사는 미국 나사렛 교회 동양 책임자인 니스 박사와 함께 하나님의 교회가 나사렛 교회에 가입하는 합동 문제를 곽재근, 안형주, 서재철 목사와 논의하였다. 이때 하나님의 교회 측은 과거 성결교회 시대에 선교사들처럼 달리 횡포와 내정 간섭을 지양하고 정기적인 재정 원조와 함께 성교회(聖敎會)라는 이름으로 교단 명칭을 사용할 것을 제의하고, 양측은 우호적인 입장에서 검토하였으나 성사되지 못한 채 6.25 동족상잔의 비극이 일어남으로 끝났다.[52]

1954년 제5회 공의회에서는 주한 미군 군목 웨버와 썸멀서(미국 하나님의 교회 목사)의 주선으로 미국 하나님의 교회 선교부에 한국교회의 실정을 보고하였다. 이후에 약간의 선교비와 함께 1961년에는 선교사가 파송되었고, 한 해전인 1960년 제8회 공의회 때 교단 명칭 '하느님의 교회'를 '하나님의 교회'로 변경하였다.[53]

---

51 「제34차 중부 지방 총회회의록(대한기독교 나사렛 성결교회)」(1989년), 3.
52 오대용, 「大韓基督敎 하나님의 교회 五十年 正史」, 106-7.
53 Ibid., 266, 270. 선교비 후원은 1938년부터 미국 하나님의 교회에서 경제적 원조를 통한 정치적 간섭을 배제하는 원칙 아래에서 약간씩(초기에는 매월 100불) 받았다.

V. 닫는 말: 총회 분립에 대한 평가

1936년 성결교회의 총회 분립 사건은 지금까지와는 다른 반교권적 성향을 지닌 하느님의 교회라는 새 교단을 낳게 하였고, 성결교회는 1932년 형태로 정치적 상황이 환원되었다. 총회는 연회로 격하되었고, 이사 및 임원 선출권은 미국 총본부에 귀속되었으며, 이사회는 명실상부한 최고 권력 기관으로 한국성결교회의 모든 것을 지휘, 감독하게 되었다.[54] 따라서 일제하의 한국성결교회의 교권은 1940년 말 일제에 의해 선교사들이 본국으로 철수하기 전까지 동양선교회 총본부의 선교사에 의하여 주도되었다. 이 같은 결과를 낳게 한 1936년 성결교 총회 분립 사건은 다음과 같은 몇 가지로 그 역사적 의의와 내용을 평가할 수 있다.

1. 지금까지 1936년 총회 분립 원인에 대한 평가의 문제이다. 성결교회 내에서 나온 저작물로는 성결교의 첫 번째 분립의 원인에 대해 급속한 자급 운동으로 인한 교역자 생활비 지급에 대한 지방교회의 불만, 이사회 운영에 대한 한국인 이사들 간 의견의 불일치, 중앙과 지방 목회자들의 임지 결정에 대한 대립과 불만, 서울 출신 이사들과 서선(西鮮) 출신 이사인 곽재근 목사와의 지방색적인 갈등, 노년층의 연장자를 중심으로 한 세대와 젊은 혁신 세대와의 갈등 등 여러 가지를 들고 있다.[55] 그러나 이와 같은 요인들은 부차적인 표면적인 원인

---

54 이덕주, "1936년 성결교 총회 분규 사건," 23.
55 1930년대 성결교회의 교역자들의 지방 분포도 통계는 장로교화는 달리 서선 지방 교역자들

이었고, 이러한 분규의 요인을 가져오게 한 근원(根源)이 되었던 것은 한국성결교회의 정치적 자치권에 대한 동양선교회 총본부 이사회와 한국성결교회 목회자들과의 각자의 이해관계와 갈등에서부터 비롯되었다고 보아야 할 것이다. 이덕주 목사는 이에 대해 다음과 같이 말한다:

> 근본적으로 이 사건은 한국교회 지도자들과 동양선교회 선교부 사이의 갈등으로 이해하게 될 때보다 정확한 해석이 가능할 것이다. 자치 운동이 실패로 끝날 수밖에 없었던 이유도 한국인 목회자들 사이의 갈등이 아닌 선교사와 한국인 목회자들 사이의 관계에서 찾아야 할 것이다. 성결교회의 최고 의결 기관인 이사회가 총회 중에도 불구하고 계속 동양선교회 총본부에서 임명하는 이사들로 구성되어 총회 해산의 결정권을 행사하였으며「활천」편집권을 선교사가 쥐고 교계 언론을 장악함으로써 자치 운동의 열기 확산을 중단시켰다.[56]

2. 1936년 총회 분립 사건은 한국교회의 자치 운동에 대한 선교사들의 일방적인 독선 파행을 보인 사건이었음이 지적되어야 한다.

선교사가 이 땅에 들어와서 한국교회가 끼친 공헌이 크나, 상대적으로 끼친 해악도 없지 않았다. 초기 한국 교회사에 보면, 한국교회

의 소수를 차지했고, 중부 지역이 다수를 점유하고 중앙 세력으로 나타났다.
56 이덕주, "1936년 성결교 총회 분규 사건," 23.

와 선교사들 사이에 상당한 깊이의 불신과 갈등의 골이 깊어져 있는 것을 여러 사건에서 찾아볼 수 있다. 선교사 배척 운동이 최고조로 달했던 1926-27년 어간에 선교사들 사이에 선교사들의 새로운 위상 정립을 위한 모색이 행해졌으나, 한국교회의 형성과 발전에 대한 자신들의 공로 인식을 바탕으로 해서 한국교회에 대한 기득권을 향유하려는 자세에는 변함이 없었다.[57]

성결교의 경우, 1925년 12월부터 1926년 1월 사이에 동양선교회에서 운영하던 경성성서학원 학생들의 동맹 휴학 사건도 같은 맥락에서 해석될 수 있다. 당시 급비 교육을 위해 무리한 근로 노동을 시키는 일에 개선을 요구했던 학생들을 무기정학시키고, 이에 항의하며 킬보른 원장을 비롯한 교수 탄핵과 동맹 휴학을 벌이던 학생들에게 정학을 주고, 10명에게는 퇴학을 시켰다.[58]

이와 같은 선교사들의 고압적이고, 전횡적인 자세는 1930년대 중반에 또 한 차례 문제를 일으켜 성결교회가 분열되는 현상을 자초했다.[59] 동양선교회는 1968년 동양선교회 선교 정책이 토착인 영도적 인물을 통한 자급, 자치, 자립으로 발전되는 토착 교회의 확립이 동양선교회의 설립 정책인 것을 표방하였지만, 해방 이전의 실제적 현실은 그 반대로 나타났다.[60] 동양선교회 총본부는 이사회 단일 정치

---

57 한국기독교 역사연구소, 「한국기독교의 역사 I」, 173.
58 「略史」, 41.
59 한국기독교 역사연구소, 「한국기독교의 역사 II」, 171.
60 정상운, 「한국성결교회사 I」 (서울: 은성, 1997), 237.

체제인 지배 관계를 계속 유지해 갔고, 이러한 지배 질서가 1936년 제3회 총회를 통해 신임 변남성 총회장을 비롯한 신진 개혁 세력으로부터 붕괴되어질 것을 우려한 나머지 이사회의 정치에 순응하는 한국 교역자들과 손을 잡고 총회를 해산하였던 것이다. 동양선교회는 경제적인 보조를 종속 수단으로 삼아 한국성결교회 위에 군림하고 지배하는 통치를 일제에 의해서 강제로 추방당하기 전까지 시행하였다.

동양선교회가 한국에서 교회 주도권에 대한 집요한 집착은 일본에서 나까다(中田重治) 목사와의 불화를 통하여 심화되었던 일로부터 비롯된다. 1911년 10월 동양선교회의 전도 방침과 관리상의 문제로 카우만과 나까다 사이에 의견이 상충되었다. 이것은 나까다 목사로 하여금 동양선교회를 떠나 일본성교단(日本聖教團)을 만들고 활동하게 하였다.[61] 성교단 사건에 의해 나까다와 카우만 사이에는 각자의 역할 분담이 조정되어 책임 영역 구분이 이루어졌다. 즉, 본부(동경성서학원과 동경과 아사쿠사 전도관)는 카우만과 킬 보른이 주장하는 동양선교회에, 그리고 지부는 나까다 목사에게 즉, 개척 중인 전도관이나, 복음 불모지에 세운 전도관은 일본인 교역자에게 위임하는 형태로 분열은 한 달 만에 매듭이 지어졌던 것이다.[62]

성교단 사건은 초기 선교회의 근본 취지를 벗어난 것으로 인식한 사사오 목사나 와다나베로 하여금 성교단을 떠나는 인적 손실을 보

---

61 土肥昭夫,「일본기독교사」, 김수진 역 (서울: 기독교문사, 1991), 154.
62 山崎警夫, 千代崎秀雄「日本 ホ-??ス教?史」(東京: 日本 ホ-??ス教?, 昭和 四十五年), 47.

게 했지만, 동양선교회로 하여금 완만한 경제적 자급 정책과 함께 일본인 교역자들이 교회 정치와 행정에 있어서 선교사들로부터 독립되는 정치적 자치의 길을 열어주었다. 일본 성교회는 1917년 10월에 조직화 되었다.[63] 이 일은 동양선교회로 하여금 1920년 초에 일본에서의 주도권을 나까다 목사에게 전적으로 양도하도록 만들었고, 제2의 그들의 거점을 일본이 아닌 다른 곳에서 찾게 하였다. 일본에서의 동양선교회 선교사들이 주도권을 갖는 데 실패한 요인은 1917년 카리스마적인 지도력을 가진 나까다가 동양선교회 일본 성교회를 설립하고 자급, 자치, 자전을 주장하며 동양선교회 총본부의 지배 체제로부터 서서히 벗어났기 때문이었다.[64] 일본에서의 동양선교회의 경험은 1921년 동양선교회 총본부가 한국으로 이전되면서, 초기부터 한국성결교회를 선교사 단일 체제로 고정화시키는 일에 필요 이상으로 집착하게 만들었다.

앞서 살펴본 바와 같이 한국성결교회는 제1회 총회를 통하여 경제적인 자립을 통하여 정치적인 자치를 실행함으로써 동양선교회의 지금까지의 지배적 감독제에서 벗어난 자주 총회를 구성하고자 하였다. 1934년 2차 총회 시에 한국인 교역자들이 총회에 이사 선정 권한을 양도하는 안건 상정으로 인하여 종래의 동양선교회 이사회 대신에 총회가 상위 기관으로 바뀌려는 시점에 다다르자 동양선교회는 1936년 합법적 과정을 거쳐 총회장을 선출한 제3회 총회를 일방

---

63 정상운, 「한국성결교회사 I」, 72.
64 Ibid., 218-9.

적으로 해산시키는 과실을 범하였다.

자치와 혁신을 주장한 한국인 목회자와 동양선교회 선교사 사이에 1910년대의 일본에서 나까다와 카우만 사이의 주도권 싸움과 같은 현실이 1930년대에 한국에서 재현되었다.[65] 동양선교회는 이 싸움을 한국성결교회가 경제적으로 완전히 자급하지 못했던 취약점을 이용하였다. 곧, 미국의 불황을 명분으로 삼아 경제적인 보조 삭감을 통해서 한국인 교역자들로 하여금 동양선교회 총본부의 지배 체제에 순응하도록 하는 일에 성공하였다. 따라서 한국성결교회는 경제적으로 동양선교회 선교부 의존을 탈피하지 못한 상태에서 정치적으로 자치를 선언하는 한계성을 스스로 극복하지 못함으로써 자치 운동은 실패로 끝날 수밖에 없었다.[66] 동양선교회 본부는 1937년 가진 전국적인 교단 모임을 제3회 총회 이전인 연회(年會)로 환원시켜 한국인 교역자들의 정치적 위상을 격감시키고 과거의 감독정체로 정치 제도를 바꾸어 동양선교회 이사회를 한국성결교회의 최고 권력 기관으로 다시 부상시키는 데 성공하였다.

3. 자치 운동의 실패와 1936년 총회 분립의 요인으로는 경제적 미자급뿐만 아니라 한국 교역자들의 불분명한 의식 부족도 한 몫을 차지하였다.

당시, 이명직 목사가 일본의 나까다 목사와 같이 강직하게 처음 자치 선언의 입장에 서서 한국교회와 선교회 사이의 입장을 조정하며

---

65 Ibid., 226.
66 이덕주, "1936년 성결교 총회 분규 사건," 23.

주체적으로 끝까지 이끌어 갔다면, 하느님의 교회 설립은 발생하지 않았는지도 모른다. 이명직 목사는 제3회 총회가 무효가 된 것에 대해 초기의 자세와는 다르게 일방적인 변(辨)을 다음과 같이 말한다:

> 지나간 歷史를 回顧하건데, 昭和 八年(1933) 四月에 總會가 組織되어 第一回, 第二回까지 開會하고 第三回는 召集 되었다가 解散되고 말았다. 이것은 實로 不幸과失敗의 歷史로 남아 있거니와 解散된 理由라고 말한다면, 우리 聖潔敎會는 監督制임에도 不拘하고 그 總會는 性質이 議會政治라 말하게 되었다. 그렇다 할지라도 會員이 政治에 達觀한 人物이었더라면 좋았을 것을 太半 末歷의 靑年들이어서 政治의 定義를 倒用하려고 暗暗?에 妄動이 있는 結果로 不待 乙하야 解散하는 運命에 이르고今日까지 總本部로부터 任命된 理事員들이 會議制로 지내어 온 것이다.[67]

4. 자치 운동의 실패와 선교사들의 파행적인 주도권의 강점(强點)은 이에 대한 반동으로 1936년 11월 25일 평양 상수리교회에서 정치적 통제 기관을 배제하고, 성서 이외의 법규를 세우지 않은 하느님의 교회를 태동시키게 하는 결과를 낳았다.

이것은 변남성, 곽재근 목사를 비롯한 신진 개혁 세력이 창설한 1936년 하느님의 교회가 성결교회를 내부적으로 음해하고, 파당을

---

67 主幹, "聖潔敎會 總會創立." 「活泉」, 통권 216호(1940.11), 2.

일으켰다는 반선교사, 불순자의 세력이라는 부정적인 평가를 지양하게 해준다. 또한 지방색 문제, 한국인 이사들 간의 의견 불일치, 젊은 세대와 노년 세대의 갈등 구도는 간접적인 요인임을 말해준다. 왜냐하면 해방 이전 주체적인 한국성결교를 수립하려는 한국 목회자들의 의지에 대해 동양선교회 선교사들이 근시안적 관점에서 이것을 불순한 태도로 보고 한국성결교회의 자치 운동을 방해(탄압)한 데서부터 하느님의 교회가 창설되었기 때문이다. 한국 목회자들이 경제적 자립과 자치를 꾀하려던 노력은 긍정적으로 당대가 아닌 오늘의 시점에서 민족 주체적 시각에서 새롭게 해석해야 한다. 그것은 1930년대의 성결교회의 분규 사건인 하느님의 교회 창설은 3·1운동 이후 한국적 기독교에 대한 논의 발전으로 1920년대부터 30년대에 이르기까지 선교사 주도의 교회에서 한국인의 주도권 행사에 대한 관심의 반영이자[68] 선교사들의 파행적 독점 지배 체제에 대한 반동으로 한국 기독교인들의 자치 선언과 함께 자립과 자치 운동의 의지와 실행으로부터 시작되었기 때문이다. 1936년 성결교 총회 분규와 그 이후에 모인 동양선교회의 정책 결정은 한국성결교회를 교회정치적으로 1921년 교단 창립 시기인 15년 전으로 후퇴시키는 부정적인 결과를 낳게 하였다.

(*성결대학교, 「교수논문집」 26집[1997년])

---

68 金南植,「日帝下 韓國教會 小宗派運動研究」, 35.

3부

곽재근 목사의 설교 및 강론
(1928-1935년)

03

Ⅰ. 1928년

1. 완전(完全)한 대로 나아가라
(성경 본문: 히 6:1-4)

　우리 기독교인의 신성(神聖)과 완전의 표방(標榜)은 어떤 이상으로 구성된 도덕률이나, 어떤 성현군자(聖賢君子)의 신성이나 완전이 아니니 곧 주 예수 그리스도의 신성과 완전이 푯대이다. 그 완전을 향해 전진하는 우리들은 허다한 간증자들이 구름 같이 둘러섰는데, 전후좌우를 돌아보지 않고 용맹스럽게 또는 장쾌히 돌진해야 할 것이다. 그러나 마치 경주자가 심신을 정제히 한 후 달음질을 하려다가 주저앉고, 건축자가 기초만 닦고 집을 건축하지 않는 것같이, 오늘날 신자들은 기독교 은총과 진리 안의 초보, 곧 죽은 행실을 회개함과 모든 세례를 가르침과 손(手)을 안찰하는 것이며 죽은 자의 부활과 영원한 심판 여기서만 주저할 뿐이니, 어찌 수치스러운 일이 아니며 어찌 탄식할 일이 아닌가? 매년 부흥회에 참여해서 보면 성령의 간절하신 역사로 어떤 사람이 음주(飮酒), 호색(好色 *여색을 매우 좋아함), 탐재(貪財 *재물을 탐함), 간음, 우상 봉사, 간사(奸詐), 외식(外飾) 등의 죄악을 통회자복해서 그 죄에서 사함을 확실히 받고 신생(新生)하였지만, 완전한 성결의 은혜에 전진하지 못하고 그 이듬해 부흥회에도 그 전에 회개한 죄와 같은 죄를 통회자복하니, 하나님께서 긍휼하심이 풍성하심으로 또 용서하시나, 성령께서 우리에게 은혜로 권고하시며 계책(戒責 *허물이나 잘못을 꾸짖어 깨닫게 함)하시며 역사하시되 영원까지는 아니라(창 6:3) 하셨으니 어찌 두려운 일이 아닌가? 지금은 초보(初步)에서 더 닦는 일을 그만두고 반성해서 용감히 앞으로 나아가야 한다.

그런데 우리가 완전한 데 전진하지 못하는 이유가 두 가지 있으니 하나는 불신앙(不信仰)이고, 두 번째는 불성실(不誠實)이다.

첫째, 불신앙이라는 것은 우리들이 하나님께서는 무소불능하심으로 이들도 아브라함의 자손이 되게 하실 것을 믿지 못하고 인생은 본래부터 연약한 것이다. 달리 어찌할 수 없이(無可奈何) 완전할 수 없다고 스스로 소용없다(自拙)하는 마음의 병(臆病)이니 뒤로 물러나 그 실패를 분하게 여기지 않고 그 부족함을 탄식하지 않고 자위(自慰)하며 방심해 앞으로 나아갈 마음조차 없으니 사람의 가능성으로는 무엇이든지 성취한다고 주창(主唱)하는 저 과학자에게 부끄럽다.

전능하신 하나님께서 이 일에 능치 못하신가? 실로 그렇지 않다. 하나님은 전능하심으로 죽은 자를 살게 하시고 없는 것을 있는 것같이 부르시는 하나님이시다(롬 4:17). 어찌 불완전한 인생을 완전하게 하실 능력이 없겠는가? 옛날 갈릴리 해변을 걸은 베드로를 보라! 주께서 갈릴리 바다를 걸어오실 때 '나도 물 위로 오라 하소서' 하니 주께서 '오라' 하시니 사람의 이성 밖의 권능을 믿음으로 능히 물 위에 걸었다. 그러나 중도에 풍파와 험한 파도를 보고 두려워하여 바다에 빠졌으니 여기서 불신앙으로는 능치 못한 사실과 신앙으로는 능히 성취할 수 있는 두 가지의 배움이 확연히 나타난다. 그러므로 신앙으로는 완전한 데 나갈 수 있다. 실례를 일일이 들 수 없으나, 옛날 다윗 같은 사람도 완전한 사람이라고 일컬어졌다.(삼상 29:6)

둘째, 불성결(不聖潔)이다. 신생(新生)했을지라도 사특한 세상에 처신(處身)하여 외부에서 자극하는 대로 마음이 반응하는 죄성이 있는 게 사람이다. 사람으로는 죄악에서 실패하지 않을 수 없다. 그러므로 구약 시대에 매년마다 드리는 것과 같은 제사로는 나가는 사람을 능히 완전하게 하지 못한다고 히브리서 10장 1절에서 명시(明示)하였다. 죄 사함을 받았다가 불과 얼마 만에 뒤로 물러나는 식으로 죄의 법에 다시 복종해 범죄함으로 완전한 데에 전진해보지 못하고 미끄러지게 된다. 그런즉 오늘 풍성한 은혜의 시대에 처한 우리들은 우선 온갖 악행(萬惡)의 근원이요 또는 심령의 올무인 원죄(原罪)에서 성결(聖潔)의 은혜(恩惠)를 받아야만 한다. 그러므로 히브리서 9장 14절을 보면, 주의 보혈은 산양(山羊)과 황소의 피보다 능력이 많아 능히 죽은 행실을 버리고 양심을 깨끗케 한다고 했다. 그리고 10장 14절을 보면 거룩하게 된 자들을 영원히 완전케 한다는 약속이 있으니 우리는 이 복된 약속을 믿고 성결케 하시고, 완전케 하시는 주께 주저함이 없이 나가 그의 완전하심과 같은 완전에 나가게 하여 주시기를 부르짖어야 한다. 주의 완전(完全)이라 함은 무엇을 가리킴인가? 범절(凡節 *법도에 맞는 모든 절차)이다. 완전(完全)뿐이나 그 완전을 다 기재할 수 없으므로 그중에 중요한 두세 가지만 예로 들고자 한다.

사랑(愛)의 완전이니

주께서 사람을 사랑하시되 사람에게 사랑스럽게 여기실만한 점을 따라 의롭다해서 사랑하신 것이 아니다. 사랑치 못할 만한 불의를 보셔서 사랑하시되 자기를 원수에게 잡아줄 가룟 유다와 자기를 못 박는 십자가 아래서 조소하며 능욕하는 흉한자(兇漢者)들까지 지극하신 사랑으로 위하여 축복하셨다. 또한 평생을 하루 같이 사랑하시는 사람이나 원수나 막론하고 저들의 참혹함과 비참함으로 인해 눈물 흘리시며 애써 구원하고자 하셨다. 지금도 승천하셔서 편히 지내지 못하시고 엄위(嚴威 *엄하고 위풍이 있음)의 우편에서 반역하는 우리들을 위해 쉬지 않고 기도하시는 중이시니 그 사랑의 완전함이여! 성경에 이른바 같이 친구를 위해 죽는 사랑도 이에서 더 큰 사랑이 없다 하였거든 하물며 죄인을 위해 죽어주신 사랑일까. 그런즉 우리도 나를 사랑하는 자, 또는 사랑할 만한 자만 사랑하지 말고, 한 걸음 더 나아가 저들의 선하지 않음, 불의의 비참함을 사랑해야 할 점으로 보아 사랑할만한 경지에 이르기를 힘써야 할 것이다.

의(義)의 완전이시니

당시(예수 그리스도 在世 때)에 종교가나 정치가를 막론하고 세상 사람은 전부가 다 주님의 대적이고 원수였다. 협력해서 성자(聖子)의 의(義)의 표준을 높이 표방하고 눈을 씻고 살펴 각양의 궤휼로 처지와 형편과 사정에 따라 언어와 행동과 처신과 범절에서 결점과 불의를 주님의 일생을 두고 찾았지만 조금도 불의를 찾지 못했고 한낱 죄인이라 해서 사형을 언도하는 빌라도의 아들 며느리까지도 죄 하나도 없으신 의인이라고 명백히 증거하였다. (마 27:19, 24) 또한 십자가에 함께 달린 한 강도도 의인이 애매히 죽는다고 확실히 증거했을 뿐이니(눅 23:41), 그 의의 완전하심은 높여 찬송하지 않을 수 없다. 형제여! 당신들의 의와 나의 의가 언어와 행동과 처신이 사랑하는 사람과 원수들 중에 어떻게 표현하였는가? 사람의 의를 근거로 나타났는지, 주의 의를 근거로 나타났는지 우선 그 근본부터 고찰해보고 사람의 의에서 행했거나 신(神)의 의에서 실족했거든 즉시로 주의 앞에 겸손히 엎드려 정직하게 자백하고 신앙으로 주의 완전하신 의에 도달케 해 주시기를 기도하자. 또한 신앙을 주장하사 완전케 하시는 예수를 바라보고 한 걸음 한 걸음 전진하자.

봉사(奉仕)의 완전이시니

주님께서 성부의 뜻을 봉사하시려 세상에 오실 때에 저는 근본 성자(聖子)이시지만은 성부(聖父)와 동등(同等)됨을 취할 것으로 여기지 않으시고 오히려 자기 몸을 비워 종의 형상을 취하여 탄생하셨으니 처음부터 봉사(奉仕)의 큰 의미를 밝히 표시했다. 그러므로 인자로써 부친 요셉에게 순종해서 지극히 봉사하신 일이며(눅 2:51), 한 물질로 성전세를 봉납(奉納 *바치심)하심(마 17:24, 27)과 심령으로는 하나님의 뜻을 받들어 뭇 사람을 위해 당신의 몸을 희생해서 일평생을 하루 같이 봉사하셨다.(마 20:28) 그 봉사하시는 일이 쉽지 않고 역경의 험한 길이지만 이 역경의 험한 길을 피할 방법이 없던 게 아니고 모든 고통을 다 무릅쓰시고, 목마르시며, 피땀을 흘려 기도하시며 죽을 지경까지 이르시되 성부(聖父)의 뜻에 봉사하시는 것으로만 기뻐하셨다.

그러므로 그때 제자들에게 끝날에 당하실 고난을 말씀하시자 베드로는 사람의 정으로 이러한 일을 멀리하시면 미치지 않을 것이라 간청할 때 조금도 위로를 받지 않으시고 주께서 도리어 이에 노하사 '사탄아 물러가라 하나님의 뜻을 생각지 아니한다'고 엄히 책망하셨다.(마 16:20-23) 또한 나귀 타시고 입성하사 호산나를 높이 부르는 존영을 받으실 때도 자득자족(自得自足 *스스로 마음에 흡족하고 만족함)하는 마음으로 안일과 허영에 취해서 위로를 받으셨거나 기뻐하지 않으셨고, 어느 때에 한 법관이 나아와 '착하신 선생님이여' 하니 즉시 대답하시기를 '어찌해서 나를 착하다 하냐 하나님 외에 착하신 이가 하나도 없다' 하여 존영(尊榮)을 받지 않으시고 아버지 하나님께만 영광을 봉헌하였다. (눅 18:18-19) 우리도 주님을 모방하고 본받아 육신의 부모에게 지극한 봉사와 물질 봉사, 즉 마땅히 드릴 십일조와 마음으로 하나님만 봉사하기를 주와 같이 또는 옛날 다윗의 신하 요압이 다윗에게 영광을 돌리라고 한 것같이 하였듯이(삼하 12:28) 끊임없이 자성(自省)할 것이다. 그러나 주의 완전하신 사랑, 완전하신 의, 완전하신 봉사를 쳐다보고 감히 머리를 들 수 없어 낙망하지 말고 바울의 간증을 기억해야 한다.

그도 내가 완전히 성취했다 하지 않고 취하려고 푯대를 향해 달음질하며 상을 얻고자 하노라 했다. (빌 4:12-14) 우리도 용기를 내어 진리 위에 발을 딛고 무소불능하신 주께서 권능으로 축복하셔서 완전한 사랑, 의, 봉사를 완성케 해 주실 것임을 믿음으로 달음질해야 할 것이다. 달음질의 상급은 의의 면류관, 영광의 면류관이 이미 적시되었으니 매일 매시 푯대를 향해 쉬지 말고 나아가서 진리가 어떠한 것과 하나님의 권능이 어떤 것을 완전히 흑암의 세상에 증명해서 모든 사람에게 이 놀라운 구원과 이 큰 상급을 소개해야 할 것이다.

(* 『活泉』 제6권 2호[1928.2.], 11-14.)

2. 하나님이 찾으시는 화염(火焰)의 사자(使者)
(성경 본문: 사 6:1-13)

하나님의 일꾼 즉 전도자는 반드시 화염(불꽃)의 성령 충만함이 아니면 불가하다. 그 이유는 하나님의 일은 하나님께서 직접 하시고 사람이 감히 스스로 행할 수 없음이다. 그리하여 우선 사람의 죄와 허물로부터 사상(思想)과 기장(技長)과 수완(手腕) 곧 사람이 스스로 신뢰할 만한 것을 전부 소멸치 아니하면 아니 될 것이 첫째 이유이다. 그리고 하나님의 일체 사정을 통달하시고, 그의 오묘(奧妙)한 것이라도 통달하시고, 또는 하나님께서 우리들에게 은혜로 주시는 모든 일을 알게 하시는 성령(고전 2:10-12)에게 점령당한 바 되지 아니하면 아니 될 것이 그 둘째 이유이다.

그러므로 구약 시대부터 신약 시대까지의 모든 선지자들과 사도들을 보면, 성령 곧 화염의 경험이 없이 하나님의 일에 성공한 자가 하나도 없고, 어떤 시대 어떤 사람이든지 이 경험이 있어야만 성공한다. 그 실지 증거를 일일이 말하기 어려우나 그중에 두세 가지만 들어 말하면, 옛날 모세 같은 자도 최초에 하나님의 뜻을 받들어 자기 동족을 구원하고자 할 때에 자기의 풍부한 학문과 고상한 사상과 위대한 완력으로써 열렬히 활동해 보았으나 마침내 성공하지 못하였다.(출 2:11-15) 다만 하나님께 직접 수양받을 처소인 미디안으로 도망할 기회를 얻었을 뿐이었으나, 시내 산자락 광야에서 화염 가운데 나타나신 여호와께 부름을 입어(출 3:1-4) 자기가 신뢰할 만한 모든 것이 그 화염 가운데 소멸하여지고, 자기는 아무것도 아니오, 아무 힘도 없다고(출 3:11) 스스로 할 수 없을 때에 하나님께서 놀라운 일꾼으로 사용하셨다. 그리고 선지자 중에도 대선지자의 하나인 이사야도 성전에서 연기가 충만할 때에 자기에게 죄와 허물이 있는 것을 깨닫고, "내게 화 있으리로다. 나는 멸망하리니 나는 입술이 더러운 사람이요, 입술이 더러운 백성 가운데 거하여 내 눈으로 만유 주 여호와를 봄이라" 하고 자복할 때에(사 6:5), 하나님께서 별다른 은혜를 베풀어 위로치 않으시고, 단지 스랍을 명하여 제단에서 뜨거운 숯불을 집개(執介)로 집어다가 그 입술에 대이고, "이제는 네 죄를 속하였고 네 허물을 제하였다" 하신 후에 당신의 구속할 백성 중에 보내었다. (사 6:6-8)

또한 신약 시대의 제자들이 친히 듣고 본바 진리의 지식으로 구원의 도리를 정확히 증거할 수 없으므로, 주께서 말씀하시기를 "너희들은 예루살렘에 거하여 위로써 권능 내려 입히시기를 기다리라" 하였다. (눅 24:49) 사실상 성령 받기 전에는 수제자인 베드로도 마땅히 증거할 만한 경우를 당하여 '네가 예수와 함께 다니던 자라 그의 당이라고 네 말이 명백히 표시한다'고까지 하나, 육에 속한 생각으로 비겁하게 수차 맹세하며 나중에는 저주까지 하면서 '나는 그를 도무지 알지 못하노라'고 하였다. (마 26:69-74) 그러나 오순절에 이르러 화염의 성령을 받은 후에 베드로가 자기의 혈기로 대제사장의 종 말고의 귀를 깎은 것(마 26:51)과 환난을 피하려던 것과 어디든지 주를 따르겠다고 했으나 비겁하여 쫓지 못한 모든 것이 다 소멸할 뿐 아니라, 베드로 자체가 전무(全無)하여지고 다만 성령의 강한 능력으로써 담대히 예루살렘에 거하는 제사장과 장로와 유사와 백성들 앞에서 진리를 굳세게 증거하였다. (행 4:19-20) 또한 그 증거는 말씀이 듣는 무리의 마음을 찌르는 것과 같아서 견디지 못함으로 부르짖기를, "형제들아 우리가 어찌할꼬" 하고 회개 자복하는 일이 있게 되었다. (행 2:37) 선지자들과 사도들을 막론하고 성자이신 예수께서도 성령을 한량없이 받으셔서(요 3:34) 역사하셨다. 그런즉 폐일언(蔽一言, *여러 말 안하고)하고 "하나님의 일은 능(能)으로도 못하고 힘으로도 못하고 다만 성신으로만 한다"고 한 여호와의 말씀이 확연하다. (슥 4:6)

그러나 현대의 교역자들은 성경학원이나 신학교를 졸업하여 진리의 지식과 기타 진리를 증명함에 필요로 하는 과학상 지식과 설변(說辯)의 특장(特長, 특별히 뛰어난 장점)이 없는 것을 일대 유감으로 아는 자는 대다수이나, 성령의 화염 가운데에 마땅히 소멸할 물건, 곧 자기의 죄와 허물인 실지 생활이 그리스도의 복음에 합당치 못한 것을 다 회개하여 소멸할 것을 소멸하여 버리고 자신이 불꽃이 되어야 할 것을 알지 못하고, 옛날 이스라엘의 말년에 제사장이 하나님의 율법을 범하고, 또한 성물을 더럽혀 거룩하며 속된 것을 분별치 아니하고 부정하고 정한 것을 사람으로 하여금 분별하게 하지 아니한다. (겔 26:26) 그리고 그때 선지자가 회를 칠하고 스스로 허탄한 것을 보며 거짓 복술(卜術)을 행하면서 이르기를 주 여호와의 말씀이라 (겔 22:28) 하는 자와 같이 현재 교회 안의 사역자들을 보면, 강단에서 감히 세속적 강연을 하여 위로 거룩하신 뜻을 위반하고, 아래로는 모든 신자들에게 거룩하고 속된 것을 분별치 못하게 한다. 성물인 주님의 희생을 일종 철리(哲理, *철학상의 이론, 현묘한 이치)로만 말하여 더럽히는 자와 또는 생명의 능력이 없어 교리로만 바리새인처럼 설교하여 그럴듯하게 하는 자 얼마인가? 또는 가식으로 행세하기를 힘써 생활난을 당하여 빚지면서도 의복(衣服) 호사하기와 거침없이(雄辯) 구걸하기에 어찌 분망하며, 봉급과 지위와 명예를 도모하고 탐하여, 한 단체 한 그리스도 명에 아래 있는 자끼리도 은연히 반목질시(反目嫉視, *서로 미워하고 질투하는 눈으로 봄)하며 훼방하며 위에 있는 자에게는 아유구용(阿諛苟容, 남에게 아첨하여 구차스럽게 굶)하고, 아래 있는 자에게는 그 권위를 자시(姿恃)하고, 거룩하신 뜻과 성경의 적합지 못한 일을 감히 행하니 그 위태함이 어찌 심한지 알 수 없다.

눈을 비벼 씻고 반성하여 우선 자기를 거짓 없이 살피는 동시에, 겸하여 역사(役事)하는 효과까지 살펴보자. 각각 나의 증거가 어떠한가? 오순절 후 사도들과 같이 불 세례로 성결하였으며, 또한 설교할 때에 청중의 마음이 찌르는 것 같아서 외치기를 선생들아 어찌할꼬? 하며 구원을 부르짖는 자 얼마나 있었으며, 또는 새 술에 취하였다는 말씀을 듣는가? 교회가 부흥 중에 있는가? 진실로 교회가 나의 역사한 상태를 그림과 같이 그려 나타내고 있다. 현재 조선교회 내용이 거의 다 수면(睡眠) 상태이며, 또는 시기와 분쟁으로 추태를 이루어 사회의 여론이 분분한데 이르렀으니 오호 애재(嗚呼 哀哉)라 참회할지어다. 우리 교역자의 수면이 어찌나 깊었는지 그 타락이 어찌

심한지 교역자 부흥회나 신자 부흥회나 어떤 부흥회를 막론하고, 신자는 통회자복하고 참 은혜 받는 것을 볼 수 있으나, 교역자의 부흥은 보기 어렵다. 만일 부흥 중에 있다 하면 자신의 승리의 기쁨이 차고 넘칠 것이며, 그 교회는 혁혁한 부흥의 빛을 발휘할 것이다, 그렇지 못한즉 나 나의 죄와 허물의 결과라야 옳으니 어찌 두렵지 아니한가? 이제 되지 못하고 된 줄로 생각하며 스스로 속지 말고, 공연히 과거를 한탄하지 말고 말세에 만인에게 허락하신 성령을 구하자. 구하면 주시마 하시고 또한 한번도 배약(背約)하심이 없으신 주의 약속을 믿고 거룩하신 뜻대로 구하자.

오순절 성령을 구하는 자는 많으나 받는 자는 별로 없으니, 하나님께서 신실치 못하심이냐? 결단코 아니다. 우리가 구하되 정욕으로 잘못 구함과 또한 소멸할 물건인 죄와 허물을 철저히 회개하지 않고, 단지 의지에서 흐르는 구설(口舌)로만 구하니 하나님께서 어찌 소멸할 물건이 없는데 공연히 불을 내리실 리가 있겠는가! 한편으로 자기의 기도의 그릇된 것을 깨닫고, 한편으로 불을 구하여 얻는 자들을 보라! 엘리야는 제단 위에 송아지의 다리를 떠서 놓고 믿음으로 기도하기를 "아브라함과 이삭과 야곱의 하나님 여호와여, 이스라엘 중에 하나님이 되심과 및 내가 주의 종된 것과 주의 말씀대로 모든 일을 행하시는 것을 오늘날 알게 하옵소서. 여호와여 나에게 응답 하시옵소서. 나에게 응답하시옵소서. 이 백성으로 하여금 여호와가 하나님 되신 것과 또한 저의 마음을 돌이키시는 줄을 알게 하옵소서"(왕상 18:36-38)하니, 이에 즉각으로 여호와의 불이 떨어져 제물을 다 살랐다. 또한 아브라함도 금수(禽獸)를 잡아 제물로 드릴 때에 불이 지나간 것을 볼 수 있다.(창 15:9, 10, 17) 우리들도 불을 구할 때에 주께서 기뻐하시는 상한 심령, 쪼갠 몸, 각을 떠서 일일이 자백하고 약속을 믿음으로 간구한즉, 엘리야와 아브라함 때와 같이 지금 곧 맹렬하신 성령의 불을 받을 것이다. 지체 말고 지금 그 은혜로 우선 살을 물건을 사르고 성령을 받아 불꽃의 사자가 되어 교회 안에 감추어 있는 죄, 하나님의 심판을 재촉하는 죄에 빠져 있는 불쌍한 동족을 구원할 책임이 교역자 된 우리에게 있으니 자신을 위하여 기도하고 또한 모든 사역자를 위하여 기도함으로 사방에서 화염의 사자가 봉기하여 조선교회에 전무(全無)한 유일의 대부흥의 은혜가 임하기를 축원하는 바이다.

(*『活泉』 제6권 7호[1928.6.25.], 7-10.)

3. 안디옥 교회에 대하여
(성경 본문: 행 11:19, 13:1-3)

이 안디옥 교회는 이방인의 교회로는 최초로 창립된 교회이다. 오순절에 성령의 불길이 임하매 악마도 환난과 핍박을 불 일으키듯 함으로 마가의 다락방에 모였던 제자들이 사방으로 흩어져 숨어 지냈으나 입을 봉(封)하지 않고 열렬히 복음을 외친 결과로 극히 아름다운 교회가 성립하게 된 바 예루살렘 교회에서 이 소문을 듣고 바나바를 파송하였다. 바나바가 안디옥 교회에 도착해 처음으로 본 것은 교회의 시설의 굉장한 것이 아니고, 제도와 조직의 아름다운 것도 아니었다.

1. '하나님의 은혜를 보았다' 하였다. (행 11:3)

이 교회는 다양한 사람들과 여러 계급의 사람들이 회집한 교회였으므로 사람의 생각으로는 도저히 하나로 화합할 수 없는 경우였다. 보라! 바나바는 재산이 있는 자이고, 니게르라는 자는 흑인종이요, 로마 분봉 왕(分封王) 헤롯으로 더불어 함께 공부한 사람 마나엔은 고등관(高等官)이요(행 13:), 그 남은 사람은 가난한 사람과 무식한 사람, 가난하고 천한 자로되 어떤 유식한 자가 지식으로 교만해져 무식한 사람을 멸시하거나, 부자가 빈자를 무시하거나, 지위 높은 자가 그 지위로 자만하지 않고 형제·자매 중 한 사람에게도 조금의 불평과 시비가 없이 상부상조하며 서로 위로하고 동고동락하며, 서로 긍휼히 여김으로 그리스도의 법을 성취하였다. 그러므로 사람들이 이 교회의 신자에게 별명 붙이기를 그리스도인이라고 할 만큼 그 은혜가 크다고 표현되었다. (행 12:6) 누가 가히 공경하고 기리지 않을 수 있겠는가. 아! 현대 교회의 내막을 지켜보고 관찰하라. 안디옥 교회와 정반대로 각양의 시설, 즉 학교, 병원, 유치원 등을 구비하지 않은 게 아니며 또 제도와 조직이 엄하지 않은 게 아니지만, 당연히 있을 하나님의 은혜가 없어 교역자가 교역자끼리, 제직은 제직끼리, 신자는 신자끼리 암투와 시비가 교회 내에 오래 있어 바깥 사람의 비웃음과 실소(失笑)를 당하고 있으니 탄식할 노릇이다.

주께서 당시에 예루살렘 성으로 들어가시다가 길가에 있는 한 무화과나무를 보시고 그 잎사귀가 무성하여 얻을 과실이 있으리라고 생각하시고 과실을 찾으시다가 마침내 하나도 얻지 못하시자 그 나무를 저주하셔서 영원히 결실치 못하리라고 하시니 즉시 그 나무가 말라 죽었다. 이는 우리가 말 그대로 그 나무가 말라 죽고 결실치 못하는 것으로만 볼 것이 아니다. 저 유대인들이 종교에 대한 시설과 위대한 의식과 조직과 제도는 매우 엄장(嚴壯)하고 훌륭하되, 진리의 결실이 없으므로 마침내 하나님의 엄위(嚴威 *엄하고 위풍이 있음)하신 징벌 아래 있을 것을 예표로 보여주신 교훈으로 보아야 하겠다. 또한 그뿐 아니라 오늘날 유대인에게 그 사실이 성취된 것을 보니 은혜가 박약한 교회나 개인 신자로서 어찌 경청하여 반성하지 않을 수 있겠는가?

2. 성경을 연구함에 전력하였다. (행 11:6)

성경(聖經)은 하나님의 묵시(默示)하신 것으로(딤후 3:16), 또한 우리의 영(靈)에 당연히 먹을 생명의 양식인 줄을 알아 열심히 일 년을 모여 있으며 연구(研究)하였다. 오늘날 우리들도 성경은

첫째, 생명의 양식(糧食)인즉, 연구하지 않으면(먹지 않으면) 우리의 심령이 약해지고 또한 병이 생기고 마침내 죽는 데까지 이르는 것이 사실이니 전력을 다해 연구해야겠다.

둘째, 무구(武具 병구)의 도구로, 그리스도의 군병된 자는 마땅히 능력이 있어 좌우에 날선 검보다 더 예리한 보검(寶劍) 즉 하나님의 말씀을 연마하지 않으면 매일 마귀로 더불어 싸우는 싸움에 승리를 기필코 할 수 없다.

예로부터 마귀가 사람을 유혹할 때 하나님의 말씀을 의지해서 유혹하는 것이 저희의 상습적인 일이다. 오늘날은 더군다나 소위 신학자라는 신신학자(新神學者)를 이용해서 어둠 가운데 비약(飛躍 *높이 뛰어오름)으로 교회에 나타나 습격하는 이리이다. 진리의 보검이 예리하지 않으면 이단과 진리를 단숨에 반으로 쪼개듯 구별하지 못해 결국 마귀의 포로가 되고 말 것이다. 그러므로 깊이 각성하여 보검을 예비했다가 마귀가 오거든 하나님의 말씀으로 그의 머리와 골수까지 쪼개며 퇴각하기를 마치 주께서 광야에서 하나님의 말씀으로 물리치심과 같이 하지 않으면 안 되니 진리의 연마(研磨)가 있어야 하겠다.

셋째, 기쁨을 주는 진리(眞理)이다. 주께서 갈릴리 가나의 혼인에

갔을 때 마침 포도주가 다하였다. 주께서 하인을 명하사 돌항아리에 급수(汲水 *물을 길음)하여 충만케 하라 하신즉 하인이 그대로 하매 축복하셔서 물이 변해 포도주가 되게 하셨다. 먹는 자들이 말하길 사람마다 먼저 좋은 술을 내어다가 손님이 잘 마신 후에 나쁜 술을 내는 법이거늘 그대는 지금까지 좋은 술을 주었다(요 2:7-10)고 했다.

이와 같이 우리가 생명수 되는 이 말씀을 심령에 충만하게 해서 주께서 성령으로 감화하시며 또 축복하셔서 이미 암송하고 읽은 말씀이 무한한 기쁨도 되고 능력도 되니 이것을 체험한 자 외에 누가 알겠는가? 그러므로 우리도 성경을 열심히 연구하여 각양의 은혜를 받아야 할 것이다. 그러나 많은 신자들은 시간이 없고, 그 뜻을 잘 알 수 없어, 볼 재미가 없어서 진리를 학습하지 않은 결과 심령이 약한 자가 얼마이며, 또한 이단 사설(異端邪說)에 포로된 자가 얼마이며, 기쁨을 얻지 못해 실망하여 타락한 자가 얼마인가? 깊이 생각해야 한다. 반성해야 한다. 시간이 없는가? 취침 시간과 기상 시간을 조금만 게을리 하지 말며 한담하는 시간과 무익한 소설책 보는 시간을 이용해 열심히 읽는다면 시간의 부족한 탄식이 별로 없을 것이다. 그리고 받은 은혜로 풍성하여 자신의 만족과 기쁨이 무한할 것이고, 마귀와 더불어 싸우는 싸움에도 승리의 생애일 것을 깊이 믿는다.

3. 금식하며 기도(행 13:2-3)

이 교회는 은혜가 충만하되 더욱 금식하며 기도했다. 무릇 은혜란

받을수록 자신의 부족을 더 느끼며 사모하는 정(情)이 더욱 강하게 됨으로 자연히 금식하며 기도하지 않을 수 없게 되는 것이 올바른 도리이다. 어린이에게 사탕이나 과자를 좀 주면, 그 부모가 견디지 못하게 때때로 주기를 구하며 줄수록 더 구하는 것과 같이 흡사 은혜를 받은 사람은 열심히 구하지만, 은혜를 아직 맛보지 못한 자와 깊이 타락한 자는 자기의 처지를 족하다고 한다. 저 라오디게아 교회의 신자의 말을 들어보라. "나는 부자라 부요해 부족한 것이 없다 하지만 너의 곤고한 것과 가련한 것과 가난한 것과 눈먼 것과 벌거벗은 것을 알지 못하여 자족했다."(계 3:17)

오늘날 우리의 심령의 상태가 열심으로 구하는 중에 있는가? 차지도 뜨겁지도 않은 중에 있는가? 스스로 살펴 만일 열심히 구하는 중에 있지 못하면 회개할 바를 회개하며 금식하며 간구하되 그리스도의 장성한 분량이 충만한 데까지 이르기 위해 기도해야 할 것이다.(엡 4:13) 또한 아브라함이 저 소돔성 백성들의 영혼을 위해 기도한 것같이(창 18장 이하) 우리들도 저 미신자의 영혼을 위해 간구하지 않으면 안 될 것이다.

4. 전도의 열중(행 12:3)

예로부터 은혜 가운데 젖어있는 교회나 개인은 다른 사람의 영혼을 불쌍히 여겨 사랑하기를 자기의 몸같이 함으로 전도의 열정이 불 일 듯하여 견디지 못하는 것을 볼 수 있다. 안디옥 교회를 보더라도 개인 신자가 자기의 이웃과 친척에게 복음을 전하는 일은 물론이거니와 특히 성령받은 몇 형제를 택해 외지로 선교사 파송한 것을 볼 수 있다. 또한 바울 같은 자는 복음을 전하지 않으면 앙화(殃禍 *어떤 일로 생기는 재난)가 자기에게 있겠다 해서(고전 7:12) 핍박과 능욕이 빗발치듯 할지라도 조금도 기탄하지 않고 매일 죽음을 무릅쓰고 전도하였다.

조선교회의 싹튼 역사를 회고하더라도, 초시대(初時代) 은혜 가운데 있을 때에는 구령의 열정이 불일듯 해서 개인이 전도하는 것은 물론 단체로 백만명 구령 운동(救靈運動)이 일어나 많은 사람을 주께로 인도하는 역사가 있었다. 멸망이 홀연히 임하게 된 이 말세에는 더욱 열렬히 전도해야 할 것이다. 도리어 교회 단체나 개인의 전도 열기가 쇠약해질 뿐 아니라 전혀 없다고 하여도 지나친 말이 아닌 만큼 되어 어떤 사람은 심지어 열심있는 전도자가 큰 길가에서 열렬히 외치는 것을 천하게 생각하고 또 수치스럽게 생각하니 오래되지 않은 옛날 전도의 용사인 존 번연의 일을 깊이 생각해야 한다. 그는 백주대로(白晝大路 *대낮의 큰길) 위에서 개가죽을 뒤집어쓰고 게걸음을 걷고, 개소리를 내니 오고 가는 사람들이 이상히 여겨 한 미친 사람으로 생각하고 구경하러 둘러설 때 대중 앞에 개 가죽을 벗고 당당히 복음을 능력있게 전했다고 한다. 저의 구령(救靈)의 열정이 얼마나 큰가! 아 우러러 공경하고 부럽구나!

오늘날 우리들도 체면을 차리지 않고 사람들이 손가락질하든지, 조롱하든지, 천대하며 괄시하든지 환경을 살필 것 없이 저 사망의 웅덩이에서 외치고 우는 사람에게만 우리의 시선이 닿아 구원의 도구인 능력이 있는 십자가를 증거하여 들려주지 않으면 안 될 것은 마치 어린아이가 물 속에 빠졌는데 곁에 있는 장성한 사람이 능히 구원할 수 있는데도 팔을 펴서 구원하지 않고 수수방관하며 죽음을 구경하는 자와 같은 일이니 어찌 전도에 등한시 할 수 있겠는가? 아! 우리의 교회도 다 저 안디옥 교회와 같이 은혜가 풍성(豊盛)하여 성경 연구에 온 힘을 다하고 금식 기도하며 전도에 열중하는 교회가 되기를 힘써야 할 것이다. 아멘.

(*『活泉』 제9권 8, 9호[1928], 9-12.)

4. 예수를 참으로 아는 자의 행복(幸福)
(성경 본문: 마 16:16-28)

현재 교회 안에 예수를 안다고 하는 자가 적지 않으나 참으로 아는 자는 극소수이다. 보통 예수를 동양의 3대 성인(聖人) 중의 한 철인(哲人)으로 아는 자가 대다수요, 그 외에 병 고치는 예수로 사귀(邪鬼)를 축출하는 예수로 아는 자가 또한 적지 않다. 이러한 사람들은 육신의 생각과 지식으로 성경을 보아 문서로 아는 자요, 전도자의 말을 들어 아는데 불과하고, 직접으로 예수를 영(靈)으로 교접(交接 *서로 닿아 접촉함)하여 아는 자는 못 된다. 세상의 사람들이 사람끼리 아는 것도 성식(聲息 *소문)으로 아는 것과 직접 상면하여 친교(親交)로 아는 것이 통례이다. 예수를 아는 일이 성경 말씀으로 추찰(推察 *미루어 살핌)하는데 용이한 것이 아니고 지극히 어려운 일이라 하겠다. 예수를 참으로 아는 것은 문자상 지식으로나, 전도자의 변설으로나, 이상(理想) 주밀(周密 *허술한 구석이 없고 세밀함)한 연구로도 알지 못한다.

옛적에 이스라엘 백성들이 모든 선지자들이 예수에 대하여 어떤 모양으로 어떤 땅에 어떤 여인에게 탄생하시어 33년 동안 평생 지내실 것과 마지막에 악형을 받아 십자가에 못 박혀 죽으실 것과 죽은 후 부자의 새 무덤에 매장 당하실 것과 3일 만에 부활하실 것을 일일이 그 종 선지자들로 미리 말하고, 그 글의 사실 진상대로 형성하여 탄생하시고, 고난을 받으시고 죽으시고 부활 승천하신 예수를 친히 목도(目睹)하고, 그 예언서를 외우고 읽고 행하고도 알지 못하여 증거하기를, 혹은 세례 요한이라고 하고, 혹은 엘리야라 하고, 또 다른 사람은 예레미야나 선지자 중의 하나라고 할 뿐이었다.

당시에 주님을 수종하여 명령을 받들어 전도하던 제자들 중에도 수제자인 베드로 외에는 예수를 안다고 증거한 자가 없었다. 또한 현재 조선교회 신자 형제, 자매들도 3-40년 동안이나 그 성서를 보며 또 일주일 사이에 설교를 3-4차씩 들으며, 공동으로 사경회(查經會)도 종종 하며, 사사로이 자기 집에서 연구도 하며, 일 년에 몇 번씩 정규로 부흥회, 기도회를 열성으로 개최하여 예수에 관한 식견은 적지 아니하나, 참으로 예수를 아는 자는 많지 않다.

이로 보건대, 과연 하나님께서 알게 하여 주심과 성령을 의지하여서만 참으로 안다한 말씀이 명확하다. 베드로가 "주는 그리스도시요 살아 계신 하나님의 아들이시니이다"라고 고백할 때에, 주께서 말씀하시기를 "육신이 이것을 너에게 알게 한 것이 아니요 하늘에 계신 내 아버지가 알게 한 것이라"고 하셨다. (마 16:16-17) 또한 바울이 말하기를 "성령을 의지하지 아니하고는 예수를 주라 하는 이가 없느니라"(고전 12:3) 하였으니, 우리가 사람의 견문(見聞)과 의식(意識)으로 도저히 알 수 없다. 다만 성령의 감동과 감화하여 주심에 순종하여, 진정으로 인생의 흑막(黑幕)인 죄와 허물을 타파하고 통회하며 사실상 죽음에서 생명의 필요를 절실히 느끼어 생명의 주를 찾을 때에, 성령이 주의 십자가로 인도하여 주심으로 그 순간에 성경에 나타난 바 진상(眞像)의 예수를 직접으로 뵈어 안다.

또한 밀실(密室)에서 교제함으로써 자세히 알되, 세인의 이른바 지기지우(知己之友 *서로 마음이 잘 통하는 친구)로 안다고 하는 것보다도 더 자세히 알아, 베드로가 안다고 한 것처럼 주는 그리스도시요 살아 계신 하나님의 아들로 알고, 어떤 사람처럼 종교가니 철인이니 이렇게 분명치 않게 알지 아니할 것이다. 그리하여 한결같이 그 주님을 알고 믿으며, 환난과 시험과 핍박 중에서도 또 어떤 위험에도 조금도 두려워하거나 의심치 아니하고 예수를 안다고 할 것이다. 또한 육신이 지극히 호화롭고 안일한 중에서도 예수를 잊어버리지 아니하고 주를 앎에서 더욱 감사하며 찬송할 것이다. 이렇게 괴로우나 즐거우나 어떤 처지에서든지 주를 안다고 하는 것이 참으로 아는 것이다. 주를 참으로 아는 자의 행복이 둘이 있다.

1. 예수를 참으로 아는 베드로에게 축복하신 말씀으로 나의 교회를 이 반석되는 너로 건설하게 하겠다 하심이다.

과연 오순절 후에 베드로로 하여금 신성한 교회를 각처에 건설하게 하셨다. 건물과 시설은 현재와 같이 화려 굉장한 예배당과 학교와 병원이 아니었다. 집회소는 혹 강변이나 형제의 가정 등 변변치 못한 집회소였다. 또한 그 당시에 유대인의 모해와 핍박과 이방인의 박해가 너무 심한 중에 설립된 교회가 외형상으로는 미미한 듯 하나 험조(險潮)가 당착(撞着)할지라도, 조금도 동요치 아니할 뿐만 아니라 교세가 더욱 확장하였고, 신성하되 그 여력이 이 오늘날까지 이르러 유익을 주니 이에서 더 큰 행복이 어디 있는가!

만일 현대 우리 조선교회의 교역자와 신자 중에 예수를 참으로 아는 자가 많지만 교세가 이렇게 조잔(凋殘)할 수 없다. 이렇게 속화하여 교회가 사회 사업을 도와주어야 사회가 교회를 환영하리라고 생각하여, 여러 가지 기능과 방법과 수단을 다하여 타협하느라고 정신 없이 돌아간다. 청년 남녀가 혼동하여 음악회를 한다, 세속적 강연회를 한다, 또는 농촌 사업을 한다 하고 분주히 활동하기를 마치 제자들이 예수를 알지 못한다고 떠나 디베랴 바다에서 고기 잡듯 하지만 마침내 헛수고로 끝나게 된다. 과거의 모든 일이 오늘날에 실패에 이르렀으니, 잠자던 눈을 깨여 반성하여 성공자들을 보아라. 예수를 참으로 안 후에 베드로와 바울은 세상이 환영하고 아니하는 것도 상관하지 않았다. 제사장과 장로들의 위협에도 불구하고, 교회가 잘 되고 아니 될 것도 생각지 않고, 다만 공회에서나 법정에서나 증거하기를 주가 예언대로 세상에 오시고 십자가에 못 박혀 죽으시고, 그 후 3일 만에 부활하신 것과 자기들의 체험한 진리를 역설할 뿐이었다.

이것이 즉 성공의 비결이다. 오늘날 우리 신자 형제·자매들과 교역자 제위께서는 각각 자기가 주를 안대로 체험한 대로만 증거하면, 조잔한 교회는 돌연히 융성(隆盛)할 것이며, 속화한 교회는 순식간에 신성하여질 뿐만 아니라 말세에 무서운 시험과 박해가 온다고 할지라도 진리의 광선을 더욱 빛낼 것이다.

2. 천국 열쇠를 예수를 참으로 아는 너희에게 주노니 한 말씀이다.

열쇠는 부모가 그 유업을 이을 자녀에게 모든 소유물을 마음대로 가지게 하거나, 그렇지 아니하면 부자가 신임하는 청지기에게 맡기어 사용케 하는 것이요, 아무 사람에게나 함부로 주는 것은 아니니라. 이와 같이 하나님께서도 인생의 각양 보화인 은혜가 충만한 천국 열쇠를 아무 사람에게나 허급(許給)치 아니하시고, 예수를 참으로 아는 사람에게만 허급하신다. 그 열쇠는 무엇을 가르침인가? 응답 있는 기도이다. 응답 있는 기도를 하는 자는 무상한 복이 있는 자이다. 천국의 각양 보화가 다 저의 것이다. 무엇이 부족하며 부러울 것이 있으랴! 권능이 없느냐? 권능을 취할 것이며, 은혜가 박약하냐? 은혜를 풍성히 취할 것이며, 지혜가 부족하냐? 지혜가 충족할 것이며, 사랑이 부족하냐? 넘치리라! 각양 보화 즉 은혜를 자유로 얻어 자기에게 복되고 또한 다른 사람에게도 각양의 은혜를 소개할 수 있으니 이에서 더 무상한 행복은 없다.

모든 은혜에 목이 마른 우리 신자들은 깊이깊이 무궁자성(撫躬自省)하여 각각 어떠한 입장에 처하였는가 생각하라. 의미 없이 신경을 의지하여 주여! 주여! 하나, 주께서는 아직 나를 알지 못하시는데 나 혼자만 알지 못하고도 주를 아는 줄로 생각하고 스스로 속는 중에 있지 아니하는가? 예수를 참으로 아는 것은 신앙의 연조가 많은 데 있는 것도 아니다. 학습서나 세례를 받는 데 있는 것도 아니다. 교직이 높은 데 있는 것도 아니다. 헌금을 많이 하여 또한 교회를 위하여 교육 사업이나 구제 사업을 많이 하는 데 있는 것도 아니다.

다시 말하거니와 다만 죄짐을 지시고 성문 밖에 나아가신 그 예수에게 나아가 직접 대면함으로써 피차 확실히 알아 희미하지 아니하나니 비록 성서를 잘 아는 거짓 신자가 어떻게 괴언망담(怪言妄談)을 하여 훼방하고 또는 천사가 와서 주를 부인한다 할지라도 주를 의심치 아니한다. 이렇게 하는 사람에게는 놀라운 은혜를 더하시되 시몬 바요나야! 네가 복이 있도다 하시듯이(마 16:17), 순간에 축복을 더하시나니 앉아서 은혜 부족한 탄식과 시기(時期)에만 핑계치 말고, 지금 곧 주를 찾아가 뵈옵고 그 행복을 받아 여러분도 행복 중에서 향락하시고, 고독한 자의 자식 같은 불쌍한 조선교회 신자 형제·자매와 미신자들까지 복해(福海)에서 헤엄치도록 하시기를 간절히 바라는 바이다.

(* 『活泉』 제6권 11호[1928.11.25.], 3-6.)

5. 보혜사(保惠師) 성령과 신자의 관계
(성경 본문: 요 14:15-17)

　신·구약을 처음부터 끝까지 보면 성부 하나님의 칭호가 한 두 가지가 아니다. 성자 예수님의 칭호가 이백 이상인 동시에, 성령의 칭호도 여러 가지로 기록된 것을 볼 수 있다. 예컨대, 보혜사(保惠師)라 하는 뜻이 헬라어 본문에는 '우리에게 제일 가까이 계셔서 귀에 대고 말씀하는 분'이나, '타인의 소송을 맡아 변호하는 변호사' 곧 '대언자'로 또는 '병원에서 병자의 시중을 드는 간호부인'이라는 의미로 해석할 수 있다. 이것은 실제로 그 자격과 그 역사하시는 것이 어떠하신 분인 것을 명백히 표시한다.

　하나님께서 이 성령을 어떠한 사람에게 주시기로 약속하셨는가? 요한복음 14장 15-16절에 내 계명을 지키는 자에게 주시겠다고 하셨다. 성경 전체를 두루 탐고(探考 *찾아서 살펴봄*)하여 보더라도 진실한 신자에게 주시겠다고 하실 뿐이지, 불신자에게는 일체 무관(無關)한 것을 볼 수 있다. 그러므로 옛날 노아 홍수 시대에 비둘기는 즉 성령의 모형(模型)인데 물이 물러 갔나, 아니 갔나 보려고 비둘기를 놓아 보내자, 아직 온 땅 위에 물이 있어 혼돈(混沌 *사물의 구별이 확실하지 않은 상태*)하므로 발붙일 곳이 없어서 돌아왔다. 또한 재차 놓아 보내자 새로 난 감람나무 잎을 물고 돌아왔다. 3차로 놓아 보낼 때에는 새로 난 초목에 깃들어 살고 돌아오지 아니한 것을 보면(창 8:9-12), 성령께서도 결코 누추하고 혼돈한 신자의 마음속에 들어가 계시지 못할 것임을 알 수 있다. 또한 신약에도 행 2:38을 보면 "너희들이 회개하여 각각 예수 그리스도의 이름으로 세례를 받고, 죄 사함을 얻으라. 그리하면 주신 성령을 받으리라"고 분명히 기록되었다.

미신자가 먼저 예수를 받은 후에야 성령을 받는 것은, 하나님께서 먼저 예수를 주시고 그 다음에 성령을 주심에도 일리(一理 *옳은 데가 있어 받아들일 만한 이치)가 있고, 또한 진리에 있어서도 성서와 사실에 고정(固定)하신 순서이다. 그러나 다수의 전도자와 신자는 계제(階梯 *순서나 절차) 없이 덮어놓고 성령만 받으려고 입을 벌려 기도할 때마다 오순절(五巡節)의 불을 구하지만 진리의 모순이라 받지 못한다. 우선 회개하여 신생(新生)하지 않고는 성령을 받을 수 없는 것이다. 비유하건대, 성령을 산업이라, 유업(遺業)이라 하며 이것은 곧 자식이 부모에게 당연히 받는 것이지만 복중(腹中 *배속)에 있는 자식은 유업을 도저히 받지 못함과 다를 바 없는 사실이다. 16절을 보면 '다른 보혜사'라 하였으니 보혜사가 일위(一位 *한 분) 뿐이 아닌 것은 분명한 증거이다. 일(一)은 성령을 가리킴이요, 이(二)는 예수님을 가리킴이다. 요한일서 2장 1절에 대언자(代信子) 삼(三)자(字 *글자)를 헬라어 본문에는 보혜사와 꼭 같은 문자로 기록되었다.

그 보혜사 주님께서는 지금 하나님 우편에서 역사하고 계시고, 보혜사 성령께서는 우리와 같이 계셔서 역사하시는 자이시다. 그 역사하심에 대하여 실례를 들어 말하면, 전화로 양편의 언어가 상통함과 같이 하나님 편의 사정은 성령으로 말미암아 신자가 듣고, 인간 편의 사정은 성령으로 말미암아 하나님이 들으시니 이와 같이 하신 것은 하나님께서 당신이 우리와 지극히 가까이 계실 목적이다. 할렐루야!

주께서 성령께 대하여 하신 말씀을 보면 신성(神聖)하신 하나님과 같으신 자격을 가지고 계심을 볼 수 있으나, 많은 신자들은 감화력(感化力)으로만 아는 자가 많다. 그러나 실로 그렇지 아니할 뿐 아니라 주께서 세상에 거처하시는 것과 꼭 같은 모양으로 나타나서 병자를 고치시기도 하시고, 죄인을 회개케도 하시며, 또한 죄인을 벌하기도 하신다. 아나니아와 삽비라의 일을 보든지(행 5) 또는 에베소서 4장 30절에 "성령을 근심하게 말라"는 말씀을 보면 한 감화력뿐이 아니고 모든 자격이 구비한 것을 알 것이다. 그러므로 주께서 말씀하시기를 형체(形體)를 가진 인격(人格)처럼 그를 보내리라 말씀하시고, 또 17절 상반절에 '세상이 능히 받지 못한다'고 하셨다. 세상이 예수는 받을 수 있으나 성령을 받을 수 없는 것이 차서(次序 *차례)이다. 17절 상반절은 오순절 전의 일이고(같이 계시고), 하반절은 오순절 후의 일이다(내 속에 계심). 현대 신앙계의 상태를 살펴보면, 성령과 같이하는 자가 적지 아니하나, 성령을 마음 가운데에 모시고 지내는 자는 지극히 적다. 그 이유를 한마디로 딱 잘라 말하면 성결(聖潔)하지 못한 연고(緣故 *사유)이다.

예수에 대한 실례를 생각해 보면, 주께서 탄생하시기 전에도 이스라엘 백성들과 동거하셨으나, 탄생 후에는 동정(同情)을 가지시고 일하므로, 하나님께서 주를 탄생하실 처소를 택하심 같이 성령께서 계실 처소를 택하여 계시게 하셨다. 또한 이스라엘 백성이 광야에서 장막을 지을 때는 하나님께서 말씀하시기를 '너희 가운데 계시겠다'

하시고, 오순절 후에는 너희들 마음 가운데에 계시겠다고 하셨다. 그리고 신령한 교회가 천국에 들리기까지 온전히 성령께 부탁하셨다. 비유하건대, 왕이 대장에게 군사를 맡겨 전장에 내어 보낼 때에, 왕은 궁궐에 있으나 대장은 군사와 같이 전장에서 동거동고(同居同苦 *같이 살고 같이 고생)함과 같이, 하나님께서 천국에 계시고 성령을 이 세상에 보내셔서 우리와 같이 동거동고하게 하시며, 예수 그리스도를 나타내어 신자를 구원하고자 함에서 여러 가지로 역사하심을 볼 수 있다.

로마서 5장 5절을 보면, 성령을 우리에게 부어 주시는 것은 하나님의 사랑이다. 이 사랑을 우리가 받는 것은 우리의 수고나 적공(積功 *공을 쌓음)으로 말미암지 않고, 단지 성령의 역사로 인해서이다. 그리고 예수께서 우리를 위하여 몸을 십자가에 못 박혀 흘리신 그 보혈을 가지시고 죄를 깨끗게 하시는 역사를 하시며, 또한 로마서 8장 26절을 보면 기도할 바를 모르는 우리에게 기도를 가르치신다. 또 요한복음 16장 14절을 보면 예수 그리스도를 영화롭게 하시며 나타내기도 하신다. 그런즉 형제·자매들은 기도할 때에 반드시 예수를 분명히 나타내어 주소서 하는 것이 제일 필요한 기도이다, 음성을 발(發)하여 기도하는 것도 좋으나 묵상(默想)으로 장시간 기도하는 것이 더욱 좋으니 이는 묵상 기도 중에 형언할 수 없는 영계(靈界)의 진상을 명백히 보게 된다. 오늘날 조선 내의 교역자가 적은 것은 아니나 과반(過半)은 기도가 적음으로 성령의 계시를 받지 못하여, 자기의 학문(學問)과 지혜와 철학(哲學)과 이학(理學)을 증거할 뿐이고, 영계의 진상을 증거하는 자가 많지 못하니 크게 탄식할 바이다. 그러나 기뻐하고 즐거워하라.

  16절 하반절에 "영원토록 같이 있게 하시겠다" 하였으니, 이는 전장에서 병졸과 같이 고생하고 있는 우리를 위하여 영원히 휴식할 나라를 예비하시고 계심이다. 지금은 우리가 한 병졸에 불과하나 주는 우주 만물을 통치하시는 왕이시요, 우리 신부되는 자의 신랑이시므로 궁궐과 차마(車馬)와 정부(政府)와 모든 것을 다 완전히 설비하고 계심을 아는 바인즉, 자애로운 어머니 같고 간호부인 같은 성령의 보호하심과 인도하심을 주의 재림 때까지 순종하여야 할 것이다. 만인 위에 초월하신 주께서도 처음과 끝을 성령으로 하사 마리아에게 잉태하실 때나, 장성하실 때나, 시험을 당하실 때나, 언제든지 같이 하셨으니 우리도 처음과 끝을 성령으로 같이 하자.

(*『活泉』 제6권 12호[1928.12.], 3-5.)

II. 1929년

1. 은혜받은 자가 주의할 일

1. 만족(滿足)하여 실패

신자가 어떤 부흥회에서나 또는 밀실에서 고요히 기도할 때에 은혜받아 자립하였다 하는 자여! 넘어질까? 또는 잃어버릴까 조심하여야 한다. 하나님의 긍휼히 여기심을 받아 자기의 부족을 깨닫고 거룩하신 뜻대로 은혜 사모하기를 목마른 사슴이 시냇물을 사모함 같이(시 42:1) 간절히 사모하여 식음을 전폐(全廢)하고 안면을 얻지 못하여 가며 육신의 생각과 전투하기를 마치 야곱이 브니엘에서 천사와 더불어 씨름하듯 하여(창 32:34 이하) 소원이 상상도 못하도록 넘치는 은혜를 받고 보니 만족하기 한량이 없다. 과연 맞는 말이다. 그리하여 찬송할 뿐이요, 기뻐 자랑할 뿐이다. 사실인즉 맞는 말이지만 한 가지 부족한 것은 이미 받은 은혜보다 더 큰 은혜받을 것이 있는 것을 알아 기도하지 않는 것이다. 저 괴악한 마귀는 그 은혜에 전진하지 못하게 하고 퇴보하게 한다. 이미 은혜를 맛보았으니 더 기도하여 은혜를 받으라 하지 않는다. 부지(不知) 중에 한참 기뻐하고 한참 자랑하고 보니 자기에게는 여유가 별로 없고 과연 내가 은혜를 받았는가를 의심하게 된다. 그런즉 너무 자족(自足)하지 말고 마귀에게 빼앗길까 조심하라. 은혜 위에 은혜를 더하시고 있는 자에게 더 주시는 주께 나아가 더욱 간구함이 있어야 이미 받은 은혜도 보존할 뿐만 아니라 더욱 향상하게 된다. 죽도록 시간이 많아도 다 받지 못할 은혜이니 사람이 생각으로는 만족이지만 아직 주께서 보시기에 또한 내가 받을 은혜에는 단지 몇 분의 일에 불과한 것을 생각하고 기도하는 사람이 되어야 한다.

2. 교만(驕慢)하여 실패

땅에 속한 무지한 인생들은 이상(理想) 안의 것으로도 조금만 알면 교만한데 이상 밖의 진리를 실지 경험하면 교만이 생길 것은 자연스러운 이치라 할 것이다. 이로 인하여 받은 은혜를 헛되이 잃어버리는 자(虛失者)가 부지기수(不知其數)이다. 아깝다. 어리석다. 은혜를 받은 것이 자기의 감정이나 욕심을 눌러(克己) 얻은 공로이거나 수양을 통한 의(義)로나 지식의 능력으로 주출한 것이 아니다. 다만 하나님께서 예수를 보내셔서 보좌 앞에 나아갈 길을 여시고 또한 성령을 보내사 감화와 감동하심으로 말미암아 받은 하늘로부터 온 은혜 뿐이다. 자기의 것은 조금도(一毫) 없으니 생각할수록 겸비할 뿐이요, 영광을 삼위 하나님께 올리지 않을 수 없다. 그 무엇으로 교만할 수 있겠는가? 교만은 비유하건대, 물그릇에 새는 구멍(泄漏孔)과 같아서 은혜를 소실하게 하는 마귀의 날선 도구(利械)이다.

(*『活泉』, 통권 7권 제1호[1929.1], 19)

2. 법(法)대로 구하면 응답(應答)하시는 하나님

하나님께서 인생을 세상에 더 비교할 수 없는 사랑으로 사랑하신다. 여인이 어찌 젖 먹는 적자(赤子 *갓난아이)를 잊으며 자기 태에서 난 자식을 사랑하지 아니하겠는가? 저는 혹 잊어버릴지라도 나는 잊지 않고 사랑한다(사 49:15)하신 하나님께서 또 말씀하시기를 너희 중에 자식이 떡을 달라 하면 돌을 주며 생선을 달라 하면 뱀을 줄 사람이 누가 있겠느냐? 너희가 비록 악할지라도 좋은 것으로 자식에게 줄줄 알거든, 하물며 하늘에 계신 너희 아버지께서 구하는 자에게 더욱 좋은 것으로 주시지 않겠느냐!(마 7: 9-11) 은혜를 주시지 못하여 애달프게 권고하시며 신실하신 증거로 약속하신 하나님은 한결같이 신실하사 한번 말씀하시고 그대로 성취하실 뿐이요, 자기를 거스르지 못하신다.(딤후 2:12) 그러므로 인생에게 독생자 예수를 주시겠다고 하신 후에 그 약속대로 주셨으며, 또한 오순절 성령을 약속하시고 주셨다.

그런즉 그 실지 증거를 보아 신·구약 성서에 3만 여의 약속이 다 우리에게 성취될 은혜와 복이 아닌가? 너희들이 얻지 못함은 구하지 아니함이라(약 4:2 이하) 하셨으니 이제부터 열심히 구하자. 우리가 육신(肉身)의 욕심(欲心)으로 구하여야 얻지 못할 것도 행여 얻으려고 헛되이 애를 써서 구하면서도 신실하신 하나님께는 열심히 구하지 아니하니 이상하다. 이는 신자들이 각양 은혜의 필요를 알지 못함인가? 이미 받은 은혜가 넉넉함인가? 알지 못함도 아니고, 넉넉함도 아니다. 많이 구하였으나 은혜를 얻지 못한 연고이다. 왜 얻지 못하는가? 하나님께서 신실하지 아니하신가? 결단코 아니라 우리가 성서에 나타난 구하는 법(法)대로 구하지 않고 정욕(情慾)으로 쓰려고 잘못 구하기 때문이다.

1. 기도할 때에 성령의 감동(感動)함으로 구해야 한다.

성령은 위로 하나님의 뜻을 잘 아시고 아래로 사람의 형편도 잘 아신다. 그리하여 사람의 요구할 바가 무엇인 것과 또한 어떻게 구해야 하나님의 뜻에 합당할 방법까지를 잘 아시는 분이시기에 그의 감동과 감화(엡 6:18, 유 12)를 받아 기도하여야만 하나님의 뜻대로 무엇을 구하게 되어 들으시고(요일 5:14) 사람의 뜻에서 나타나는 요구에는 하나님께서 응답하지 아니하신다. 그러나 수다한 사람의 기도에 응답하시고(창 15:17) 엘리야의 제물(왕상 18:38)을 다 기뻐 받으셨다. 또한 이사야가 자기의 죄와 건과(愆過 *허물)를 광명한 빛 가운데서 밝히 깨닫고 '화 있으리로다 나는 멸망하리라'고 부르짖을 때에 하나님께서 들으시고 스랍을 명하여 숯불로써 입에 대어 죄와 허물을 속하였다. (사 6:5, 7) 야곱이 브니엘에서 기도할 때에 자기가 형을 속이고 그 기업을 빼앗은 것을 명백히 자복할 때에 하나님과 야곱 사이에 막혔던 죄악의 장벽이 무너져(사 59:2 이하) 하나님의 축복이 야곱에게 임하여 이스라엘이라는 은혜를 받았으니 참 통회자복함을 정직히 하여야 한다. (사 66:18) 그러나 사람이 자기의 불의로 그 육신이 사회에 용납되지 못할 죄는 성령으로 깨달음이 있으되 없는 것같이 하나님을 속이고 가중한 죄를 더하고 회개하는 척, 기도하는 척하나 실제는 무익한 기도이다.

2. 사람의 죄를 사하여 주고 화목함으로 구해야 한다. (막 11, 마 5:25, 24)

주께서 기도하는 법을 가르치실 때에 사람이 나에게 범죄한 것이 있더라도 사하여 주고 주께 와서 자기의 죄 사함을 구하라 하셨다. 또 어떤 악한 종이 금 만냥 중 빚진 것을 주인에게 은혜로 탕감함을 받고, 자기에게 금 백량 중 빚진 동료에게 대하여 곧 목을 부여잡고 빚을 갚으라 하매 그 동료가 간구하여 '좀 참아 주소서' 하나, 마침내 듣지 않고 갚도록 옥에 가두었다는 것을 만냥 중 빚을 탕감하여 준 주인이 듣고, 그 불의한 종을 불러다가 '악한 종아 내가 너의 빚을 탕감하여 준 것같이 너의 동료의 빚을 탕감하여 주는 것이 당연치 아니하냐' 하고, 주인이 노하여 빚을 갚도록 옥졸에게 붙였다 하였다. (마 18:21-35) 우리가 진심으로 형제의 죄를 용서하지 않으면 하나님께서도 사유(赦宥)하여 주시지 않을 것이다. 사람이 하나님께 큰 죄 사유함을 받고자 하면서 타인의 조그만 불선(不善 *잘하지 못함)을 사유하여 주지 않고 기도하면 주께서 자기의 죄도 사함을 받지 못하겠고, 또 예물을 제단 앞에 두고 먼저 가서 형제와 화목하고 와서 예물을 드리라 하였으니, 깊이 살펴 털끝만치도 거리낌이 없는 후에 기도하여야 할 것이다.

3. 신앙으로 기도해야 한다. (막 11:24)

누구든지 주께서 '기도할 때 그 구하는 것을 이미 받는 줄로 믿으면 받으리라'고 말씀하셨다. 주님 당시에 혈류증(血流症)이 든 여인이 고침을 받음(막 5:34)과 반신불수 병자가 고침받은 것(막 2:5)과 모든 기구(祈求)하는 자의 요구(要求), 성취(成就)는 다만 순실(純實)한 신앙에서만 나타났다. 또 벙어리 귀신들린 아이를 데리고 온 부친이 의심을 가지고 와서 구할 때에, 할 수 있거든 하고 반신반의(半信半疑)하는 마음으로 빌 때 이 무슨 말이냐고 질책(叱責)하셨고, 그 후에 불신앙을 자책(自責)하여 '나를 불쌍히 여기사 도와주소서' 하고 신앙으로 요구할 때에 그 기도를 이루어 주셨다. 누구든지 참 신앙에서 구하면 다 얻게 된다.

4. 종말까지 참고 기다림으로 구해야 한다. (눅 18:1-8)

불의한 법관이 불쌍한 과부가 신원(伸寃)하여 주기를 간청하되 오래 허락지 않다가, 마음 가운데 내가 하나님도 두려워하지 않고 사람에게도 무례하나, 다만 이 과부가 자주 와서 괴롭게 할까 하여 신원하여 주었다 하였다. 하물며 하나님께서 오래 참으시나 주야로 가나안 여인이 자기의 딸이 흉악(凶惡)한 사귀(邪鬼)가 들렸으므로 주께 와서 고침 받기를 요구 하였지만 주께서 한 말씀도 대답지 않으시고 제자들은 구축(驅逐)하려고 하였다. 또 구하였으나 너를 위하여 오지 않았다고 거절하시나, 낙심치 않고 또 나아가 구할 때에, 주께서 또다시 절대로 거절하시기를 '아이의 떡을 뺏어서 개에게 던짐이 합당치 않다' 하시나, '개도 제 주인의 상에서 떨어지는 부스러기를 먹나이다' 할 때에 한결같이 낙심하지 않고 구하는 그 여인에게 마침내 이루어 주셨으니 우리도 참아 기다림으로 기도해야 한다.

5. 예수의 이름으로 구할 것이다. (요 14:14)

은행에 예금을 많이 한 부자의 수형(手形 *어음의 이전 말)이라도, 그의 도장이 없으면 그의 장자(長子)라도 그 금전을 찾지 못한다. 날인(捺印)한 수형이면 걸인(乞人)이라도 그 수형에 기재한 금전을 찾을 권세가 있는 것처럼, 우리들도 기도할 때에 아무리 신실히 법대로 기도할지라도 예수의 이름이 없으면 무효이지만, 비록 불신실하고 걸인같이 보잘 것 없을지라도 온갖 것을 구하고 맨 마지막으로 예수의 이름으로 구하면 다 이루어진다.

(*『活泉』, 제7권 2호[1929.2.25.], 9-12.)

3. 제사장(祭司長)과 기름
(성경 본문: 출 30:20-33, 요일 2:27)

수다(數多)한 전도자, 즉 주를 위하여 역사하는 자에게 주시는 성령의 기름 부으심을 말하고자 한다. 출애굽기 30장에 기름의 재료를 많이 말씀하신 것은 우리에게 주시는 성령의 기름을 모형(模型)하여 가르침이다. 이 기름의 재료는 아라비아 특산물로써 여러 방면으로 적용되는 것인데 단지 기름의 재료로만 사용하는 것이 아니라 약재료에도 필요품(必要品)이 된다.

1. 몰약(沒藥)

이것은 창질이나 발치(拔齒) 후 지혈지통(止血止痛)에 필요하며, 또한 육체를 건강하게도 하는 무쌍(無雙 *서로 견줄만한 짝이 없을 정도로 뛰어남)의 귀용품인 것같이 우리의 영에 대하여는 항상 죄로 아프고 사사악념(邪思惡念 *좋지 못하고 악한 생각)으로 쓰라려 견디지 못하는 괴로움을 몰약과 같은 성령으로 말미암아 안위함과 치료함 받는 것을 의미한다.

2. 육계(肉桂, *5, 6년 이상 자란 계수나무의 두꺼운 껍질)

이것은 그 성질이 향기로워 먹으면 입안이 상쾌하고 또 뜨거운 물 같은 성질을 가진 것이니, 육계 같은 성질을 가지신 성령이 신자의 마음속에 들어올 때에는 죄와 허물에 대하여는 뜨거운 불의 작용으로 소멸하여 버리고 또한 성결한 마음속에 뜨거운 역사로 나타날 때에는 기묘한 향기로 나타남을 의미한다.

3. 창포(蒼蒲, *푸른 왕골)

이것은 소화성이 풍부하여 사람이 음식을 먹은 후에 소화되지 않아서 심히 괴로울 때에 먹으면 잘 소화시켜서 신체를 비만하게 하니, 이같이 성경은 우리 신자의 영(靈)의 양식이다. 이 양식에 대하여 신자 등이 살과 같이 부드럽게 받는 자도 있고, 뼈와 같이 경고(硬固)하여 받아서 능히 소화하지 못하는 자도 있다. 앞의 사람은 장성한 신자요, 뒤의 사람은 유치한 신자라 할 수 있다. 만일 유치한 성도가 성경 말씀을 들을 때에 굳은 양식이 되어서 소화하지 못하고 컬컬하며 심히 괴로워 할 때에 성령이 창포의 성질을 가지고 마음속에 들어와서 역사하면 소화되지 못하던 것이 잘 소화되어 영(靈)에 살이 된다. 그런즉 설교를 들을 때에 설교자는 굳은 양식으로 분급(分給)하더라도 특별히 주의할 것은 여러 가지 모양으로 받은 말씀을 창포성(蒼蒲性)과 같은 성령으로 받아 잘 소화하지 아니하면 아니 될 것을 의미함이다.

4. 계피(桂皮, *계수나무 껍질)

이것은 다른 약의 힘을 조화하게 하는 성질이 있어서 위의 몰약, 육계, 창포 3종의 역사만 있고 보면 그 역사가 다 각각 될는지 알 수 없으나, 계피성 같은 성령의 역사가 가입(加入)하여 조화하지 아니하면 아니 될 것이다. 저 계피가 뱃속에 들어가서 다른 약의 힘을 끌고 혈맥과 골절마다 다니며 조화성(調和性)으로 서로 연락하게 함 같이 성령의 역사가 이 같은 방면으로 나타나지 아니하면 나는 나대로, 성경 말씀은 성경 말씀대로, 예수는 예수대로 있을 뿐이지만 성령이 그 마음속에 들어가 역사하는 동시에는 자연히 조화하여 일체가 되게 하는 조화성을 의미함이다.

5. 감람유(橄欖油)

위의 몰약, 육계, 창포, 계피 4종의 역사가 조화하기까지는 하였으나, 또 한 가지 더 있어야 할 것은 반죽인데 이 기름은 유활(柔滑 *부드럽고 미끄러워)하여 반죽이 잘 되는 것이다. 이 기름같으신 성령이 들어가 역사할 때에 이상의 여러 가지가 다 한 반죽이 되어 비로소 하나님 앞에 소제(素祭) 제물로 한 덩어리 떡이 되며 또는 기계가 기름이 말라 잘 돌아가지 않고 소리만 삐걱삐걱할 때에 기름을 치면 기계가 미끄러워 소리 없이 잘 돌아가는 것과 같이 신도가 인도를 잘 받지 아니하고 반역하는 뻣뻣한 소리가 날 때에 이 기름같으신 성령이 그 마음속에 들어가면 그 심상(心狀, *마음의 상태)이 유활하여 순한 양처럼 소리 없이 목자의 인도를 잘 받게 되는 것이다. 또 신자가 담화할 때나, 기도할 때나, 찬송할 때에 기름이 있고 없는 것을 알 중거는 그 나타나는 것을 보아서 알 수 있게 되는 것이다. 성령이 함께 하기 전에는 강단에서 설교를 하나, 사회를 하나 모든 것이 자유가 없어 곤고할 뿐이나 성령이 함께 하시면 모든 것이 자유가 있고, 민활(敏活)하여진다. 이 감람유는 성령의 유활성을 의미함이다. 그러므로 이상의 여러 가지 재료는 거룩한 기름을 만들어 제사장이 쓰는 것이고, 평범한 사람(凡人)의 몸에는 붓지 못하는 것이라고 하였다.

제사장의 머리 위에 붓는 것은 육체적 표면에만 붓는 것을 의미함이 아니고 심령 속에 붓는 것을 의미함이다. 많은 전도자들이 이것에 대해 오해하고 이 기름은 제사장의 소용물뿐인 것만으로 알고 오늘날 우리의 죄를 정결하게 하는 데는 하등의 관계가 없는 것으로 아니, 실로 가석(可惜)한 일이다. 이것은 확실히 우리 성도들의 성령받을 모형이요, 또한 제사장이 성소에 들어갈 때에 양의 피를 가지고 가서 모든 백성의 죄를 속하는 것은 예수 그리스도의 십자가 보혈로 모든 신자들의 마음속의 죄를 정결하게 되는 것을 뜻함이다. 그러나 많은 신자들은 성령 세례받기를 원하면서도 육에 속한 여러 가지 성질 혹은 자기의 지혜 사상, 온갖 추악하고 불의한 마음을 다 그대로 가지고 주야로 애원한들 무슨 소용이 있겠는가?

그러므로 우선 몸과 마음에 죄가 있고 없는 것을 정밀히 더듬어 살피는 것이 제일 급선무이다. 육에 속한 죄에도 2가지 구별이 있으니, 첫째는 육체를 좇아 행하는 행위의 죄이고, 둘째는 육체에 속한 성질 곧 아담에게서 유전하여 오는 원죄이다. 어떤 부모든지 자식에게 새 의복을 갈아입히려 할 때에 먼저 그 신체를 물과 비누로 잘 씻은 후에 입혀서 그 의복을 정결히 보존하게 함과 같이 하나님께서 우리의 안팎을 정결하게 하시고야 신성하신 예수 그리스도를 의복같이 입혀 주실 것이다. 그런 가운데 이 기름을 사사로이 만들지 못한다고 하나님께서 엄히 말씀하셨는데 오늘날 제일 두려운 일은 사람마다 자기가 스스로 이 기름을 만들어 쓰는 일이 적지 아니한 것이다. 혹은 높은 지위로써, 혹은 웅변에 능한 것으로써, 혹은 교묘한 비사(譬詞, 비유의 말)를 잘하는 것으로써, 혹은 청중을 잘 웃게 하는 것으로써 이 기름 곧 성령을 대용(代用)하는 자가 있으나, 이보다 더 가증한 것은 없다.

특별히 주의해야 할 것은 이 세상에 이 같은 것이 많이 있음이니 실례를 들어 말하면, 개신교 내에도 교역자 중 위에 있는 자(在上者)로부터 아래에 섬기는 자(在下者)까지 간혹 있는 일이라 하겠으나, 아주 심하다고 생각하는 바는 천주교에서 스스로 죄를 사한다는 것과 경문(經文)을 의뢰하는 것과 촛불을 쓰는 것과 요단강 물로 세례를 베푸는 일과 우상들이니 이같이 하여 사람의 마음을 매수하려고 하나 참으로 구원에 들어간 자는 하나도 없으니 이 무슨 까닭인가? 참이 아닌 까닭이다. 세상 물건을 매매함에도 가짜는 가격이 헐값(歇)이고, 진품은 가격이 높은 것처럼 우리의 받고자 하는 성령의 기름은 진품이므로 어느 때든지 가격이 등귀하여 금전이나 재능으로는 사지 못하고 단지 전신전령(全身全靈, 온 몸과 온 영)을 신앙으로 값을 삼아 바칠 때만 얻는 귀한 것이다.

그러므로 옛날에는 제사장이나 왕이나 예언자 외에 기름 부음 받은 자가 없었다. 그러나 이 은혜 시대인 오늘날 주의 피로 거룩하게 구별된 신자는 누구든지 다 성령의 기름 부음을 받아 제사장도 될 수 있고, 왕도 될 수 있고, 예언자도 될 수 있는 이 무쌍한 복된 시대이다. 성역(聖役)에 봉행(奉行)하는 여러분! 예로부터 지금까지 주의 사자는 다 성령을 받은 후에 역사하였다. 모세와 그 후 70인 장로(민 11;25-6)와 이사야와 또 모든 예언자뿐만 아니라 세례 요한과 주 예수와 스데반과 바울과 근대의 모든 성도들이니, 우리도 각양의 은사로 나타나시는 성령을 받아서 다방면으로 주님을 영화롭게 하며 행하시는 곳곳에 이 성령의 기름을 떨어뜨리자. 아-멘.

(*『活泉』제7권 3호[1929.3.], 3-6.)

4. 충성(忠誠)을 다하라
(성경 본문: 고전 4:1-5)

저 악마의 수중에서 주의 보혈로 완전히 구속함을 받아 하나님의 백성이 되어 그 나라를 위하여 헌신한 교역자와 신자 여러분! 하나님께서 우리에게 요구하시는 것이 무엇인가를 생각하여 보자. 대체로 국가의 성쇠(盛衰) 흥망(興亡)이 그 신민들이 충성을 다하고 충성을 다하지 아니하는 데 있는 것과 같이 천국과 그 그림자인 교회의 위미(萎靡 *시들고 느른해짐) 진흥(振興 *떨쳐 일어남)도 그 신민(臣民) 된 우리 교역자와 신자들이 충성을 다하고 충성을 다하지 아니하는 데 있다.

그러므로 하나님께서 원하시는 바는 옛날 육국(六國 *중국 전국 시대에 진나라를 제외한 초, 연, 제, 한, 위, 조나라)에 설변(說辯)으로 유명한 소진(蘇秦), 장의(張儀) 같은 웅변가를 요구함도 아니다. 또한 성경에 지식이 풍부하여 교수에 능(能)이 있는 자인 아볼로 같은 선생을 원하심도 아니다. 다만 각자 처지에서 받은 은혜대로 목사이든지, 전도사이든지, 집사이든지, 평신도이든지 다 각각 자기의 직분대로 힘을 다하고 충성을 다하는 자를 요구하신다.

그런 중에 지금은 더욱이 말세이다. 마귀는 벌써 자기의 때가 얼마 남지 아니한 것을 분명히 깨닫고, 그 신민인 사자(使者)로 더불어 정치적으로 혹은 사회적으로 반기독 운동(反基督運動)을 한다. 이 같은 위협으로 또는 간괴(奸怪)하여 영광이 있는 천사 모양으로 그릴

듯하게 성경 말씀을 믿되 우리의 이상에 합하는 것만 믿는 것이 가장 지혜있게 믿는 것이라 하여, 하나님의 능력으로 성취한 사실 즉 기사(奇事)와 이적은 믿지 못할 것이라고 역설(力說)하는 자가 그 얼마인가? 아! 마귀는 맹렬히 활동하는구나! 그의 상적(相敵)인 하나님의 신민된 우리 교역자와 신자들은 이러한 위급한 때를 당하여 어떻게 활동하는가? 죽음에 이르도록 충성을 다할 생각은 고사하고 도리어 스스로 믿고 스스로 속아 졸면서도 그 조는 것을 깨닫지 못하여 맥 풀어진 상태로 일주일에 몇 사람에게 개인 전도나 하고 몇 번 신자 심방이나 하고 몇 번 설교나 하면 요족(饒足)할 줄로 알고, 승리의 생애인 줄로 아니 가탄(可歎)할 노릇이다. 국난(國難)에 어진 인물을 생각한다는 말과 같이 지금 흑암이 더욱 심하여 가는 이때를 당하여 하나님께서 명찰(明察 *사물을 똑똑히 살핌)하신 눈으로 미신자를 보시든지, 교회 내의 신자 상태를 보시든지 한심하기 더할 수가 없다. 누가 나를 위하여 저 악인에게 가서 눈물을 흘리며 피 흘리며 증거하겠는가? 누가 충성된 청지기가 되어 나의 집안 식구에게 때를 따라 적당한 양식으로 분급(分給)하겠는가? 하시며 충성된 종을 찾으시는 하나님의 음성이 영의 귀가 있는 자에게 쟁쟁히 들리게 되리라.

1. 심령상으로 역사함에 진충(盡忠 *충성을 다함)할 것

옛날 아브라함의 노종 엘리에셀이 상전에게 각양 보물을 많이 받아 가지고 고향 메소포타미아로 가서 신부 리브가를 선택한 것처럼, 우리도 하나님께 나아가 기도하여 각양 은혜를 많이 받아 가지고, 이 세상에 나아가서 주의 신부, 즉 신령한 교회 단체와 개인 성도들을 간택하여야 한다. 엘리에셀이 신부를 빙정(聘定)하기 전에는 음식을 먹지 아니하고 애쓴 것처럼(창 24:36), 같은 사명이 있는 우리도 미신자가 주께 돌아오지 아니하여 금식하고, 신자가 성결의 은혜를 받지 아니함으로써 금식 기도함이 당연한 일이건만 진정으로 금식하는 자가 심히 적다. 애쓴다면 사업적으로 성적을 표시하여 득명(得名)하기 위하여 교인 수만 많게 하려고 또는 신자들의 단결을 위하여, 아무 유익없이 하나님과 관계없이 헛되이 책임과 형식에만 처한 자가 반수 이상이니, 옛날에 주께서 예루살렘을 향하여 우신 것처럼 우리도 조선교회 상태를 보아 통탄하지 아니할 수 없다.

여러분! 저 무리의 죽음을 보는가? 또한 회생지망(回生之望)이 있는 것을 보는 눈이 있는가? 생명의 복음을 가졌는가? 그렇다고 하면 주와 같이 구령에 충성을 다하지 아니할 수 있겠는가? 예레미야와 바울 같은 이는 증거하기를, '내가 복음을 전하지 아니할 수 없는 열정에 견디지 못하여 전하지 아니한즉 화가 있으리라' 하고, 핍박과 환난을 당하여도 매일 죽음을 무릅쓰고 충성을 다하여 미신자와 신자들에게 생명(生命)과 진리(眞理)로 나타났다. 그러나 오늘날 모든 사역자들 중에 누가 주를 본받아 밤이면 산에 가서 기도하고, 낮이면 시골 마을에 가서 근실히 전도하거나, 누가 신실한 청지기가 되어 자신의 상태를 하나님께 고백하고 하늘 곡간을 열고 적당한 신(新)·구(舊) 양식을 직접으로 끌어내어 신자들의 심령을 윤택하게 하는가? 열에서 여덟 아홉(十常八九)은 사람의 설교를 가져다가, 사람의 학설을 끌어다가 웃음의 이야기를 가미하여서 잡동사니 음식으로 강단에서 횡설수설(橫說竪說)하니, 심령에는 하등의 감촉이 없을 뿐 도리어 병과 연약함과 잡폐(雜弊)가 의외로 춘총(春叢 *봄에 풀이나 나무들의 무더기)과 같이 발생한다. 이것을 능사로 알아 스스로 위로를 받고 승리인 줄로 알아 만족하니, 어찌 한심한 일이 아니겠는가? 경성하여 반성하자.

2. 육체와 정신으로 진충할 것

주께서 값 주고 사신 이 몸이매 어떻게 하여야 영광을 돌릴까 하는 정신이 간절함에서 다른 마음이 침입할 여지가 없도록 죽기까지 충성(忠誠)이 빛나야 하겠으나, 사역자들이 거의 다 허영에 취하여 자기의 육체를 위하여 충성하는 자 뿐이니 가석(可惜)하도다. 의복, 음식, 거처를 분수에 지나치게 하여 일반에게 덕을 세우지 못할 뿐이다. 따라서 헤아려서 갚을 능력 이외에 빚을 져서 주께 욕을 돌리고 필경 면직을 당하는 일이며, 또는 높은 자리를 탐하여 자기보다 나은 자를 싫어하여 윗사람에게는 아유구용(阿諛苟容 *남에게 아첨하여 구차스럽게 굶)하고, 아랫사람에게는 마음을 얻으려는 비루(鄙陋)한 행동을 하는 자가 많다 하니 어찌 사역자의 행할 바 이겠는가? 옛날 솔로몬과 바울 같은 자는 세상 영광이 헛된 것을 실제 체험으로 앞서서 깨닫고 다 바람을 잡는 일이라 하여 분토(糞土)와 같이 던져 버린 것을 아직도 깨닫지 못하였는가? 어서 돌이켜 정신과 육체를 주께 바쳐 모세와 같이, 아니 주와 같이 천국을 위하여 생명을 버리는데 까지 충성을 다하자. 누구든지 평안, 무사할 때에는 겟세마네 동산, 골고다, 갈보리 산까지 상상(想像)과 입술로는 가는 자가 많으나, 사실상 험지(險地)는 말고 마음에 맞지 않는 임지(任地)도 가지 않으려고 하니 참으로 통탄한 일이다. 세상에 애국하는 충신(忠臣)을 보고 왜 배우지 못하는가? 그들은 자기 문제를 떠나 동포를 위하여, 국가를 위하여 옥에 갇히기도 하며 죽는 데까지 이르나니 우리들도 와석종신(臥席終身 *편안히 자리에 누워서 죽음)할 생각을 버리고 많은 영혼을 위하여, 천국을 위하여 옥에 갇히기도 하며 죽는 데까지 충성을 다하면 이보다 더 큰 행복이 없다. 생명의 면류관이 빛날 것이다.

3. 헌금에 충성을 다할 것

우리가 가장 귀한 심령과 육체와 정신을 다 바쳐 충성하는 것이 물론 좋거니와 물질상 금전을 바치는 데에도 충성을 다하여야 한다. 현재 조선교회가 빈약한 것은 여러 가지 원인이 있다 하겠으나 특히 헌금이 부족하다 하겠다. 이렇게 말하면 우리의 경제력이 부족이라고 변호하겠지만, 어떤 교회든지 신자의 수와 그 입은 의복과 그 아이들의 호사(豪奢)한 것을 보면 가히 그 교회를 유지하기에 넉넉하다고 생각한다. 그러나 내용은 교역자의 생활도 변변히 유지치 못하니 마땅히 반성하여 회개하고 지금 이후로는 일상생활에서 좀 더 절검절약(節儉節約)하여 각각 충성을 다하면, 한 교회 유지뿐만 아니라 전도상 활동비까지 풍족하리라고 생각함에서 잠잠할 수 없어 삼가 고하는 바이다.

(*『活泉』 제7권 6호[1929.6.], 7-10.)

III. 1930년

1. 세례 요한에 대하여

1. 세례 요한의 거처(居處)

세례 요한은 선지자에게 미리 보여준 바(사 40:3, 말 4:5) 그리스도 보다 앞서서 세상에 나온 자로 당시 제사장인 사가랴의 귀한 독자(獨子)이다. 그는 천사가 일렀듯이 주 앞에 가장 큰 자이다. 또한 포도주나 소주를 마시지 않고 모태로부터 성령의 충만함을 얻어 이스라엘 자손을 주, 곧 그 하나님께로 많이 돌아오게 하고 또 엘리야의 심성과 재능으로 주 앞에 행하여 아비로 자식을 사랑하게 하고, 거스르는 자로 하여금 의인의 지혜를 사모케 하여 주를 위해 미리 백성을 예비하여 그 난 것을 기뻐할 자가 많으리라고 한 자이다. 그의 어릴 때의 역사(歷史)는 아이가 점점 장성하매 정신이 강건하여 이스라엘 백성에게 나타나는 날까지 광야에 거처한(눅 1:80) 사실 외에는 더 이상은 없다. 이것은 어렸을 때로부터 자기의 위대한 사명인 주의 길을 예비하며 그 첩경을 곧게 하는 일을 위해서 정든 고향과 친척과 애지중지(愛之重之 *매우 사랑하고 귀중히 여김)하는 부모의 슬하를 떠나 쓸쓸한 광풍이 부는 광야에서 의지할 것 없이 하늘과 땅을 이부자리와 베개 삼아 사람의 방면(方面)으로는 고독한 생애를 살면서도 밤낮으로 기도해서 성령으로 직접 하나님께 수양을 받아 하나님이 사용하실 만한 일꾼으로 주의 길을 모든 백성에게 잘 예비하여 나타났다.

그러나 오늘 교계(敎界)를 눈 씻고 보면, 소위 일꾼이 수효로 볼 때 적지 않지만 이사야 59장 16절 말씀과 같이 사용하실 만한 일꾼이 별로 없으니 탄식할 일이다. 일꾼을 위해 기도하라 하셨으니 일꾼을 보내주옵소서 하고 기도하자.(마 9:38) 그리고 이사야와 같이 우리가 다 일꾼이 되어 나를 보내주옵소서라고 구하자. 사용하실 만한 일꾼이 되려면 우선 세례 요한과 같이 육체와 심령이 아울러 고향과 친척, 부모와 처자, 모든 세상의 애착물(愛着物)에서 마음과 생각 전부가 떠나 광야의 삶을 살지 않으면 안 된다. 또한 성령으로 기도하여 주께 직접 받는 은혜가 없어서는 주의 재림(再臨)의 선구자(先驅者)가 될 자격이 없다. 형제여! 사명을 회고(回顧)하여 깨어 기도합시다. 입장을 밝힙시다. 생사의 경계선에서 지도하는 여러분은 책임이 그 얼마나 중하며 또한 초림(初臨)의 주를 외치는 것보다 다시 오시는 주, 즉 영광의 주를 모든 사람 앞에서 외침이 얼마나 더욱 복된 일이고, 이것이야말로 입이 있어도 말할 수 없고, 붓이 있어도 다함이 없다 함이 이를 가리키는 것이 아닌가?

2. 세례 요한의 검소(儉素)

이 세상에 윤리와 도덕에 속한 보통 종교가들도 그 사치한 것으론 차라리 검소한 것만 같지 못하다 하는 말이 있거든 하물며 하나님 앞에 선 사람은 어떠하겠는가? 그런즉 옛날 엘리야도 몸에 털옷을 입고 허리에 가죽 띠를 띠었다.(왕하 1:6) 이 세례 요한도 몸에 약대 털옷을 입고 허리에 가죽 띠를 띠고 음식은 메뚜기와 석청이라 하였으니 이 얼마나 검소한가! 진실로 고금(古今 *옛날과 지금)을 막론하고 참 전도사(傳道師)의 모범이 될 만하다. 그는 의식주의 노예가 되지 않을 뿐만 아니라 또 화려한 것을 원하지 않음으로 거처(居處)에 처한 형편대로 자유가 있었다.

아 불쌍하다! 오늘날 의식주의 노예가 된 사자(使者)와 교역자들이 화려한 고대광실(高大廣室)에 거처하지 못하고 비단과 외제품을 입지 못해 한이 많고 만족하지 못해 수입은 적어 호사(豪奢 *호화롭게 사치함)할 수 없지만 가급적 감당할 턱이 없어도 빚을 내서 입고 먹는 일은 진리를 알지 못하는 유치한 신자에게만 있는 일이 아니라 소위 남을 인도하는 교역자에게도 간혹 있으니 용서하기 심히 어렵다. 그런즉 역량(力量)보다 넘치는 호사를 하려거든 교회 문에서 떠나가라. 아름다운 옷을 입는 자는 대궐에 있다 하였으니(마 11:8) 아름다운 의복에 애착을 두려 하면 사회로 나가는 것이 마땅하다. 교회는 아름다운 의복을 입는 곳이 아니다. 많은 교회 안에서 사치가 어찌 그리 극심한지 거의 세상 사회의 사치의 선도자(先導者)라고 하여도 지나친 말이 아니라 그 소득으론 신자가 파산에 이르는 일과 교역자가 부채로 면직(免職)을 당하는 일과 여러 가지로 부덕을 만드는 일이 적지 않으니 여기서 떠나야 할 것이다.

옛날 공자(孔子)의 제자 안연(顏淵)을 보라. 그도 빈곤에 처해 일단식 일표음(一簞食一瓢飮 *한 그릇의 밥과 한 바가지 물)의 아주 가난한 살림 속에서도 기쁨을 잃지 않았거든 하물며 진리에 속한 우리는 의식주가 남만 못한 것에 한(恨)을 느끼면 저 안연에게 부끄럽다. 그러므로 우리의 실생활에서 적당히 먹고 입음으로(*검소하게 살아) 마음으로만 진리로 살 것이 아니고, 육체의 몸가짐이나 행동까지 진리로 삼아야 할 것이다.

3. 세례 요한의 겸비(謙卑)

세례 요한은 지체와 문벌로 말하면 당당한 제사장의 아들이다. 또한 증거자의 증거로는 선지자 말라기가 말하길 엘리야가 오리라 하였다.(말 4:5, 6) 예수께서도 말씀하시길 오리라 한 엘리야가 곧 이 사람이라 하였다.(마 9:1-14) 또 처세하여 하나님 앞에 어찌나 앞서 나가며 거룩했는지 레위 자손이 와서 묻기를 '당신이 그리스도냐 엘리야 선지자냐' 하였으니 이렇게 일컬을만한 품격(品格)이 있는 것을 능히 알 수 있다. 그러나 요한은 조금도 교만하지 않고 겸비하게 대답하기를 '나는 그리스도도 아니고, 엘리야도 아니고, 선지자도 아니고, 다만 광야에 외치는 소리라' 하였으니 대저 소리라는 것은 말은 있으나 형상은 없는 것이니 그와 같이 자기를 완전히 감췄고 또 예수를 모든 사람에게 소개할 때 '자기는 그의 하인이 됨도 감당치 못한다' 했으니 그 얼마나 겸비한 말인가. 하나님께서는 "교만한 자를 물리치시고 겸손한 자에게 복을 주신다" 하신 말씀을 기억하지 않을 수 없다.(약 4:6)

어떤 선교사의 말을 들으니 일본 여인 한 사람이 자수성가해서 마음에 드는 의복과 단장(丹粧 *얼굴, 머리, 옷을 곱게 꾸밈)을 힘껏 한 뒤에 자기 생각에는 자기보다 더 단장한 사람은 없을 것이라 하고 자고한 마음으로 길을 가면서도 상점 유리창에 자기 그림자가 찬란히 비치는 것을 보고 만족하다가 의외의 어떤 귀부인이 자기보다 몇 배로 단장한 것을 보고 놀라고 또한 부끄러워 위축되었다 하는 말을 들었다. 우리가 말로 아는 것이나, 지위나, 재능이나, 지혜 그 무엇을 자랑해서 교만할 수 있지만, 각양의 지혜와 지식의 오묘한 것을 다 통달하시고 또한 모든 은혜를 베푸시는 주님께 모든 것을 받지 않은 것이 하나도 없으니 누가 감히 그의 앞에서 교만할 수 있겠는가? 요한을 본받아 가장 겸비하여 주를 높이고 형제를 나보다 높여야 한다.

4. 세례 요한의 증거(證據)

세례 요한의 때는 유대 나라의 종교가 극히 부패한 때라 철저히 도(道)를 말하기 어려웠다. 그러나 세례 요한은 광야에서 주께 직접 수양을 받아 능력을 얻고 또 성령을 힘입어 사람의 얼굴을 보지 않고 자기의 신변에 어떤 사나운 재앙을 당할 것도 생각하지 않고 각 사람에게 작정한 대로 심판적인 전도를 했다. 부패한 종교가인 바리새인과 사두개인에게는 '독사의 자식들아 누가 너희들을 장래의 노함에서 피하라 하더냐'. 유산가를 향해서는 '옷과 음식이 없는 사람에게 주라' 했다. 그리고 세리에게는 '정한 세금 외에 징수하지 말라' 했고, 군사(軍士)를 향해서는 '강포하지 말며 무고히 참소하지 말고 받는 급여를 족한 줄로 알라' 했다. 국정을 잡고 안일에 취한 헤롯 왕에게는 해서는 안 될 형수를 취한 것에 대해 담대히 책망하여 마침내는 참형을 당하기까지 했으니 위대하고 장쾌함을 누가 앙망하고 찬탄하지 않을 수 있을까? 이는 과연 사람을 기쁘게 한 자가 아니고 하나님을 기쁘시게 한 자이다.

말세를 당한 우리도 이것을 본받아 사람에게 환심을 사려는 세속화된 전도자와 있는 것을 나누지 않아야 한다. 세력을 과시하는 불의한 재산가와 모든 계급에 처한 자들에게 죄와 의와 심판을 분명히 또는 담대히 전하다가 세례 요한같이 순교하면 얼마나 복되겠는가. 우리 조선에 이러한 사역자가 많이 있기를 갈망한다.

(*『活泉』 제8권 8호[1930.8.], 4-7.)

2. 참 증인(證人)

무릇 세상이 사특하고, 그중에 거처하는 인생이 만물보다 더욱 간사하고 거짓됨으로 어물어사(於物於事 *모든 사물)에 진위(眞僞 *참과 거짓)가 혼잡하지 아니한 것이 없다. 그런 가운데 우주에 오직 하나뿐인 진리를 증거하는 이 일에도 예로부터 지금까지 참 증거자가 있는 동시에 위증자(僞證者 *거짓 증거자)가 매우 많았다. 그러므로 구약 시대에 이스라엘 선지자 가운데 자기 마음대로 예언을 만들어 내며 이르기를 여호와의 말씀이라고 하는 황무지에 있는 여우 같은 자가 얼마나 많았고(겔 13:1-4), 주님 당시에도 위증자가 겉으로는 양의 옷을 입고 마음속에 노략질하려는 이리의 마음을 품은 자가 얼마나 많았는가?(마 7:15)

그때 뿐만 아니라 지금에도 소위 전도자가 강단에서 성경을 낭독하고도 진리를 그대로 증거하지 못하고 시세와 환경을 따라 청중이 듣기 좋아하는 잘 알지도 못하는 철학 사상, 경제학설, 추한 연애 이야기, 정치 관련 사상 이야기 비슷한 것을 말하면서도 감히 이것을 진리라고 한다. 또한 개인 신자에 대해서는 약간의 자격이 있고 재산이 좀 있으면 사실 진리에 있어서 은혜의 경험이 있든지 없든지 간에 덮어 놓고 신성한 교직(敎職)을 맡긴다. 그리고 그들이 진리에 위반한 행동을 하더라도 한마디의 책망도 하지 못하고 도리어 그의 말을 변호하며 일을 하다 보면 그런 실수가 없지 않다고 말한다. 또 어떤 경우에는 진리로도 그럴 수 있다고 위증하여 위증자의 마음을 안 위하여 주고, 진리의 권위를 소실하여 버리니 가석(可惜 *애틋하고 아까움)하도다. 그 원인을 찾아서 생각하여 보면 먹고 살기 위해서나 사업상 허영 때문이다. 어찌하였든지 이 같은 자에게는 하나님의 징계하심이 크게 임하여야 하겠고, 우리들도 그런 무리에게 통봉(痛棒 *좌선할 때 쓰는 방망이)을 가하지 아니할 수 없다. 그러므로 참 증인이 되려면 어떻게 해야 하는가?

1. 먼저, 구속(救贖)에 대한 경험이 있어야 한다.

진리가 우리에게 지식으로 있어서는 교만을 낳게 하고 연약하기는 짝이 없어서 어떤 경우를 당하여 변하기 용이(容易)함으로 심지어 이단에까지 이르는 폐단이 있다. 그러나 진리가 우리의 확실한 경험이 됨에는 무한(無限) 견고하여 절대적인 강한 힘으로 어떤 경우를 당하든지 조금도 불변(不變)하고 흔들리지 않는다. 예를 들어, 요한복음 9장에 나면서부터 소경된 자가 주께 고침을 받고 완전히 보게 되니 진리이신 주께서 행하신 일을 미워하는 당시 유대인들이 이 사실을 부인하라고 별 방책을 다하여 그 소경의 부모를 호출하다가 사실을 질문하였다. 그러자 경험이 없는 비겁한 부모는 담대히 증거하지 못하고 그 일은 내 아들이 장성하니 직접 물어보라고 아들에게 밀어 버렸다.

그러므로 당사자를 호출하여 신문(訊問)하니 주저하지 않고 담대히 대답하기를 "내가 예수라는 이가 어떤 분인지는 알지 못하나 다만 한 가지 아는 것은 내가 이전에는 소경이었다가 지금은 보노라,

어찌하여 묻느냐, 그 사실을 듣고 싶으냐. 너희도 그의 제자가 되려고 하려느냐?" 하였다. 이로 볼 때 우리 전도자들도 우선 확실한 회개와 신생(新生)과 성결(聖潔)의 경험이 있어야 하겠다. 참 회개는 자기를 성령의 책망에 맡기어 죄인으로서 하나님의 진노를 받아 당연히 죽을 수밖에 없는 지경에까지 이르러 과연 주의 죽으심과 합하여 죽고, 그 순간에 믿음으로 부활하신 주와 하나가 되어 신생(新生)하고 또한 아담으로부터 전래하는 죄의 근성이 발작(發作)하여 종종 범죄하게 하는 그 원죄(原罪)를 믿음으로 성결함을 받아야 실제에 경험한 바로써 사이비(似而非)한 이단자와 반대자의 주론(主論)을 능히 꺾고 담대히 책망한다. 또한 진리에 굳게 서지 못하여 이리저리 방향없이 풍미(風靡 *바람에 밀려 초목이 쓰러짐)하는 많은 사람들에게 확실한 증거를 세움에 누가 감히 부인하겠는가? 일에 대하여는 하늘의 천사라도 공중의 마귀라도 사실을 부인하지 못할 것이다.

2. 성령을 받아야 한다.

사도행전 1장 8절과 누가복음 24장 49절을 보면, "성령이 너희에게 임하시면 너희들이 권능을 얻고 또 예루살렘과 온 유대와 사마리아와 땅 끝까지 이르러 나의 증인이 되리라" 하셨다. 또한 "너희는 이 일에 증인이라. 볼지어다. 내 아버지의 허락하신 것을 너희에게 주리니 너희들이 예루살렘에 거하여 위로부터 권능을 내려 입히시기를 기다리라" 한 것을 보면 성령을 받지 못하고는 증인될 자격이 없는 것을 가(可)히 알 수 있다. 옛날 구약 시대에 구주인 모세도 자기의 의지와 완력으로는 이스라엘 민족을 마귀의 모형인 바로 왕의 수하에서 구하려다가 마침내 성공하지 못하여 미디안으로 망명하였을 뿐이었다. 그러나 광야에서 불꽃을 경험한 후에는 담대히 바로 앞에 나가서 자기 민족을 그 원수의 수중에서 구원하여 내었다. 세례 요한도 모태로부터 성령의 충만함을 입어 그의 능력으로 모든 계급에 있는 사람들에게 꼭 들어맞게 서슴지 않고 책망할 바를 책망하며 예수가 어떠한 분이신 것을 분명히 증거하였다. 베드로 같은 이도 성령받기 전에는 가야바의 아문(衙門 *관아)곁에서 한 작은 비자(婢子 *여자 종)에게도 예수를 자기의 구주로 증거하지 못할 뿐 아니라 3번이나 알지 못한다고 하다가 종래에는 맹세까지 하였다. 그러나 오순절에 성령을 받은 후에는 조금도 겁이 없이 담대히 공회 앞에서와 어떠한 경우에서도 주저하지 않고 입증하였다.

그러므로 오늘날 우리도 힘있는 참 증인이 되려면 성령을 받아야 할 것은 묻지 않아도 빤히 알 수 있지만 가장 어려운 문제는 단지 어떻게 하여야 성령을 받을까 하는 것이다. 그러나 이것 또한 특별히 어려운 일이 아니니 염려할 필요가 없다. 하나님께서 말세에 나의 신을 만인에게 부어주시겠다고 하신 신실하신 약속이 있으니 성령께서 우리 속에 내주(來住 *와서 삶)하실 만한 준비 즉 심사(心思)와 행위의 죄와 허물을 주의 보혈의 공로로 정결함을 받고 믿음으로 힘써 구하면 즉시 충만함을 받을 수 있다. 또한 그 충만한데서 이미 경험한 진리를 폭렬탄(爆裂彈 *폭발성 물질을 장치한 병기)적으로 증거하면 많은 군중이나 개인은 막론하고 다 주께로 돌아오기를 마치 바나바와 베드로가 성령의 충만함을 얻어 증거할 때에 많은 사람이 회개하고 주께로 돌아온 것과 다름이 없을 것을 확신한다. (행 2:41, 11:24)

3. 모험적(冒險的) 증인이어야 한다.

선악(善惡 *착함과 악함)과 진위(眞僞 *참과 거짓)가 서로 합하지 않음은 물과 불 상극의 이세(理勢 *자연의 운수)와 흡사함으로 진리를 참되게 증거하는 자는 악의 충돌을 가히 피하지 못할 것이 사실이라 자연히 모험(冒險)하지 않을 수 없다. 그러므로 신실한 증인 안디바 같은 자도 눈서리 같은 핍박 가운데에서 한결같이 겁내지 않고 우상을 공격하며 진리를 증거하다가 결국에는 그 우상집 앞에서 순사(殉死)하였다. 아름답도다! 안디바의 증거와 죽음이여! 형극 중의 백합화로서 남북풍이 크게 일어나 그 형극에 찔릴수록 향기를 더욱 발하는 것과 같이 박해 중에서 피 흘리며 죽음에까지 이르면서 증거한 아름다운 향기는 온 우주에 편만할 뿐 아니라 하늘 위에까지 충만하고 또 그때에만 향기로울 뿐 아니라 지금까지도 향기롭다. 그러므로 말세를 당한 우리들도 핍박을 옷입듯 하고, 환난 가운데서 주께서 십자가에 못 박히사 세상 사람의 죄를 대속하시고 부활 승천하사 우리를 위하여 대신 기도하심으로 누구든지 어떠한 처지에 처하였든지 각양의 은혜를 자유로 받을 수 있는 사실을 확실히 증거하지 아니하면 안 된다.

모 기자(記者)가 작년에 어떤 곳에서 어떤 주의자(主義者)를 대하여 마음에 느낀 바가 오늘날까지 사라지지 아니하였다. 그것은 그가 자기의 주의(主義 *주장)에 대하여 어찌나 충성스럽고 열렬하든지 부모처자를 돌아보지 않고 또 자신의 고생과 위험은 막론하고 생명이 끊어지는 데까지 이르는 것을 꺼리지 않는 것을 보았기 때문이다. 우리 교역자와 신자가 다 이 사람처럼 모험하고 경험한 진리를 성령을 힘입어 열렬히 증거하면 미구불원(未久不遠 *앞으로 오래지 않고 가까움)에 구원을 얻은 자가 많이 일어날 것을 기대하는 바이다. 그러므로 모험적 증인이 되자.

(*『活泉』, 제8권 12호[1930.12.], 4-7.)

IV. 1932년

1. 근본적(根本的) 부흥을 간원(懇願)함
(성경 본문: 욘 3:1-10)

현재 조선교회가 다 어떠한 상태에 처하였는가? 표면상으로는 얼른 보기에는 과거 초시대(初時代)에 비하여 부흥이요, 진보요, 발달 향상한 것 같다. 교회 시설과 교회 조직이 완비하여 있고, 또한 찬양대가 예배 시간마다 온갖 방식으로 맑고 우아한 합창과 독창이 끊어지지 않는다. 그러나 영적인 안목으로 관찰하면 신자의 마음속과 교회 안의 부패란 차마 눈뜨고 볼 수 없으며, 또한 차마 말로 표현할 수 없다. 어찌 그리도 불평과 시비와 질투와 시기와 원망과 분쟁이 많은지, 하나님께 그 모든 죄가 상달되어(욥 1:2) 용납하여 인내할 수가 없게 되었다. "주께서 예루살렘 성으로 들어가시다가 노방(路傍 *길의 양쪽 옆)에 있는 무화과나무 하나를 보시고 나아가사 아무것도 얻지 못하시고 다만 잎사귀뿐이거늘 그 나무더러 이르시되 이제 후로는 네가 과실을 영원히 맺지 못하리라 하시니 그 나무가 곧 말랐느니라."(마 21:19)

이와 같이 생명의 과실이 없는 교회를 얼마나 더 참아 기다리겠는가? 하나님의 장자인 이스라엘도 진노하셨거든 하물며 우리 이방 사람은 어떠하겠는가?(눅 13:7) 그러므로 우리는 하루빨리 아니 한 시간 빨리 죄악을 인하여 골격이 꺾이고 진액이 여름날 가뭄 때에 웅덩이 물이 마르는 것같이 초조하여 견디지 못함으로 통회할지어다. 아- 무섭도다! 주의 진노하심이여! 홀연히 지진이 나며 해가 총담(*검은 염소털로 짠 천, 검은 천)같이 검어지고 온 달이 피같이 되며, 별이 땅에 떨어지는 것이 무화과나무가 큰 바람에 흔들리어 채 익지 못한 과실이 떨어지는 것과 같다. 그리고 종이축이 말리는 것같이 하늘이 옮겨가고, 모든 산악과 섬이 그 자리에서 옮겨가며, 땅에 있는 임금들과 왕족들과 장군들과 부자들과 권세 잡은 자들과 모든 노복(奴僕)들과 자주자(自主者)들이 굴과 산 바위틈에 숨어 산과 바위를 대하여 부르짖어 말하길, "우리 위에 떨어져 보좌에 앉으신 이의 용모와 어린 양의 진노에서 피하게 하여 달라"고 하였으니, 이 부르짖음이 누구의 부르짖음이 될까를 깊이 생각하고 경성(警醒)해야 하지 않겠는가?

죄 가운데 있는 형제자매들이여! 어찌 반성해야 할 일이 아니겠는가? 또한 교회를 지도하는 교역자들이여! 당신들의 교회가 신성무자(神聖無疵 *매우 거룩하여 흠이 없음)하며 타오르는 성령의 불길 가운데 처하여 더러움이 없는가? 만일 죄가 있어 진노가 임할 경우에 처하여 있으면 지체하지 말고 곧 여호수아가 누추한 옷을 입고 여호와 앞에 선 것과 같이(슥 3:3, 4), 우리들은 신자들의 죄를 대신하여 회개할 의무가 있는 동시에 또한 책임 위에 자신의 죄도 많을 줄 안다. 뭇 영혼을 위하여 애써 기도하지 아니하고 나태한 것이며, 진리를 증거하되 성령의 계시대로 죄와 의와 심판으로(요 16:8) 권세있게 나타나지 못하고, 모든 주위를 살피어 이 사람과 저 사람에게 아무 자극이 없도록 말하여, 신자로 하여금 죄 가운데서 잠자게 하는 일과 또한 심방함에 이르러는 환영하여 대접하는 집에는 자주 다니나, 대접할 수 없는 구차한 형제의 집은 심방하지 아니하는 일이며, 교회 안의 시비에 대해서는 힘이 있는 자는 착하지 않아도 변호하여 주고, 빈약(貧弱)한 자에게는 정의를 무시하여 호신지책(護身之策 *몸을 보호하는 방책)에만 몰두(沒頭)하고, 허영에 갈급하여 높임 받기만 좋아함과 육신에 속한 안일과 향락만 탐하여 성령의 가책(苛責)과 양심의 거리낌도 불관(不關)하고 범한 모든 죄를 다 어떻게 처치해야 할 것인가를 깊이 생각하여라.

아- 각각 내 교회가 어찌하여 시비가 많으며, 당파가 층생첩출(層生疊出 *일이 여러 가지로 겹쳐서 자꾸 일어남)하며 부흥의 불길이 타오르지 못하는가? 이것은 아무 형제 아무 자매의 죄라기보다 내 죄로 인함이라 함이 정직한 자백이 아닐까 한다. 그러나 현대의 교역자들이 끝없이 자성(自省)할 줄을 알지 못하고, 옛날 타락한 사울 왕이 하나님께서 아말렉을 쳐서 있는 것을 아끼지 말고 몰수(沒數 *수량의 전부)히 멸하라는 분부를 받고도(삼상 15:3), 사울이 자기의 마음대로 아말렉 왕 아각을 살리고, 양과 소와 살찐 송아지와 양 새끼 중에 좋은 모든 것은 아끼어 몰수히 멸하지 아니하고, 오직 낮은 것과 추한 것만 멸하여 하나님의 명령을 지키지 아니한 일이다.(삼상 15:9-10) 선지자 사무엘이 크게 책망하니 사울 왕이 자기를 살펴 회개하지 아니하고, 죄를 백성에게 떠밀어 말하기를 자기는 하나님의 말씀에 복종하여 마땅히 멸할 것을 다 멸하였으나, 백성들이 마땅히 멸할 것 가운데서 양과 소의 좋은 것을 노략하여 하나님께 제사하려 했다고 핑계함 같이(삼상 15:20-21) 교회가 부흥되지 못하는 것은 어떤 형제자매의 죄로만 생각하고 그에게만 책임을 떠밀고 자책할 줄을 모르니 어찌 한심한 일이 아닌지 모르겠다.

교역자들이여! 성경을 보면 아담이 아들을 낳으니 자기의 형상대로 낳았다 한 말씀을 보면, 모든 신자의 심령 상태가 그릇됨과 교회의 부패함에 어찌 책임이 없겠는가? 내 교회는 다 내 형상(形像 *모습)을 그려낸 것으로 생각해야 합당하다. 이러함에도 불구하고 자기의 죄는 회개치 아니하면서 교회의 부흥만 원하겠는가? 이는 연목구어(緣木求魚 *나무에 올라가서 물고기를 구하듯 도저히 불가능한 일을 하려고 함)의 어리석은 일에 불과하다. 아 현대 교역자의 강퍅(强愎)함이 어찌 극심한지 부흥회에 참석하여 보면, 순진한 신자들은 통회하며 자복하여 은혜를 받는 자가 많으나, 교역자는 통회함을 도무지 보지 못하였다. 그 눈에서 눈물이 떨어지는 것을 못 보았다. 그러면 그의 생애가 승리하느냐 하면, 그렇지도 못하면서 회개의 눈물이 없으니 웬일인가? 아무리 생각하여도 알지 못 할 일이다.

여러 말 할 것 없이, 근본적(根本的)인 참 부흥(復興)을 원하거든 단체 우두머리부터 일반 교역자가 철저히 회개하여야 한다. 옛날 니느웨성에 큰 부흥이 어떻게 일어났는가? 그 나라 왕이 예복을 벗고 거친 베옷을 입은 후에, 용상(龍床 *임금이 정무를 볼 때 앉는 평상)에서 내려서 잿더미 방석에 앉아 금식하며 죄를 회개하되, 대신(大臣)으로부터 서민까지 금식하고 회개하며 부르짖음으로써 큰 부흥이 일어났다. 또한 예루살렘 교회의 부흥도 제사장들이 회개하고 돌아옴으로 근본적 부흥이 일어났다.

이로 보건대, 위에 있는 자로부터 참된 회개와 부르짖음이 있어야 할 것을 알 수 있다. 성전 휘장이 어떻게 찢어졌는가? 위로부터 아래까지 찢어졌다. 성령의 불이 땅에서 솟아오르지 아니하고 하늘에서 내려온다. 그러므로 위에 있는 우리 교역자들이 먼저 성령의 불을 받아 부흥이 되어야 교회는 근본적 참 부흥이 된다. 이것이 사는 일이다. 승리이다. 교역자들이여! 교회가 철이 지난 가을 참외밭의 상직막(常直幕 *경계하여 지키는 일을 하기 위하여 만든 막)과 같고 파산하는 집같이 쓸쓸한 것을 그대로 보고만 있겠는가? 사명이 있는 우리는 어서 빨리 영광의 옷을 벗고 거친 베옷을 입어야 하겠고, 안일한 자리에서 떠나 체면 불구하고 잿더미 방석에 앉아 통회하여, 하늘로부터 떨어지는 성령의 불에 타서 참 부흥을 받아야 하겠다. 그리하면 이는 개인의 부흥만이 아니요, 우리 교회 전체의 큰 부흥이 되어 이편으로부터 저편까지 안 타는 곳이 없이 다 타는 불꽃이 될 줄로 믿고, 이것이 유일(唯一)의 근본 부흥책인 것을 믿는다.

(* 『活泉』 제10권 1호[1932.1], 4-6.)

2. 감활천위적(感活泉偉績)

　오늘날 우리 조선 민족은 육적으로 경제가 파멸하여 기갈이 막심하다. 가히 말할 수 없는 비참한 지경에서 방황하며 어찌할 바를 알지 못하여 백발이 휘날리는 늙은 부모를 모시고 어린 자식들을 이끌고 살 길을 찾느라고 동분서주(東奔西走)하여 갈증을 견디지 못하는 참혹한 상황을 차마 눈으로 볼 수 없다. 그와 같이 불쌍하게도 우리 심령의 기갈이 어찌나 심한지 옛날 브엘세바 광야에서 마실 물이 없어 죽을 지경에 처하여 방성대곡하는 하갈과 이스마엘의 상태이다.

　아- 가련하다. 누가 그들을 생수(生水)로 인도하겠는가? 사방으로 구했지만 결국은 얻지 못했다. 인간에게는 누가 그들을 위로하며 생수로 인도해 해갈하게 한 사람이 없었다. 과연 없었다. 하나도 없었다. 다만 하나님께서 그 모자(母子)의 부르짖는 소리를 들으시고 하나님의 사자가 하늘에서부터 하갈을 불러 가로되 "하갈아 어찌함이냐 근심치 말라. 하나님이 저 아이의 부르짖는 소리를 들었으니 너는 일어나 아이를 붙들어 일으켜라. 내가 장차 그로 큰 민족을 일구게 하리라" 하시며 위로하셨다. 그리고 하나님이 하갈의 눈을 밝게 하여 샘물(생수)을 보게 하시니 그 모자가 바야흐로 생수를 양껏 마시고 또 가죽 부대에 충만히 채워 흡족함을 얻었다. 아- 참으로 절처봉생(絶處逢生 *꼼짝없이 죽게 된 판에 요행히 살길이 생김)이라 함은 이 같은 것을 일컫는 말이다.

　시선을 돌려 조선교회(朝鮮敎會)의 심령 상태를 보자. 또 신자 개인의 영혼 상태를 보자. 저 메마른 산과 들에서 오곡과 백과는 물이 없어 죽어가는 상태이며 이는 브엘세바 광야에서 물이 없어 절망 중에서 우는 하갈과 이스마엘의 상태와 똑같다. 그러므로 많은 심령(心靈)이 생수가 없어 애타게 부르짖은 지 이미 오래되었다. 이리 저리로 구했지만, 생수를 만족히 구하여 마시지 못했다. 도리어 어떤 단체에서 발간하는 독(毒)있는 물, 즉 이단교(異端敎)의 잡지를 구독하고 해를 입어 이미 무익하여 폐지한 옛 계명과 율법을 외우고 지켜야만 구원을 얻는 줄 알아 많은 고통을 받는 자들이 얼마이며, 그로 인해 이단에 기울어져 죽은 사람들이 얼마인가?

이렇게 불쌍한 상태에 처한 교회와 개인의 영혼에 무엇이 유일하게 필요한 것일까? 농촌 사업을 확장하는 것일까? 학교 교육을 장려하는 것일까? 병원을 크게 건설해놓고 무료 치료해주는 구제 사업일까? 또 그렇지 않으면 제도와 조직을 정연(整然 *가지런히)히 하는 의식(儀式)의 엄중한 예배일까? 귀에 즐겁고 마음을 기쁘게 하는 유창한 잡동사니(雜同散異 *그럴듯하게 반듯하지 못하고 자잘한 일) 강연(講演)일까? 아니다. 결코 아니다. 조선교회는 그런 사업(事業), 그런 실리(實利)없는 말에 너무 치우쳐서 애쓰지만 이런 것에서 무슨 해갈(解渴)을 구하려 하니 잘못하는 것이다. 과거를 회고해보면 그런 사업에서 많이 협력하여 구했으나 결국 소득이라고는 하나도 없었다. 그리고 만일 소득이 있었다 해도 웅덩이 물을 마신 일이어서 해갈이 되지 않는, 마치 옛 야곱의 우물을 마신 것에 불과하다. 그런즉 어찌 반성하지 않을 수 있겠는가. 이렇게 말하면 어떠한 사업을 반대하는 줄로 알고 오해할 사람이 있을 것 같지만 그 사업을 반대하는 것이 아니다. 그런 사업들이 능히 우리의 목마른 심령을 해갈하지 못한다는 말이다.

긍휼이 풍성하신 하나님께서 하갈과 이스마엘의 부르짖는 소리를 들으시고, 또 이스라엘 백성들이 사막에서 물이 없어 부르짖는 소리를 들으시고 호렙산 반석에서 생수를 나오게 하여 해갈하게 하신 것처럼 조선교회 전체와 개인 신자 심지어 비신자까지 진리(眞理, 즉 생수)를 찾지만 얻지 못해 갈증에 못 견디는 상황을 차마 못 보셔서 지금부터 5년 전인 1922년 겨울 동양선교회를 통해『활천(活泉)』, 즉 용천(湧泉 *물이 솟아 나오는 샘)을 터뜨려 주셨다. 아 우리는 이제 살았다. 만족한다. 즐겁다. 감사와 찬송으로 영광을 돌리지 않을 수 없다.

보통 강과 호수, 바다 및 저수지의 물이 극심한 큰 가뭄을 당해 분량이 점점 줄어 마르면 농민은 그 농사의 실패를 한탄하고, 시민(市民)은 식수의 어려움을 당해 어찌할 바 모르고, 수도 당국은 급수에 대해 엄정(嚴正)히 절약하며 물을 주되 매일 시간을 정하고 정한 시간 외엔 조금의 물도 주지 않으며, 비상(非常)으로 주의하여 감독하는 것을 보았다. 그러나 그런 때라도 천연(天然)의 용천(湧泉), 솟아오르는 샘은 그 분량이 조금도 줄지 않고 여전히 넘쳐흘러 초목군생(草木群生, *풀과 나무, 모든 생물)이 그 물로 인해 삶을 얻어 생기를 떨쳐 자유로이 성장하고, 자유로이 뛰놀게 하는 것을 보았다. 이와 같이 이 심령의 활천의 근원은 세계의 명산인 히말라야 산이나 알프

스 산이나 부사(富士) 산이 아니라 하나님의 보좌 아래이다. 그러므로 어떤 큰 가뭄에서도 분량이 조금도 줄지 않고 철철 흘러넘칠 뿐이다. 할렐루야!

오늘날 기독교 안에 잡지가 종류별로 생겨났지만 큰 가뭄을 당해 중지 또는 폐지된 것이 몇 종류인지 알 수 없지만 단지 이 『활천(活泉)』만은 주필 이명직(李明稙) 씨와 편집주무(編輯主務) 이상철(李相徹) 씨와 촉탁(囑託) 이건(李鍵) 제씨(諸氏)를 하나님께서 특별히 축복하셔서 물을 대는 도구로 이용하시고, 또 그들은 밤낮으로 충성을 다해 참된 정성으로 기도하며 심혈을 기울여 최선의 힘을 다해 생수를 자아냈다. 이 물은 즉 생명수(生命水)이니 부자도 마셔야 하겠고, 가난한 사람도 마셔야 하겠다. 그리고 유식한 사람도 마셔야 하겠고, 무식한 사람도 마셔야 하겠다. 또한 귀한 사람도 마셔야 하겠고, 천한 사람도 마셔야 하겠고, 목마른 자, 병든 사람 누구를 막론하고 다 마셔야 할 물이다. 그러므로 이 물을 직접 또는 간접으로 한 번 맛본 사람은 아무리 바쁠지라도(多忙) 또는 생활이 어려워 비록 하루 세 끼에 한 끼를 감한 두 끼를 먹는다 할지라도 구독하지 않을 수 없다. 대금(代金)이 좀 지체될지라도 끊지 말고 보내달라는 독자의 요구도 있으니 지금 우리의 생활고는 모두가 말로 형용할 수 없고, 본 잡지를 광고한 일도 전혀 없다. 그렇지만 국내 각처 방방곡곡은 물론이고 멀리 외국에서까지 애독자가 일증월가(一增月加 *날과 달이 지날수록 자꾸 늘어감)하여 최근엔 수천 부가 여러 물길로 나열되어 긴 흐름이 쉼 없이 이어지게 되었고 창간호로부터 지금 100호 기념호에 이르기까지 한 번도 합호(合號) 또는 중지를 당하는 어떤 장애도 없었다.

한결같이 솟아나는 기세와 그 공효로는 에스겔 47장 11절을 연상하지 않을 수 없다. 그 물이 흘러 이르는 바다는 소성(蘇醒)함을 얻고 그 강물이 이르는 곳마다 생육하는 모든 동물이 살 것이다. 또 고기가 심히 많으리니, 대개 이 물이 이르는 곳마다 물이 소생함을 얻고 강물이 이르는 각처에 모든 것이 살 것이다. 또 어부가 이 강변에 설 것이니 엔게디에서부터 에네글라임에 이르기까지 그물치는 곳이 될 것이다. 그 고기가 각각 그 종류를 따라 큰 바다 고기처럼 심히 많고, 강 좌우편 언덕에 각종 과수가 자라서 그 잎이 시들지 않고 열매가 없어지지 않을 것이다. 달마다 새 과일을 맺으리니 그 물은 성소(聖所)에서 나오기 때문이다. 그 과실은 가히 먹을 만하고 그 잎사귀는 약재료가 되겠다 한 것같이 이 활천은 곧 생명수(生命水)이다!

교회에 물길이 흐르게 되면(流及) 그 교회가 물댄 동산처럼 부흥되고 개인에게 흐르면 그 개인이 부흥된다. 그리고 가정에 흐르게 되면 그 가정에 부흥이 임한다. 그뿐 아니라 약재료가 되어 마치 이 세상 약수에 모든 약 성분이 포함되어 마시는 사람마다 효험을 얻는 것처럼 심령에 각종 병이 있는 사람은 이 활천(活泉)을 얻어 마심으로 상한 심령이 위로를 얻고, 게으르고 나태한 사람은 근면 성실하게 되고, 충성없는 사람은 충성하게 된다. 그리고 무력한 사람은 활력을 얻고, 화목하지 않은 사람은 돈독한 화목을 이루고, 부패한 사람은 소성케 되며, 실망 중에서 신음하는 사람은 산 소망을 가지게 되는 가히 만병을 치료하는 약재료가 되었다.

  그리고 강물 좌우 언덕에 선 과실나무가 시절을 좇아 달마다 새 과실을 맺는 것같이 이 활천도 교회와 개인에게 흘러 미쳐 사죄(赦罪), 신생(新生), 성결(聖潔), 신유(神癒), 재림(再臨), 성령 충만(聖靈充滿) 각종 열매를 맺어 하나님을 능히 기쁘시게 하며, 영화롭게 했으니 활천아! 너의 공적이 어찌 위대한지 고맙고 감사하다(致謝) 않을 수 없고, 두 손을 들어 할렐루야 찬송하지 않을 수 없지만은 긴히 부탁하고 바라니 네가 과거 100호(號)의 공로(功)로 만족하지 말고 더욱 넘쳐 흐르고 흘러 범위를 넓혀 전 세계 황폐한 산야(山野)와 사막에까지 미쳐 황무지가 장미꽃 같이 피고, 사막에 샘이 터지게 함이 너의 사명이다. 다시 부탁하니 너의 사명에 더욱 진력(盡力)하여라. 충성을 다하라(盡忠). 그리고 너의 수한은 길든 짧든 간에 주의 재림의 날까지 함께 하고, 지금 이후로는 과거보다 백배나 더 대중(大衆)의 심령을 소생(蘇生)케 하고 생명이 풍성하게 하기를⋯.

(*『活泉』 9권 3호[1932.2.], 15-18.)

3. 실험적(實驗的) 증인(證人)

"처음부터 있는 생명의 도를 의논하건대 곧 우리가 들은 바요 눈으로 본 바요 자세히 상고한 바요 손으로 만진 바라. 이 생명이 이제 나타났으니 아버지와 한 가지 계시다가 우리에게 나타나신 영생을 우리가 보았고 이제 증거하여 너희에게 전하노라. 우리가 본 바와 들은 바로써 너희에게도 전함은 너희로 우리와 사귀게 하려함이니 우리의 사귐은 아버지와 그 아들 예수 그리스도라. 우리가 이 글을 쓰는 것은 우리의 기쁨을 충만케 함이로다."(요일 1:1-4)

사도 요한은 참으로 철저한 실험적(實驗的) 증인(證人)이다. 그는 처음부터 있는 생명의 도(道)를 듣고, 보고, 상고(相考, 서로 비교하여 고찰함)하고 만졌으니(요일 1:1, 3) 진실로 완전(完全)하고 무흠(無欠)한 증인이라 할 수 있다. 원래 종교는 이론과 학설에 있지 않고 무엇보다도 실지 체험이 절대 필요하다. 우리 기독교는 실험적 종교이다. 타 종교와 같이 철학이나 도덕이나 문학만을 토대함이 결코 아니다. 이 생명의 도는 그 자체가 태초부터 있어서 하나님께서 친히 우리에게 나타내신 바이니 이를 받는자도 역시 하나님께서 나타내신 그대로 받아야 할 것이며 또한 그대로 증거하여야 한다.

옛날의 사도를 보라. 그들은 당시 제사장과 백성들에게 무한한 핍박을 받으면서도 "우리가 보고 들은 것을 말하지 않을 수 없다"(행 4:20)고 증거하였다. 그들은 실지 체험이 있으므로 이와 같은 담력과 용기를 가지게 된 것이다. 대개 기독교 진리는 상상과 사색에 있지 않고 실제 체험에 있으니 예로부터 이 진리를 진리로 전하여 그 가치를 잃지 않고 발휘한 자는 다 심오한 실제적 체험가이다. 진리 자체가 명백한 사실인 만큼 전하는 자도 또한 분명하고 솔직하여야 할 것이다. 그러므로 우리들도 사실에 있어서 철저한 실험적 증인이 되어야 한다.

진리가 있는 곳에 핍박이 있으니 진리는 핍박으로 말미암아 더욱 선명하여지며 전파력이 강하게 되는 법이다. 그러나 이 진리를 진리 그대로 받아들여 실험적 증인의 입장에 서서 철저히 증거하지 않으면 도리어 화를 받을까 두려운 일이다. 옛날의 모든 성도들은 이 진리를 진리답게 증거하다가 개선(凱旋, 싸움에서 이기고 돌아옴)의 피를 흘렸다. 이것은 두말할 것 없이 그들의 심령에 있는 위대한 체험적 은혜가 산출한 영광의 사실이다. 그들은 자기들이 친히 하나님께로부터 받은바 진리를 그대로 가장(假裝, 태도를 거짓으로 꾸밈)함이 없이 도(道)를 위하여 죽기까지 굴복하지 않고 철저히 증거한 것이다.

이 증거는 참으로 힘이 있다. 우리들도 마땅히 진리를 위하여 이 같은 담대한 증거자가 되어야만 하겠다. 다만 이 진리를 머리로만 앎에 그치지 말고 실제적으로 경험하라. 현재 교계에는 이론과 지식으로만 증거하는 사람들이 심히 많다. 이것은 아니다. 참으로 통탄할 일이다. 그들은 예수도 공자나 석가와 같은 성인(聖人)이지 하나님의 아들이 아니라고 한다. 그리하여 성경을 자기들의 이상에 맞도록 신앙하며 가르친다. 마음에 맞는 것은 믿고 인간의 지식으로 믿지 못할 것은 불신한다. 나의 친구 중에 이러한 사람이 있다. 그는 과거에 주의 재림을 힘써 전하였는데 아메리카 유학을 마치고 온 후에는 그의 신앙이 돌변하여 재림에 대하여 한 번도 입 밖에 내지 않음으로 어떤 사람이 그 까닭을 물으니 그는 말하기를 "나는 아메리카에 갔다 온 후에 전하지 않게 되었다."고 하였다 한다. 그의 신앙은 성경에 토대하지 않고 아메리카에 근거하였던 모양이다. 이것은 한갓 실험적 신앙이 없는 탓이다.

현대 교회의 부진한 원인은 실험적 증인이 없기 때문이오, 결코 무슨 농촌 사업과 문화 운동을 아니하여서 그런 것이 아니다. 여러분도 하기휴가 때에 목도(目睹)하였을 줄로 안다. 모든 교회는 가을 참외밭 수직막(守直幕, 지키는 움막)같이 텅 비어 있지 않은가? 내가 우리 성결교회를 순회하면서 보았다. 다른 교회뿐만 아니라 우리 교회도 역시 그러하였다. 단체 제도와 조직이 엄하니까 세속적 운동은 하지 않는다. 그러나 진리를 진리답게 증거하는 점에 있어서 '성결(聖潔)'이란 좋은 간판과 배치되지 않는가 하는 염려가 없지 못하였다. 간판으로만 다른 단체를 기만하는 우리가 되지 말아야 한다. 쇠퇴할 교계를 부흥시킬 책임이 여러분 어깨 위에 놓여 있음을 각오하라.

주께서는 조선교회를 위하여 여러분을 택하신 것이다. 이 같은 중대한 사명을 어떻게 하면 감당할 수 있겠는가? 다른 데에 있지 않다. 오직 실험적 증인이 되어야 한다. 이 실험적 증인이 되려면 어떻게 해야 하는가?

1. 주(主)를 보아야 한다.

우리가 영으로 그리스도를 보지 못하면 그의 복음을 도저히 증거할 수 없다. 사도 요한은 친히 본 바를 증거하였다. 이와 같이 오늘날 우리도 주를 보아야만 증거할 수 있다. 보지 못하고 어찌 증인이 될 수 있겠는가? "모든 사람으로 더불어 화목하고 거룩함을 좇으라. 거룩하지 아니한 자는 주를 보지 못하리라"(히 12:14) 하셨으니 우리의 심령이 주 앞에 성결하여야 거룩하신 주님을 뵈올 수 있는 것이다. 마음이 청결한 자는 하나님을 볼 수 있다.(마 5:8) 반대로 정욕에 결박당하여 그 심령의 눈이 어두운 사람은 주를 볼 수 없다. 여러분 중에 아직 주를 뵈옵지 못한 형제가 있는가? 어떤 사람들은 나는 여러 날 금식 기도를 하였으나 주를 보지 못하였다고 실망한다. 이것은 그의 심령이 아직 주를 뵈올 만한 준비가 없기 때문이다. 다시 말하면 철저한 회개(悔改)와 성결(聖潔)의 경험이 없기 때문이다.

마음이 청결한 자는 누구든지 주를 볼 수 있는 것이다. 꼭 보인다. 성경 말씀은 추호도 틀림이 없다. 만약 아직까지 주를 본 경험이 없으면 반성할 필요가 있다. 철저한 성결의 체험이 있는가? 성결하지 못하고 스스로 성결받은 체하는 자는 결단코 주를 뵈올 수 없다. 나는 주를 보았거니 하고 스스로 위로를 받는 자는 자기의 양심을 속이고 성령을 속이는 큰 죄악이다. 주를 만나보는 경험이 그렇게 희미한 것이 아니라 가장 명백하고 확실하다. 성결의 체험이 확실치 못하면 주를 볼 수 없나니 보지 못한 주를 어찌 보았다고 증거하겠는가? 신앙을 가지고 볼 수 있는 것이라 하여 철저한 체험도 없이 다만 머리로만 깨닫고 아는 체하는 것은 실로 위태한 일이다.

실제적 체험이 없거든 겸손하게 주 앞에 나아와 회개하고 은혜의 깊은 자리로 들어가라. 주님을 불가불 보아야 증인이 될 수 있나니 삼가 거짓 증인이 되지 않도록 먼저 각자의 심령을 엄숙한 태도로 조용히 살펴 "거룩함을 좇으라. 거룩하지 아니한 자는 주를 보지 못하리라." 스위치에 고장이 있어서 음과 양의 전기(陰陽電)가 서로 합하지 못하면 그 전등은 밝은 빛을 발사할 수 없음과 같이 우리의 심령에 진리와 합하지 못하는 방해물이 있으면 도저히 빛이신 예수를 볼 수 없는 것이다. 그러므로 철저한 준비로써 살아계신 주님을 영안(靈眼)으로 밝히 보고 태초부터 있는 생명의 도(道)를 밝히 증거하라.

2. 주의 음성을 들어야 한다.

어떻게 하면 주의 음성을 들을 수 있을까? 사무엘은 여호와의 성전 안 하나님의 법궤가 있는 곳에서 하나님의 음성을 듣게 되었다.(삼상 3:4) 그는 항시 성전에서 기도하였다. 우리들도 하나님 앞에 나아가 기도할 때에 주의 음성을 들을 수 있는 것이다. 나의 영과 하나님의 신이 일치되어 깊은 기도 가운데 들어갈 때에 주님의 음성을 들을 수 있다. 여러분은 몇 번이나 음성을 들었는가? 이 음성이야말로 참으로 귀한 것이다. 밀실(密室)의 생애가 없는 자는 주의 음성을 들을 수 없다. 귀하고 거룩한 음성인 것만큼 아무나 함부로 들을 수 없다. "사람에게 보이려고 회당과 거리에서 기도하기를 좋아하는 자는 음성을 도저히 들을 수 없는 것이다. (마 6:5)

한때 흥분적 기도로는 모든 번뇌를 격퇴하기에 유력(有力)할지 모르거니와 진리에 깊이 들어가서 하늘의 오묘한 뜻을 깨닫기에는 너무나 현격(懸隔)한 일이다. 외모로만 꾸미지 말고 중심으로 은밀한 중에서 간구하라. 반드시 주의 음성이 들릴 것이다. 때때로 이 음성을 친히 듣는 자라야 그리스도의 참된 증인이 될 수 있다. 하늘의 소식을 듣지 못하고 무엇을 증거하겠는가? 주의 음성을 직접 듣고 계시하신바 진리를 증거하려면 무엇보다도 은밀 기도가 아니면 안 된다. 힘써 항상 간구하여 실지 체험한 것을 증거하라.

3. 자세히 상고(相考)하고 손으로 만져야 한다.

"태초부터 있는 생명의 도(道)"를 증명하려면 앞서도 말하였거니와 실제적 체험이 무엇보다도 제일 필요하다. 요한은 '자세히 상고한 바요 손으로 만진 바를… 이제 증거하여 너희에게 전하노라"(요일 1:1, 2)하였으니 얼마나 철저한 체험에서 나온 증언인가? 우리들도 마땅히 이와 같이 되어야 하리니 성경을 배워서 아는 그것만 가지고는 완전한 증거를 할 수 없다. 성경을 아는 것은 물론 좋은 일이지만 한갓 지식에만 그치고 말 것 같으면 하등의 효과가 없다. 내가 북선(北鮮) 순회 전도할 때에 어떤 형제에게 전도하자 "여보게! 나도 성경을 잘 알고 가르치기까지 하였소" 말하였다. 이것이 무슨 효력이 있는 앎이 되겠는가? 이 시대는 성경을 알기만 하는 사람이 많게 되었다. 실제상 체험이 없이 머리로 알기만 한 그 성경 지식은 흔히 이단자(異端者)와 배교자(背敎者)를 낳는다. 이와 같은 지식은 도리어 없는 것만 같지 못하니 그러므로 진리를 진리 그대로 소화하는 체험이 필요하다는 말이다.

중생(重生)의 교리를 성경상으로 잘 알았다고 하자. 그러나 자신이 철저히 체험하여 그것을 자기의 소유로 만들지 않고서 무엇이라고 증거하겠는가? 사람들이 중생은 금주(禁酒), 단연(斷煙)하는 것이라 하면 우리는 한층 더 철저히 경험한 바를 증거하여 중생이 무엇인지 알지 못하는 자들에게 가르쳐야 되지 않겠는가? 나는 다른 교회 교역자가 우리 교회 교역자에게 성결(聖潔)의 도리를 물을 때에 "그저 성결은 별것 아니고 사랑이지요. 성령 충만이지요." 이렇게 분명치 않게 대답하는 것을 보고 심히 통탄하였다. 물론 성결은 사랑이요, 성령 충만이라 할 수 있지만 왜 좀 더 명확하게 "원죄(原罪)까지 근절(根絶)시키는 것"이라고 증거하지 못하는가 말이다. 여러분은 성결(聖潔)의 교리를 아는가? 체험하였는가? 실지로 체험한 그것을 증거하라. 체험자이면 그대로 증거하지 못할 이유가 하등에 없다.

진리에 대하여 분명하지 못한 자는 그것을 증거할 자격이 없는 자이다. '자세히 상고하고 손으로 만진 자'이면 누구든지 능히 서서 증거할 수 있다. 예수의 피를 믿음으로 성결할 수 있다는 도리를 실지로 체험하였다면 왜 담대히 증거하지 않는가?

아 나는 이 성결을 잘못 전함을 볼 때마다 통곡하고 싶었다. 이 은혜를 부인하는 자가 아직도 얼마나 많은지 알 수 없다. 여러분들이 은혜를 철저히 증거하라! 왜 이 능력을 축소하며 제한하는 자들에게 철저히 증거하지 못할 것이 무엇인가? 사마리아 여인을 보라. 그

녀는 보고 들은 바를 성(城)중에 전파하자 주께로 돌아오는 자가 많았다. 이 여인이 무슨 지식이 뛰어나서(超越) 부흥을 일으켰는가? 아니다. 다만 보고 실험(實驗)한 것을 전하였을 뿐이다. 또한 저 나면서부터 눈먼 자의 증거를 보라! 유대인들의 질문에 대하여 "그가 죄인인지 아닌지 내가 알지 못하나 한 가지 일을 아는 것은 내가 이전에는 눈이 멀었다가 지금은 보노라. 너희도 그 제자가 되려고 그리하느냐?"(요 9: 25-27) 이같이 명백하게 증거한 것은 그가 실험한바 사실이었기 때문이다. 그에게는 지식과 권세가 없었으나 그 체험한 바로써 능히 유대인들을 반박하면서 담대히 증거하였다. (요 9:30-33 참조) 또한 저 가나안 정탐꾼들이 희망이 없는 보고를 할 때에 오직 갈렙과 여호수아는 가나안 소산(所産)의 포도와 석류와 무화과를 실지로 내어 보이며 증거하므로 결국 이스라엘로 하여금 가나안을 정복하게 하였다. (민 13장)

말세에 처한 우리들도 주의 복음을 증거하려면 지식이나 이론으로는 도저히 될 수 없다. 무엇보다도 실험적(實驗的) 증인(證人)이 되어야 하겠다. 주께서는 이와 같은 자를 요구하시는 것이다. 아멘.

- 1931년 9월 7일 경성성서학원 부흥회
(*『活泉』 제10권 2호[1932.2.], 6-11.)

4. 제일 위대한 은혜(恩惠) - 사랑

하나님께로부터 온 은혜 가운데 무슨 은혜인들 귀중하지 않은 것이 있겠는가? 다 귀중할 뿐이다.

설교하는 은혜가 있어 진리의 오묘한 뜻과 모든 학술을 통달하여 우부우민(愚夫愚民 *특별한 의식이 없는 보통사람)이라도 통회하게 하는 능력이 있고, 산을 옮길 만한 믿음이 있고, 신유(神癒)의 은혜가 있어 안수(按手)할 때에 병자가 곧 일어나고, 치리(治理)하는 은혜가 있어 난마(亂麻) 같은 일이라도 잘 처리하고, 방언(方言)하는 은혜가 있어 통변(通辯)을 잘하며, 구제하는 은혜가 있어 모든 것으로 구제하고, 자기의 몸을 불살라 사람을 위하여 희생함이 있을지라도, 이 사랑이 없으면 이상의 모든 은혜가 다 자기의 명예, 자기의 옳음, 자기의 영광을 나타내는 것에 불과하다. 그리고 자고자만(自高自慢)하는 마음과 행위로써 사람을 멸시하며 사람을 넘어지게 하는 한 도구가 되어 도리어 은혜가 변하여 죄가 되기 쉽다. 마태복음 18장 16절을 보면 "소자 하나를 범죄하게 하는 것이 적은 죄가 아니니 차라리 큰 맷돌을 목에 달고 깊은 바다에 빠지는 것이 나으니라"고 하였다.

은혜있는 형제, 자매들이여! 내게 사랑이 있나 없나 더듬어 살피고, 놀랄만한 은혜를 구비하고 있다 하여도 만족하지 말고, 사랑이 없으면 사랑을 따라 구하며 또한 충만하고 넘쳐서 만족하라. 이로 말미암아 보건대 사랑이 모든 은혜 가운데 제일(第一)인 것이다. 설사 천사의 말을 할 지라고 예언하는 능력이 있고, 산을 옮길 만한 믿음이 있고, 구제하는 자선심이 있을지라도, 사랑이 없으면 소리나는 구리와 꽹과리와 같고 아무것도 아니라 하였다.

첫째로 사랑이 모든 은혜 가운데 가장 높은 은혜요. 둘째로 모든 은혜가 다 이 세상에서 뿐이지만 사랑은 영원히 있으며, 셋째로 사랑은 하나님의 성품으로 제일 귀중한 것이다. 그런즉 하나님의 자녀된 우리는 모든 것을 다 구비하지 못할지라도 이 사랑만은 마침내 가히 없지 못할 것이다. 그러면 대체 하나님의 사랑이란 어떤 것인가? 분해하여 보고자 한다.

1. 사랑은 자기의 이익(利)을 구하지 아니함(고전 13:5)

하나님의 사랑은 사람의 사랑과 정반대(正反對)이다. 사람은 사람을 사랑하되 자기의 이로울 점을 보아서 자기가 이득을 얻으려고 사랑한다. 그러므로 부자가 가난한 자를 사랑하지 아니하며, 영귀한 지위에 있는 자가 미천한 자를 사랑하지 아니하고, 학자가 배우지 못하고 무식한 자를 사랑하지 아니하고, 다만 재정이나 지위나 명예나 지식이 다 나와 같이 상통(相通)하든지 그렇지 아니하면 나보다 뛰어난 자라야 사랑하여 이익을 도모하는 것뿐이다.

내가 어떤 사람의 말을 들었다. 자기가 과거에 가세가 유여할 때는 친구 간에 간청하지 아니하여도 금전을 잘 대취(貸取)하여 주며 음식도 잘 나누었다. 그러나 이후에 가산을 탕패(蕩敗)하여 놓고 보니 매일 추종(追從)하여 놀던 친구도 다 없어져 외로움과 쓸쓸함을 당하였고, 또는 충분히 생각하고 동정하여 줄 만한 친구라 하여 일차 심방한 후에 금전 얼마를 빌려 달라고 간청한즉 냉정한 태도로 거절할 뿐이다. 그리고 미안한 마음도 있지 아니하고 그 외에도 음식 한 번을 같이 나누자고 하는 자가 없이 소원(疎遠 *서로 사이가 두텁지 않고 멀어짐)하여졌다. 아니 대면하기도 싫어 외면하니 세상에 어찌 이럴 수 있단 말인가? 하고 통탄하는 말을 들은 기억이 있다. 그러나 하나님의 사랑은 그렇지 아니하여 당신이 해로워서 우리를 사랑하셨다.

그러므로 하나님께서 우리를 사랑하시되 수고를 기울이어 창조하신 우주 만물을 우리에게 주시고, 지금도 위로의 혜택을 베푸셔서 살게 하시고, 죄인을 사랑하시어 독생자 예수를 아끼지 아니하시고 주셨다. 주께서는 우리를 사랑하시되 하늘나라 영광과 각양의 풍성한 것을 다 희생하여 버리시고, 비천한 세상에 강림하셨으며, 자기 백성들을 위하여 일평생을 희생적 생애로 보내시다가 마침내 십자가에 못 박혀 무참히 죽기까지 하셨으니 이는 과연 자기의 이익을 구하지 아니하고 외타(外他 *그 밖의 다른 것)의 이익을 구함이 분명하니 우리 하나님의 자녀된 자는 다 자기의 전부 즉 물질로나 정신으로나 심령으로나 몸으로나 희생하여 타인의 이익을 구하여 사는 것이 당연하다.

2. 사랑은 포용성(包容性)이 무한함(고전 13:5하)

사람은 서로 우애(友愛)하다가도 열 번에 아홉 번은 잘하고 한 번만 잘못하여도 그 한 번 잘못함을 용납하지 않는다. 그러나 하나님께서는 용납하지 못하시는 바가 없으시다. 그러므로 천지 창조 이후로 오늘날까지 사람마다 일생(一生)을 반역하여 범죄한 우리 인간들과 또 주를 은 30에 매도한 가롯 유다와 주를 십자가에 못 박아 죽인 흉악한 사람들과 십자가 아래서 조롱하던 악당들을 위하여 주님은 기도하며 포용한 것을 보면, 하나님의 사랑은 제한과 범위가 없어 마치 지상에서 검은 연기가 때도 없이 올라가고 올라가더라도 저 푸른 하늘을 검게 못하고, 장마 때에 지면(地面)을 세탁한 흐린 물이 골짜기 골짜기에서 흘러 큰 바다로 들어가지만 바다를 물들이지 못하는 그것과 같다.

아 하나님의 자녀된 우리 신자들이 사랑의 포용이 어떠한가? 깊이 생각하여 보자. 나를 미워하는 원수, 즉 용납하지 못할 이를 포용하였는가? 또 몇 번이나 하였는가? 과거로부터 현재까지 더듬어 살피어 과연 포용하였는가? 또한 몇 번이나 하였다는 것을 양심에 자책(自責)이 없이 이 ( ) 괄호 안에 쌍선으로 포용하였다. 몇 번 하였다고 쓰기를 바라는 바이다. 지금은 말세라, 사랑이 점점 식어지는 때라 모든 신자 중에 자기 식구까지도 서로 포용하지 못하고, 또 한 교회 안에서도 형제·자매들이 그리 대단하지도 않은 일을 가지고 서로 포용하지 못하여, 피차에 담을 쌓고 혐의를 맺고 시비와 쟁투가 끊어지지 않아 춘추(春秋) 전국 시대(戰國時代)와 같이 소란하며 또 분열까지 되는 일이 적지 않다. 이 어찌 하나님의 사랑으로써 한 단으로 묶어 세운 거룩한 교회 단체라 하겠는가?

마태복음 18장 21-35절까지의 용서에 대한 비유를 보건대, 어떤 유산자(有産者)가 그 종에게 금 만냥을 빚진 것을 조건없이 탕감하여 보내자, 그 종은 돌아가는 길에 자기에게 금 백냥을 빚진 동료를 만나 곧 붙잡고 목을 쥐고 빚을 갚으라고 하였다. 그 동료가 갚겠다고 했지만 허락하지 않고 빚을 갚도록 옥에 가두자, 그 소문을 들은 유산가 주인은 금 만냥을 탕감하여 주었던 종을 다시 불러서, 악한 종이라고 책망하고 내가 네 빚을 탕감하여 준 것같이 네 동료의 백냥 빚을 탕감하여 주는 것이 마땅하지 아니하냐? 하고 만냥 빚을 다 갚도록 옥에 가두었다 하는 말씀은 과연 우리가 주의 사랑의 포용을 받은 대로 남을 포용해야 할 것을 명시(明示)하신 말씀인즉 적극적으로 시행하기를 전심치지(專心致志 *오로지 한 가지 일에만 마음을 바치어 뜻한 바를 이룸)해야 하겠다.

3. 사랑은 절대(絶對)의 강한 힘(强力)

사랑의 제일은 감화(感化)의 능력이다. 우선 필자의 구원 얻은 경험으로 생각하고, 또한 전 세계 인류에게 미친 구원으로 생각하더라도 사랑의 감화의 능력이 지극히 큼을 가히 알 수 있다. 율법이 제아무리 무서운 위위(偉威)를 떨치며 강한 세력으로 위협하여 이스라엘 백성으로 하여금 범죄하지 않게 하여 구원하려 하였으나 마침내 능치 못하였다. 그러나 우리 주께서 십자가에 희생하여 피 흘리신 그 사랑의 감화(感化)하는 막강한 능력(能力)이 죄로 인하여 목석(木石)과 같이 감각이 없던 우리의 심령 깊은 곳에 접촉될 때에 비로소 회개가 생기고 믿음으로써 신생(新生)하게 됨이, 마치 엄동설한에 얼은 초목은 마른 것도 같고 죽은 것도 같으나 봄날에 온화한 양기(陽氣)가 그 근처에 부딪칠 때에 새싹이 발생하는 것과 같다. 이 사랑에 부딪혀 감화되지 아니할 자 하나도 없을 줄 믿는다.

　어떤 성도가 사람의 영혼을 위하여 간절히 기도하는 중에, 주의 성령께서 밤중임에도 불구하고 어떤 방향으로 가라는 계시가 있었다. 곧 순종하여 말을 타고 빨리 가는 도중에 생각하지 못한 흉악한 강도가 출현하면서, 금전과 의복과 탄 말까지 다 내게 건네라고 하며 강탈(强奪)하였다. 그때 그 성도는 그 자리에서 자기의 소유 전부를 탈취(奪取)하여 가는 강도의 심령을 위하여 기도하는 중에 전도할 마음이 불일 듯 일어나서 견딜 수 없었다. 그래서 뒤를 따라가면서 회개하고 복음을 믿으라고 외치자 포악한 강도는 장검(長劍)을 휘두르며 그의 생명을 위협하며 하는 말이 "네가 만일 다시 떠들면 이 칼에 죽으리라"고 하였다. 그때 이 성도는 강도에게 말하기를, "내가 죽음으로 당신이 구원을 얻을 것 같으면 나의 생명을 조금도 아끼지 않겠노라"고 하였다. 성도의 사랑에 부딪힌 강도는 제아무리 강퍅(强愎)하고 악할지라도 감화받지 아니할 수 없어 그 자리에서 회개하고 구원을 얻은 사실이 있다 하니 이 얼마나 사랑의 감화의 능력이 위대한가를 가히 측량할 수 없다.

　또한 사랑은 죽음과 같이 강하다고 하였다(아 6:8). 그러므로 주의 사랑에 포박(捕縛)을 당한 성도 중에는 옛날부터 지금까지 죄악을 대항하여 실패한 자가 한 사람도 없었다. 어떠한 환난과 핍박을 당하든지 적신, 위험, 칼이나, 심지어 죽임을 당하더라도 악을 이길 뿐이다. 그러므로 누가 능히 우리를 그리스도의 사랑에서 끊으리요. 아무도 끊을 수 없느니라. 그러므로 사랑에 거(居)하는 자는 벌써 죄와 마귀에게 크게 승리한 자이다. 할렐루야!

(*『活泉』 제10권 10호[1932.10.], 3-6.)

5. 나를 좇으라

"그때에 예수께서 제자들에게 이르시되 누구든지 나를 따라오려거든 자기를 이기고 자기 십자가를 지고 나를 좇으라."(마 16:24) 사랑은 점점 식어가고 죄악은 날로 성해가는 말세는 왔다.(마 24:12) 심판하실 날이 임박한 이때를 당해 주께서는 당신을 좇을 자로서 요구하신다. 요구하시되 법(法)대로 좇는 자를 요구하시니 법대로 좇는 자는 어떤 자인가?

1. 자기를 이기고 좇는 자

예수께서 한 부자 청년에게 "네게 있는 것을 다 팔아버린 후에 나를 좇으라" 하셨다.(마 19:16-22) 옛날 주를 좇은 모세는 자기를 먼저 희생한 것이다.(히 11:24) 예수께서 광야에서 3가지 시험을 이기신 것은 오늘 신자와 교역자들에게 '자기를 이기라'는 엄준(嚴峻)한 교훈이다. 그러므로 우리는 육신의 생각을 죽이자.(롬 8:5-8)

1) 명예(名譽)

장광설(長廣舌 *길고 세차게 잘하는 말솜씨)로 설교를 잘할 때 칭찬이 오고, 교회를 잘 치리할 때 명예가 높아지며, 자선과 구제를 할 때도 칭송이 돌아오는 것이다. 이 칭찬, 명예, 칭송을 어찌하겠는가. 헤롯과 같이 스스로 취(取)하겠는가?(행 12:26-24) 하나님께로 돌리겠는가?

2) 세상 향락(享樂)

큰 음녀(淫女) 바벨론 같은 이 세상은 그 음행하는 술에 취했다. (계 17:2) 눈에 보이고 귀에 들리는 이 세상의 모든 향락은 인간의 약한 영혼을 홀리려고 한다. 그리하여 문명(文明)이라는 술에, 과학(科學)이라는 술에 모두 다 취하고 말았다. "깨어라. 이때는 자다가 깰 때다." 차라리 가난을 감수하면서 절개를 지킬지언정 세상 향락에 잠들지는 말자. 아 세상에 취한 사람들이여! (딤후 4:10)

3) 금전(金錢)

우리 교역자는 월급에 매여 있는 것이 아니라 하나님께 매여 있다. 월급은 줄어 가더라도 신앙은 크게 하라. 멀리할 수 없고 가까이할 수 없는 이 금전은 우리의 진로에 하나의 큰 장애물이 되는 것이다. 많은 주의가 필요하다. 은 30에 예수를 판 가룟 유다의 사람들이여!

2. 십자가를 지고 쫓는 자

오늘 예수를 쫓는 자 중에는 십자가를 지지 않고 빈 몸으로 쫓는 자가 어찌 그리 많은지 알 수 없다. 무기를 가지지 못한 군사는 적에게 사로잡히는 것과 같이 십자가를 지지 않은 그리스도인은 마귀가 냉큼 집어삼키고 말 것이다. 우리는 반드시 십자가를 지고 가야 할 것이니 어떻게 져야 할까?

1) 감정(感情)이나 의협심(義俠心)으로 져서는 안 된다.

자고로 감정(혈기)와 의협심을 가지고 나라를 위해, 군왕을 위해 따라 죽은 사람이 많으니 아름답지 않은 것은 아니다. 그러나 의협심은 시기가 지나면 배반하기 쉽고 감정은 시간이 오래되면 식어버리는 것이다. 옛날 베드로를 보라.

2) 억지로 질 것도 아니다.

어쩔 수 없이 십자가를 져야 천국을 간다니 괴로우나 무거우나 질 수밖에 없다 하여서 져서는 안 된다. 자기의 것으로 지지 않고, 종이 상전(上典 *주인)의 하기 싫은 일을 하듯 억지로는 지지 말라. 품팔이 십자가는 주께서 원하지 않으신다. 구레네 시몬이 진 십자가처럼 말이다.

3) 먼저 기도가 있은 후에 지라.

곧 겟세마네 동산의 기도가 있은 후에 십자가를 지라는 말이다. 주를 생각하고, 그러나 겟세마네 동산의 기도가 있었다고 다 십자가를 지는 것은 아니니 베드로, 요한, 야고보는 겟세마네에서 기도했지만 십자가는 지지 못했다. 그것은 왜? 졸고 있었기 때문이다. 우리도 백일 기도를 하든지 입산(入山) 기도를 할지라도 졸면 질 수 없다. 주와 같이 애쓰며 간절히 피땀을 흘려 기도하라.(눅 22:44) 그 후에는 담대히 십자가를 달게 질 수 있을 것이다. 주께서는 바로 그날 로마 병사들의 창검이 번쩍이는 그 앞에서 "나로다"(요 18:5) 하시고 나서신 것이다.

3. 나를 좇으라

이 때에야 예수께서 비로소 '그만하면 나를 좇기에 족하다' 하실 것이다. 그러면 이 십자가를 지고 어느 곳으로 가는 예수를 좇을까?

1) 골고다로 가는 예수를 좇으라

그곳은 조롱하고 침 뱉고 채찍으로 치는 곳이다. 오늘날 우리 교역자는 너무 민중(民衆)에게 환영을 받는다. 이것은 십자가를 명백히 증거하지 않는 까닭이 아닐까? 우리도 주께서 지신 그 십자가를 지고 나아갈 때 불신자, 믿다가 타락한 자, 속화(俗化)한 자, 이단자들은 좌우에서 우리를 조롱하고 침뱉을 것이다. 오- 모든 주의 종들이여! 보혈이 흐르는 십자가를 참되게 증거하라.

2) 천국으로 가신 예수를 좇으라

천국에 들어갈 자는 주의 이름으로 선지자 노릇한 자도 아니고, 주의 이름으로 마귀를 쫓아낸 자도 아니다. 주의 이름으로 모든 능력을 행한 자도 아니고 다만 자기 십자가를 지고 간 자라야 들어갈 것이다. 오늘날 이런 설교는 시대에 맞지 않다고 할 자도 있을 것이다. 그러나 멸망하는 너에게는 어리석은 것이 되나, 구원을 얻은 우리들에게는 하나님의 권능이 된다. 나는 이 복음을 부끄러워하지 않으니 복음은 모든 믿는 자를 구원하시는 하나님의 능력이시기 때문이다. 하나님께서는 세상이 어리석다 하는 전도로 믿는 사람을 구원하시기를 기뻐하신다. 유대 사람은 이적(異蹟)을 구하고 헬라 사람은 지혜(知慧)를 구하나, 우리들은 십자가에 못 박히신 그리스도를 전해야 하겠다. 어떤 사람은 '네가 월급이나 받아먹으니까 호언(好言 *친절하고 듣기 좋은 말)을 하는 것이 아니냐' 하고 비웃을 것이다. 아니다. 내가 나의 생명을 조금도 귀히 여기지 않고 나의 행할 일과 주 예수께로부터 받은 직분을 다해 하나님의 은혜 베푸시는 복음을 증거하고 전한다. 월급, 그것은 우리를 참으로 위협하는가? 우리 단체도 자급(自給)을 하게 된 이때 부자(富者) 신자의 자만(自慢)을 길러줄지도 모른다. 자기의 구복(口腹)을 위해 사는 교역자가 아니고 저들의 영혼을 불쌍히 여긴다면 십자가를 분명히 증거하라. 우리는 수치와 고난을 개의(介意 *마음에 두고 생각함)치 말고 십자가를 지고 예수를 좇아가자!(히 12:2)

　기자 후기: 이 설교는 지난 7월 17일 경성복음성별회에서 한 것인데 벌써 소개하고자 하여 오는 중 며칠 전에 어느 종교 잡지에서 본제(本題)와 똑같은 '나를 좇으라' 하는 설교를 보게 되었다. 그 설교에는 5분간의 성경, 기도와 호흡 운동, 사회 문제를 논함, 사교 소개, 음악, 담화, 유쾌 등이 현대 교회에 참신한 교훈으로 기록되었다. 문제가 같다고 내용이 같은 것은 아니지만 이 두 설교는 너무나 다르니 하나는 '시대지(時代遲 *시대에 더디거나 느린)'한 설교라 하고, 하나는 '시대화(時代化)'한 설교라고나 할까.

(*『活泉』, 제10권 11호[1932.11.], 7-9.)

V. 1933년

1. 만우(晚雨)를 빌라

(성경 본문: 왕상 18:41-46. 욜 2:1-7)

오늘날 모든 신자의 심령의 상태는 모두 고갈되어 만우(晚雨 *늦은 비, 이하 늦은 비로 통일)가 절대 필요하게 되었으니 그런즉 이것을 위해 빌어야겠다. 농가에만 이른 비(早雨)와 늦은 비가 필요한 것이 아니다. 교회에 있어서도 그렇다. 이른 비는 오순절 120명에게 임한 성령이요, 늦은 비는 오늘날 우리들이 받을 성령이다. 우리 각 개인과 교회에 가뭄이 너무 심해 큰 일이다. 비가 와야 할 때 오지 않으면 그것처럼 답답하고 우울한 일은 없다. 가뭄이 심할 때는 쓸데없는 바람만 몹시 부는 것과 같이 성령이 없는 영혼에게도 쓸데없는 바람만

부는 것이다. 현재 조선교회의 정세를 보더라도 동서남북으로 불온한 해롭고 독한 바람이 맹렬히 불어온다. 이단(異端)의 바람도 심하고, 사치(奢侈)의 바람도 맹렬하다. 하나님께 헌금할 때는 돈이 없다고 핑계하면서 신분에 맞지 않는 의복을 입으며 쓸모없는 장식에 몰두한다. 교회마다 건물만 굉장하고 내부 구조라든지 일체의 비품은 아주 완비해 두고 있다. 풍금, 피아노, 종각 같은 것은 더할 수 없이 비치되어 있다. 물론 이것이 있어서 안 좋다는 것은 아니다. 다만 겉치장만 훌륭할 뿐이지, 생명이 말라빠진 것이 한(恨)하여 말하는 것이다. 진실로 오늘날 모든 심령은 은혜에 굶주려 혹독히 말라버렸다. 이러면서도 오순절 성령을 구하지 않는다. 남이 성령 받기를 위해 기도하는 것을 보고 도리어 이를 낙오자라 하며 비방한다. 아 얼마나 한심한 일인가!

아합 왕 시대에 3년 6개월이나 비가 내리지 않아서 모든 사람이 죽을 지경에 빠졌던 것과 같이 우리 조선 교계에도 생수가 끊어져서 모든 심령은 고사(枯死 *나무나 풀이 말라 죽음)의 참담한 지경에 빠졌다. 이것을 어찌하겠는가? 기도하지 않을 수 있겠는가? 그러나 슬픈 일은 이 사정을 잘 아는 자가 적다는 것이다. 이를 위해 간절히 기도하는 자가 별로 없다. 나 자신부터가 게으른 중에 있다. 심히 두려운 일이다. 엘리야를 보라! 저는 갈멜산에 올라가 죽어가는 이스라엘의 백성들을 위해 땅에 엎드려 그 얼굴을 무릎 사이에 넣고 간절히 기도했다. 우리에게도 이런 기도가 있어야 하겠다. 교회가 피폐해가는 것을 목도하면서 안일하게 수수방관할 수 없게 되었다. 부득불 엘리야와 같이 하나님 앞에 나아가 말세에 성령을 물 붓듯이 주시겠다고 하신 약속에 의지하여 구하지 않을 수 없다. 아브라함이 소돔과 고모라의 멸망을 근심하여 간구한 것과 같이 우리들도 망해가는 조선의 영혼들을 위해 결사적인 기도가 있어야 하겠다. 말라빠진 내 심령을 위해, 모든 신자의 심령을 위해 만우(晩雨), 늦은 비 내림을 간구하라. 늦은 비를 빌지 않고는 위험에 처한 교회를 능히 소생시킬 수 없다. 죽어가는 이 교계(敎界)에 생명을 던져줄 수가 도저히 없다. 지금은 늦은 비를 빌지 않고는 안 될 시기이다.

그러면 만우, 늦은 비를 빌면 어떤 공효(功效 *공을 들인 효과나 결과)가 나타나는가?

1. 큰 변화(大變化)가 생긴다.

"성령을 위로부터 영을 우리에게 부어 주시면 황무지가 아름다운 동산이 되고 아름다운 동산이 변하여 삼림이 되리라. 그때에는 황무지에도 공의가 거할 것이요 아름다운 동산에도 의가 거처하리니 의의 공효는 평안이요, 의의 결과는 영원까지 안정과 태평이니라."(사 52:15-17)

큰 가뭄(大旱)에 단비는 형용할 수 없는 변화의 기운을 대지에 던지는 것이다. 풀 한 포기에서부터 한 그루의 나무에 이르기까지 그 혜택은 참으로 광대한 것이다. 자연계에 미치는 영향뿐만 아니라 쓸쓸하고 답답하던 사람의 마음에까지 막대한 위안을 주며 윤택함을 주는 것이다. 이는 모두 늦은 비의 공효이다.

아무리 고갈된 영계(靈界)일지라도 성령의 늦은 비가 쏟아져 내리면 글자 그대로 "황무지가 변해 아름다운 동산이 되고, 그곳에 공의가 거처하게 된다." 성령이 임하시면 말라빠진 심령일지라도 거기에는 큰 변화가 생긴다. 놀라운 이적이 나타난다. 건조한 심령에 생수가 터진다. 죽은 영혼이 새 생명을 받는다. 일시에 소생되어 그 아름다움을 발휘하게 된다. 꽃이 봄 동산에 핀 것과 같이 평화의 바람이 가득 차게 된다. 괴로움이 변하여 즐거움이 되고, 쓴 것은 가고 단 것이 오게 된다. 불평은 없어지고 평안과 만족이 있을 뿐이다. "가뭄도 이미 지나고 비도 이미 그쳤는데 꽃은 지면에 피고 반구(斑鳩, 산비둘기)의 소리가 우리에게 들리는도다." 아! 이것은 늦은 비의 혜택이며, 큰 변화이다.

2. 능력(能力)을 얻는다.

"들짐승들아, 두려워하지 말라. 들풀이 싹이 나며 나무가 그 열매를 맺고 무화과나무와 포도나무가 다 힘을 내리라."(요엘 2:22, 행 1:8 참조)

무화과나무와 포도나무는 신자를 가리킨다. 가뭄에 비가 내리면 "무화과나무와 포도나무가 다 힘을 내는 것" 같이 성령의 늦은 비가 내리면 모든 신자는 힘을 얻게 된다. 어두움 가운데 있던 자일지라도 성령의 빛이 비치면 힘을 얻는다. 아주 혁혁(赫赫 *빛나거나 성함)해진다. 흑암의 세력은 광명의 힘에 쫓겨난다. 어둠의 장막을 뚫고 들어오는 동쪽 하늘의 태양처럼 성령이 우리 심령에 임하시면 흑암의 권세는 일소되고 오직 광명만이 충만하여 능력의 생애를 보내게 된다. 어떤 선교사가 성결을 부인했지만 어떤 능력이 있는 신자, 빛이 나는 신자를 보고 "진실로 저 사람은 성결한 사람이라"고 탄복했다고 한다. 실제로 이와 같은 능력이 있게 되는 것이다.

또 증거하는 능력을 얻는다. 성령을 받기 전에는 아무리 약하던 사람일지라도 성령의 비가 그의 심령을 흠뻑 적셔주면 그는 하루 아침에 변하여 사자같이 강해진다. 그리하여 평소에는 "예수 믿으라"는 말 한마디 못한 사람이었지만 굳세게 복음을 증거하게 된다. 교회에서 진리를 진리대로 강경히 전하지 못하던 전도사라도 성령이 그를 사로잡으실 때 그는 굳세게 죄악을 공격하고, 불의를 매도하는 담대한 무적의 용사가 되는 것이다. 현대의 교계는 세례 요한과 같은 진격(進擊)의 전도자, 자기 생명을 내어놓고 진리를 굽히지 않고 그대로 증거하는 자를 요구하는 것이다. 우리의 증거가 이와 같은 특징을 가졌는가? 모름지기 깊이 반성해야 한다. 우리의 증거하는 말씀이 사람의 뼈마디와 골수를 쪼갤만한 능력이 있는 증거가 되었는가? 아무리 유창하고 조리있게 설교했다 할지라도 죄인의 심장을 찌르는 역사가 없으면 아무 효과가 없는 일종의 여담에 불과한 것이다. 과연 우리의 전하는 말씀이 능력이 있어 죽어가는 영혼을 불러일으킬만한 위대한 공효가 있는가? 특별한 은사나 지식이 없다고 핑계하지 말고 성령이 없다고 솔직히 고백하여 성령을 충만히 받아 능력있는 사자가 되어라.

3. 열매(實果)가 있다.

"마당에는 밀이 가득하고 독에는 새 술과 기름이 넘치리라."(요엘 2:24, 갈 5:22, 23 참조)

이것은 늦은 비가 내린 결과이니 영혼에 성령의 소낙비가 내리면 그 열매는 진실로 많은 것이다. 각양의 아름다운 열매가 맺힌다. 만일 성령이 임했으나 열매가 없었다고 하면 이는 아무 효과가 없는 일이다. 그러나 성령이 임하신 곳에는 반드시 놀라운 열매가 나타나는 법이다. 저 스데반을 보라. 그는 성령에 충만한 사람이었기 때문에 모진 돌에 맞아 죽는 지경에서도 죄인을 위해 기도했다. 이는 전적으로 성령의 열매이다. 진정 성령의 열매는 사랑이다. 죄인 원수를 사랑하는 성령의 열매는 얼마나 위대한 것인가! 스데반은 피 흘려 죽으면서도 고통의 빛이 그 얼굴에 없었고 다만 천사 같이 광채가 났으니 과연 성령의 열매는 희락과 화평이다. 그는 죄인을 긍휼히 여겨 돌에 살이 찢겨 붉은 피를 흘리면서도 아픔을 인내하고 양선(良善)한 마음으로 충성을 다해 기도했으니 과연 성령의 열매는 인내와 자비, 양선과 충성이다. 그는 발악하지 않고 항거하지 않았다. 진실로 성령의 열매는 온유와 충성이다.

아 말세에 처한 우리 신자와 교역자 모두는 다 이러한 성령의 열매가 있어야 하겠다. 성령만 받으면 누구에게든지 이런 아홉 가지 큰 열매가 주렁주렁 열릴 수 있는 것이다.

결론적으로,

형제·자매여! 말세에 성령을 물 붓듯이 주시겠다고 하신 하나님의 약속을 믿으라! 지금은 만우, 늦은 비가 내릴 때니 허락하신 성령의 소낙비를 간구하자. 옛날에 엘리야 한 사람이 비를 빌 때 큰 비가 쏟아졌거든 하물며 구속받은 자 수백 명이 합심해 기도하는 이 자리에는 늦은 비가 내리지 않겠는가! 엘리야도 우리와 같은 사람이었다. 이 시간 믿음을 가지고 열심히 간구해 흡족히 내리는 늦은 비로 목욕하자.

- 1932년 11월 20일 경성연합성별회
(*「活泉」제11권 1호[1933.1.], 8-11.)

2. 선(善)한 목자(牧者)와 양(羊)
(성경 본문: 시 23:1-6, 겔 34:1-6)

무리가 목자없는 양같이 고생하며 유리(流離)하는 것을 보시고 민망히 여기시는 주께서는 목자를 구하신다. (마 9:36) 왜 오늘날 교계에 목자의 이름을 가진 자가 그 수를 헤아릴 수 없지만, 또 목자를 요구하실까? 주께서 찾으시는 목자는 참 목자이기 때문이다. 그러면 참 목자가 아닌 거짓 목자는 어떠한 자인가?

"자기를 위하여 치는 자이니 저희는 그 기름을 먹으며 그 털을 입으며 그 살찐 것을 잡되 오직 그 양무리는 먹이지 아니하는도다. 연약한 자를 너희가 강하게 하지 아니하고 병든 자를 고치지 아니하며 상한 자를 싸매지 아니하고 쫓긴 자를 돌아오게 아니하며 잃어버린 자를 찾지 아니하고 다만 강포(强暴)로 양무리를 다스렸으니 목자가 없으므로 헤어짐에 모든 들짐승의 식물이 되어 헤어졌도다. 나의 양무리가 모든 산과 높은 봉우리(峰)에 유리할 때에 나의 양무리가 온 지면에 헤어졌으나 찾아 구하는 자가 없느니라."(겔 34:2-6) 이 말씀은 하나님께서 이스라엘의 악한 목자를 향하여 하신 말씀이다.

그러나 이것이 어찌 이스라엘의 악한 목자에게만 하신 말씀일까? 오늘날 목자된 여러분! '자기를 위하여 치는 목자가 없는가?' 양이 울타리 밖을 나갔으나 찾아 들일 줄을 모르며 양이 잘못 먹고 체하였으나 고쳐줄 것을 알지 못하며 험한 길 가시덤불에 상한 다리를 싸매주지 않고서 털과 젖과 가죽은 취하는 자가 얼마인가? 각각 자성하여 보자. 내가 일찍이 어디서 양의 젖을 짜는 것을 보니 양이 젖이 많을 때에는 그 젖을 짜면 도리어 시원해하고 만약 젖이 없을 때 짜면 양은 다리짓을 하며 야단치는 것을 보았다. 오늘날 교회 안에 분쟁과 내홍(內訌)이 쉴 날이 없는가? 무지한 목자들은 양에게 좋은 꼴과 물을 잘 주지 아니하고 젖만 짜자고 하니 어찌 앙탈하지 않겠는가? 먹은 것도 없는 신자에게 매가육장(賣家鬻庄, *집과 가지고 있는 논밭을 다 팔아 없앰)을 하란 말인가? 품파리군(*삯꾼)과 같은 목자들이여! 너의 살이 쪘다면 너의 옷에 기름이 흐른다면 너의 배가 부른다면 누구의 것으로 된 것인가?

내가 3년 전에 교외(郊外, 도시 주변에) 연희전문학교(延禧專門學校, 연세대 전신)에서 하기수양회 때에 노해리(魯解理) 목사가 "어떤 노회에 교역자들이 모여서 자기의 생활을 어떻게 하면 잘할 수 있을까 하는 문제는 분운(紛紜 *떠들썩하여 복잡하고 어지러움)이 토의하지만 신자들을 어떻게 하면 잘 인도할까 하는 문제는 심히 적더라"고 하는 말을 들었다. 우리 목자된 자들은 한번 다시 깊이 생각하여 보자. 내 직분에 얼마나 얼마나 충성하였는가? 일 년에 100여 개 곳의 교회가 폐지된다고 한다. 이것은 경제 공황(經濟恐慌)이 첫째 이유가 되겠지만 무엇보다도 진정한 목자 즉 생명을 돌아보지 않는 목자가 없기 때문이다. 아 오늘날 조선 교계에 참 목자가 몇 사람이나 되는가?

먼저 참 목자의 자격을 말하여 보자.

첫째, 막대기와 지팡이가 있어야 할 것이다. (시 23:2)

막대기로는 앞으로 잘 나아가지 않는 양을 몰고 가는 것이요, 지팡이로는 곁길로 나아가는 양의 목을 끌어당기는 것이다. 신자들이 진리에 탈선된 행동을 할 때에 또는 교회 안에 세력이 있는 자(有勢者)가 들어와서 자기 고집대로 할 때에 이 지팡이로 사정없이 끌어들여야 하겠고, 작년의 신앙을 올해에도, 지난달의 신앙을 이번 달에도 그대로 가지고 있는 신자, 그리고 뒤로 뒤로 미끄러지는 신자가 있으면 이 막대기로 채찍질할 것을 사양하지 말라. 적은 누룩이 온 덩어리에 퍼지기 전에 견책도 출교(黜敎)도 주저하지 말라. 사람을 기쁘게 하고 세력이 있는 자를 옹호하는 것은 참 목자가 아니니 하나님께서 주신 권능의 지팡이와 능력의 막대기를 의롭게 써야 한다.

둘째, 양을 방초(芳草) 동산과 잔잔한 시냇가로 인도해야 할 것이다. (시 23:1-2)

오늘날 교역자들은 신자의 영적 기갈이 어떠한 것을 생각하여 꼴을 먹일 때 꼴 먹이고, 물을 먹일 때 물 먹이지 아니하고 이 사람 저 사람에게 설교 구걸을 다니니 다른 목자가 어찌 남의 양의 식성을 알겠는가? 전 주일에 떡을 먹였는데 이번 주일에도 또 떡을 먹이니 어찌 체하지 아니하며, 전 주일에 국수를 먹였는데 이번 주일에도 또 국수를 먹이니 어찌 입맛에 맞을 수 있겠는가? 그리고 자기가 기껏 먹인다 해도 남의 침 바른 것이나 먹이니 양은 남의 침 바른 것은 절대로 먹지 않는다. 다른 데서 남의 설교를 듣다가 예화를 들으면 얼른 수첩을 내어 적었다가 그것으로 신자를 하하 웃기면 성공하였다

하는가? 그렇지 아니하면 매일 찬 밥 늘 하던 설교를 또 하고 또 하니 신자들은 기갈을 면할 수 없다. 하나님의 동산에는 방초도 우거졌고 시냇물도 철철 흐른다. 어느 양에게 꼴을 주며, 어느 양에게 물을 줄 것을 눈감고 생각하여 보았는가? 다시 말해 묵상(默想)과 기도(祈禱)를 하여 보았느냐 하는 말이다.

셋째, 양을 보호해야 한다. (시 23:4)

어느 양이 병들지 않았으며, 어느 양이 주리지 않았으며, 어느 양이 길을 잃지 않았는가? 목자의 살피는 눈이 잠시도 양의 무리를 떠나지 않아야 한다. 선한 목자는 양을 위하여 목숨을 버린다(요 10:11)고 하셨으며, 목자들이 밖에서 밤을 새워가며 양무리를 지키더니(눅 2:8)한 것을 보면 목자의 정성을 가히 알 수 있다. "종이 전에 아비의 양을 칠 때에 사자와 곰이 양무리 가운데 와서 새끼를 움켜가거늘 종이 추적하여 새끼를 그 입에서 구원하니 저가 나를 해하고자 하기에 내가 그 수염을 잡고 쳐 죽였나이다."(삼상 17:34-35)한 다윗이 양을 보호한 충성과 용감을 보아라. 오늘날 교회의 울타리 밖을 둘러보면 무슨 주의자(主義者), 이단자, 거짓자가 우는 사자와 같이(벧전 5:8) 삼킬 자를 찾는다. 내가 아는 북청(北青)의 한 청년은 과거에 유망한 신자였는데 지금은 악한 사상이 침입하여 말 못 할 지경에까지 이르렀다. 바로 무슨 주의자(主義者)이니, 무슨 운동자(運動者)니 하는 자가 과거에는 진실한 신자가 아니었는가? 목자들이여! 졸지 말고 깨어서 싸우라. 싸우되 피흘리는 데까지(히 12:4), 죽는 데까지(요

10:11) 지켜 보호하자.

다음에는 신자에 대하여 말하여 보자.

첫째, 목자의 인도를 잘 받아야 한다. (요 10:4)

신자들은 피를 흘리고 목숨을 버리는 데까지 지켜 보호하여 주는 목자에게 순종할 의무가 있는 것이다. 그러나 어떤 신자들은 자기 고집대로 하지 못하게 될 때에 교역자가 이러니저러니 하고 비평하여 원망한다. 이스라엘의 인도자 모세를 원망하던 고라와 다단의 무리(黨)을 보라. 여호와의 진노가 임하여 일만 사천칠백 명이나 죽었다. (민 16:49)

둘째, 목자에게 젖을 줄 의무가 있다.

쉬지도 못하고 자지도 못하고 지켜 보호하여 준 목자에게 젖을 제공하는 것은 당연한 의무이다. 그러나 심사(心思)가 부정한 양은 자기 젖을 자기가 먹는 일이 있다. 내가 어떤 곳에서 양의 입에다 망을 씌운 것을 보고 주인에게 그 까닭을 물었더니 주인이 대답하기를 "저 양은 제 젖을 자꾸 빨아 먹음으로 망을 씌웠노라"는 말을 들었다. 신자들이 마땅히 바칠 십일조는 바치지 아니하고 자기 배만 채우고자 하다가 하나님께서 그 입에 망을 씌우는 날이면 자기 먹을 것도 없어질 것이니 신자들이여! 보라. 강대상 아래에는 비단옷 입은 무리가 많지만, 월(月) 헌금표에 이(齒)가 빠졌으니 무슨 까닭인가?

셋째, 목자를 위하여 희생해야 한다.

사업하는 자가 사업을 하고 농사하는 자가 농사를 하여 직접 전도는 하지 못할지라도 은밀하게 전도자를 위하여 희생함이 어떻겠는가? 저 영국과 미국의 독신가(篤信家, 깊고 성실하게 믿는자)들은 험의악식(險衣惡食, 누추한 옷과 맛없고 거친 음식)을 하면서도 외국 선교를 위하여 희생함이 있지 않은가?

목자는 양을 위하여 희생하고, 양은 목자를 위하여 희생하자. 목자의 희생과 양의 희생이 합하는 곳에 하나님의 역사는 나타날 것이다.

- 1933년 1월 29일 경성연합수련회에서 행한 설교
(*『活泉』, 통권 124호[1933.3], 12-15.)

3. 그리스도의 정병(精兵)
(성경 본문: 딤후 2:14)

　이 말씀은 바울 선생이 면려(勉勵)하신 것이다. 특별히 본문 3, 4절에는 디모데를 지극히 동정하여 "주야로 보기를 원한다"고 하였는데 지금 낭독한 말씀에는 엄격한 어조로 권면하였다. 바울이 말년에 복음으로 낳은 아들 디모데를 조금도 아끼지 않고 그리스도의 정병(精兵 *우수하고 강한 군사)이 되어 자기와 함께 고난을 참고 사사(私事 *사사로운 일)로 얽매이지 않기를 명령하였다. 이것은 디모데에게만 국한된 것이 아니다. 오늘 주의 사명을 메고 있는 우리에게 적절한 교훈이다.

　현재 세상은 극히 요란하여 마귀의 역사는 쉬지 않고 하나님의 자녀들을 대적하고 있다. 택한 자라도 될 수만 있으면 유혹하려고 우는 사자와 같이 삼킬 자를 두루 찾고 있다. 일반 사회의 공기는 심히 악화되어 악착(齷齪 *작은 일에도 끈기있고 모짊)한 죄악은 범람하고 반종교 운동은 격렬하여 갈 뿐이니 그리스도의 정병의 맡긴 일에 대적할 자, 마땅히 공중의 권세잡은 악한 신으로부터 용감히 싸워야 하겠다. 교회 안에서도 신령한 목자는 시대지(時代遲 *시대에 늦음)란 명목 아래 축출해 버리고 신신학(新神學)과 고등 비평(高等批評)을 주창하는 마귀의 자식들을 신성시하며 시대에 적합하다 하여 환영하니 교회 안팎을 막론하고 마귀의 진용(陣容)은 위의당당(威儀堂堂 *위엄이 있고 떳떳하게)하게 정제(整齊)되었다.

이것을 어찌 대수롭지 않고 예사롭게 간과(看過 *대충 보아 넘김)할 수 있겠는가? 적군은 총공격을 개시한지 이미 오래인데 그리스도의 정병으로 택함을 받은 우리가 어찌 안연히 앉아 있겠는가? 그러나 매일 보도되는 신문 지면에는 악마의 개선(凱旋)의 글이 충만하고 종교 지면에는 특이한 승첩의 기록이 별로 없음은 유감천만(遺憾千萬 *섭섭하기가 짝이 없음)의 기이한 현상(現象)이다. 바야흐로 싸울 때가 이르렀다. 복음의 전사(戰士)여! 저 악마의 도전을 영안을 높이 들어 바라보아라. 그리고 그를 격퇴할 철저한 준비를 하여라.

1. 철저적(徹底的) 헌신(:3)

우리에게 먼저 철저한 헌신이 있어야 하겠다. 영적 전쟁의 승리는 오로지 여기에 있는 것이니 헌신은 영적 전쟁의 기초적 준비이다. 철저적 헌신! 이것은 그리스도의 정병에 있어서 없지 못할 유일의 요소이다. "무릇 군사로 종사하는 자는 사사로이 자기를 매이지 아니하나니" 이것은 철저한 헌신자에게만 가능한 사실이다. 저- 엘리사의 헌신을 보라! 그에게 사명이 임할 때 사랑하는 부모를 작별하고 남전북답(南田北畓 *가지고 있는 논밭이 여기저기 흩어져 있음)도 버리고 농우와 농구를 불살라 없앤 후 아무것도 거리낌 없이 엘리야에게 종사하였다.(왕상 19:19-21) 어부 베드로도 그 몸을 버리고 주를 좇았다.(마 4:20) 그들은 하나님의 군인으로 종사할 때에 결단코 사적인 일로 인하여 구속을 받지 않았나니 진실로 철저한 헌신이다. 이것을 배우자. 또한 예수의 교훈을 기억하라. "무릇 나에게 오는 사람은 그 부모와 처자와 형제와 자매와 및 자기의 생명보다 나를 더 사랑하지 아니하면 능히 나의 제자가 되지 못한다."(눅 14:26)고 하셨으니 주보다 더 사랑하는 것이 있는 자는 그리스도의 군병되기에 합당하지 않다. 이 세상을 생각하여 인정에 사로잡히고 물질에 얽매인 자는 비록 일시 주를 좇았다 할지라도 저 데마와 같이 세상을 사랑하여 도망하게 된다.

헌신자! 무엇보다도 이 세상 것과 인연을 단절하고 오직 주 예수만을 위하여 용기있게 전진함이 절대로 필요하니 "이는 자기를 군사로 뽑은 자를 기쁘게 하려함이라. "우리의 지체를 세상에 드려 불의의 병기(兵器)가 되지 말고 의의 병기가 되어 하나님께만 완전히 헌신하는 곳에 반드시 승리가 있다. 삼갈은 채찍(삿 3:31)과 삼손의 나귀턱뼈(사 15:15)가 무슨 힘이 있겠는가? 적의 검과 창만 못하였지만 능력있는 자의 손에 잡힐 때에 적군을 멸하였다. 우리들이 비록 악한 자이나 전능하신 하나님께 전부를 바쳐서 큰 능력의 손에 붙잡히기만 하면 마진(魔陣 *마귀의 진영)의 강병(强兵)을 족히 두려워 할 것 없다. 영적 전쟁의 승패 여하(如何)는 전혀 헌신의 정도 여하에 달렸으니 반성하라. 우리의 헌신은 과연 어떠한가? 아직까지 주께 전부 바치지 못한 분자(分子)가 없는가? 헌신하라. 철저히 헌신하라. 오직 주만 위하여 헌신하라.

2. 내고적(耐苦的) 복종(服從)(:3, 4)

군인에게는 고난과 위험이 많다. 순경(順境)보다도 역경(逆境)이 많은 것이다. 그리스도의 정병된 우리에게도 말할 수 없는 참기 어려운 고난이 닥쳐온다. 고린도후서 11장 23절 이하에 있는 군인 바울의 수난(受難)의 글을 보라. 그가 당한 고난은 실로 형언할 수 없는 비절(悲絶) 참절(慘絶)한 것이었다. 그의 생애는 군인으로서의 격렬한 고난으로 일관되었는데 로마 시외(市外) 단두대 위의 이슬로 화(化)하기까지 모든 고난을 인내하고 선한 싸움을 다 싸우고 믿음의 길을 다 달려 간 것이다. 우리는 여기서 내고적(耐苦的) 복종을 배우자. 바울은 죽음으로써 주께 절대 복종한 그리스도인의 사표(師表)이다, 그가 당하는 핍박과 고난을 종말까지 인내하고 순종하여 주 예수께로부터 받은바 정병의 직분을 다하여 최후의 영광적 승리를 획득하였다. 우리도 약졸(弱卒 *약한 군졸)이지만 한번 전장에 입각(立脚)한 바에는 어떠한 고난과 위험과 죽음이 닥쳐올지라도 능히 참고 이겨서 군병된 직분을 다하여야 한다.

순경에서만 아멘을 연호할 것이 아니다. 역경에서도 오직 아멘으로 참고 순종하여야 한다. 산이나 바다나 광야나 사막이나 농촌이나 도시나 어디든지 주께서 인도하시는 대로 그 임무에 복종하며 죽도록 충성을 다하자. 요나를 보라. 하나님의 명령을 어기고 다시스로 도망하다가 큰 물고기 뱃속에서 3일(日) 3야(夜)의 징계를 받았다. 하나님께서는 자기의 뜻을 순종하지 않는 자를 위하여 여러 가지 방법으로 징계하신다. 또한 성령으로 책망하신다.

서양(西洋)에 한 성도가 임지를 위하여 기도하는 중에 주께서는 그에게 산 속으로 가라고 명령하심으로 이상한 생각도 없지 않았으나 주의 명령인지라 절대로 복종하고 심산궁곡(深山窮谷 *깊은 산골짜기)을 향하여 올라가는 중에 비를 만나 부득이 빈 집으로 들어가게 되었다. 그의 심령에는 사랑의 불길이 폭발하여 그곳에서 열심히 복음을 외치고 돌아왔다. 몇 해 후에 한 사람이 그에게 말하기를 "나는 아무 산골에서 당신의 전도를 듣고 구원을 얻어 지금 전도사가 되었다"고 말하였다 한다. 고난을 참고 순종하는 끝에 주의 영광이 나타나는 법이니 그리스도의 정병된 우리들은 환란이나 핍박이나 기근이나 적신(赤身 *벌거벗은 몸)이나 그 어떠한 고난이든지 믿음으로 참고 오직 순종하여 이기고 이기자.

3. 희생적(犧牲的) 정신(:3, 4)

싸움에도 반드시 희생이 있어야 한다. 희생이 없는 싸움에는 승리가 없다. 이 세상의 군병들을 보라. 그들은 국가를 위하여 자기 한 몸을 희생하기를 조금도 주저하지 않는다. 땅에 있는 것을 위해서도 이렇게 하거든 하물며 천국 기업을 위하여 싸우는자 어찌 희생적 정신을 가지고 용감하게 싸우지 않겠는가?

바울 선생은 "내가 사는 것이 그리스도요, 죽는 것도 유익함이라"(빌 1:20)고 하셨다. 그리스도인에게는 무엇보다도 이와 같은 정신이 필요하다. 살든지 죽든지 내 몸에서 그리스도로 하여금 존귀하게 하려는 정신! 이것이 진실로 철저한 정병(精兵)다운 귀한 희생적(犧牲的) 정신이다. 매일 죽음을 무릅쓰고 나가는 생활이야말로 놀라운 희생이다. 물론 우리의 희생의 목표는 죽기까지 인 것은 사실이다. 그러나 죽음에 이르기까지 살아 있으면서 매일 죽음을 맛보면서 싸우는 생애가 참으로 어려운 희생이다. 사회 사람들도 세상을 위하여 희생적으로 분투하고 있다. 우리는 오직 주만 위하여 충성스럽게 온 힘을 다하여 싸우자. 우리 단체에 속하여 있는 군병들은 전보다도 배나 희생적으로 돌진할 시기가 왔다. 신자의 생활 상태는 대단히 빈곤한대 자급(自給)은 시행되고 실력은 없어 매우 극난(極難)한 처지이다.

어떻게 할까? 오직 교역자나 신자가 피차 희생적 정신으로 주만 위하여 힘을 다하여 싸울 수밖에 아무 도리가 없다. 특별히 교역자는 자급만 위하여서 신자의 죄악을 가르치지 않으면 이것은 정병의 자격을 상실한 것이다. 진리(眞理)를 굽히지 않고 그대로 전하지 않으면 안 된다. 언제나 희생의 정신이 없는 자는 죄악을 공격하지 못하고 이단(異端)과 사설(邪說)을 물리치지 못한다. 이것은 짖지 못하는 벙어리 개이다. 무슨 소용이 있는가?

그리스도의 정병들아! 너희 몸을 이미 바친 바에는 뒤를 돌아보지 말고, 앞만 향하여 힘써 싸우라. 주께서 이미 이기셨으니 우리도 또한 승리할 수 있다.

- 1932년 4월 17일 경성연합회 성별회 석상에서
(*『活泉』 제11권 7호[1933.7.], 9-12.)

4. 헌금(獻金)과 헌신(獻身)

(성경 본문: 말 3:7-12, 막 10:17-22)

이 시간에 우리 믿는 자가 당연히 하나님 앞에 헌금해야 할 것과 헌신해야 될 일에 대해 강론하여 설명하고자 한다.

1. 헌금(獻金)에 대하여(말 3:8)

세상에서 제일 악하고 가증스럽고 불경건하고 어긋난 도덕이 없는 자는 도적(盜賊)이다. 그러므로 로마에서는 극형인 십자가에 못박았다. 이스라엘 사람 중에 아간도 마땅히 취하지 못할 물건을 도적질했으므로 돌에 맞아 죽은 것이다. 세상에 도적과 같이 악한 자는 다른 것에 비류(比類*견주어 비교할 만한 종류)가 없다.

이제 우리는 생각해 보자. "사람이 어찌 하나님의 물건을 도적하리요". 신자가 하나님의 물건을 나의 것으로 삼을 수 있겠는가? 배은망덕도 분수가 있지, 죽음 가운데서 살려주신 하나님의 물건을 도적질해서야 이 어찌 인간이라 할 수 있겠는가! 신자라면 강제로 하라고 해도 죄송스러워서 그와 같은 비행을 감행할 수 없을 것이다. 그러나 통탄할 일은 오늘날 교계에 하나님의 물건을 도적질하는 자가 너무나 많다. 세상의 도적보다도 더욱 많은 것 같다. 어느 부흥회에서든지 사람의 것을 도적질한 것은 눈물로 회개하지만 하나님의 물건을 도적질한 일에 대하여는 양심에 가책도 받지 않는 모양이다. 이 얼마나 모순이 많은 일인가? 진실로 심히 탄식할 일이 아닐 수 없다. 이스라엘의 도적 아간이 회중에 있을 때에는 하나님의 축복이 임하지 않았다. 조선교회가 축복받지 못하는 이유는 어디에 있는가? 아간의 당류(黨類, 같은 무리)가 있는 까닭이 아닌가 한다. 마땅히 바칠 십일조를 도적질하는 교회에 하나님의 축복은 임할 수 없다.

  내가 일본의 부흥 대회에 참관해 보고 특별히 경탄한 것은 헌금열(獻金熱)이었다. 즉석에서 대회비 3,000원이 필수 금액 이상으로 초월함을 보고 실로 저희가 축복받기에 넉넉함을 알았다. 물론 어느 정도까지는 경제력에 있어서 조선과 대조할 수 없다고 하겠으나 그러나 경제력보다도 그 정신력 문제임을 잊어서는 안 된다. 오- 이 땅에 언제나 하나님의 축복이 임하겠는가? 이것저것 핑계할 것이 없이 주님의 물건을 도적질하는 죄가 없어져야 하겠다. 조선교회의 쇠퇴 원인은 당연히 드릴 십일조를 바치지 않기 때문이다. 전체가 십일조를 한마음으로 실시하면 당장에 부흥될 줄 믿는다. 십일조는 모세의 율법에만 명한 것이 아니다. 멜기세덱 때부터이다.(창 14:18-20) 신약에 예수님께서도 "버리지 말 것이라"고 가르치셨다.(마 13:23) 주의 은혜를 깊이 생각할수록 십일조도 너무나 적은 감이 있다. 전부를 다 바쳐도 내게는 손해가 없다. 천하 만물은 다 하나님의 것이기 때문이다. 이 뿐만 아니라. 주께서 천국 문을 열고 복을 쌓을 곳이 없도록 부어 주시겠다고(말 3:10) 약속하셨으니 결단코 손해가 아니다. 이는 진실로 적은 것을 바쳐서 많은 것을 얻는 영계(靈界)의 신비하고 오묘한 뜻(奧義)이다. 불가사의(不可思議)의 신기한 현실이다. 아 형제여! 자매여! 힘써 바치라! 머리에 기름과 얼굴에 쓸데없는 분

을 바르려고 애쓰지 말고 주께 드릴 십일조를 어김없이 드리라. 세루(セル *직물의 일종) 치마와 세루 두루마기를 입지 않는다면 가난한 우리의 살림이지만 넉넉히 바칠 수 있다.

우리의 바칠 십일조의 표준은 우리의 모든 수입으로 정해야 한다. 어떤 신자는 자기 월급에서만 십일조를 바치고 추수에서는 한 푼도 바치지 않는다. 이것은 철저하지 못하다. 이렇게 하면서도 가장 많이 바친 듯이 행세한다. 옛날 아나니아와 삽비라의 종말을 전감(前鑑 *지난날을 거울삼아 비추어봄)삼아 하나님의 저주를 면할지어다. 십일조를 드리지 않은 죄 때문에 망한 자 있으되, 주께 바쳐서 아사(餓死 *굶어 죽음)된 자는 유사 이래(有史以來 *역사가 생긴 뒤로) 없었다. 아니다. 영원까지 없을 것이다. 마가복음 10장에 한 부자 청년을 보라, 재물을 귀히 여기다가 영생을 얻지 못할 근심에 싸여 사망의 길로 가지 않았는가? 경성하여 반성하라.

2. 헌신(獻身)에 대하여(말 3:8, 고전 6:20)

우리의 몸을 하나님 앞에 산 제물로 드려야 한다. 우리의 몸은 우리의 것이 아니다. 주께서 값으로 산 것이 되었으니 그런즉 우리 몸으로 하나님을 영화롭게 해야 하겠다. 헌신은 교역자 뿐만이 아니다. 로마서 12장 1절을 보면 보편적으로 모든 신자의 당연한 예법(禮法)임을 가르쳤다. 그렇다! 주의 구속함을 받은 자는 누구든지 그 몸을 주께 바쳐 주를 기쁘시게 할 의무와 책임이 있다. 부패할 몸을 영광의 주 앞에 바쳐서 향기로운 제물이 되는 일은 참으로 최고봉적(最

高峰的) 은혜이며, 영광이다. 신자에게는 이 생애가 없으면 무한히 가련한 일이다. 주 앞에서의 생애가 매일 성결하여서 가히 향기로운 제물로 바쳐져야 은혜의 사람이며 하나님의 자녀이다. 성결한 몸이 되어 보자. 우리가 이같이 성결하여 헌신함에는

첫째, 행위가 경건하고 성결하여야 한다.

믿음이 있다면 자연히 행함도 따를 것이다. 믿음이 있노라 하고 행함이 없으면 이것은 죽은 믿음이다. (약 2:26) 우리의 일거일동(一擧一動 *하나 하나의 동작이나 움직임)은 경건해야겠고 언행(言行)과 심사(心思) 전부가 거룩해야 한다. 신행이 상반되는 자는 허위(虛僞)와 허식(虛飾)의 무리라고 아니할 수 없나니 이것은 미숙(未熟)한 것을 주께 봉납(奉納)할 수 없지 않은가? 경건하라! 성결하라!

둘째, 희생적 기도의 생애가 필요하다.

무엇을 보든지 말세의 징조가 첨단화(尖端化)한 이때 멸망의 굴항(掘港 *움푹 패인 도랑)으로 질주하는 가련한 영혼들을 보고 등한시(等閑視)하겠는가? 도무지 태연자약(泰然自若 *충격을 받을 만한 상황인데 전혀 태도의 변화가 없이 평소 그대로임)할 수 없다. 우상 숭배의 큰 죄를 범한 이스라엘 민중을 위해 모세는 "저희 죄를 사하시옵소서. 그렇지 않으시오면 내 이름을 기록하신 책에서 도말하옵소서"(출 32:32) 하고 철저히 희생적 기도를 한 것이다. 또 예수님의 겟세마네 기도를 보라! 혈관이 터져서 피땀을 흘리시지 않았는가?

아 진실로 우리가 저 영혼을 위해 얼마만한 희생을 하였는가? 피땀은 고사하고 난방(暖房)에서라도 땀흘리며 기도한 경험이 있는가? 아 나는 진실로 송구 막심하다. 소위 단체의 중직(重職)으로서 희생적 기도가 부족하였다. 부족하다는 것보다 없었다는 것이 솔직한 나의 자백이 아닌가 한다. 아 여러분의 처지는 어떠한가? 일본의 어떤 성도는 공동묘지에서 매일 기도한다고 한다. 좋은 겟세마네이다. 조선에도 이와 같은 기도의 용사가 있어야 하겠다. 우리의 겟세마네는 어디인가?

셋째, 열심히 전도하여야 한다.

헌신에 있어서 제일 필요한 사실은 전도이다. 값으로 산 몸이니(고전 6:20), 이 보혈의 귀한 경험을 어찌 사람에게 은닉(隱匿)할 것인가? 증거 하라! 외치라! 주의 재림이 절박했으니 한 영혼이라도 어서 속히 주께로 인도하자. 현하(現下 *현재의 형편 아래) 교계가 어떠한 단체를 막론하고 전도열(傳道熱)이 매우 낮게 저하되었다. 전도자는 심방이나 하고 설교만 했으면 넉넉한 줄로 스스로 위로받고 있다. 신자들도 아무 전도열(熱)이 없고 한 사람도 교회에 인도하지 않는다. 안 된다. 열심을 내어라! 재림(再臨)을 믿을진대 실생활에 있어서 부합되는 실적이 있어야 하지 않겠는가? 전도하라! 주의 재림이 불원(不遠)하니 열심히 전하자.

쉴함마 목사는 청년 시대에 복음을 전하다가 관헌에게 잡혀 유치장에 수감되었을 때, 창문에 뛰어올라서 속에서 타오르는 불꽃을 지나가는 행인들을 향해 토(吐)하며 다시 지하실에 가둠으로 저는 "주께서 여기에서 기도하고 전도하라고 이곳에 인도하셨다."고 했다 한다. 이와 같은 정열적인 전도열이 왕성해야 하겠다. 농촌 운동과 사회 운동을 오늘날 교회가 열중한다 하여 이것만을 가르쳐 속화라 하느냐? 아니다. 사업이야 하든지 말든지 복음을 전할 때 진리 그대로 전하고 전하지 않음에 있어서 자연히 구별되는 것이다.

그런즉 오직 복음만을 복음답게 철저히 전하라! 이것을 위해 내 몸이 비록 죽는 지경에 이를지라도 굴하지 말고 돌진할 용기가 있어야 하겠다. 주를 위하여 헌신한 자가 어찌 박해와 죽음을 두려워하랴! 주를 위해 죽어도 좋고 복음을 위해 삶도 유익함이 될 뿐이다.

사나 죽으나 주를 위해 있음이 헌신자의 성결한 태도이다. 모든 물질까지 바쳐 우리에게서 주의 영광만 나타내자.

- 1931년 12월 13일 聖別會에서
(*『活泉』, 11권 10호[1933.10.] 7-10.)

VI. 1934년

1. 그리스도의 신이 없는 사람은 그리스도인이 아님
(성경 본문: 롬 8:1-11, 행 2:8)

지금 낭독한 말씀 중에 9절을 주의하라. 이 말씀은 우리의 모든 영혼과 모든 생과 모든 몸이 전부 그리스도처럼 되지 않으면 안 될 것을 고조(高調)하는 것이다. 참으로 그리스도의 신이 우리의 전 생애를 다 점령하여야만 진정한 신자이다. 만약 그리스도의 신이 우리의 심령에 내주하지 않으시면 그리스도의 사람이라 할 수 없다. "예수의 신"(행 16) "그리스도의 신"(본문)은 다 성령을 말하니, 이 신이 신자에게 내주(內住)해야만 성령의 사람이 될 것이니 곧 그리스도의 소유물이 된다. 고린도전서 3장 16절과 6장 19절을 보라. 우리 몸은 성령의 전(殿)이라 했다. 성령께서는 우리 안에 내주하시기를 원하시는 것이다. 너무나 황공(惶恐)한 감도 없지 않지만 조금도 사양할 필요가 없다. 원래 신자에게는 성령께서 임하셔야 합당(合當)할 것이다. 성령이 내주하지 않으면 어떻게 되는가?

1. 예수를 주로 알지 못함(고전 12:3 이하)

하나님의 신에 감동하고는 예수를 저주할 자가 없고 또 성령에 감동하지 않고는 예수를 주시라 하는 자가 없다. 성령이 우리 마음에 계셔서 비로소 예수를 구주로 알게 되는 것이다. 혹은 말할 것이다. 나는 나의 부모에게서 선생에게서 항상 들어서 예수를 알게 되었다고 말이다. 그러나 들어서 아는 것이 아니고, 교훈을 받아서 아는 것이 아니다. 물론 듣고 배워서 아는 것도 사실이겠지만 그것은 정도의 문제다. 지식으로 예수를 알았다는 것이 결코 예수를 참으로 안 것이 아니다. 오늘날 예수를 모르는 자가 별로 없다. 주의 이름을 듣지 못한 자가 별로 없을 것이다. 그러나 그들이 아는 예수는 저희에게 하등의 효과가 없음을 눈으로 보는 바이다. 종종 안다는 그것으로 박해(迫害)의 재료로 삼는 이는 무슨 까닭인가? 성령의 감동으로 예수를 구주로 알고 믿지 않는 까닭이다. 그러나 성령이 우리를 감동 감화하심으로 십자가까지 우리를 인도할 때에야 비로소 예수를 나의 구주로 알게 되고 믿게 되는 것이다. 그러므로 성령으로 말미암지 않으면 한 사람도 예수를 알 사람이 없다.

여러분은 어떤 방법으로 예수를 알았는가? 나의 학문으로 지식으로 신학적으로 나의 연구의 공로로 예수를 알았다면 정곡(正鵠)을 놓친 것이다. 오직 성령을 통해 예수를 나의 주로 알아야 여기에 구원이 있는 것이다. 참 그리스도인이 된다.

2. 그리스도인의 특색이 없음(마 25:3)

신랑을 맞으러 나간 열 처녀 중 미련한 자는 등불을 가졌으나 기름은 갖지 않았다. 그래서 그들은 신랑을 맞이하지 못했다. 여기서 기름은 성령의 표호(表號 *속의 것을 겉으로 드러내 보이는 부호나 표지)이다. (요일 2:27) 저희는 등불의 자격은 있었지만 기름의 저축이 없어 실패한 것이다. (마 25:3) 오늘날 신자(信者) 중에도 신자란 자격은 가지고 있으면서 성령의 기름이 없어 실패하고 특색을 발휘하지 못하는 자가 많다. 등잔의 심지는 있어도 기름이 없으면 도저히 빛을 나타낼 수 없을 것이다. 우리가 성령을 받지 못하면 도저히 그리스도인의 특색을 나타낼 수 없다. 그리스도인의 향기를 날릴 수 없다. 암흑의 세상에 빛이 될 수 없다. 부패한 세상의 소금이 될 수 없다.

성령이 없는 자는 어떤 때는 형제를 사랑하지만, 한순간 변해 형제를 미워해 살인죄를 범한다. (요일 3:15) 은혜 받아서 기뻐 뛰다가도 즉시 냉랭해져서 주를 배반한다. 어떤 때는 대단히 겸손한 모습이 있지만, 한순간에 변해 오만하고 무례하며, 열심히 전도하고 열렬히 기도하다가도 오래 계속하지 못한다. 이것은 모두 성령의 기름이 그 심령에 충만하지 못한 까닭이다. 성령이 없는 자는 이같이 그 생애에 아름다운 특색이 없는 것이다. 성령을 받지 못하는 신자는 매순간 그 생애가 육(肉)에 속해 있어 하늘의 영광과 은혜의 최고 경험(經驗)을 맛보지 못한다. 그러므로 성령은 반드시 받아야 한다. 충만히 받아야 그리스도인의 진정한 특색을 나타낼 수 있는 것이다. 우리의 심령에 성령께서 계셔서 모든 사람에게 그리스도의 향기를 널리 나타내자.

3. 분별력(分別力)이 없음(고전 2:14, 15)

사람이 태어난 후 지금까지의 이해력이나 혹은 철학적인 사상 또는 종교적 관념으로는 도저히 영(靈)의 일을 분별하지 못한다. 다만 저희의 안목(眼目)에는 미련하게만 보이는 것이다. 오직 "신령한 일은 신령한 일로 밝히나니" 혈기에 속한 자, 곧 육의 사람은 "하나님의 신을 받지 않나니" 이는 저희가 깨닫지 못하고 분별하지 못하는 까닭이다. 이러한 일은 사람이 성령에게 감동하여야 분별하는 것이다. 성령에게 속한 사람은 모든 것을 분별하지만 타인은 자기를 분별하지 못한다. 할렐루야! 이와 같이 육에 속한 상태의 사람은 제아무리 학자라도 아무것도 알 수 없으되, 영에 속한 우리는 모든 진리를 분별하게 되는 것이다. 이 얼마나 신기한 일인가? 성령이 내주(內住)한 자의 특권(特權)은 여기에 있는 것이다. 아멘. "대개 성령은 모든 일을 통달하시고 하나님의 깊은 것이라도 통달하시나니" 이 신(神)이 우리의 심령에게 살 때 비로소 복잡하고 어지러운 이 죄악 세상에 처해 참과 거짓, 그릇됨과 올바름을 잘 분별해서 이단과 세속화가 조수(潮水)같이 밀려오는 영계(靈界)의 혼란 시대에 입각(立脚)하여 능히 실족하지 않고 천국을 향하여 용기있게 돌진할 수 있는 것이다.

4. 담대한 능력(能力)이 없음(마 6:69-74)

성령을 받지 못한 자에게는 능력이 없다. 담대하지 못하고 비겁하기 짝이 없다. 베드로의 실패를 보라. 죽어도 주를 따르겠다고 호언장담(豪言壯談 *의기양양하여 자신있게 말함)하였던 자이다. 계집종에게 비겁하게도 주를 모른다고 했다. 한 번도 못 할 일이거늘 계속적으로 세 번씩이나 주를 모른다고 하면서 끝에는 저주까지 하게 되었으니 아 이 무슨 까닭인가! 그가 평소에 주를 사랑하지 않은 게 아니었지만, 그의 심령에 성령이 내주(內住)하시지 않은 까닭이다.

그러나 그의 오순절 후의 씩씩한 태도를 보라. 어찌나 담대한 능력이 있었는지 실로 장쾌한 일이다. 그의 설교에는 권위가 있어 만부부당(萬夫不當 *많은 장부라도 능히 이겨낼 수 없음)의 용기가 있었고, 죄인의 영을 사로잡는 권능이 있어서 하루에 3천 명이 회개하였다. 당시 전도 역사상(歷史上) 최고 기록을 돌파했다. 그는 박해자 앞에서 담대히 항의했고(행 4:19) 선한 싸움을 용기 있게 싸운 끝에 영예의 순교를 한 것이다. 아! 가야바의 법정 밖에서 심히 비겁한 실패를 연출한 그가 주를 위해 생명을 바치기까지 능력이 있는 봉사를 하게 된 원인은 대체 어디에 있는가? 여러 말을 할 것 없이 오직 성령 내주(聖靈內住)의 위력이 아닌가? 이 힘의 세례를 받으라. 성령 세례를 받지 않고는 도저히 전도할 수가 없다. 나에게 지식이 없다고 이것을 변명으로 삼지 말고, 웅변이 없다고 핑계하지 말고 솔직하게 성령이 없어 전도할 힘이 없다고 자백하라. 그래서 성령의 능력을 얻어 우리의 사명(使命)을 달성하자.

5. 어떻게 받을까(행 2:8)

하나님께서는 말세에 성령을 만인에게 부어주시겠다(행 2:17)고 말씀하셨다. 신실하신 약속이다. 이 성령을 어떻게 해야 받을까? 먼저 죄악을 회개해야 한다. 죄가 있는 한 성령은 임하시지 않는다. 성령받은 경험이 없거든 아직 나에게 막힌 담이 없는가를 반성해보라. 반드시 그 무엇이 남아있을 것이다. 그것을 주 앞에 회개하지 않고는 아무리 열심히 기도하고, 사경(査經 *성경을 공부)하고, 전도할지라도 받지 못한다. 성령받는 것은 신앙 햇수에 있지 않다. 수십 년을 교회에 출입했다 할지라도 여전히 죄가 있으면 받지 못한다. 그러므로 베드로는 말하되 "너희가 회개하여 각각 예수 그리스도의 이름으로 세례를 받고 죄 사함을 얻으라. 그리하면 주신 성령을 받으리라"(본문)고 하였다.

성령은 이미 오셨다. 그리스도의 십자가를 바라보라. 주가 가신 후 보혜사 성령은 오신 것이다. 주신 성령을 받는 도리는 다만 죄를 회개(悔改)해서 확실히 사죄함을 받는 것이 급선무이다. 많은 사람들이 주야로 열렬히 성령을 구하나 받지 못함은 그 심령에 회개할 바를 법(法)대로 회개하여 사함받지 못했기 때문에 도로무공(徒勞無功 *한갓 헛되게 애만 쓰고 아무 보람이 없음)한 것이다. 아 회개하라. 사죄함을 받으라. 반드시 주신 성령을 받을 것이다. 물론 기도해서 받는다.

오순절의 성령도 120명의 연합기도회(聯合祈禱會) 석상에 강림하신 것이다. 그러나 먼저 죄에서 용서함을 받으라. 그리한 후에 신앙에 서서 요동치 말고 간구하라. 약속이 성취되기까지 의심하지 않고 구하면 반드시 충만한 성령을 받는 것이다. "너희가 악할지라도 좋은 것으로 자식을 줄줄 알거든 하물며 너희 천부께서 구하는 자에게 더욱 성령을 주시지 않겠느냐?"(눅 11:13) "무릇 그리스도의 신이 없는 사람은 그리스도인이 아니니" 이 성령을 각자 충만히 받아야 할 것이다.

(*『活泉』제12권 1호[1934.1.], 4-7.)

2. 하나님을 기쁘시게 할 도리(道理)
(성경 본문: 살전 4:1-6, 골 1:10)

바울 선생이 데살로니가 교회에 신자로서 마땅히 하나님을 기쁘시게 할 도리를 가르치시고 "더욱 많이 힘쓰라"고 권면하셨다. 이것은 데살로니가 교회뿐만 아니라 우리 모든 교회 신자가 이 교훈대로 하나님을 기쁘시게 할 도리에 대해 힘써야 하겠다. 우리는 본래 하나님도 없었고 약속도 없었고 소망도 없었던 불쌍한 죄인이었다. 그러나 하나님께서는 만물과 함께 성자(聖子) 예수를 아끼지 않으시고 주셔서(롬 8:2) 그 독생자를 믿음으로 양자(養子)가 되어 아바라 하는 아버지라고 부르게 되었다. (롬 8:14, 15) 그러므로 어떻게 찬송하며 감사해야 될 것인가? 가히 측량할 수 없다. 멸망할 자식을 구원하셔서 하늘의 영광을 향유할 영예로운 지위에 끌어올리셨으니 이 은혜야말로 백골난망(白骨難忘 *죽어서 뼈만 남은 뒤에도 잊을 수 없음)이다. 그러나 오늘 신자들이 이 일에 대해 한낮 지식으로 끝나고 충심으로 끓어오르는 정열이 없으니 탄식하는 바이다. 우리는 하나님의 은혜를 느끼는 자가 되어야 하겠다. 사람에게 사소한 도움을 받을 때는 그 은혜를 극구 감사하면서도 하나님께 대해서는 죽음에서 건져주신 무한한 은혜를 잊어버리고도 평소에 아무런 감정이나 생각없이 지내는 것은 실로 배은망덕하는 염치없는 무리들보다 더 나을 것이 없다. 우리가 하나님의 은혜를 많이 생각하면 자연스레 하나님을 기쁘게 하고자 하는 열정적 충동이 일어나지 않을 수 없다. 그러면 그

도리(道理)는 어디에 있는가? 많지만 몇 가지만 생각하려고 한다.

1. 죄인의 회개(눅 15:7, 10)

죄인의 회개를 기뻐하시나니 회개해라. 죄인 하나의 회개를 기뻐하시는 것은 의인 99명의 회개를 기뻐하는 것보다 더한 것이다. 시편 51편 17절을 보면, 하나님의 제사는 상한 심령이니 상하고 통회하는 마음을 가볍게 여기지 않으신다고 하였다. 하나님을 기쁘시게 하는 것은 죄를 깊이 깨닫고 상한 심령으로 그 앞에 나아가 통회하는 것이다. 죄악을 감추는 끝에는 하나님의 진노가 임하고, 숨기지 않고 회개하는 끝에는 하나님의 기쁨이 크신 것이다. 죄가 깊은 영혼이 회개하는 것은 하나님이 가장 기뻐하시는 바이다. 망할 죄가 있으면서도 숨기는 자는 하나님의 분노를 일으켜 멸망을 자초하는 일이고, 흉악한 죄를 인식하고 통회하는 자는 하나님의 기쁨을 자아내며 영생을 취하는 첩경(捷徑 *지름길)이다. 사람들이 죄악 때문에 멸망하는 것이 아니다. 이제는 그런 무자비한 시대는 지났다. 지금은 은혜(恩惠)의 시대(時代)이다. 구원의 날이다. 누구든지 회개만 하면 구원을 얻을 수 있는 생명의 길이 열렸다. 그리스도의 십자가를 통해 천하 죄인의 앞에 넓게 열린 것이다. 구속(救贖)의 길을 막는 것은 완고(頑固)한 심령이다. 회개가 없는 심령이다. 그는 벌써 마귀의 공장(工場)밖에 될 것이 없다. 하나님을 대적하는 반역 행동이 일어나고 예수를 불신하는 완고함이 준동(蠢動 *벌레 따위가 꿈적거림)해서 진리를 대항하게 된다. 이것은 모두 회개하지 않은 까닭이다. 피조물인 인간이 하나님을 대적해서 얻는 것이 무엇인가? 오직 멸망뿐이다. 급히 회개하라. 회개하는 즉시로 하나님을 기쁘시게 하며 천국을 유업으로 얻을 수 있다.

예수께서 사마리아 여인에게 전도한 결과로 많은 성(城) 중의 사람이 회개하심을 보고 제자들의 권하는 음식을 물리치시고 "나에게 먹을 양식이 있는데 너희가 알지 못한다"(요 4:3)라고 하셨다. 예수의 마음은 회개한 죄인들로 인해 기쁨이 충만하셨다. 이것은 곧 하나님의 기쁨이다. 예수께서는 죽을 영혼이 회개하여 새 생명을 얻는 것을 유일한 양식(糧食)으로 삼으셨다. 그것은 아버지 하나님을 좇아 그 일을 완전히 이루는 것이 저의 양식이기 때문이다. (요 4:4) 누가복음 15장의 탕자를 보라. 그가 허랑방탕하여 그 재산을 허비하고 걸인 모양으로 귀가했지만, 부친이 보고 측은히 여겨 달려가서 목을 끌어안고 입을 맞추며 기뻐했다. 이것이 하나님의 사랑이다. 그에게 아버지를 기뻐하게 할 만한 아무런 가치가 없었지만 다만 회개한 조건이 있어 하늘 아버지 하나님을 기쁘시게 한 것이다. 이것이 우리의 취할 태도다. 오직 죄를 회개하라! 그래서 하나님을 기쁘게 하라.

2. 산 제사(活祭)의 봉헌 (롬 12:1)

산 제사의 봉헌을 기뻐하시니 헌신하라. 이것은 신자의 당연한 예법이다. 하나님을 기쁘시게 하는 제사이다. 우리는 향기로운 제물이 되어야 하겠다. 익지 않은 채 바친 떡이 아니라 잘 구워서 하나님의 진설상(陳設床)에 올려놓아야 하겠다. 설익은 것을 바치지 말라. 우리 몸은 완전히 죽어서 하나님께서 받으실 만한 제사를 드리라. 옛날 이스라엘 백성이 하나님께 제사할 때 양을 잡아서 각을 떠서 바쳤다. 눈이 멀뚱멀뚱한 산 것을 드리지 않았다. 우리도 땅에 있는 지체를 죽여서(골 3:5) 산 제사를 드리자. 오늘날 신자 중에는 자기를 죽이지 않고 그대로 하나님께 드리려는 경향이 심히 많다. 안 된다. 먼저 성령의 불에 잘 구워진 떡이 되고 고기가 되어라. 허영심(虛榮心)도 죽여라. 죄에 속한 모든 것을 완전히 죽여 버려라. 아직도 세상을 사랑함이 주보다 더한 경향(傾向)이 없는가? 죽지 못한 연고이다. 나보다 나은 자를 싫어하는 심사(心事 *마음속으로 생각하는 일)가 있는가? 불에 타지 못한 까닭이다. 모두 죽여버리라. 그래서 거룩함을 이루어 글자대로 몸으로써 산 제사를 드리라. 도마는 헌신한 자였지만 세상을 사랑해서 중도에 물러갔다. 저에게는 죽음의 경험이 없었던 이유로 세상을 이기지 못하고 도로 세상에게 사로잡혀 가게 되었다. 유다는 만악(萬惡)의 근본인 돈을 사랑해 은사(恩師 *선생님의 높임말)를 은 30에 팔았다. 그는 일찍이 주께 봉사하여 사도의 거룩한 반열(班列)에 있었지만 철저한 헌신이 없어서 큰 죄를 범한 것이었다. 철저한 헌신(獻身)은 철저한 회개(悔改)와 철저한 믿음에서 일어난다. 그러므로 우리에게 부족한 것이 있는가? 바로 주(主)의 제단에 올려놓아라. 그래서 완전히 번제물(燔祭物)이 되어라. 죽을 몸을 살려주신 이 몸을 주께 바치는 것이 무엇이 아까운가? 왜 다 바치지 못하는가? 왜 바쳤다가 도로 찾는가? 철저한 회개가 없기 때문이다. 믿음이 없기 때문이다.

바울 사도는 매일 주를 위해 죽기를 무릅쓰고(고전 15:31) 악전고투(惡戰苦鬪 *악조건을 무릅쓰고 죽을힘을 다해 싸움)해서 완전한 제물이 되었다. 그리스도 사랑이 우리를 권면하지 않는가?(고후 5:14) 우리는 육체에 거하든지 떠나든지 주를 기뻐하시게 하기를 힘쓰자.(고후 5:9) 이것은 산 제사(活祭)를 봉헌함에 있다.

3. 물질의 헌납(빌 4:18)

물질의 헌납을 기뻐하시니 헌금하라. 이것이 아름다운 향기요, 받으실만한 제사니 하나님을 기쁘시게 하는 것이다. 우리의 헌금은 하나님을 기쁘시게 하니 그것은 우리가 깊은 은혜 중에 나아가게 되니 기뻐하사 우리의 감사(感謝)의 표정(表情)을 받으시는 까닭이다. 헌금은 입에 있지 않고 실행해서 봉사하는 일이다. 죄에서 구원을 얻은 것을 입으로만 감사하다 하지 말고 주의 성역(聖役)을 위해 힘써 헌납해야 한다. 금과 은은 다 주의 것이다. 우주에 충만한 물질은 다 주의 것이다. 주의 것이니 주께 드리자. 미신(迷信)에게 속아 우상 숭배하느라 물질을 허비하는 자들도 굶지 않고 살아간다. 하나님을 사랑해서 하나님께 바친다고 살지 못하겠는가? 의인(義人)의 자식은 걸식(乞食 *남에게 음식을 빌어먹음)하지 않는다. 주께 마땅히 바칠 십일조(十一條)를 드려라. 쌓을 곳이 없이 축복하실 것이다. 이것은 주께서 분명히 약속하신 것이다.(말 3:10)

오늘날 신자들이 헌금의 열정이 없어 하나님의 교회는 곤궁(困窮)에 빠져 성업(聖業)에 큰 타격을 받고 있다. 우상 숭배에 낭비하던 열심만도 못한 정성에 박약(薄弱)한 신자에게 어찌 하나님의 축복이 임할 수 있겠는가? 타산적(打算的)으로 말함이 아니다. 원리 원칙이 그렇다. 우리 조선교회는 책임을 타인에게만 전가하지 말고 우리 개인 개인이 짊어져야 하겠다. 하나님은 타인의 하나님이 아니다. 나의 하나님이시다. 이제는 공(空 *실체가 없이 빈)으로 예수 믿으려고 하지 말라. 힘써 바치라. 물질을 드려 충성스러운 신자가 되어라. 나는 어제 어떤 교역자와 좌담할 때 감동을 받아 눈물을 흘렸다. 그 교회는 신자 60명 내외인데 자급(自給)을 선언한 후에 크게 분발하여 빈곤한 신자들이 양식을 사야 하는 처지에도 주를 위해 열심히 바친다고 한다. 오- 형제자매여! 우리에게 그들과 같은 정성이 있다면 넉넉히 자급할 여유가 있을 줄로 안다. 이것은 전혀 교회 정책상으로 보아 필요하다는 것만이 아니다. 하나님을 기쁘시게 하는 큰 도리(道理)이기 때문에 권면해 마지않은 바이다. 그런즉 철저히 회개하고 헌신하여 헌금하기를 힘쓰라.

- 聖書信仰大會 講演
(*『活泉』제12권 7호[1934.7.], 7-10.)

3. 성서적 신앙의 공효(功效)
(성경 본문: 벧전 1:3-9, 딤전 4:9-11)

서론

오늘 밤에 낭독한 본문 중에서 '성서적 신앙의 공효'란 제목으로 말씀하려고 한다. 그러면 대체 성서적(聖書的) 신앙(信仰)이란 무엇인가? 신자는 누구든지 성서를 보고 신앙한다고 한다. 그러나 그 실제에 있어서 현대에 성서적 신앙을 가진 자가 많지 못하다.

기독교 정통 신앙(正統信仰)은 성서 그대로 신앙하는 것이다. 성서적 신앙이라 함은 곧 이것을 가르침이다. 성서대로 믿는 것이 기독교인 것이다. 그러나 세상이 거짓된 것만큼 어천만사(於千萬事 *많은 여러 가지 일)에 참과 거짓이 있어 병진(竝進 *함께 나란히 감)한다. 이와 같은 조류(潮流)를 역류(逆流)하면서 돌파하여야 할 신성한 교회까지도 참과 거짓이 의연(依然 *전과 다름없이)히 존재한다. 교회 안에 참 신앙이 있으니 이는 성서를 근거하여 믿는 성서적 신앙이요, 거짓 신앙이 있으니 이는 자기주의(自己主義 *이기주의)와 자기 사상대로 신앙하는 것이다. 아무리 잘 믿는다고 할지라도, 열심이 있고 선행이 있다 할지라도 성경을 떠나서는 다 위신(僞信 *거짓 신앙)이다. 신앙에 있어서 그 참과 거짓은 성서적이요, 비성서적인 데서 스스로 구별되는 것이다. 현대 교회에 그 신앙 조류가 매우 많지만 대략 4종으로 분류(分流)할 수 있다.

1. 도덕적 신앙(道德的 信仰)

기독교를 한 의리(義理), 윤리(倫理) 부분으로 보아서 신앙한다. 다시 말하면 일개 도덕적 종교로서 신앙하고 있다. 특히 우리 조선교회는 재래(在來)의 유교 사상(儒敎思想)에 물 젖어 있는 관계상 이런 신앙을 가진 자가 적지 않다. 성경은 물론 도덕에 관하여 말씀하지 않는 것이 아니다. 부자(父子), 부부 관계와 같은 도덕적 교훈만을 끄집어내어서 여기에 신앙의 토대를 세우고 구속(救贖)의 진리에 근거하지 않는 자가 너무나 많다. 이것은 일대 오류(誤謬)이다. 물론 인생이 세상에서 처하여 마땅히 명륜(明倫 *무엇을 바라거나 이루겠다고 속으로 품고 있는 마음)의 덕(德)이 있어야 한다. 그리하여 이것에만 귀착(歸着)하여 여기에 그치고 만다면 소위 군자(君子)는 될지 모르겠으나 그리스도 신자(信者)의 자격은 없다.

사람들이 언제나 자기의 덕행을 자랑하면서 이것으로 구원을 얻을 것같이 여기나 이것은 신앙의 반역자라고 할 수밖에 없는 추의(醜衣 *더러운 옷)와 같은 자의주장자(自義主張者)임에 불과한 것이다. 자기의 아름다운 행실을 의지하는 자는 도덕적(道德的) 신자(信者)인 것이다. 또는 학습이나 세례받은 것으로서 구원 얻은 척하는 신자도 이 부류에 속한 신자들이다. 제일 참된 신앙에 입각(立脚)하기 어려운 자는 이 도덕적 관념만을 가지고 극기(克己)나 혹은 수양(修養)으로 구원을 얻으려 하는 자이다.

2. 미신적 신앙(迷信的 信仰)

신자들 중에 어떤 사람은 자기 집에 사귀(邪鬼)가 항상 작희(作戲 * 훼방을 놓음) 하므로 이것을 고통으로 여겨서 신자가 된 자도 없지 않다. 그러나 우리는 사귀를 쫓아내기 위하여서 신앙하지 않는다. 신앙의 목표가 그릇된 신앙은 다 미신적인 것이다. 주께서 재세(在世)하실 당시에 사귀를 축출(逐出)하셨다. 주께서 세상에 오신 것이 사귀나 쫓아내려 하신 것이 결코 아니다. 혹은 중병에 걸려서 병 낫기 위하여 신앙하는 자가 적지 않다. 물론 예수의 긍휼(矜恤)을 힘입어 치료받는 일이 많다. 그러나 주께서 신유(神癒)만을 위하여 세상에 오신 것이 아니다. 병 낫기만을 위하여 예수를 믿는 자는 다른 우상 신자들과 아무것도 다를 것이 없다.

주께서 세상에 오신 목적이 신유에 있지 않으므로, 병자를 치료하시고 삼가 타인에게 말하지 말라고 하셨다. 이것은 그 시대나 지금 시대를 막론하고, 육적(肉的) 신앙들이 많았기 때문에 이같이 교훈을 하셔서 저희로 하여금 육체의 병보다 영혼(靈魂)의 병(病) 곧 죄악을 치료하여 구원 얻게 하려 하신 것이다. 우리의 신앙이 육체적으로 병든 것을 고통으로 여겨서 낫기 위하는 간절한 마음보다도 영혼의 병에 대하여서 더욱 낫고자 하는 열정이 높지 않으면 이 역시 미신적 신앙이라 하겠다. 범사에 육을 떠나서 영에 속한 신앙이라야 한다. 미신적 신앙은 다른 것이 아니다. 영적인 것이 아니라 육적인 것이다. 그 신앙의 목적이 틀린 것은 모두 미신적인 것을 알아야 한다.

3. 이지적 신앙(理智的 信仰)

세상에 제일 가련하고 가증스러운 자는 이지(理智)로써 성서를 판단하여 신앙하려는 자이다. 자기주의와 이상에 부합하면 긍정(肯定)하여 믿고, 그렇지 아니하면 배격한다. 마치 1에 1을 더하면 2가 되는 것같이 성언(聖言)이 자기 이지에 여합부절(如合不切 *사물이 꼭 들어맞음)하면 시인(是認)하여 신앙하고, 만약 자기 이지에 불합하면 이같이 불합리(不合理)한 것을 믿으면 이것은 우준(愚蠢)한 일이라 하여 가장 지혜로운 듯이 주의 말씀을 폐하려고 한다. 이것은 맷돌을 목에 달고 바다에 들어가는 격이다. 그는 하나님을 불신하는 자다. 하나님의 존재를 불신하는 패한(悖漢)임이 분명하다. 살아계신 하나님을 경외할진대 어찌 감히 하나님의 말씀을 자기 안목과 지식권(知識圈) 안에 제한할 수 있겠는가? 천국도 지옥도 믿지 않고 부활도 불합리한 일이라 하여 믿지 않고 재림도 부인(否認)하며 기사(奇事) 이적(異蹟)까지 모두 이치에 합치될 수 없다 하여 불신한다. 변변치 못한 자기 지식에 맞지 않는다고 하여 하나님의 말씀을 불신하는 자의 우준한 것은 실로 한심한 일이다.

하나님은 전지전능(全知全能)하시니, 그의 전지(全知)로써 말씀하신 성경이 그 전능으로써 우리의 상상하지 못하는 것까지 성취하실 것을 믿는 신앙이 우리에게 있어야 하겠다. 진리는 원래 부족한 인간이 하나님의 행하신 일을 알아서 신앙함이 아니라 믿어서 알게 되는 것이다. 그러므로 바울 선생은 말하기를 "깊도다 하나님의 지혜와 지식의 부요함이여 그 판단하시는 것은 가히 측량치 못하여 종적도 가히 찾지 못하겠노라."(롬 11:33) 하였다. 그러므로 우리는 알지 못하는 자로서 주의 신실하심을 오직 믿을 때에 영계(靈界)에 오의 (奧義)를 알게 되는 것이다. 사람들이 알고서 믿으려 하기 때문에 실패한다. 신앙이란 믿고서 아는 것이 정당한 순서이다.

오늘날 조선교회에 이지적 신자가 적지 않다. 이단자(異端者)란 별것이 아니다, 성경에서 벗어난 사실을 주장하는 자들이다. 작년 겨울에 나는 두려운 사실을 들었다. 소위 정통파에 속한 사람들이 새로운 신앙 개조를 발표한다는 것을 듣게 될 때 심히 민망한 생각과 송구한 생각을 금하지 못했다. 그들은 평신도들만이 아니다. 선배자(先輩者)들이다. 그들이 사슴을 가리켜 말이라 해도 모든 사람이 신용할 만한 지위에 있는 자들이다. 그러므로 저희의 말을 들을 때 그 거짓 교훈에 떨어지기 쉽다. 저희의 이지를 쥐어 짜 가지고 아무리 훌륭한 신앙 개조를 정했을지라도, 그것이 성경에 기초하지 않고 자기의 신앙 사상과 이지에 근거한 것이라면, 그것은 꽃과 같이 떨어지고 풀과 같이 마를 뿐이다. 우리는 현대의 모든 이지적 신앙가들의 주장하는 바에 흔들려서는 안 되겠다. 아무리 저희가 성경대로 믿는 신앙을 어리석다 하더라도, 무모한 짓이라고 할지라도 추호도 동요함이 없어야 한다. 어떠한 혹평을 받을지라도 그것은 마치 걸주(桀紂 *중국 하나라의 걸왕과 은나라의 주왕을 가리키는 것으로 '천하의 폭군'을 비유하는 말)의 개가 요순(堯舜 *고대 중국의 요임금과 순임금)을 짖는 것으로 여기라.

4. 성서적 신앙(聖書的 信仰)

하나님께서 요구하시는 신앙은 성서적 신앙이다. 믿음이 없으면 하나님을 기쁘시게 할 수 없나니, 진정한 신앙은 성경에 토대한 신앙이다. 이것을 주께서 요구하시는 것이다. 참된 신앙은 인간의 지식에 있지 않고 사색(思索)에 있지 않고 연구나 이상(理想)에 있지 않고, 오직 단순히 성서 그대로 신앙하는 것이 참된 신앙이다. 무엇이든지 토대가 튼튼해야 넘어지지 않는다. 건축물을 세우는데 제일 필요한 것은 그 토대이다. 기지(基地 *땅의 기초)를 단단히 다져 놓아야 그 건물이 넘어가지 않고 영구할 것이다. 우리의 신앙 토대는 역시 주의 말씀 위에 두어야 모진 풍류(風流)가 엄습해 올지라도 무너지지 않을 것이다. 그래서 영원히 빛날 것이다. 하나님의 말씀을 그대로 믿는 신앙자를 요구하는 이때에 우리는 삼가 마귀에게 속지 말고, 무엇이든지 자기주의나 사상에 비춰어 하나님의 말씀을 알려고 하지 말고, 오직 신앙을 통하여서 신실하신 성서 그대로 나의 영(靈)에 확실한 체험을 갖도록 노력해야 한다. 진실로 주의 말씀은 신실하시니, 디모데전서 1장 15절을 보면 "미쁘다 모든 사람의 받을 만한 이 말이여" 하였으며 같은 성경 3장 1절과 4장 9절에도 "미쁘다 이 말이여 모든 사람이 받을만하도다" 하였고, 디모데후서 2장 11절과 디도서 3장 8절에도 성언(聖言)의 신실(信實)하심을 말씀하였고 고린도후서 1장 18-20절을 보면 "하나님은 미쁘시니 우리가 너희에게 한 말이 예 하다가 아니라 한 말이 없노라…."

하나님의 아들 예수 그리스도는 '예' 하다가 '아니라' 함이 없고 다만 '예' 뿐이니라 하셨다. 또한 요한계시록에도 하나님의 말씀은 신실하다고 증명하였다. 이와 같이 성경 말씀은 진실로 신실하시니, 무엇이든지 기록되어 있는 그대로 성취될 것이다. 우리에게 보여주신 3만 여의 약속은 조금도 틀림없이 성취될 수 있는 것이다. 그대로 믿는 자에게 하나님의 약속은 그대로 성취된다. 이것은 특권이 우리 신자에게 있으므로, 우리는 성서적으로 신앙하여 만족이요, 행복이다. 진실한 하나님의 말씀을 그대로 신앙하는 자에게만 있는 이 특권을 우리는 널리 전해야 한다. 힘써 전파하자. 신실하신 성언(聖言) 그대로 뭇 영혼에게 전하여, 죽음에 헤매는 저들을 다 이 말씀으로 살리는 신령한 역사에 충성을 다하자.

  오늘날과 같이 이단과 사설이 횡행하는 이때에, 무엇보다도 성서적 신앙을 높이 외침이 필요하다. 먼저 각자의 심령에 이 신앙을 체험하지 않고서는 도저히 천하 사람으로 하여금 성서적 신앙으로 돌아오게 할 수 없다. 우리는 나의 학문과 지식이란 것도 다 내던지고, 나의 경험이나 연구란 것도 다 박차 버리고, 오직 성서에 튼튼히 입각하여 성경대로 신앙하는 신앙의 용감한 사람이 되자. 우리는 1에서 100까지 성서 그대로만 신앙하자. 혹 나의 소견과 이성에 불합(不合)되는 것이 있을지 모르나, 그것을 그대로 받아 믿을 때에 이상하게도 나의 힘이 되고 나의 성(城)이 되고 만족과 평안과 영생이 되니 이 얼마나 감사한 일인가? 우리가 성서대로 신앙하자 함이 결단코 불합리한 것이 아니다. 육안으로 보는 자는 이치밖에 일로 보일지 모르나 영안이 있는 자는 누구든지 성경대로 믿는 일 같이 합리적이요, 이상적인 것은 세상에 없다.

실례를 보라. 아브라함이 하나님의 말씀만을 믿고 자기 고향을 떠나(창 12:1) 알지 못하는 곳을 향하여 출발한 것이 육안으로 볼 때에는 심히 우준(愚蠢)한 것 같다. 그러나 하나님의 말씀만을 신앙하고 나아간 아브라함에게는 큰 축복이었던 것이다. 참으로 하나님의 말씀을 믿는 것처럼 든든한 일은 없다. 허망한 것 같지만 진실된 것은 성서적 신앙이다. 도저히 불가능한 것 같으나 절대 가능한 것은 성서적 신앙의 결과이다. 우리는 꼭 말씀대로 믿자. 여기에 크신 축복이 임할 수 있다. 어떤 사람은 성경 말씀을 자기의 사정과 경우에 의하여 마음대로 가감한다. 이단자들의 첫째 수단은 이것이다. 성언(聖言)을 가감하는 사실이다. 에덴의 평화를 파괴한 마귀도 하나님의 말씀을 의심하게 하여 하와가 성언(聖言)을 가감(加減)한 까닭에 인간의 죄악을 빚어내게 되었다. 누구든지 성경 말씀을 가감하는 자는 저주를 받으리라.(계 22:18-19) 그러면 성서적 신앙은 우리에게 어떠한 공효(功效)를 주는가? 이제 성서적 신앙의 공효에 대하여 고찰(考察)하고자 한다.

제1. 영혼(靈魂)의 구원(벧전 1:5, 9)

성서적 신앙의 공효는 무엇보다도 귀중한 영혼의 구원이다. 믿음으로 성취되는 일이 허다하다. 혹은 병도 낳을 수 있다. 만능인 신앙이기 때문에 기사와 이적도 행할 수 있으며 모든 것을 오직 신앙으로 행할 수 있다. 그러나 신앙의 공효(功效)가 여기에만 그친다면 그다지 감사할 것이 되지 못하겠다. 무엇보다 귀한 공효는 영혼이 구원 얻는 사실이다. "너희가 믿음으로 말미암아… 말세에 나타나기를 예비하신 구원을 얻으리니", "너희 믿음의 공효를 받나니 곧 영혼을 구원함이라."(본문 참조) 오직 받는 자에게 허락하신 구원, 이것은 진실로 하나님의 영광을 보는 사실이다.(요 11:40) 인생은 죄로 신음하고 고통하면서 비록 살았다 하나 실상은 죽은 자로써 아무 감각조차 잊어버리고 있다. 그러므로 독생자 예수 그리스도를 세상에 보내셔서 십자가의 구속을 완성하셨다. 그리하여 누구든지 저를 믿기만 하면 멸망하지 않고 영생할 길을 열어 놓으셨다. 이제는 천하 만민이 자기가 범한 죄 자체로 말미암아 멸망을 당할 자는 하나도 없다. 다만 속죄의 주를 믿지 않기 때문에 멸망을 자취하는 것뿐이다. 이미 속죄의 성업(聖業)은 십자가상에서 완성하신 것이다. 오직 우러러 보고 자기 죄를 대신하여 죽으신 예수를 믿을 때에 예수의 생명이 십자가를 통하여 믿는 죄인에게 임해서 완전히 구원 얻게 되는 것이다.

인생의 구원은 결단코 인력(人力)에 있지 않다. 자기 힘으로 난행고행(難行苦行 *아주 심하게 고생함)하므로 구원을 얻을 수 없다. 극기수양(克己修養)하므로 구원을 얻을 수 없다. 도덕적 생애를 하므로 구원을 얻을 수 없다. 율법을 지킴으로 또 자기가 의를 행함으로도 도저히 구원을 얻을 수 없다. 학문을 연찬(研讚)함으로, 또는 신학을 연구함으로도 구원을 얻지 못한다. 니고데모는 훌륭한 학자요, 이스라엘의 선생이요, 율법으로 보든지 도덕으로 보든지 범인(凡人 *평범한 사람)보다 뛰어난 인물이로되 예수께서 중생(重生)의 도리를 말씀하실 때 그는 구원에 대하여 문외한(門外漢)이었다. 아무리 고상한 학자적 풍채가 있을지라도 도덕가로서 당당한 명망이 있을지라도 섬부(贍富 *흡족하게 풍부함)한 학식이 있을지라도 그것이 죄인의 영혼을 구원할 수 없다. "천하 인간의 다른 이름을 받아 가지고 우리가 구원을 얻지 못하리니"(행 4:12) 아무리 자기의 수단과 방법과 포부로써 수고하고 힘쓸지라도 구원을 얻을 수가 없다. 그러면 어떻게 하여야 죄인의 영혼이 구원을 얻을 수 있을까? 오직 죄인이 구원을 얻는 길은 하나밖에 없다. 죄를 회개하고 예수를 믿는 것 외에 다른 길이 없다. 하나님께서 열어 놓으신 이 구속의 길을 찾는 것밖에 없다. 신앙으로만 죄에서 구원을 얻는 것이다.

간수가 부르짖기를 "선생들아 내가 어떻게 하여야 구원을 얻으리까" 하였다. 바울은 저에게 도덕을 닦아라. 수양을 하여라. 난행하여라. 고행하여라고 가르쳤는가. 아니다. 다만 "주 예수를 믿으라 그리하면 너와 네 집이 구원을 얻으리라"고 하였다. 간수는 그 말씀을 의지하여 전 가족이 다 믿고 영혼들이 구원을 얻었다. (행 16:27-34) 오직 예수를 믿는 자는 죽어도 살고 살아서 믿는 자는 영원히 죽지 않는 법이다. 아! 얼마나 놀라운 구원인가! 예수께서는 우리의 생명이시며 부활이시니 저를 믿는 자에게 영생이 있는 것이다. 나를 죽이고 예수께서 내 마음에 살게 하시는 것이 곧 신앙의 일이니 여기에 진정한 구원이 있다.

세리장 삭개오가 구원을 얻은 경로를 생각하라. 그는 예수를 대할 때에 무엇보다도 먼저 발견한 것은 자기의 불의(不義)였다. 남의 물건을 착취한 죄악이었다. 그는 철저한 회개의 열매를 맺었다. 재산의 반을 가난한 자에게 주고 토색(討索)한 것은 4배나 갚기로 하였다. 그리고 예수를 믿은 것이다. 그때 그는 죄인의 자식, 마귀의 자식으로 단번에 영예(榮譽)로운 아브라함의 자손, 하나님의 아들이 된 것이다. 우리가 예수를 믿는 신앙은 이같이 큰 역사를 일으키는 것이다. 다만 믿자. 성서적으로만 믿자. 성경에 약속하신 그대로 믿자. 예수의 보혈 흘리심이 우리의 죄를 속(贖)하신 줄로 믿자. 여러 가지로 논리(論理)할 필요없이 다만 단순히 신앙하자. 연구할 것이 없이 그대로 믿자. 우리 인간의 죄를 대신하여 돌아가신 예수를 그대로 쳐다보고 믿자. 반드시 구원을 얻는다. 죄악을 철저히 회개하고 주 예수를 믿는 순간에 퍼뜩 사망에서 생명으로 들어가게 되는 것이다. 우리의 경험이 그렇게 증명한다. 다만 죄에서 떠나 예수를 믿을 때 순간적으로 구원을 얻는 것이다. 구원받은 자는 분명히 이와 같은 증거의 사실이 명백한 것이다. 구원은 실로 받은 자만이 알 수 있는 하늘의 선물이다. 인간에게 주신 가장 귀한 선물인 것이다. 이 구원이 있는 자에게 하나님의 의(義)가 거하고 거룩함이 나타나게 되고, 그의 언행 일거일동(一擧一動 *하나하나 동작이나 움직임)에 그리스도의 영광이 나타나게 되는 것이다.

옛날 이스라엘 자손이 싯딤에서 여호와의 법궤(法櫃)를 메고 요단강을 이적적(異蹟的)으로 건너간 후, 강 중에서 취한 12개 돌을 세워 기념비를 삼았고 또 길갈에 12개 기념석을 세웠다. (수 4:1-9, 19:24) 이와 같이 우리의 영혼이 죄중에서 구원을 얻은 것도 기념비(紀念碑)

를 세울 만한 명백한 증거가 있다. 내적으로나 외적으로나 분명히 기념의 살아있는 사실이 존재한 것이다. 신앙을 갖기 이전 생애에는 시기함이 있었고 증오가 있었으며 정욕과 교만 모든 불의와 악독이 충만했지만, 죄악의 요단을 한 번 건넌 후에는 사람을 대하여 동정심이 일어나고 사랑하는 마음과 평안과 겸손과 성결한 생애가 있게 되는 것이다. 이것은 오직 예수를 믿음으로만 얻을 수 있는 구원의 결실을 증거함이다. 오직 믿자. 그래서 영혼의 구원(救援)을 믿자. 영혼의 구원이 성서적 신앙의 위대한 공효인 것이다.

제2. 하나님의 보호(벧전 1:5)

신앙은 위대하다. 땅에 속한 악한 인간이 하늘에 계신 하나님의 능력으로 보호하심을 입게 되는데, 일생 생활에 최대 안전책은 오직 신앙이 있을 뿐이다. 아무리 군비(軍備)를 확장할지라도 안전한 보호를 얻을 수 없으며, 아무리 완력(腕功)이 강할지라도 그 완력이 완전한 보호가 되지 못한다. 지혜가 자기를 보호하지 못하고, 권력과 금전의 위력이 사람을 보호하지 못한다. 하나님의 보호가 아니면 우리 약한 인생은 이 세상에서 살 수 없다. 나를 보호하시는 하나님의 은혜는 참으로 감사하다. 세상은 점점 악독해지지 않는가, 동정도 없고 애정도 없어 나날이 살육을 일삼는 흉악한 세상이다. 악마의 세력이 팽창(膨脹)하여 우는 사자와 같이 삼킬 자를 두루 찾고 있다. 택한 자라도 할 수만 있으며 유혹하여 자기 밥으로 삼으려고 한다. 위험한 세상이다. 지긋지긋한 세상이다. 인력(人力)으로는 도저히 안심하고 살 수 없는 세상이다. 전쟁 당시와 같은 불안의 세상이다. 사방에서 함성들이 들리고 돌격이 일어나는 송구(悚懼 *두렵고 거북스러운)한 세상이다.

이와 같은 세상에서 처하여, 무엇으로써 능히 서서 모든 악마의 궤계를 대적하고, 전쟁터의 제일선에 선 것과 같은 불안과 공포에서 완전히 탈출할 수 있겠는가? 전술한 바와 같이 결코 인간의 힘으로는 불가하나 오직 "믿음으로 말미암아 하나님의 보호하심을 입어"(본문) 반석과 같은 태연자약(泰然自若 *마음에 어떠한 충격을 받아도 변함없이 천연스러움)한 튼튼한 생활을 할 수 있는 것이다. 하나님의 보호만을 얻을 때는 천병만마(千兵萬馬 *천명의 병사와 만 마리의 말로 매우 많은 군사와 말을 의미함)가 닥쳐올지라도 조금도 두려움이 없다. 하나님의 보호가 있을 때 세상의 환난이나 핍박이나 곤고가 하등의 상관이 없다. 능히 모든 것을 이기고 돌진할 수 있다.

세상을 이길 자가 누구인가? 오직 예수 그리스도를 하나님의 아들로 믿는 자이다. 신앙은 하나님의 보호하시는 능력을 가져오는 일이다. 그리하여 세상을 이길 수 있다. 누구든지 위로부터 임하는 하나님의 능력을 힘입지 않고는 도저히 죄를 이길 수 없으며, 마귀를 이길 수 없고, 세상을 이길 수 없다. 역발산 기개세(力城山 氣蓋世 *힘은 산을 뽑을 만하고, 기개는 세상을 덮을 만하다)하던 항우(項羽) 역시 실패하였다. 제왕(帝王)의 권세로도 죄를 이기지 못하고 세상을 이기지 못하되, 오직 신앙으로 말미암아 하나님의 보호하심을 입게 될 때, 굳센 하늘의 능력으로써 모든 것을 이기고도 남는 힘이 있게 된다.

다니엘을 사자 굴속에서 구원하였고, 그의 세 친구를 풀무 불에서 보호하심을 보라. 하나님의 보호는 이와 같이 막다른 곳에서 죽음에 처하여 있을 때에도 능히 구원하신다.

우리는 백절불굴(百折不屈 *수없이 많이 꺾여도 굴하지 않고 이겨 나감)하는 정신으로 신앙의 길을 돌진하여야 한다. 여기에 마귀는 물러가고 하나님의 보호하심이 임하게 된다. 잉어는 폭포라도 역상(逆上 *아래에서 위로 치밀어 오르는)하는 힘을 가졌다. 우리도 마땅히 폭포 같은 죄악의 조류를 역상하는 기개와 용력이 있어야 하겠다. 우리가 가진 힘이 없어도 좋다. 무력이 없을지라도, 학력이 없을지라도, 비록 신학의 소양이 없다 할지라도, 신앙만 있으면 어떠한 위험한 지경에서든지 하나님의 보호를 받아 마귀로 더불어 선전(善戰)할 수 있다. 승리는 반드시 믿음으로 행하는 자에게만 온다. 이스라엘 자손이 여리고성을 무너뜨린 것도 순전한 신앙의 역사이다.

우리 앞에 어떠한 어려운 일이 있을지라도 오직 하나님만 믿고 용감히 전진하면 반드시 적은 물러나고 하나님의 보호는 임하게 된다. 겁내지 말라! 오직 믿고 나아가라! 세상의 모든 영웅도 넘어지고 제왕도 실패하였으되, 오직 신앙자만은 하나도 실패한 자가 없다. 이것은 성서적 신앙의 공효(功效)다. 하나님의 말씀을 믿는 자에게는 언제나 승리가 있을 뿐이다. 곤고한 가운데에서도 승리요, 핍박 가운데에서도 승리이다. 환란 가운데서도 오직 승리가 있을 뿐이다. 주위 환경이 어떠한 처지에 있었든지 오직 신앙으로 말미암아 승리함을 얻고도 더욱 남음이 있는 법이다. (롬 8:37) 성서적 신앙에 굳게 선 자는 진실로 행복하다. 나는 비록 약할지라도 하나님의 능력으로 한없이 강하여지고, 나는 비록 비겁할지라도 하나님의 능력으로 한없이 담대할 수 있으니, 이는 우리 믿는 자에게 주시는 하나님의 크신 보호이며 은혜이다. 눈동자와 같이 보호하시는 하나님 앞에 감사하고 찬미하면서 공고(鞏調)한 신앙을 가지고 용왕매진(勇往邁進 *거리낌없이 용감하게 앞으로 나감)하자.

제3. 영화(榮華)로운 소망(벧전 1:7)

성서적 신앙이 우리에게 주는 공효(功效, 공을 들인 효과)는 실로 위대하다. 인생은 소망에서 살고 소망에서 죽나니 기독 신자는 더욱 그러하다. 세상 사람의 소망은 다 육(肉)에 속한 것 뿐이다. 죽은 소망이다. 그러나 신자에게 있는 소망은 예수 그리스도께서 재림하실 때에 칭찬과 영광과 존귀함을 얻는 것으로 이것은 산 소망이다. 이 소망이 신자 앞에 확연(確然)히 있지만, 이것을 얻는 데는 필요한 조건이 있다.

본문 7절 상반절을 보면 "너희의 연단한 믿음으로 하여금 불로 연단하여도 없어질 금보다 더욱 보배로워!" 하였으니 무엇보다도 영화로운 소망을 획득(獲得)함에는 연단한 신앙이 제일 필요하다. 여러 가지 어려움을 지난 후의 신앙은 진가(眞價 *참된 값어치)가 나타난 신앙이다. 시련이 없는 신앙은 견고하지 못하다. 핍박과 환난을 겪지 않은 신앙은 동요(動搖)가 많아 무수한 고난을 당하지 않은 신앙은 넘어지기 쉬운 것이다. 연단을 쌓은 신앙이야말로 불로 연단한 금보다도 보배로운 것이다. 불에 들어갔다가 나온 신앙은 어떠한 시련을 당할지라도 태연자약하여 조금도 흔들리지 않는다. 시련을 당하면 당할수록 더욱 공고하게 된다. 평온하고 무사할 때에야 누가 믿지 못하겠는가? 하루 아침 일이 있을 때에 주를 버리게 되는 신앙이야 누구나 있지만, 사망이 닥쳐올지라도 순교의 정신을 가지고 오직 앞만 향하여 진출하는 신앙은 실로 용이(容易 *어렵지 않고 편리함)한 것이 아니다. 확호불발(確乎不拔 *아주 든든하고 굳세어 흔들림이 없음, 확고부동)의 신앙은 오직 연단을 경과한 곳에만 존재하는 것이다.

그러면 이와 같은 신앙은 어디로 좇아 올 것인가? 이것은 성서에 토대한 신앙에서 생기는 것이다. 성서적 신앙은 연단을 받으므로 산 소망을 가져온다. 성서에 근거하지 않은 신앙은 조그만 시련을 당할 때 곧 무너지고 만다. 끝까지 용감하게 나아갈 만한 능력이 없다. 인내가 없다. 그러므로 풍성히 예비하여 놓으신 영화로운 소망을 얻지 못한다. 소망이 없는 죄인 중에서 애곡절치(哀哭切齒 *울며 이를 갊)할 것밖에 다른 도리가 없다.

그러면 영화로운 소망이란 어떠한 것인가? 본문에 표시된 대로 예수 그리스도의 나타나실 때에 칭찬과 영광과 존귀함을 얻는 것이다. 물론 현세에서도 영(靈)의 평안과 희열과 만족에 넘쳐서 실생활에 행복이 많고도 큰 것이 사실이나, 장래 소망에 비한다면 족히 거론(擧論)할만한 가치도 없다. 소망이란 장래(將來)를 의미한다. 지금 받은 은혜 중에서 만족을 느끼는 것이 소망이 아니라 앞으로 올 것을 믿고 바라는 것이 소망이다. 그러므로 "믿음은 바라는 것들의 실상이니"(히 11:1) 소망은 신앙의 산물이다. 가까운 장래에 예수께서 재림하셔서 성서대로 믿는 신자에게 칭찬과 영화와 존귀함을 주신다. 이 소망이야말로 진실로 영화로운 것이다. 애통함이 없고 눈물이 없고 질병과 저주가 없으며, 해와 달이 없을지라도 광명하여 흑암이 없는 세계이니 영원한 천국에서 영생할 소망은 오직 우리에게 특별히 허락하신 사실이다. 이 소망을 가지고 사는 자에게 어찌 불평이 있으며, 불만이 있으랴. 영화로운 소망에서 사는 자는 더할 수 없이 가장 좋은 행복을 형유(享有)한 자이다.

결론

앞에서 말한 바와 같이 성서적 신앙의 공효(功效)는 실로 위대하다. 우리에게 어떠한 신앙이 있는가? 도덕적 신앙은 전환하여야 하겠다. 또는 미신적 신앙을 가졌는가? 곧 버려라. 속히 이것에서 떠나서 성서적 신앙으로 돌아오라. 혹은 이지적 신앙으로써 성서를 비판하는가? 성서적 신앙으로 돌아오라.

첫째로 온 천하보다도 귀한 영혼의 구원은 오직 성서적 신앙이 가져오니 우리는 성서 그대로 믿자.

둘째로 하나님의 보호를 받는다. 어떠한 어려운 중에 빠질지라도 조금도 해를 받지 않고 믿음으로 말미암아 하나님의 보호를 받는 것이다. 이것이 성서적 신앙의 위대한 공효이다.

셋째로 영화로운 소망을 얻을 수 있다. 이것은 무엇보다도 가장 귀한 성서적 신앙의 공효이다. 오직 성경 말씀대로 믿음으로 말미암아 영혼의 구원을 얻고 하나님의 보호하심과 영화로운 소망을 얻자.

- 1934년 6월 26일, 종로 기독교 청년회관 성서신앙대회에서 행한 강연
(*『活泉』 12권 8,9호[1934.9], 25-34.)

VII. 1935년

1. 안식일(安息日)과 주일(主日)

이 문제는 많은 사부들의 상술한 바가 많으므로 내가 별로 말하고 싶지 않았다. 그런데 뜻밖에 어느날 안식교회 친구가 나에게 주일 즉 일요일을 지켜 구원을 얻을 줄 아느냐?고 하는 질문이 있게 되었으므로 그 문답 1절이 독자 제현의 신앙생활에 일조(一助)가 될까 하여 약진(略陳)한다.

대개 우리의 구원의 순서를 말하면 하나님은 만국 사람의 하나님이나 성경에 의하면 특별히 아브라함, 이삭, 야곱 즉 이스라엘의 하나님이라 하였다. 이 이스라엘의 하나님께서 이스라엘을 구원하고

자 하심에 먼저 율법적 구약을 주어 수행하여 살게 하였으나 그들이 지켜 행하지 아니하므로 구원하지 못하시고 재차 예수를 보내셔서 믿음으로 구원을 얻게 하셨으나 또 그들이 믿지 아니하므로 마침내 구원하지 못하시고 저주하여 만국에 이산(離散 *헤어져 흩어짐)하게 하였으니 곧 참감람나무를 찍으셨다.

로마서 11장 17절을 보면, 그 찍힌 참감람나무 가지에 돌감람나무인 우리 이방인을 대접(代接)하셨으니 이것이 구원의 순서이다. 그런즉 율법으로 구원하시려다가 또 능치 못하셔서 저 이스라엘을 찍어 버리시고 우리 이방인을 대신 접(接)하셨으니 저 유대인을 구원하려는 율법이 오늘날 이방인인 우리에게 관계가 있겠는가?

이방인을 구원하기 위하여 오늘날 우리에게 주신 예수까지라도 오늘날 저 유대인에게는 별로 더 관계가 없다가(전부 관계가 없다는 것이 아님) 일후(日後 *뒷날) 주께서 지상 재림하실 때에 비로소 믿어 구원을 얻겠고, 또 비록 같은 주님을 믿으나 저 유대인들에게는 오늘날 우리 이방인들의 예배하는 일요일(日曜日)은 온전히 관계가 없어 구약의 예언과 같이 그들이 회개하고 구원 얻는 날에는 다시 안식일을 지킬 것이다. (시 66:23) 그러므로 저 유대인들이 회개하는 날은 곧 찍혔던 참감람나무가 접붙임을 얻는 날이다. 구원의 시대를 구별하면 약도(略圖)와 같으니,

유대인 시대: 십계(十誡) --- 예수(안식일 시대, 제1시대) ⇒
이방인 시대: 작벌(斫伐 *나무를 찍어서 벰) --- 이방인, 대접

(代接), 공중 휴거(은혜 시대, 제2시대) ⇒ 다시 유대인 시대:
천년 시대(다시 안식일 시대, 제3시대)

말이 너무 장황할까 하여 이제 그 문답한 사실을 그대로 나열하여 쓰고자 한다.

문(問): 성경에 예배하는 일자에 대하여 작정이 없는가?

답(答): 작정한 날짜가 2일이 있으니 1일은 안식일이요, 2일은 7일 중 앞의 일 즉 일요일이다. (고전 16:2, 행 20:7)

문(問): 좌우간 이 일요일은 콘스탄틴이 일자를 변개하여 크게 그릇되게 한 것이 아닌가?

답(答): 기원후 100년경에 이레니우스와 알렉산드리아와 클리멘트와 기원후 200년경 사람들의 저서와 서한들을 상고한즉 분명히 일요일에 회집하여 떡을 떼며 죽으시고 다시 사신 주님을 기념 예배한 사실이 얼마든지 있는데 저 콘스탄틴 황제는 기원후 300여 년경 사람으로 상고할 필요가 없는 어리석은 주장이다.

문(問): 하여간 안식일은 특별히 석비(石碑 *돌비)에 새긴 십계명 중에 하나이므로 반드시 지켜야 한다.

답(答): 그런데 성경에는 고린도후서 3장 7절부터 11절까지 보면 돌에 새긴 폐할 법이라고 하였고, 히브리서 7장 18절에는 이전 계명이 연약하고 무익하므로 폐하였으니 율법은 아무 것도 온전하게 못한다고 하였다.

문(問): 그런즉 십계명까지 폐하였는가?

답(答): 혹이 대경실색하며 이것은 천만망설이라고 한다. 그러나 나는 나의 말이 망설이 아니며 사실인 것을 들어 보라. 로마서 7장 1절부터 2절을 보면 잘 알 것이다. 범법한 죄인(즉, 우리)들이 율법에 대하여 죽었은즉 부부 간에 어떠한 사람이 죽으면 그 부부의 관계는 그 한 사람이 죽는 그때로 파폐(破廢)되어 의 구(依舊 *옛날 그대로 변함이 없음)이 행하지 못할 것은 정리(定理)이다. 그와 같이 가혹한 남편, 즉 율법의 아내 된 우리들이 십자가로 말미암아 죽었은즉 남편되는 율법이 다시 우리와 관계가 없이 이혼 즉 절연탈액(絶緣脫軛 *인연을 끊고 멍에에서 벗어남)하고 은혜가 많고 사랑이 많으신 예수라는 남편에게 개가(改嫁 *다시 시집감)하였다. 대개 아내가 살아있는 남편에게 이혼하고 다른 남편에게 개가하는 것은 음부(淫婦)요 죄인이지만은 그 남편이 그대로 생존 한다고 할지라도 그 처가 죽은 후에 재취(再娶 *아내가 죽은 뒤 두 번째 장가 감)하는 것이야 그 남편이 사후에 개가함과 똑같으니 죄가 되지 아니한다. 지금은 이방인 시대이다. 유대인의 안식일을 지킬 이유가 전혀 없으나 이제까지 앞에서 말한 것과 같이 재림 후에는 유대인 시대이다. 다시 율법 시대로 복귀하리니 그때에는 그 처가 되는 유대인들은 전에 이혼하였던 남편 예수와 재혼하고, 구약으로 가정이나 국가의 법을 삼아 친애하는 부부의 생활을 다시 계속 하게 된다.

문(問): 이상하다. 당신들이 다른 계명은 다 범하지 않으면서 유독 4계명만 범하여도 상관없다니 안식일 제4계명만 폐하였는가?

답(答): 진술한 바와 같이 십계명이 다 이지만 유독 제4계명을 폐한 증명을 보라. 신약 전서 중에는 9계를 범하지 말라고 한 성구가 있으나 유독 제4계명 안식일을 범하지 말라는 구절이 전혀 없을 뿐만 아니라 의의(意義)도 없다. 우선 로마서 13장 8-9절에 제6계명부터 십계명까지 범하지 말라고 한 것이 있으나 다른 성구를 더 인용할 것이 없고 제1계명은 고린도전서 10장 20-21절과 마태복음 4장 10절에 특별히 범하지 말라 하였다. 제2계명은 고린도전서 10장 7-14절에 범하지 말라 하였고, 제3계명은 야고보서 5장 12절에 범하지 말라고 하였다. 제4계명을 범하지 말라는 성구가 전혀 없고 제5계명은 에베소서 6장 1-3절을 보면 범하지 말라는 성구가 역력(歷歷)히 증명하고 있으나 유독 제4계명만은 범하지 말라는 의의까지 없으니 이로써 보건대 안식일은 우리 이방인 은혜 시대에는 상관이 없는 증거가 분명할 뿐 아니라 폐한 성구에 즉 설명은 골로새서 2장 14절이다. 의의로는 마태복음 12장 5절, 요한복음 5장 16-7절이다.

문(問): 이상(以上)의 폐하였다는 것은 예수의 그림자로 있던 법만 폐한 것이 아닌가?

답(答): 진실로 그렇다. 안식일은 예수에게 속한 안식일이다. 그러므로 주께서 친히 말씀하기를 인자는 안식일의 주인이라고 안식일이 당신의 모형(模型)됨을 강의적(講義的)으로 설명하셨고, 또 옛날 법궤(즉 십계명을 넣어둔)는 누구의 모형인가? 시사(試思)하여 보라.

이제 변론은 그만하고 구원 얻는 실제 문제에 들어가서 잠깐 말하려고 한다. 대개 안식(安息)이라는 자의(字意)는 죄인이 불안한 가운데서 사죄함을 받아 평안함을 얻는 것을 의미함이다. 당신의 심령에 안식이 있으며 또한 안식이 있다면 계명을 지킴으로 얻을 수 있는가? 예수를 구주(救主)로 믿음으로 얻는가? 나의 경험으로는 만사무석(萬死無惜 *한번 죽어도 아까울 것이 없음)한 죄와 허물을 다 통회자복하고 예수의 죽으심은 곧 나의 죽을 죄 대신하여 죽으심을 믿음으로 죄 사함을 받아 불평, 불안심에서 확실히 구원함을 얻어 벌써 안식에 들어갔다. 이것은 아무리 간괴(奸怪)한 마귀라도, 아니 영광있는 천사라도, 하나님이라도 나의 구원 얻은 사실만은 부인할 수 없고 나의 이 사실만은 흔들어 의심이 나게 하지 못할 줄을 믿는다.

하여간 안식일을 지켜야 되는가? 주일(主日)에 부활(復活)을 기념하여 예배하는 것이 맞는가? 하는 것이 다 귀착점(歸着點)은 정말 구원 얻어 안식에 들어가는 데 있는 것이다. 당신의 심중에 죄 사함을 받아 안식이 있는지 없는지가 나의 알고자 하는 제일 큰 문제인데 어떠한가? 아직도 안식을 얻지 못한 표징으로 주야에 안식, 안식하는 자 만일에 참 안식에 들어간 경험이 없으면 늦었지만은 지금이라도 히브리서 4장에 분명히 말하기를 안식(安息)이 신자에게 남아있다 하였다. 그러니 율법의 기반(羈絆 *굴레 줄)에서 탈출하여 모든 죄를 통회자복하고 예수를 믿으면 구원을 얻어 심령의 안식지(安息地)인 하나님 앞에 까지 장담하고 당당히 들어가니(엡 3:12) 지체말고 속히 강하고 용기내어 저 가나안 복지에 들어가 영원 행복 누리기를 바라고 또 이후로는 예수의 인침을 받은 이에게 다시 괴롭게 하지 말기

를 재삼(再三) 부탁한다. (갈 6:17)

*「活泉」제13권 4호(1935.5.), 16-19.

2. 기도(祈禱)의 궤도(軌道)

그리스도인의 기도는 신실하신 하나님 아버지께 그 약속에 의해 보호하여 주심과 은혜를 베풀어주심을 감사하며 기도하는 것이다. 성경에 "구하라 또한 주실 것이요 찾아라 또한 만날 것이요 문을 두드리라 또한 열어 주실 것이니 구하는 자마다 얻을 것이오 문을 두드리라 또한 열어 주실 것이니 구하는 자마다 얻을 것이요 찾는 자가 만날 것이요 두드리는 자에게 열어주시리라. 너희가 가운데에 자식이 떡을 달라는데 돌을 주며 생선을 달라는데 뱀을 줄 사람이 누가 있겠느냐? 너희가 악할지라도 좋은 것으로 자식에게 줄줄 알거든 하물며 하늘에 계신 너희들의 아버지가 구하는 자에게 더욱 좋은 것으로 주시지 않겠느냐?" 하였다.

그러나 오늘날 우리 구(求)하는 자마다 얻지 못하고 찾는 자마다 만나지 못하고 두드리는 자에게 열어 주시지 않으니 하나님이 신실하지 않으신가? 주무시는가? 외출하셨는가? 귀가 어두우셨는가? 아니다. 아니다. 결단코 아니다. 마치 기차는 궤도(軌道)를 통해서만 통행하듯이, 하나님께 상달하는 기도는 반드시 그 법도(法道)대로 하지 않으면 안 된다. 이제 그 법도를 말하자면 다음과 같다.

1. 죄를 고백(告白)하지 않으면 안 된다. (요일 1:9)

우리가 기도할 때 여호와의 응답이 없는 것은 하늘이 높아 듣지 못하는 것이 아니고, 귀가 어두워 듣지 못하시는 것도 아니며, 팔이 짧아서 능히 구원치 못하는 것이 아니다. 오직 너희의 허물이 너희와 너희 하나님 사이를 막아서며 너희 죄가 하나님의 얼굴을 가리워 너희의 말을 듣지 아니하게 하는 것이다. 과연 그렇다. 옛날 여호수아가 아이성(城)에서 아모리 사람의 손에 참패를 당하고 옷을 찢고 이스라엘 장로들과 같이 여호와의 법궤 앞에 해가 지도록 땅에 엎드려 머리에 티끌을 무릅쓰고 간절히 부르짖었다. 왜 우리를 저 대적에게 패망하게 하느냐고 온갖 애원을 하였지만, 여호와께서 못들은 척 하시고 능히 구원하실 수 없는 것같이 하실 뿐 아니라. 여호수아에게 이르시길 "일어나라 왜 이렇게 땅에 엎드렸느냐" 하셨다. 이스라엘이 범죄하여 나의 명한 언약을 지키지 않고 마땅히 멸할 물건을 취하기도 하고, 도둑질하기도 하고, 속이기도 하고 자기 그릇 안에 감추었으니 축복하실 수 없으셨다. 또한 바리새인들이 성전에서 자기 위선과 과부의 돈을 탈취하는 죄와 건과(愆過 *허물)를 자복하지 않고 스스로 의로운 줄 알고 기도했으나 아무런 대답이 없고 스스로 시끄럽게 떠드는 데 불과하였다.

그러나 세리(稅吏) 같은 죄인이라도 감히 눈을 들어 하늘을 보지 못하고 다만 가슴을 치며 부르짖기를 '하나님이여 이 죄인을 긍휼히 여기소서 나는 죄인'이라고 솔직히 자복할 때 의롭다함을 얻었고, 다윗이 자기중심의 악(惡)한 것을 고백할 때, 주님은 자기의 죄를 숨기는 자는 형통하지 못하나, 무릇 죄를 자복하는 자는 불쌍히 여김을 받는다고 하였다. 옛날과 지금을 막론하고 하나님의 율례(律例)와 법도대로 죄를 자복하고 기도하면 주님은 반드시 응답하시고 은혜를 베푸신다.

2. 타인(他人)과 무슨 혐의(嫌疑)된 것은 화해(和解)해야 한다.

성경에 이르기를 사람이 예물을 제단에 드리려 할 때 너희 형제가 너를 인해 원망하는 것이 생각나거든 예물을 제단 앞에 두고 먼저 형제와 화목하고 와서 예물을 드리라고 하셨다. 또한 서서 기도할 때 사람에 대하여 혐의(嫌疑 *꺼리고 싫어함)가 있거든 풀어주어라 그리하여야 하늘에 계신 너희 아버지도 또한 너희들의 죄를 놓아 주시리라 하였은즉 우리가 기도할 때 먼저 확인할 것은 내가 누구를 원망하는 일이 없는가? 또 다른 사람이 나를 원망할 일이 없는가?를 생각하여 다른 사람이 내게 잘못한 것은 다음에 다시 기억할 여지없이 근본적으로 용서해주고 기도해야 주기도문(主祈禱文)에 가르치신 대로 "우리가 우리에게 죄지은 자를 사하여 준 것같이 내 죄를 사하여 주옵소서" 할 것이다. 만일 어떤 혐의가 있는데 그대로 기도한다면, 주기도문은 한낮 경문(經文 *기도할 때 외우는 글)에 불과하고 기도는 혼자 중얼거리는 소리가 되고 말 것이다.

그런즉 아무 거리낌 없이 기도하여야 하나님 보좌에 상달(上達)한다. 시사(試思)하건대, 전구(電球)에 사소한 고장이라도 없어야 전구 빛이 잘 통함과 같다.

3. 약속(約束)을 믿음으로 기도할 것

우리가 "무엇을 구하든지 간구하는 것을 이미 받은 줄로 믿으라.

그리하면 받으리라"고 하셨다. 그런즉 참 신앙은 우리의 기도의 열쇠와 같다. 어떤 부자의 청지기가 창고 열쇠를 맡아 가지고 낡은 곡식과 새 곡식을 제 마음대로 그 창고 안에 있는 것을 다 끄집어내는 것같이, 우리 신자가 기도할 때 독실한 신앙으로 부르짖어 천국 곳간에 있는 각양의 은혜를 마음대로 그 전부를 소유할 수 있다. 할렐루야! 예를 들어, 주께서 여리고로 지나가실 때 도로에 앉아 구걸하는 한 소경이 무리에게 나사렛 예수가 지나가신다는 말을 듣고 문득 반가움을 이기지 못하는 동시에 이사야 42장 7절에 아브라함과 및 다윗의 자손으로 강림하신 예수는 소경의 눈을 밝게 하신다는 예언(豫言) 즉 약속을 기억하고 믿음으로 '다윗의 자손 예수여 나를 불쌍히 여기소서' 하고 큰소리로 힘주어 부르짖은 것이 예수의 발걸음을 멈추시게 하고 곧 어둡던 눈이 밝아지는 은혜를 받아 영광을 하나님께 돌린 일이 하나의 예(例)이다. 또 오순절에 사도들이 성령의 충만함을 받은 것도 주께서 제자들에게 너희들이 며칠이 못되어 성령으로 세례를 받으리라는 언약이 있어서 제자들은 그 약속을 믿고 기도하여 믿음으로 허락하신 성령을 받았다. 지금 우리들도 주께서 말세(末世)에 만인에게 나의 성령을 부어주시겠다는 약속이 있으매 믿음으로 간절히 부르짖어 순간에 받은 은혜이다. 견고한 결심이나, 사십일 기도나 백일 기도하며 많은 시간 노력하여 고행을 함으로 은혜를 받은 것인가 하여 오해하고 헛되이 애쓰다가 마침내 하나님의 신실하신 약속을 허황(虛荒 *황당하여 미덥지 못함)하다고 하여 무섭게 타락하는 자가 적지 않으니 크게 주의(注意)할 일이다. 이렇게 말한다고 내가 긴 시간(長時日) 기도하는 것을 반대한다고 생각하실 분이 있을는지 알 수 없으나 결단코 긴 시간 기도하는 것을 반대하는 말은 아니다. 은혜를 받기 위해선 긴 시간뿐 아니라 일평생을 기도로 일관하는 것이어야 한다. 그러므로 바울 사도는 '항상 기뻐하라. 쉬지 말고 기도하라'고 하였다. 그러나 무슨 결심이나 장기간의 노력이 기도 응답의 조건은 되지 못한다는 말이다. 믿음의 열쇠로 약속의 자물쇠를 여는 것은 순간적(瞬間的)이라는 의미다. 옛날부터 지금까지 믿음으로 기도하여 은혜받지 못한 사람이 하나도 없다.

4. 끝까지 인내(忍耐)로 기도할 것

하나님께서 우리의 기도 응답에 대해 때론 속히 응답하실 때도 있고 어떤 때는 더디 응답하실 때도 있는 것을 알아야 한다. 주께서 여리고로 지나가실 때 한 소경의 간구를 들으시고 즉시로 곧 보라 해서 보게 하신 사실이 누가복음 18장 42절에 있다. 또한 불쌍한 과부가 불의한 법관에게 자주자주 가서 괴롭히며 달라고 하매 괴롭힘을 견디지 못해 마침내 신원(伸冤 *원통한 일을 풂)하여 주었거든, 하물며 하나님께서 그 택하신 자들이 밤낮으로 기도하는데 오래 참으시나 종래에는 응답하지 않으시겠는가 하였다. 누가복음 18장 5, 6절 즉 응답이 곧 임하지 않는다고 해서 중도에 그치거나 낙심할 것이 아니요, 야곱과 같이 씨름에 지더라도 천사의 옷깃을 붙들고 대퇴골이 상하더라도 축복하지 않으시면 놓지 않겠다는 마음으로 부르짖어야 하겠다.

그리고 가나안 여인이 간구할 때 주께서 모르시는 체 하시고 또 제자들이 수차례 질책하며 내쫓되 감정을 내거나 낙심하지 않고 끝까지 부르짖음에 주께서 칭찬하시고 그의 요구를 들으셨다. 이처럼 우리가 기도할 때 철야하게 되면 철야하고, 대퇴골이 상하게 되면 상하고, 마귀가 방해해도 주께서 모르는 체 하시더라도 끝까지 상심하지 말고, 낙심하지 않고 기도하면 혹 오래 참으시나 반드시 축복하여 은혜를 베푸신다.

(*「活泉」 제13권 8, 9호[1935.9.], 10-13.)

3. 하나님의 요구(要求)
(성경 본문: 미가 6:8, 3:9-12)

하나님께서 선민 이스라엘 백성에게 요구하심이 있었으니 이는 양이나 소나 기름을 요구하심이 아니고 오직 의와 긍휼과 겸손함을 요구하신 것이다. 지금 낭독한 본문에 보면 이스라엘이 여지없이 타락한 것을 알 수 있으니 3장 9절-11절 말씀을 보면 명확히 알 수 있다. 모든 백성의 결혼은 자기를 위하고, 재판장은 뇌물을 받기에 몰두하였다. 제사장들은 점이나 치며 하는 말은 "하나님이 우리 가운데 계시니 우리에게는 재앙을 내리지 않으시리라"(미 3:11 이하)라고 했으니 과연 저희의 타락의 상태는 실로 처참한 중에 빠졌다. 자신들의 말로 죄를 지으며 하나님의 진노를 일으키니 이제 하시는 말씀은 "내가 너희에게 원하는 바는 제사나 기름보다도 의와 긍휼과 겸손이라" 하였으니 오늘날도 주께서 원하시는 바는 이것이다.

죄악의 출애굽에서 저희를 구원하사 양육하시되 그 공을 알지 못함과 같이 오늘 교회도 외생내사(外生內死, *밖으론 살았으되 안은 죽었음. 계 3:1 이하)의 탄식을 하지 않을 수 없다. 금전에 팔린 교역자, 교회 안의 당쟁, 불의의 집회, 의식(儀式)의 예배에서도 "하나님이 우리 가운데 계신다. 복을 주신다. 은혜를 내리신다. 성령이 함께 하신다" 말하니 어찌 통탄하지 않겠는가? 지금 특히 3장 마지막 절에 보면 "시온이 너희를 인하여 갈아엎은 경(耕) 밭이 되고 … 3:12"라고 했으니 우리는 경성하여야 하겠다.

1. 의(義)를 요구(고전 1:30)

우리의 도덕이나 수양이나 모세의 율법이 아닌 의를 요구하신다. 고린도전서 1장 30절의 말씀처럼 예수의 의(義)가 곧 우리의 의가 되어야 하겠다. 자의(自義)나 칭의(稱義)가 아니다. 그러므로 마태복음에서도 너희의 의가 바리새인과 서기관에 지나지 않고(마 5:20)라고 하였으니 과연 그렇다. 우리는 하나님께로부터 의롭다함을 옷 입어야 하겠다. 예레미야 5장 1절 말씀을 보라. 천부께서 모든 고을을 다니시다가 의인 한 사람만 보셔도 모든 성을 멸망시키지 않겠다고 하셨다. 현대에 살고 있는 교회여! 교역자여! 신자여! 각성하라! 마땅히 있어야 할 의가 우리에게 없다면 심판을 면치 못할 것이다. "내가 새 하늘(新天)과 새 땅(新地)을 바라보니 의가 그곳에 거하더라" (벧후 3:19) 의로운 자가 신천지(新天地)에 간다. 작은 사람에게 냉수 한 그릇을 준 사람이라야, 병자를 방문하고 약자를 도운 자여야 참 의로운 자의 행위이다. 체면을 유지하기 위해 가증한 일을 행하지 말라, 이와 같은 사람은 천부(天父)와 상관이 없다. 요한계시록 19장 6절을 보라. 성도의 의로운 옷이 거기 있다. 마태복음 5장 6절에도 의(義) 사모하기를 목마른 자같이 하라고 하셨다. 이사야서 50장 8절의 말씀을 읽으라. 우리는 이런 담대한 사람이 되자.

2. 긍휼(矜恤)을 요구(엡 4:23)

본장(本章)에서는 긍휼이란 말씀이 누차 기록되어 있다. 이는 당시 일부 부자들의 가난한 사람을 압박하는 일과 모리탐재(謀利貪財 *

부정한 이익만 꾀하고, 재물을 탐함)로 가까운 형제끼리 서로 다투는 무리에게 말씀하사 저희에게 긍휼을 청구하신 것이다. 상아 침상(寢牀)에 누워 악을 꾀하고 다음 날이면 그 악을 행하며 타인의 밭을 탐해 억지로 탈취하고, 선을 기뻐하지 않고 악을 기뻐하며 가죽을 벗기고 살을 뼈에서 긁으며, 두목들은 뇌물을 위해 재판하고, 제사장은 품삯을 위해 교훈하며, 선지자는 돈을 위해 점을 치는 것을 보면 명확한 일이다. 아 과연 두렵도다! 오늘날도 이와 같은 사람이 있지 않은가? 제사장은 품삯을 위해 교훈한다는 말씀을 보라. 특히 현대의 교역자에게 주는 경고의 말씀(警句)이다. 오늘날 교회 안에 품삯에 팔려 믿는 신자도 적지 않다.

이와 같은 무리는 다 모래 위에 지은 집과 같아서 비가 오고 바람이 불면 다 넘어질 것이다. 당시의 그들의 허위(虛僞 *꾸며낸 거짓)와 동정심 없는 모습을 책망하지 않을 수 없다. 우리는 타인을 동정하자. "남에게 대접을 받고자 하는 자는 너도 남을 대접하라."(마 7:2) 하신 주의 교훈을 배우라. 이것이 은혜가 있는 자의 표이다. 또한 다른 사람의 잘못을 용서함도 긍휼이다. 마태복음 18장을 보면, 일만 냥 빚진 자를 그 빚을 준 사람(債主)이 탕감해주니 저는 엎드려 절하고 감사하고 나가다가 탕감받은 자가 일백 냥 빚진 자를 만나 그 사람을 잡고 욕하며 독촉하다가 일만 냥 탕감해준 빚을 준 사람을 만나 무수(無數)한 책망을 듣고 곧 그를 옥에 가두었다는 말씀이 있다.

저는 그 사람을 긍휼히 여기지 아니하고 용서하지 아니하다가 결국에는 그 보수(報酬)를 받게 된 것이다. 일만 냥의 부채를 타인에게 탕감받고 자기에게 일백 냥 부채를 용서하지 않는다면 진실로 통한(痛恨 *몹시 한탄함)할 바 아닌가? 우리의 과거 죄를 생각하여 보라. 하나님의 긍휼이 아니고서야 어찌 용서함을 받을 수 있었겠는가? 자기가 이러한 은혜를 입고 타인의 적은 허물을 용서하지 않는다면 역시 앞에서 기록한 것과 같은 자이다. 현대 교회 안에서 일어나는 분쟁이 어디에서 일어나는가? 남의 과실을 드러내고 자기만 옳다는 주장에서 나오는 것이다. "너희 싸움이 어디로 좇아나며 다툼이 어디로 좇아 나는가?"(약 4:1) "주의 종은 다투지 아니하며 사람을 대하여 온유하며 가르치기를 좋아하며 학대받음을 참으며"(딤후 2:24) 하는 말씀을 삼가 지켜야 하겠다. 우리는 긍휼 베풀기를 좋아하고 용서하기를 속히 하라. 현대 교회와 신자에게 천부께서 요구하시는 것은 이 긍휼이다.

3. 겸손(謙遜)을 요구

주께서는 천부(天父)의 아들로 자기를 낮추고 인간의 몸으로 오셨다. "나는 봉사함을 받으러 온 것이 아니라 봉사하러 왔노라" 하는 말씀을 보라. 겸손하심을 알 수 있다. "나는 마음이 온유하고 겸손하니 나의 멍에를 메고 나를 배우라" 하신 주의 말씀을 깊이 완미(玩味 *뜻을 깊이 음미함)하라. 주님의 겸비하심은 그 아래 아래까지 겸비하셨다. 주는 무(無所不知 *무엇이든지 모르는 것이 없음)하시다. 무소불능(無所不能 *무엇이든지 못하는 것이 없음)하시다. 다시 말하면 하나님이시다. 그러나 한번 겸비하시니 십자가(十字架)에 까지 가심을 사양하지 않으셨다.

세상 사람들은 높은 사람 앞에서는 머리를 낮춰 겸비한 척하나 자기보다 낮은 자에게는 높고자 한다. 우리는 사람 앞에서 겸손한 체 하지 말고 하나님 앞에서 겸허(謙虛 *잘난 체 하지 않고 겸손함)한 자로 나타나자. "모세는 천하 만민보다 더 겸손하다"(민 12:3)고 한 말씀을 보라. 분명히 하나님 앞에서 겸손한 자가 되어야 하겠다. 모세는 학술, 지위, 재조(才操), 기개(氣槪 *씩씩한 기상과 꿋꿋한 절개), 완력(腕力) 모든 것을 다 버리고 아주 양순한 겸손한 사람(謙士)이 되었다. 우리도 모든 것을 다 버리고 하나님께서 칭(稱)하시는 겸손한 사람이 되자. 겸손한 자에게 은혜를 내리시고 종말에는 높이시리니 그 때 천국이 우리에게 올 축복이다. "교만한 자를 물리치시고 겸손한 자를 가까이 하신다."는 말씀을 기억하라. (약 4:6하) 하나님께서 요구(要求)하시는 것은 이 겸손(謙遜)이다.

(*『活泉』 제13권 12호[1935.12.], 2-4.)

4부

순회
선교행전(宣教行傳)

04

I. 서북선(西北鮮) 순회기(巡回記)

　금년 연회(年會) 석상에서 불초한 이 적은 종이 전선(全鮮) 성결교회 순회(이사로서의) 중직을 배수(拜受)하고, 깊이 심사 명상(深思溟想)하는 중 어찌하면

　첫째, 도처(到處) 교회에 또는 대(對)하는 개인에게 내가 탄하(呑下)할 만한 성물(聖物)이 될까? 만일 내가 교회나 개인에게 비익(裨益)이 되지 못한다면 순회에 아무 의미가 없고,

　둘째, 각처 교회의 현상을 순찰함에 당하여 사지대소방원간(事之大小方圓間)에 형편 따라 치란승평(治亂昇平)의 정견(政見)으로서, 영으로나 사업으로의 발전 확장의 요쇄(要鎖)가 되지 아니하면, 공연히 귀한 시간과 금전만 소모할 뿐인즉, 내가 어찌 이같이 중대한 사명을 감당하랴 하고 중부(重負)에 압도(壓倒)하여 기도하던 중, 나로는

도저히 감당치 못 할 일이나, 모든 것의 모든 것 되시는 주께서 함께 하시면 능히 못 할 것이 없는 것을 직감(直感)하고, 또한 그와 동시에 그 주께서 일찍이 세상 끝날까지 나와 함께 하여 주시마(마 28:20) 하였으니, 나는 주께서 함께 하여 주시마 하신 말씀을 믿음에서 담대히 순회의 길을 밝게 되었다.

때마침 신병으로 여러 날 신음하던 바에 아직 전쾌(全快)치 못하나, 신의주교회에 부득이한 일로 왕반(往返)치 아니하면 아니 될 경우로 인하여, 4월 9일 아침에 경의선(京義線)으로 평양역 도착하니, 감리 목사 변남성(邊南星) 씨와 전도부인 김용자(金容子) 씨가 역 안에까지 입장하여 반가이 만나 악수하고, 성역승첩(聖役勝捷)의 보고를 들으매 형언할 수 없는 기쁨이 용출(湧出)하여 아멘! 할렐루야!로 주께 영광을 돌리고, 멀리 정거장 구외(構外)를 관망하니, 앞을 못 보는 김영수 형제와 여러 신도가 출영하여 저대(佇待)하고 있다. 고로 나는 여시지심(如矢之心)으로 치주(馳柱)하여 일일이 반갑게 인사를 필하고 우리 교회로 가게 되었다. 변 목사가 전화로 나를 인상(引上)하려고 하나, 나는 자동차 소리에 경동(驚動)하는 산촌우마(山村牛馬)처럼 무슨 생각으로 굳이 고집하고 도보(徒步)로 가기로 하였다. 길을 걸으며 변 목사가 말하기를 외성유정(外城柳町)은 신개척할 만한 처소이니 시찰하여 보겠느냐고 하기에 기도하는 마음으로 시찰하니, 과연 농숙(濃熟)한 곡속(穀粟)은 즐비(櫛比)하게 쓰러져 추수할 고군(雇軍)을 고대하는 직감(直感)이 격발하였다. 고로 잠시 묵상 기도 중에 얻은 바는 여호와 이레 되시는 주께서 벌써 예정하신 것을 믿고 감사하여 그 시로부터 그곳을 위하여 기도하기를 시작하였다.

그 익일(翌日)은 예정대로 신의주에 도착하니 남녀 교역자가 출영(出迎)하였으므로 흔연(欣然)히 악수 인사하고, 전도사의 내환(內患)으로 인하여 근강(近江) 여관에 유숙하면서 수일간 집회를 인도하는 중, 주께서 일반 신자들에게 적당한 은혜를 베푸시는 동시에, 구세군의 사관 일인과 참위 일인이 집회마다 참예하여 많은 은혜를 받고 한 가지로 주께 영광을 돌리었다. 13일 아침에는 평양교회를 향하여 철마(鐵馬)를 급히 몰아 오후 1시경에 평양역에 도착하니, 교역자와 제직이 역두(驛頭)에까지 출영하여 저대(貯待)함으로 미안무쌍(未安無雙)하였다.

마침 순회기(巡廻期)를 이용하여 5일간 부흥회를 인도케 된 바, 매일 매일 조천(早天) 기도회와 오전 성별회(聖別會)와 저녁 부흥회 3차씩 열었는데, 타 교파 신자들과 고등여자성경학교 학생들이 참석하여 같이 은우(恩雨)에 목욕하고 영광을 주께 돌리면서, 18일 아침에는 진남포(鎭南浦)교회에 도착하니 신설 교회이니 만큼 사랑이 비등(沸騰)하는지라. 4일간 주야로 집회를 인도하는데, 성신의 맹렬한 화염(火焰)이 크게 임하여 교역자와 신자 전체가 진소(盡燒)하였고, 타 교파에서 내참(來參)하였던 이들도 같은 은혜를 받아 감사함으로 영광을 주께 돌리며, 교회의 재정을 위하여 헌금을 하였는데, 일반(一般)이 하나님은 독자(獨子)를 주셨는데 우리는 금전을 아끼겠느냐 하며 열심히 바친 결과 교회의 부채를 청산하고도 여유가 있게 되었다. 24일에는 사리원(沙里院)교회에 도착하여 일반 신자를 반가이 대하니 크게 촉감(觸感)되는 바는 성령의 건실함이다. 고로 주께 감사하기 마지아니하였다.

　며칠간 집회를 인도하는 중 과연 건강한 자가 음식을 잘 먹는 것과 같이, 진리 즉 주의 혈육(血肉)을 잘 먹음으로 단기(短期)요 또한 춘곤지절(春困之節)이로되 많은 은혜를 받아 영광을 주께 돌리며 연하여 재령(載寧) 지교회(支敎會)에 가게 되었다. 그곳 형제들이 일부러 사리원까지 와서 동행하게 되었는데, 사리원 김석현 집사가 주의 이름을 아끼는 뜻으로 자동차를 대절하여 안거(安去)케 함으로 육신 평안하나 심신은 너무 황송(惶悚)하였다. 무사히 재령교회에 도착하니 기다리든 남녀 신자와 반가이 인사하고 주께 감사하면서 저녁 집회를 하였는데, 성신(*성령)이 자유로 복음을 외친 결과, 즉석에서 통회하며 은혜받는 자와 사접(邪接)한 자가 정신없이 떨며 혼도(昏倒)함으로, 위기(爲祈)하여 주의 긍휼(矜恤)히 여기심을 받아 정신이 성하여 돌아갔으며 그 이튿날 아침에 집회 한 번만 더하여 달라기에 9시로 10시까지 집회를 마치고 재령 강진에 도착하니, 광랑(狂浪)에 강을 못 건넌다고 큰 소리로 외치며 용약(湧躍)하고 있었다. 그러나 믿음으로 승선(乘船)하니 풍랑도 여전하나 주께서 보수하시는 나의 생명을 네가 가히 탈취치 못한다는 신앙에 견립(堅立)하여 간신히 도진(渡津)한 첫 생각은, 이곳 남녀 교역자는 그간 얼마나 괴로웠겠느냐, 또 얼마나 고로(苦勞)를 겪었겠는가 하는 동정이 깊이 일어나게 되었다. 당일 오후 차로 경성(京城)에 와서, 수3일을 지나서 다시 계속하여 북선(北鮮)의 길을 밟게 되어, 선착(先着)으로 함흥에 이르니, 남녀 교역자와 제직이 열심히 활동한 결과, 교회가 표면으로나 심령상으로나 진흥(振興)에 있는 것을 보고 감사하는 동시에, 은혜 위에 은혜를 더하시는 주께서 더 큰 은혜 베풀어주실 것을 믿고, 4, 5일간 부흥회를 인도하였는데, 과연 주의 크신 축복이 임하여 통회자(痛悔者)와 신생자(新生者), 성결자(聖潔者)와 냉랭한 처지에서 열렬케 된 자의 각양의 은혜가 풍성히 임하였다.

그중 개인 전도에 힘쓰고자 하는 자와 또 물질을 바칠 마음이 간절한 분이 있어 헌금케 되었는데, 그 액수가 적지 않음으로 감사와 영광을 주께 돌리었다. 연하여 그 이튿날 홍원교회에 가서 수일간 4, 5집회를 인도하는 중에 많은 은혜를 받았으며, 특별히 주께 감사할 것은 제직들의 주께 대한 성의와 사랑은 어찌 지극한지 과연 말세 교회에 본이 될 만하도다. 집회를 필한 그 이튿날에 북청을 향해 가고자 한즉, 연일 포연(浦然)히 쏟아지던 취우(驟雨)는 부절(不絶)하고, 또는 대천(大川)이 범람(汎濫)하여 통행이 두절(杜絶) 되었다. 그러나 이미 정한 일활(日割)이 있기에 억지로 떠난즉, 신자들이 월천(越川)하여 주려고 수십 여리를 전송하여 줌으로, 무사히 신북청역(新北靑驛)에 도착하니 의외(意外)에 북청읍 교역자들과 제직들이 신북청역까지 출영하여 주었으므로, 어찌 황송한지 감당키 어려운 마음으로 인사를 마쳤다. 북청가는 차에 올라 원 목사님과 몇 마디 말을 하는 동안에 북청역에 도착되어, 역전에 열립(列立)한 신자를 보니 과연 그리웠던 식구를 대함과 조금도 틀림이 없었다.

그 날 밤부터 4일간 집회를 하는데, 지교회에서 양식을 가지고 온

자와 장로교회에서 신자들이 적지 않게 내참하여 일대 성황을 이루는 동시에, 성신께서 시간마다 각양의 은혜로 더하셔서 형언할 수 없는 죄들을 회개함과 중생자(重生者)와 성결자(聖潔者)가 많아 영광을 주께 돌리고 하루를 휴식하였다. 이튿날에 신북청, 평산, 양천 각 교회는 형편상 1일씩만 집회를 하였는데, 은혜가 풍성하신 주께서 당신의 뜻에 합당한 대로 신자와 비신자들에게까지 은혜를 베풀어주심으로 주께 감사하기 마지아니하였으며, 그 이튿날에는 어포리(魚抱里)교회로 가서 예원리(藝園里)와 간평(間坪) 두 지교회까지 연합하여 부흥회를 열었다. 농촌이요 농시방절(農時方節)이라 집회할 수 없는 시기지만 열심히 모여 주야로 많은 은혜를 받았다. 또한 미신자들을 열심히 인도하여 결심자도 적지 않았지만, 교제(敎弟)가 허약하여 신음함을 보고 전도사 김진문 형이 크게 염려하여 다방면으로 애를 쓰며 물질을 허비하였으므로 미안하기 짝이 없었다.

　후애(厚愛)를 감사하며 청진을 향하여 출발케 되어, 신북청역에 가서 차표를 매수(買受)한즉, 신북청교회의 형제가 침대권을 사주므로 고맙게 청진역까지 안착하여 하차한즉, 남녀 교역자와 제직들이 환영함으로 고맙게 인사하고, 예비하였던 자동차로 호기(豪氣)있게 치주(馳走)하면서도 일변으로 전도자가 너무 과하다는 생각에 미안을 느끼면서 교회에 다다르니, 목양제(大洋製) 높은 교회는 가위(可謂) 청진(淸津) 영혼들의 등대가 될 만하다는 생각에 만족하였다.

　그날 밤부터 4, 5일간 매일 3차씩 집회하였는데, 큰 은혜가 임하여 새로 성결의 은혜에 들어간 자와 전도의 열이 다시 일어난 자와 특히 헌금열이 냉랭하여 현상 유지에 곤란한 처지에서 헌금열이 회복되어 교회의 큰 우려를 일소하여 영광을 주께 돌렸다. 이튿날에 웅기(雄基)를 향하여 배를 타고 풍랑이 잔잔하므로 무사히 웅진항에 도착하였다. 교역자가 급히 손을 내밀어 끌어올림으로 일일이 간곡히 인사를 마치고, 곧 주택으로 가서 4, 5일간 열리는 집회를 시작하였다. 첫 시간부터 성령의 역사가 임하므로, 은혜를 받아 철야 기도하여 각양의 은사로써 영광을 하나님께 돌리어 기뻐 감사하는 동시에 서수라(西水羅)란 곳에 일찍이 교역자와 집사와 신자들이 가서 전도하여 본 일이 있는데, 신개척할 만한지 시찰해 보기를 청하기에 집회를 마치고 곧 가서 시찰하니 과연 영야(靈野)가 황무(荒蕪)이다. 그러므로 추수꾼을 위하여 기도하기를 마지아니하면서 그 이튿날 회령으로 향하였다.

당일 석양에 회령에 도착하니 풍우가 대작(大作)해서 어찌할 바를 알지 못하는 중에 남녀 교역자와 신자가 출영하여 마차에 인도해 줌으로 무사히 교회에 도착하여 집회할 것을 의논하였다. 기도하는 중에 3일간 매일 3차씩 집회를 인도하였다. 일반 신자는 은혜를 갈모(渴慕)하여 성신의 감화로 통회하며 물건을 반환(返還)하며, 금전을 주께 바치는 일과 성결의 은혜가 임하는 반면에 마귀가 크게 역사하여, 청년들이 집회 석상에서 무의미한 질문, 즉 야지를 하였으나 무사히 집회를 마쳤다.

이튿날에 운연리(雲淵里)교회를 향하여 가야 하는데, 하우부절(下雨不絶)일 뿐 아니라 수십 리 산로가 험준(險峻)하여 가지 못한다고 만류(挽留)하는 것을 우구(雨具)를 갖추어 가지고 떠나 얼마를 가다가 행인이 전무(全無)하였다. 배달부가 급히 오기에 동행하려 하였더니, 촌촌이 들려오므로 고독히 혼자서 태령(泰嶺)을 넘는데, 땅이 짓물러서 행보(行步)할 수도 없고 운무가 덮어 눌러서 지적(咫尺)을 분별할 수 없었다. 산수(山獸)의 공념(恐念)도 불무(不無)로되, 다만 믿음으로 기도하는 중에 공념(恐念)도 없어 무사히 교회에 도착하니, 교역자와 신자들이 깜짝 놀랐다. 그 험로와 미만(迷滿)한 운무(雲霧) 중에 못 오시리라고 생각하였다 하며 반가이 인사하고 3일간 집회하였는데, 시간 시간마다 은우(恩雨)가 포강(浦降)하여, 신자의 심령은 메마른 동산에 관수(灌水)함과 같이 되어 영광을 주께 돌리고, 그 이튿날에 북간(北間), 즉 용정(龍井)교회에 가서 4일간 집회를 요청함으로 허락하고, 그날 밤부터 시작하였다.

천보산(天寶山) 지교회 신자들과 장감(長監)교회에서 다수 참석하여 철야 기도하며 은혜를 갈구하므로, 주께서 여러 모양으로 많은 은사를 허락해 주심으로 영광과 감사를 주께 돌리고, 그 이튿날 혜산진(惠山鎭)을 향하였다. 이곳은 어찌 추운 지방인지 6월 23일에 자동차를 타고 가다가 중간에서 멀리 산간을 관망(觀望)하매 빙과(氷塊)와 백설(白雪)이 적치(積置)한 것을 보았다. 이 지방 인사의 심령은 저 빙설(氷雪)과 같지 아니한가 하면서 급히 달려서 혜산진에 도착하니, 김형식 형이 반가이 악수하며 주택으로 인도하기에, 가서 2일간 대대적으로 활동할 의논을 하고 백방으로 주선하여 보았다. 그러나 당국에서 노방 집회와 대중 집회는 허락할 수 없는 사정이 좀 생겨서,

미안하나 허락할 수 없으니 양해하라고 도리어 우리에게 말함으로, 세부득이(勢不得已) 신자 집회로 수 3차 현금(現今) 예배 보는 장소에서 열 뿐이었고, 전도회는 1차도 열지 못하여 일대 유감을 품고 경성(京城)으로 돌아오니 때는 6월 27일이더라. (끝)

(*「活泉」 제9권 10호[1931.], 49-51.)

II. 관동(關東)과 일본(日本) 각지(各地) 순회기(巡回記)

1. 철원(鐵原)

1932년 8월 28일에 경원선 철원역에 당도하니 그리웠던 김웅희 형은 벌써 기다리고 섰다. 나는 급한 마음으로 빨리 가서 인사를 한 후에 교회 형편을 물었다. 재미가 있다고 하기에 주께 무한히 감사하며 서서히 도보로 주택까지 가서, 며칠간 집회할 것을 의논하기 위하여 기도하는 중에, 그날 밤 집회 열기 30분 전에 집사 김명현 형제와 기타 열심있는 4, 5형제가 모이더니, 열심히 기도하고 정병(精兵)의 기세(氣勢)로 악기를 갖추어 가지고 노방에 나아가, 수다한 군중에게 복음을 전하고 널리 광고한 후에 승리있게 찬송을 높이 부르며 돌아와 이어 개회하였다. 예배당이 좁다 할 만큼 신자와 미신자(未信

者)가 가득 차 있었다. 성신께서 맹렬히 산 복음을 증거하게 하심으로 일반이 많은 은혜를 받고, 집회마다 여러 모양으로 은혜가 임하여 상한 심령으로 통회하는 일과 뜨거운 간증으로서 영광을 주께 돌렸다.

2. 복계(福溪)

31일 즉 월요일에는 지교회(支敎會)를 열려고 몇 번 내왕한 복계역을 시찰하여 보는 것이 어떠하겠느냐 하기에 기쁘게 생각하고 가려한 즉, 남녀 교역자는 물론이요 열심있는 김명현 집사가 동행하게 되었다. 가는 길에 월정리(月井里)에 있는 박덕기 형제를 심방하여 은혜로운 말씀으로 잠시 예배를 보고, 떠나려 한즉 기어이 만류(挽留)하여 애찬(愛餐)을 베풀므로 감사히 받고, 복계에 도착하였다. 대대적으로 노방 전도와 실내 집회를 할 계획으로 일변(一邊)으로 경찰관 주재소에 교섭하고, 일변으로 영육학원(英育學院)을 집회 장소로 빌리기 위하여 이종국, 박덕기, 기타 형제들이 애써 교섭한 결과 노방 전도는 불허(不許)되고 영육학원은 사용의 허락을 얻어 주께 감사하였다. 노방 전도와 광고 대신에 집집마다 심방하여 개인 전도하는 것이 더 좋은 양책(良策)이라고 생각하고, 형제와 자매들이 열심히 2, 3시간을 이용하여 가가호호(家家戶戶)에 전도하며 집회 있는 것을 광고하고 정각이 되어 개회하였다. 장내(場內)와 장외(場外)에 수다한 사람이 둘러서서 하나님의 말씀에 귀를 기울이는지라, 성령께서 저들에게 적당한 말씀으로 맹렬(猛烈)히 역사하므로 믿다가 타락한 4, 5인이 회개하고 다시 믿기로 작정하였다. 또 미신자 가운데도 감동을 받아 20여 명이 자원하여 믿기로 작정하여 영광과 존귀를 주께 돌렸다.

3. 청량리(淸凉里)

9월 22일에는 청량리교회를 순회하게 되었다. 이 기회를 이용하여 특별 집회를 하기로 작정되었다기에 매일 3차씩 집회를 인도함에 주께서 불쌍히 여기심으로 은혜의 비가 쏟아져 일반이 은혜를 받는 동시에 성서학원 형제들이 출장하여 열심히 도와줌으로 집회에 더욱 승리가 있음을 감사하였다. 24일 밤에는 장위리 지교회에서 일차 집회를 하였다. 본 교회 신자 형제자매들과 수양생 형제들이 협력하여 출전(出戰)한 까닭으로 집회에는 수다한 사람이 운집하였다가 성령의 지도대로 복음을 외친 결과 믿다가 타락한 형제·자매 몇 사람도 돌아왔고 새로 믿기로 작정한 자도 적지 아니하였다.

4. 강릉(江陵)

10월 8일 아침에는 관동행 자동차로 강릉을 향하니, 천산만악(千山萬嶽)은 추수꾼의 손을 기다리는 것을 보면서, 우박(雨雹)에 놀란 농군이 추수에 바쁜 것과 같이, 나는 급히 달아나는 자동차를 더 급히 급히 몰아서, 우리의 영전(靈田)인 강릉에 도착하였다. 영동(嶺東) 한 모퉁이에서 외롭게 있던 남녀 교역자는 반갑게도 인사하며 환영하였다. 그날 밤부터 부흥회로 5일간 매일 3회 집회를 인도하는 중에 교역자와 제직과 일반 신자에게까지 적당한 은혜가 무한히 임하였음으로 영광을 주께 돌렸다.

5. 진부(珍富)

10월 14일에는 남녀 교역자로 더불어 강릉교회 진부 지교회에 도착하니, 일반 신자들은 몇 날 동안 집회하려고 제반 준비를 다해 놓고 고대하였다. 그러나 순회 일할(日割)을 통지한 것으로 말미암아 부득이 허락지 못하고 3, 4집회만을 인도하였다. 그런데 원래 갈모(渴慕)하던 중이라 단기간이지만은 어찌나 큰 은혜가 임하였는지 더 받을 마음이 간절하여, 떠나는 시간까지는 말씀해 주셔야 하겠다고 하므로, 오전 10시까지 설교하는데 자동차부에서 출발을 재촉함으로, 부득이 말을 중지하고, 섭섭히도 작별을 고하게 되었다.

* 기차 및 기선 중에서도 10월 19일

아침에는 일본 각처에 있는 교회를 순방하기 위하여 경부선 차를 잡아타고 가는 길에 주의 축복이 임하여 주심과 또 이르는 곳마다 성령의 불길의 역사가 크게 일어나게 하여 주소서 하고 기도하는 중에 어느덧 둘이나 셋째 역을 지나게 되었다. 뜻밖에 김종우 목사를 만나게 되어 한국 교회 장래에 대하여 담화하는 중에 쉽게도 대전역을 당하여 피차에 작별하게 되었다. 그 후에는 차내에 사람이 없는 바 아니나, 주님을 중심하고 말할 만한 사람이 없기에, 몇 사람에게 개인 전도 한 후에 고독히 성경을 암송하며 기도하였다. 무심코 차창을 내다보니 석양빛 긴 빛 아래 전원에는 추수하기에 바쁜 자와 보리 심기에 전력하는 자도 있었다. 전원에도 두 가지의 일이 있다는 것을 느끼면서 명상하는 중 어느덧 부산역에 도착케 되니, 김규호 목사 외의 몇 분의 출영(出迎)이 있었다. 나는 매우 감사히 여기면서 바삐 연락선에 오르니, 이것이 소위 천둥같이 만났다가 번개처럼 헤어진다는 뇌봉전별(雷逢電別 *잠깐 만났다가 곧 헤어짐을 비유적으로 이르는 말)이다. 자리를 잡아 안기도 전에 기다리지도 아니한 형사가 와서 무슨 목적으로 일본 각처를 순회하느냐고 묻는다. 나는 말할 대로 말하니 나중에는 일본과 지나(支那 *우리나라의 서북쪽, 아시아 동부에 있는 나라: 중국) 충돌 문제를 어떻게 생각하느냐고 하기에 피차에 이웃나라이니 만큼 우의로 화평, 해결되기를 바라는 것 뿐이라고 하니 그럴 듯이 생각하고 물러갔다.

조용히 좀 자려고 하니 파도가 크게 일어나 선체(船體)가 흔들렸다. 따라서 승객들도 이리 흔들 저리 흔들하면서 대소동이 일어나자 약한 부녀들이 구토(嘔吐)하여 신음하기를 시작하고, 그밖에 지체하던 사람들도 동정을 하는 듯이 구토하며 신음하는 소리로 한 큰 비극을 연출하였다. 나는 어지러운 가운데서도 가만히 묵상하니 이 세상이 고해(苦海)이다. 인생의 일생 산다는 것을 축소(縮小)하면 난동(亂

動)하는 배 안에 있는 것과 다름이 없는 것이라고 생각하고, 안전지대에 착륙할 소망이 없다면 중간에서 절망치 아니할 자 없겠다고 생각하면서, 괴롭게 지내는 동안에 하관(下關) 도착이라는 소리를 들으니 어찌 기쁜지 천국 도착이라는 것이나 다름이 없어 기뻤다.

이에 동경행 차를 타고 진행하나 몸은 배 안에 있는 것 같다. 곤한 잠을 이기지 못하여 자연히 깨도록 자다가 일대 소동이 일어나기에 깨어서 보니, 60여 세 된 남자가 차에서 치여 죽음으로 차를 멈췄다. 승객 전부가 하차하여 구경하고 말을 하는 것을 들으니 죽게 된 원인은 생활난이라 한다. 나는 그 말을 듣고 곁에 있는 사람에게 말하기를, 죽음의 원인이 생활난이 되는 것보다 죄를 알지 못함이요, 또는 내세에 대하여 소망이 없는 것이 그 원인이라고 화제를 삼아 잠시 전도하고, 얼마 있는 동안에 동경 품천역에 도착하게 되었다.

* 동경(東京) 도착

차창으로 내다보니 풍신이 좋은 박현명 목사는 승리의 기운에 가득차 신자 형제·자매들과 같이 나를 관망하면서 아멘 할렐루야를 높이 불러 환영하였다. 나는 기쁜 가운데서 오래 머물렀던 피곤한 기운은 물러가고 활기를 달래면서, 예비하였던 자동차로 박 목사 주택으로 가서 집회할 것을 의논하는 즈음에, 김상준 목사와 류재헌 형제가 찾아와서, 반갑게 만나자 그들은 일본에 있는 교세(教勢)를 말하고 나는 한국의 교세를 말한 후에 피차간 고별하였다.

6. 대정정(大井町)

　대정정교회로 가서 5일간 매일 3회씩 부흥회를 인도하였다. 시간마다 성령의 역사가 나타나심으로 각양의 은혜가 조수(潮水)같이 임하여 영광을 주께 돌리고, 집회를 마치니 때는 10월 25일 밤 11시였다.

7. 조도전(早稻田)

　10월 26일부터는 조도전교회 집회를 시작하게 되었다. 일주일간 매일 3회씩 특별 집회를 인도하였다. 처음부터 끝까지 성령께서 같이 하시므로 흉악한 죄를 회개하여 다시 사는 일과 성결의 은혜를 받았으나 어지간하게 더럽힘을 당하였다가 다시 맑힘을 받은 자와 여러 가지의 은혜가 크게 임하여 은혜받지 못한 자가 없이 전체가 은혜 가운데 목욕하게 됨을 극히 감사하며 집회를 마쳤다. 다른 교파에서도 집회 인도하여 주시기를 청하나 순회 일활을 통지한 관계상 부득이 다 거절하고 다만 침례교회만은 거절하지 못할 관계이어서 잠깐 가서 인도하였다.

8. 풍교(豊橋)

　11월 3일에 풍교교회에 박현명 감리 목사와 같이 도착하니, 유락

영 전도사는 벌써 대판(大阪)에서 올라와 제반 준비를 다 하고 고대(苦待)하고 있었다. 즐겁게 인사한 후에 집회할 것을 작정하고, 그날 밤부터 집회를 시작하자 일반은 큰 가뭄에 단비를 만난 것이나 다름이 없어 잘 받아들임으로 단기(短期)이지만 철야 기도하며 간구함으로써, 불과 5, 6집회였지만 많은 은혜가 임하였다.

9. 대원(大垣)

11월 5일에는 대원시(市) 미농(美濃) 미슌교회에 들려 영육 간에 후대를 받고 주께 감사하기 마지아니하였다.

10. 대판(大阪)

11월 6일에는 대판역에 도착하니 모진 비가 쏟아짐도 불구하고 윤 전도사와 형제·자매들이 출영하였다. 아멘 할렐루야로써 영광을 주께 돌리며 인사한 후에 곧 교회로 가게 되었다. 나의 생각에는 신설 교회이니 만큼 매우 쓸쓸하고 생소하리라고 생각하였으나, 김해 복음교회 집사 두 분과 신자 몇 분이 있어서 이미 설립해 놓은 교회에 간 것 같은 느낌이 있었다. 수일간 매일 3회씩 집회를 인도하는 중에 성령의 역사가 임하여 일반이 은혜를 받음으로 더욱 감사하며 전력을 다하여 집회를 인도했다.

11. 신호(神戶)

　신호 복음교회 형제들이 거절할 수 없으리만큼 직접 간접으로 너무 오라고 간청하였다. 기도하는 중 청종하지 아니할 수 없는 주님의 계시가 있기에, 대판 집회는 박 목사에게 부탁하고 즉시 신호(新戶)로 가서 몇 집회를 인도하는 중에 많은 은혜를 받고 영광을 주께 돌리었다. 그러나 한 가지 미안한 것은 장로교회와 연합하여 집회를 열 터이니 좀 인도하여 달라는 것을 형편상 부득이하여 허락하지 못함이다. 끝으로 여러분의 영과 육에 주의 축복이 한없이 임하시기를 축원하옵고 이만 각필(閣筆)하고자 한다.

(*『活泉』 제10권 1호[1932.1.], 48-50.)

5부

추모의 글

I. 고(故) 김상준(金相濬) 목사를 추억(追憶)함

하나님의 공도(公道)를 누가 능히 알며 누가 능히 반역하리요. 하나님께서 주신즉 있겠고 부르신즉 가는 것이 우리의 피하지 못한 일이로다. 오호애재(嗚呼哀哉)로다. 조선 동양선교회(東洋宣敎會) 창립 전도자이요, 성서학원 교수로 근무하시고 또한 전선교계(全鮮敎界)와 남북 만주 어디든지 백의인(白衣人)교회는 다 자기의 강대(講臺)로 삼고, 15성상을 믿음으로 어떤 단체를 의지하거나 물질을 의지함이 없이 계속하여 주야 기도하며 심혈을 기울여 심령 부흥에 활동해 노력하시던 김 목사의 비보(悲報)를 접하니 불각상심(不覺傷心)이라. 이 일이 참이냐? 꿈이냐? 미판(未判)이로다. 아무튼지 이같이 이단(異端)이 봉기하며 사설(邪說)이 종횡(縱橫)하여 온 교회가 속화(俗化) 또는 악화(惡化)되어가는 위기를 당하여, 진리의 투사(鬪士)를 상실한 우리의 교계에 이런 불행, 이런 손실(損失)이 없으며 또한 그의 문인(門人)인 필자는 그 선생의 행하신 바를 추억하지 않으려도 억제할 수 없어, 감히 졸필(拙筆)을 들어 비정(悲情)을 서이(敍弛)하고자 한다.

1. 독한 시험(試驗)과 핍박을 능히 이김

1) 믿음으로 당하신 시험

선생은 예의(禮儀)를 존중하는 가문에서 출생하셨음으로, 그 예의를 엄수(嚴守)하다가 일조(一朝)에 예수를 믿으시고는 망선(亡先)의 봉제사(奉祭事)를 폐하시매 엄친(嚴親)에게 질책과 편달(鞭撻)을 무수히 당하셨고, 온 문중(門中)이 문회를 열고 엄책공갈(嚴責恐喝)하였으나, 여일(如日)히 신앙의 도를 지킴으로, 나중에는 그 엄친께서 불효의 자식이라 하여 독자(獨子)이지만 죽이려고 하실 때, 사람을 죽이듯 할 수 없다 하여 개죽이듯 하려고까지 하심으로(멍석마리를 하려 하였음) 여러 번 죽을 뻔 하였으나 조금도 타절(打節)을 당하지 않고, 도리어 신앙의 단련함을 받았을 뿐으로써 사면초가(四面楚歌)와 사선(死線)을 능히 돌파하시고, 용맹스럽게 돌진하심은 가(可)히 만인의 효칙(效則)할 만한 일이라고 아니 할 수 없도다.

2) 전도(傳道)하심으로 당하신 핍박(逼迫)

조선교회 초시대(初時代)에는 시대가 시대이니 만큼, 설교할 때에 반전도(半傳道) 반연설체(半演說體)로 즉 하나님의 말씀도 전하려니와 국가를 위하여 사회를 위하여 민족을 위하여 잡동사니로 말을 하여야 설교를 잘한다고 하고, 단순한 진리로 죄와 의와 심판만을 말하면 이단(異端)이라고 별명을 붙이는 때가 있었다. 이렇게 혼암(昏暗)하고 유치(幼稚)한 때에 선생은 세상과 타협해 사도(邪道)에 합류하지 않을 뿐 아니라, 세대를 거슬려 진리의 기치를 더욱 선명히 높이 들고 십자가의 도(道)만을 고조(高潮)하시매, 속화한 교역자는 심지어 황성신문(皇城新聞)에 까지도 종교계의 여우라고까지 악평했다. 당시 동역자(同役者)는 진리를 훼손(毁損)하며 명예를 훼손하는 자를 질책하며 응징(膺懲)할 필요가 있다고 주장하나, 주의 이름으로 욕을 당하는 것은 도리어 영광이라 하여, 극히 온건(溫乾)한 태도로 양이 삭발(削髮)하는 자 앞에 소리가 없는 것같이, 조금도 대항하지 않을 뿐 아니라 도리어 그들을 위하여 열심히 기도하시되, 소변이 변하여 성혈(成血)이 되기까지 이르도록 축복하였다 한다.

  이것은 기도 가운데서 능력을 언어 구속의 도리를 역증(力證)하되, 특히 성결(聖潔) 즉 죄성(罪性)에서 정결(淨潔)함을 얻는 도리와 신유(神癒) 즉 병중에서 신음 고통하는 자가 믿음으로 고침을 받는 도리를 더욱 고조하심으로 다른 교파에서 오해가 더 깊게 되었다. 그러나 소불개의(所不介意)하시고 증거하시는 말씀은, 수천만 인이 다 나를 오해하고 나를 용납하지 않아도 이사야 53장에 주께서 심령의 죄 위하여 형벌을 받는 동시에 육체의 질병을 치료하시기 위하여 채찍에 맞으셨다 하셨으니, 영육의 구주이심을 조금도 결함(缺陷)없이 증거하여야 완전한 증거라 하여 영에 대한 구속의 도리를 일차 말하면, 그 다음에는 신유에 대한 말씀을 반드시 하여 진리(眞理)의 완전(完全)함을 나타내고자 선언한 적도 있었다.

그런고로 육에 속한 자는 이단이니 무엇이니 하나, 영에 속한 자들은 더욱이 추앙케 되어, 진리의 선생님으로 하여 은혜를 받고자 갈모(渴慕)함으로 산간에 수양회를 개최하고 청강수은(聽講受恩)한 일과 또는 구령회(救靈會)에까지 참예(參詣)하여 방조(傍助)하여 수은코자 하였다 한다. 역시 추종(追從)한 분들은 현금 조선 교계의 신령한 사역자요, 원로요, 저명한 분들이니 선생의 봉사하신 일이 가장 위대하다고 추억하지 않을 수 없도다.

2. 기도(祈禱)에 열중

그리스도인은 누구든지 기도에 힘쓰지 아니하는 자 없으나, 거개(擧皆) 시기(時期)를 정하고 백일이나 40일이나 혹 얼마동안 하는 자는 있으나, 항상 기도하라는 말씀대로 부절(不絶)히 간절한 기도를 하는 자는 별무(別無)하되, 유독 선생님의 특장(特張)은 기도하는 일이었다. 대소사(大小事)를 자의(自意)로 행하는 일이 일절 없으시고, 매양(每樣) 기도하신 후에 행하시는 것을 친히 목도한 바로 말하면, 새벽에 조기(早起)하여 성경을 얼마 보신 후에, 기도하되 매일 아침 평균 2시간 이상을 기도하시고, 취침 시에도 매일 1시간 이상을 기도 아니하시는 날이 없는 것은 동거자의 실증이요, 또는 친구와 동역자와 성서학원에서 교수하고 계실 때에 학생들이 면회하러 갔으나 기도하시는 중이시므로 공행(空行)하는 일이 불소(不小)하였다. 하여간 자타의 영혼을 위하여, 교회를 위하여, 주님을 위하여 성서의 오의(奧義)의 계시(啓示)를 받기 위하여 부단(不斷)의 기도를 하되, 필자의 20년 교역(敎役)에 다수한 신자와 교역자와 내외국(內外國) 선교사를 상종하되, 선생님처럼 기도에 열중하는 자를 상종하여 본 기억이 전무(全無)하다.

아 선생의 부단(不斷)의 간곡한 기도의 생애는 항상 부족하고 나태한 나를 경계하여 주셨을 뿐 아니라, 사후에 추억함에 있어 나를 더욱 면려하여 주시는 교훈을 받고, 생사간(生死間)에 은사(恩師)이심을 감사하는 동시에 감루(感淚)를 난금(難禁)이다. 그런고로 아 하나님의 품속에 깊이 안기워 계신 선생에게 향하여 일언의 부르짖음은 나도 육신으로 생활함에 선생님을 효칙(效則)하고자 하나이다 할 뿐이다.

3. 사명(使命)에 충성

하나님께서 당신의 오묘한 도(道)를 받은 사람에게 구하는 것은 다만 충성(忠誠)이라 하셨다. (고전 4:1-2) 그런고로 죽도록 충성하라 하셨다. (계 2:10) 선생님의 구령(救靈)에 대한 사명의 충성이란 구불가진언(口不可盡言)이요, 필불가진기(筆不可盡記)로다. 위선(爲先) 성경을 상고(詳考)함에 정력을 다하여, 때로는 철야(徹夜)하여 가며 연구에 분몰(奔沒)하시고, 또는 아무리 생활이 곤란하실지라도 참고 서적을 구독(購讀)하시는 데는 태만치 않으셨다. 고로 서울에 내왕하게 되시면 다른 정다운 친구를 심방하지 못하실지언정 기독교 서점에는 아니 가지 못하신다고 하셨으며, 또 청년 전도자들에게 성경을 열심히 공부하라고 항상 부탁하시며, 항상 성구 난해절을 마음에 두고 기거좌(起居坐)와 사념(思念)을 불구하시고 고심 연구하심으로, 혹은 그 성구에 대한 오의(奧義)를 먼저 아는 자가 있는가 하여, 교역자를 만나면 누구에게든지 물어보시는 일을 주저하지 않으셨다. 고로 성서 강해와 설교에 명확하기로 제일 저명(著名)하였으며, 집회를 인도함에 극진하신 충성인 것은 누구든지 설교를 부탁한즉 심상히 자기의 아는 대로 말하려는 생각은 추호도 없이, 꼭 기도하여 주의 지시(指示)를 받고야 마시며, 그 지시함에 축복하시사 일반에게 은혜가 되시게 해 달라고 하여, 능력을 얻어 진중히 열심히 증거하시고 소홀히 하심은 일차도 본적이 없은즉 그의 충성을 가지(可知)요, 또는 내가 성서학원 재학시에 우리 학생들이 구령 역사에 좀 해태(懈怠)하게 하는 것을 보시고 대책(大責)하시기를, 그렇게 불충성하려면 역사(役事)를 그만두는 것이 차라리 낫다고 하시면서, 말씀하시기를 죽은 영혼 살리는 역사가 그리 쉬운 줄 아느냐? 죽도록 충성을 다하여도 오히려 부족하거든 이렇게 태만(怠慢)하고도 자책(自責)이 없단 말이냐? 아무쪼록 열심히 기도하고 찬미하되 주께서 기뻐하실 만큼 진력하고 수고해 상호 조력하여야겠고, 음성을 아끼어 찬미를 잘 부르지 아니한다든지, 또는 집회를 필하기까지는 미신자들의 영혼을 위하여 애타는 기도로 봉역(奉役)하지 아니한다든지, 미신자가 회개하고 결심치 않는다고 그를 완악하다고 함도 부당하다고 하시며, 우리가 할 충성을 다한 후에 주의 축복을 기다려야 한다고 하신 말씀은 지금까지 나의 귀에 쟁쟁하다. 선생님의 제일 가증히 여기시는 바는 불충성이다.

이런 말을 들은 기억이 있다. 어떤 교역자가 자기의 몸을 아끼어 구령회(救靈會)에 당해 찬미나 설교나 기도에 진충(盡忠)치 아니하면, 찬미하다가 목병이 나서 죽어도 천국 갈 수 있고, 몸 받쳐 설교하다가 죽어도 기도하다가 죽어도 천국 갈 수 있으나, 역사(役事)에 불충성하다가 죽으면 그는 천국가지 못한다고 하셨다. 고로 선생의 일생의 소원으로 말씀하심은 주님을 위해 영혼을 위해 당신이 순교할 수 있으면 더 원이 없겠다고 하셨다. 무슨 복에 나 같은 놈이 순교자의 반열(班列)에 서겠느냐? 이도 주께서 허락하여야 된다고 하시며 지원(持願)이시더니, 거(去) 9월 23일에 별세의 비보(悲報)를 접하게 되었다.

동시에 이명직 목사의 말씀이 참 섭섭하다고 하시면서 이 김상준 목사는 실상 순교(殉敎)요. 자기의 명(命)이 아니라고 하였다. 사명에 대하여 너무 과로(過勞)하여 마침내 이렇게 별세하였구려 하는 지우(知友) 간에 담화도 있었다. 필자도 그렇게 믿는다. 들으니 작년 9월부터 몸이 좀 약하시나, 서선(西鮮) 각지에서 특별히 집회에 청함을 입어 역사하심에 몸은 점점 더 약하여 가지만은 그야말로 죽도록 충성하시느라고 잠깐도 쉬지 못하시고, 계속하여 역사하시다가 병세가 위중(危重)하여 가매, 몇 개월 동안 자택에서 정양(靜養)하나 감세(減勢)가 없이 점점 더하여 감으로 1일은 자기 가족을 불러 놓고 말씀하시기를, 내가 별세할 터인데 죽는 나는 기쁘고 즐거울 뿐이나 인정상 철부지 애들을 어찌하나 하시고, 다시 말씀하시기를 육신이 생활하는 것은 나보다 나으신 하나님이 계시니 염려할 바 없으나, 독자(獨子) 성민(聖民)이를 내가 신학 졸업을 시켜 나의 유업인 전도직을 계대(繼代)하게 하고 별세하지 못하는 것이 일대 유감(遺憾)이로다 하시고, 눈물을 난금(難禁)하시고, 또 부탁하시는 말씀은 성민아 네가 아버지 없어짐을 섭섭히 생각 말고 주님이 네게서 떠나 계실까를 염려하여라. 범사를 믿음으로 살고 내 유업(遺業)을 네가 계속하여야 한다고 하시고, 끝으로 운명(殞命)시에 복음(福音) 124장을 부르고 이렇게 기도하여 달라고 하셨다. 주여, 이 죄인의 영(靈)을 구속하사 주의 품에 안아 주옵소서 아멘. 얼마 후에 운명하게 되시매 성민의 찬송과 기도가 그치자 승리의 기쁨으로 영적(靈籍)을 저 나라로 옮기었다고 한다.

(*『活泉』11권 12호[1933.12.], 9-12, 4.)

Ⅱ. 고(故) 변남성(邊南星) 목사를 추도함

오호애재(嗚呼哀哉)라! 남성군이여! 하나님이 너를 세워 기름 부으셨도다. 그 사명을 다하지 못하여 최후의 길을 밟으니 그 짐은 누구에게 부탁하였느냐? 심령상 다사지추에 추수할 것은 많으되 역군(役軍)은 작으니, 그러므로 추수하는 주인에게 간구하여 역군을 보내어 추수하게 하소서(마 9:37-38) 하신 주님의 말씀이 아직 현안(懸案)이 되어 있는 이때 이독몽소(爾獨蒙召)하여 가버리니 이 허다(許多)한 일을 어찌하면 좋을까? 우리가 하나님의 뜻은 항거할 수 없으나, 우리 단체에서는 일대 손실이라 아니할 수 없어 추억할수록 실로 감개무량하도다. 저는 영이라 아니할 수 없어 추억할수록 실로 감개무량하도다. 그는 영계에 유수(有數)한 다각적(多角的) 인물이던 것이 더욱 애석(哀惜)하도다.

1. 열정(熱情)의 사람

　사업에 당하여 단체이든지, 교회이든지 행사의 위험과 용이(容易)를 부과(不關)하고, 이해득실(利害得失)도 불구하고, 타인의 빈소(嚬笑)도 불구하고, 어떻든지 열정으로 일관하였다. 그러므로 단체의 사업에 있어서나 개인 사업에 있어서의 가위(可謂) 성공이라고 할 만하다.

　연중(然中) 한 가지 참간(參看)한 바를 소개하면, 연전에 고 변 목사님이 황해도 사리원교회에서 부흥회를 인도하는데 필자가 잠깐 참관하게 된 기회가 있었는데, 사경회 시간이나 부흥회 시간에 너무 열정적이어서 그 집회를 필하기까지에 그 육체의 힘이 감당할 것 같지 아니하여 필자가 세력을 그렇게 쓰고야 어떻게 감당하겠느냐고 한즉, 죽을 때 죽을지라도 그렇게 아니하고는 견딜 수가 없다고 하며, 나도 내 신체의 피로(疲勞)를 느껴 자제(自制)하려 하나 자제가 되지 아니하여 자연 그렇게 된다고 하더이다. 과연 억제할 수 없는 정열이어서 집회에 당하면 그 열정에 부딪혀서 누구든지 은혜를 받고야 만다.

　고로 어떤 교회에서 교역자와 제직 간에 제직과 평신도 간에 너무 알력이 많아 부지(扶持)할 수 없는 위경에 처하여서, 자 우리가 이 교회를 부지하여 나아가려면 부흥의 은혜를 받아야 할 터인데, 이러한 계제(階梯)에 누가 합당한 강사가 되겠느냐 함에 어떤 직원이 말하기를 변남성 목사라야 합당하다고 하였다 한다. 그리하여 변 목사님을 찾아뵙고 말하기를 우리 교회 형편이 이러하니 당신이 꼭 와서 수고하여 주어야 하겠다고 하매, 원래 모험성이 풍부하고 또한 열정적이라 사양치 않고 가서 밀실(密室)을 얻어 힘써 기도하고 열렬히 외친 결과, 하나님이 크게 축복하셔서 그 교회 내의 막혔던 장벽(障壁)은 다 훼파(毁坡)되고, 한석(寒石)과 같이 차고 강퍅(腔愎)한 심령들은 다 용해(溶解)가 되어, 대부흥의 역사가 있었던 것이 사실이다. 아- 그 열정이여!

2. 충성(忠誠)의 사람

우리 주님이 하나님에게 충성하심과 모세가 하나님의 온 집에 충성한 것과 같이 형제도 주께서 자기를 불러 세우신 날부터 오늘까지 여일(如一)히 충성하였다. 그는 항다반(恒茶飯)하는 말이 어떻게 하면 신자의 심령이 잘될까? 교회가 진리 안에 잘 나아갈까? 단체가 흥왕(興旺)할까 하였다. 그가 심한 병중에서라도 하는 말이, 어서 병이 나아서 한번 마음대로 역사하여 보았으면 좋겠다고 하며, 지금 교회 일과 단체가 침체(沈滯)한 상태에 있는 것을 보면 답답하고 클클하여 못 견디겠다고 하였다.

과연 형제는 주님을 위하여 영혼을 위하여는 심령이나 물질이나 명예나 그 무엇의 희생도 불관하였다. 고로 어떤 때는 물질의 고통이 극심하여 견딜 수가 없을 때, 그 부인이 간고(艱苦)한 말씀을 하매, 우리의 간고는 우리 아버지 하나님이 다 아시는데 그 무엇을 괴로워하느냐고 하였다는 말을 들었다. 그 물질의 고미(苦味)가 형제의 충성된 마음을 더럽히지 못하였고, 또 어떤 때는 단체 일에 진충하다가 동역자의 모해(謀害)를 당하여, 무고히 힐책(詰責)을 당하여 신분과 명예에 불리한 경우를 당하여서도, 선을 행함으로 고난을 받고 참으면 아름다운 일이라 하여 능인(能忍)하고 변명하지 아니하는 일이라든지, 또는 영혼을 위하여 신체가 허약하여지는 데까지 청신(淸晨) 기도를 힘쓰는 모든 일이 다 충성에서 출발하여 그 충성에서 종신하였으니, 형제의 충성이야말로 누가 찬송치 않을 수 없도다.

3. 활동의 사람

형제는 본이(本以) 활동적 인물이라 동양선교회에서 역사할 때에도 연천(年淺)하지마는 그 위인(爲人)이 1개 교회만을 위임할 것이 아니라 하여, 임지(任地)를 황해도 일원(一圓)과 평안남북도를 맡겨서 감리(監理)하여 활동하게 하였다. 연이나 이도 만족하지 아니하여 지방성경학교를 설립함에 무수한 시비와 압박을 당하여 가며, 금전도 없는 것을 단지 활동으로 마련(磨鍊)하여 가지고, 평신도로서 가재(擧皆) 교역자를 만들어 대 활동을 할 계획으로 꾸준히 활동하여 교역자를 부소히 양성하였고, 또한 우리 하나님의 교회 설립에 있어서도 동치서주(東馳西走)하며 동지를 규합(糾合)하는 일이나, 이리저리 교섭하여 연락을 취하는 일이나, 단체를 운영하는 일에 여간 활동을 아니하였다.

작년 동기 교역자회에서도 병구임에도 불구하고 회에서 우로 좌로 할 뿐 아니라 금전이 곤란한 문제에 이르러 어떻게 할 바를 알지 못하여 모두 축미(縮眉)하고 있을 때에, "자 당신들의 소유있는 대로 내놓으시오 내가 지금이라도 당면한 곤란을 면하게 융통하겠다"고 하고 자신있게 능언(能言)하였다. 아- 형제의 활동력은 어느 방면으로든지 가히 경탄하지 아니할 수 없다. 과연 그러하다. 우리 단체의 존재나 평양 상수리교회의 존재나 도미(渡米) 유학하는 김광원 형제의 유학하는 그 모든 일이 다 변 목사의 활동 주선이라고 아니할 수 없다. 고로 이같이 활동하는 형제를 손실한 우리는 생각할수록 통탄(痛嘆)할 뿐이다.

(*『十字家』, 1939년 5월호.)

6부

성경 주해
: 히브리서 강의
(Lectures on Hebrews)

성경 주해:
히브리서 강의(希伯來書 講義)

서문

대의: 사도와 희생과 제사장과 증거자 되시는 그리스도

1. 본서의 저작자

저자에 대하여는 여러 말이 많으나 아프리카의 터툴리안은 바나바라 하고, 개종한 독일인 루터는 아볼로라 하고, 알렉산더와 클레멘트는 바울이라 한다. 또는 기원후 315년경에 역사가로 유명한 유세비우스는 바울의 서간(書簡)이 14편인데 그중에 하나는 히브리서 인 듯하다 하나 자세하지는 않고 수다한 사람들은 대개 바울의 서간으로 인정한다.

2. 내용과 목적

본서는 유대인 신자들에게 써 보낸 사도 서간 중에서도 진리상 가장 중요하고 또 심오(深奧)한 흥미를 가진 서(書 *책)인데 당시에 유대인들이 기독교 신자들을 비상히 핍박하며 또한 일변으로는 유대교의 제도와 율법과 엄장한 의식으로 유혹하여(행 21:18-34) 유대교와 기독교를 동화시켜 혼잡케 함으로, 믿는 유대인들이 구주를 배반하고 다시 유대교로 돌아가려는 위태로운 처지(危境)에 있는 자들에게 최초의 신앙을(히 3:14) 계속하여 보수(保守)하라고 장려하는 뜻으로 쓴 것이다.

이 책의 내용은 즉 그리스도는 구약의 여러 위대한 인물과 천사들보다 뛰어나심과 또는 율법, 의식, 직분들은 다 기독교의 모형에 불관한 것을 구약을 인조(引照)하여 설명하고 권면하며 경계하여 신자의 신앙의 근저(根底)를 견고케 한 서간이므로 본서는, 즉 구약의 모세 오경의 최량적 주석이라 말할 수 있다.

3. 특색

본서의 독특한 특색은 로마서나 갈라디아서와 같이 기독교 교리에만 치우치지 않고 또는 에베소서나 골로새서와 같이 기독 신자의 자격만을 명시하지 않고 단지 구속의 경륜과 하나님의 아들의 영광에 관한 가장 심오하고 충실한 묵시(默示)로 속죄의 기본적 대진리를 밝히 보인 것이다. 실례를 들면, 유대교는 그림자요 기독교는 본체이며, 유대교는 회화(繪畵)요 기독교는 실물이며, 유대교는 형식이요 기독교는 실상이며, 유대교는 육체요 기독교는 영(靈)인 것을 고조하여 기독교가 유대교보다 몇 배나 우승한 것을 증명하였다.

4. 요절

히 10:19-20

"그러므로 형제들아 우리가 예수의 피를 힘입어 담대히 지성소에 들어갔나니 그 길은 우리를 위하여 휘장 가운데로 여신 새 영생의 길이라 휘장은 곧 그의 육체시니라."

5. 연대와 장소

연대에 대하여는 여러 사람의 말이 각각 다르매 지일(指一)하여 확정키 어렵다. 그러나 좌우간 본서 중에서 예루살렘 성전 멸망에 대하여 암시한 곳이 한 곳도 없을 뿐 아니라 도리어 성전 봉사에 관한 것을 명백히 인조한 것이 많으니, 히브리서 9장 6-7절과 10장 11절을 미루어 보면 A.D. (주후) 67, 8년경인 것으로 추정된다. 장소에 대하여는 어느 곳에서 기록하였는지 성경상으로 가히 생각할 곳이 없으니 확실하지 않다.

6. 각 장의 주제(主題)와 우승(優勝)

장	주제	우승
1	하나님의 형상이신 그리스도	천사보다 우승하신 그리스도
2	인자이신 그리스도	
3	성자이신 그리스도	모세보다 우승하신 그리스도
4	안식의 그리스도	여호수아보다 우승하신 그리스도
5	제사장 되시는 그리스도	아론보다 우승하신 그리스도
6		
7		
8	신약	모세의 계약보다 우승하신 그리스도
9	희생	레위기의 희생보다 우승하신 그리스도의 희생
10		
11	신앙	
12	희망	
13	사랑	

7. 분해

본서를 크게 구분하면 교리부(敎理部)와 실행부(實行部)의 2부로 나눌 수 있다.

1부(교리부)는 1:1-10:18까지이며, 2부(실행부)는 10:19-13: 끝까지 인데 종종 경고(警告)의 말씀을 삽입하였다.

1부(교리부)

(1) 예언자보다 우승하신 하나님의 아들 그리스도(1:1-2상)

(2) 하나님의 아들의 영광(1:2하-3)

(3) 천사들보다 우승하신 성자 그리스도(1:4-14)

(4) 죄인에 대한 경계: 큰 구원을 경멸(輕蔑)히 여기지 못할 것(2:1-4)

(5) 속죄의 주 또는 대제사장이 되기 위하여 육체를 입으신 성자 예수: 천사보다 조금 못한 것 같은 이유(2:5-18)

(6) 종 되는 모세보다 우승하신 성자 되시는 그리스도(3:1-6)

(7) 성도에게 대한 경계: 광야에서 멸망한 이스라엘과 같이 약속의 안식에 미치 못함이 불가한 일(3:7-4:13)

(8) 아론의 계통 제사장보다 우승하신 멜기세덱의 반차(班次) 제사장 되신 그리스도(4:14-5:10, 6:20-8:5)

(9) 성도에게 대한 경계: 태만, 정죄, 타락에 대한 경계(5:11, 6:19)

(10) 구약보다 우승한 신약(8:6-13)

(11) 의식적 희생보다 우승하신 그리스도 자신의 희생(9:1-10:18)

2부(실행부)

(1) 그리스도의 속죄의 보혈과 제사장의 직분을 힘입어 지성소의 생애를 보내기를 권함(10:19-25)

(2) 성도에게 대한 경계: 방종히 죄를 범하여 뒤로 물러가 침륜에 빠짐이 불가한 일(10:26-39)

(3) 충족한 신앙(11:1-40)

(4) 희망으로 말미암은 인내(12:1-13)

(5) 성도에게 대한 경계: 하나님의 은혜에 미치지 못하는 자와 및 거절하는 일에 관한 경계(12:24-29)

(6) 사랑과 선행(13:1-19)

(7) 축도(13:20-25)

제 1 장

장명: 영원부터 하나님의 아들 되시는 그리스도

분해: 하나님의 완전하신 계시와 그 아들의 영광(1:1-3)

　　　천사들보다 우승하신 그리스도(1:4-14)

주의: 본장 중에 그리스도의 칭호가 9조로 나타나 있다.

　　　하나님의 아들(2. 5)

　　　만유의 후사(2)

　　　세계의 창조자(2, 10)

　　　속죄의 주(3)

　　　하나님의 참 형상(3)

　　　만물을 붙드신 자(3)

　　　왕(8)

　　　영원하신 자(12)

　　　승리자(13)

　　　본문 강해

● 제1절 : "옛적에 선지자들로 여러 부분과 여러 모양으로 우리 조상들에게 말씀하신 하나님이", "옛적에 선지자들로"

　　이것은 구약 시대의 여러 선지자들을 가르킴이다. "여러 번 여러 모양으로" 모세는 법률적으로 하나님께 봉사하며 제물로 속죄함을 받는 도리를 말하였다. 욥과 같은 이는 하나님의 섭리상 오의(奧

義)를 말하였고, 다윗은 하나님의 자비를 말하였고, 아모스는 하나님의 진실과 공의를 말하였고, 이사야는 말세의 행복을 말하였으니 참으로 여러 번 여러 모양으로 나타내셨다. (마 23:27)

● 제2절 : "이 모든 날 마지막에 아들로 우리에게 말씀하셨으니 이 아들을 만유의 후사로 세우시고 또 저로서 말미암아 모든 세계를 지으셨느니라"

"이 모든 날 마지막에" 주께서 재강림(再臨)하실 끝 날이 아니요 구약 시대 4천 년간 권고하시는 기간의 끝날 즉 주님의 세례 받으신 때를 가르킴이다. (단 7:25) "그 아들로 말씀하셨으니" 하나님께서 칙사(勅使)인 여러 사자(使者)로 말씀하시기를 그치시고, 지금은 만왕의 왕 만주의 주가 성부(聖父)의 뜻을 전달하기 위하여 오셨으니, 어찌 감사하지 않겠는가? 옛날 솔로몬 왕의 말을 듣는 신하도 복되다 하였거든(왕상 10:8) 하물며 주님의 말씀을 직접 듣게 된 우리이겠는가? 그 말씀의 목적은 인생의 죄의 선고(宣告)를 발령(發令)하심이 아니라, 그 은혜 깊으신 거룩하신 뜻을 표하심인데 우리에게 생명을 주시는 말씀, 위로를 주시는 말씀, 가르쳐 인도하시는 말씀이다. 누구든지 심령상 경험을 회고하며 최초에 어떤 사람으로 인하여 또는 설교로 인하여 하나님의 음성을 들으나 심령적 경험이 진보하면 성령으로 인하여 주님의 음성을 직접 듣는 것이다.

● 제3절 : "이는 하나님의 영광의 광채시요 그 본체의 형상이시라 그의 능력의 말씀으로 만물을 붙드시며 죄를 정결케 하는 일을 하시고 높은 곳에 계신 위엄의 우편에 앉으셨느니라", "이는 하나님의 영광의 광채시요"

비유하건대 태양 안에 빛이 발휘하므로 태양 전체를 나타내어 보이는 것과 같이 하나님 안에 계신 빛 되시는 주님으로 인하여 진리의 하나님이 나타나셨다. 그러므로 나를 본 사람은 아버지를 보았다고 하셨다. (요 14:9) 그러므로 어찌하여 하나님 자신이 직접 나타나지 않으시고 주로 인하여 나타나셨느냐 하면 하나님의 영광 비상한 빛이시어서 일광(日光)을 눈으로 직시(直視)하지 못하는 것에도 비할 수 없는 빛이시매 볼 수 있게끔 은연(隱然)히 비천한 육체를 취하여 세상에 오셨다. (요 1:14) "그 본체의 형상이시오" 마치 독(讀)과 도장 친 것이 추호도 어김도 없이 부합함과 같이 그리스도는 꼭 하나님의 형상이시라는 뜻이다. (고후 4:4)

"자기의 능하신 면으로 만물을 붙드신 자니 주께서 친히 만물을 창조하시고 그 거룩하신 명령으로 붙드셨다. 그러므로 바닷물이 해일하여 육지를 엄습하지 못함과 무수한 별들이 서로 충돌함이 없이 회전하는 것과 지구가 일정한 궤도(軌道)대로 회전하는 것이 다 주님의 명령의 능력뿐이다. 만일 주님의 말씀이 없었다면 이 우주와 만물이 대혼잡을 이루어 이같이 정연(整然)할 수 없을 것이다. 그러므로 진리 안에 있는 자는 이 우주와 만물을 보아 하나님을 찬송하지 않을 수 없고 동시에 이렇게 권능있는 말씀이 비천하고 혼란한 상태에 있는 나의 심령을 새로 창조하시고 붙드시는 일을 생각할 때에 어찌 우러러 감사치 않을 수 있겠는가? "죄를 정결케 하는 일을 하시고" 주께서 친히 사람의 형체를 입으사 세상 죄를 지시고 십자가의 고난을 대신 받으시고 보혈을 흘리셔서 모든 죄, 즉 자범죄(自犯罪)뿐만 아니라 원죄(原罪)까지 하나도 남기지 않고 다 정결케 하는 일을 하셨다.(요일 1:7) "위에서 위엄의 우편에 앉으셨으매" 주께서 구속의 대사업을 십자가에 죽으심으로 성취하여 놓으시매 하나님께서 성의로서 저를 높이 올리사 권위있고 귀중한 우편 자리를 허급(許給)하시고(시 110:1) 하늘에 있는 자와 땅에 있는 자와 땅 아래 있는 자로 다 무릎을 꿇게 하셨다.(빌 2:9-10)

● 제4절 : "저가 천사보다 얼마큼 뛰어남은 저희보다 더욱 아름다운 이름을 기업으로 얻으심이니", "천사보다 더욱 아름다운 이름을 얻으심이니"

　하나님께서 구약 시대에 히브리 사람에게 천사로 말미암아 거룩하신 뜻을 전달하시며 인도하신 일이 많으셨다. 실례를 들면, 아브라함에게 천사를 보내어 말씀하셨고 또는 이스라엘이 가나안에 들어갈 때에도 먼저 천사를 보내어 말씀하셨고 또 대적들의 마음을 두렵게 하였고 종종 천사로 나타나신 일이 있기 때문에 천사를 존숭(尊崇)하지만, 주님은 그보다 존귀하시어 종이라, 사자라 하지 않으시고 성자(聖子)라는 아름다운 이름을 가지셨다.

● 제5절 : "하나님께서 어느 때에 천사 중 누구에게 네가 내 아들이라 오늘날 내가 너를 낳았다 하셨으며 또다시 나는 그에게 아버지가 되고 그는 내게 아들이 되리라 하셨느뇨"

본 절과 이하의 말씀은 하나님께서 일찍이 어떠한 천사를 보고도 귀중하신 아들이라는 일컬음을 주지 아니하시고 다만 독생자 예수님을 가리켜 성경 여러 곳에 아들이라고 일컬으신 것으로써 천사보다도 얼마큼 나으신 증거를 확실히 세우셨다.

"네가 내 아들이라 오늘날 너를 낳았다" 이 말씀은 시편 2편 7절 말씀인데 사도행전 3장 32-33절 말씀을 대조하여 보면 주께서 부활하실 것을 가리켜 예언하셨던 것이 성취됨이 분명하다. "내가 그 아비가 되고 그가 내 아들이 된다." 사무엘하 7장 4절의 말씀은 원래 다윗이 솔로몬의 일을 예언한 것이나 간접으로는 그 후손이신 그리스도에게 관한 예언으로 볼 수 있다. 솔로몬은 화평의 왕이신 그리스도의 모형이다.

● 제6절 : "또 맏아들을 이끌어 세상에 다시 들어오게 하실 때에 하나님의 모든 천사가 다 그에게 예배할지어다 말씀하시며"

"맏아들" 주님은 하나님의 뭇 아들 중에 적자(嫡子)이시다. (롬 8:29, 골 1:15) 세상에 다시 들어오게 주께서 속죄의 구주로 한번 세상에 오셨고, 다시 영광의 주로 천년 왕국을 이 세상에 건설하시기 위하여 재강림하실 것을 가리킨다. 그러나 혹은 말하기를 주께서 십자가에 운명(命)하시기 전에 왜 나를 버리시나이까 하셨는데, 그

때 하나님께서 한 번 버려 죽게 하시고 부활하게 하사 세상에 다시 들어오게 하신 것이라고도 하는 이도 있다. "모든 천사가 다 그에게 예배할지어다" 신명기 32장 4-13절을 보면 "나라들아 그 백성으로 더불어 속죄의 주를 즐거워하라" 하였으며, 시편 97편 7절에는 "모든 신과 천사들아 여호와께 예배하라"고 하였고, 빌립보서 2장 9-10절에는 "예수의 이름을 듣고 무릎을 굴하게 하시고" 하셨으니 주님이 천사보다 얼마나 우승하신 것을 가히 알 수 있다.

● 제7절 : "또 천사들에 관하여는 그는 그의 천사들을 바람으로 그의 사역자들을 불꽃으로 삼으시느니라 하셨으되"

이 말씀은 시편 104편 4절의 말씀이다. 바람은 불어 날리는 힘이 대단히 신속하여 일시간이라도 몇 마일(幾哩)을 빨리 달아나는 능력이 있고, 화염은 빛이 있으며 물건을 뜨겁게 하며 소멸(消滅)케 하는 것인즉, 천사는 이상과 같은 작용으로 봉사함을 가리킴이다. 오늘날 우리 사역자들은 자신이 다 제각기 천사는 아니로되 역시 하나님의 사자 중의 하나인 것이다. 그러므로 우리도 옛날 오순절에 사도들이 받은 크고 급한 바람으로 임하신 성령과 화염 같은 혀로 나타나신 성령을 받아 바람의 사자로서 죄악 세상에 가득한 죄악을 불어 날리여 은혜의 바다에 장사(葬事)도 하며, 화염의 사자로서 죄악을 소멸하는 일을 하여야 할 것이다.

● 제8절 : "아들에 관하여는 하나님이여 주의 보좌가 영영하며 주의

나라의 홀은 공평한 홀이니이다"

"아들을 의논하여 하나님이여" 이 말씀은 시편 45편 6절 말씀을 인조(引照)한 말씀이다. 그리스도를 천사와 같이 종이라 하지 않으시고 하나님이라 주라 일컬으셨다. "네 보좌가 세세에 있도다." 사람으로는 왕위에 있으되 불과 몇 년이지만 주께서 장차 천년 왕국을 건설하시고 만왕의 왕, 만주의 주로서 즉위(卽位)하실 때에는 누가복음 1장 32, 33절에 "다윗의 위에 앉으셔서 세세에 야곱의 집에 왕이 되사, 그 나라가 무궁하리라" 하심이 성취될 것이다. "정직한 권병" 이것은 정권의 표호(表號)이다. 세상에는 불의와 및 학정으로만 행하여 빈약한 자를 억울하게 할 뿐이나, 하늘나라의 그리스도의 정치는 정의와 공평 뿐으로써 간난(艱難)한 자를 심판하시며 겸손한 자를 판결하실 것이다. (사 11:4)

● 제9절 : "네가 의를 사랑하고 불법을 미워하였으니 그러므로 하나님 곧 너의 하나님이 즐거움의 기름을 네게 부어 네 동류들보다 승하게 하셨도다 하였고"

"의를 사랑하고 불법을 미워하였으니" 이 말씀은 주님의 본 성질이니 세상에서의 평생 생애(生涯)가 이를 증명하였다. "즐거움의 기름으로 네게 부어" 이것은 곧 성신을 무한히 받으신 능력이 선한 일을 행하시고 마귀에게 눌린 자를 고치시고(행 10:38), 모든 역경(逆境)에서 거듭 역경에 이를지라도 승리로써 승리에 굳세게 나가셨다. 하나님의 아들 예수께서도 성령을 받으사 능력으로 만악을 정복하시고 승리하셨거든, 하물며 우리 사람이야 성령 세례를 받지 않고 어찌 진리와 승리의 생애를 보낼 수 있겠는가? "네 동료보다 낫게" 옛적에 제사장과 예언자와 및 왕에게 기름을 부어 그 직책을 맡기었나니, 이렇게 기름 부음을 받은 동류들보다 성령을 무한히 받으신 주님이 더 나으시다는 뜻이다.

● 제10절 : "또 주여, 태초에 주께서 땅의 기초를 두셨으며 하늘도 주의 손으로 지으신 바라"

10-20절까지는 시편 102편 25-27절까지의 말씀을 인조한 것인데, 그리스도는 천지 창조 전 영원한 태초의 창조자이시다. 잠언 8장 23-30절까지를 일관(一貫)해 보면 주는 만물이 있기 전에 계셔서, 기지(基地)를 잡으시고 창조하는 편수(編手)가 되셨다.

● 제11절-12절: "그것들은 멸망할 것이나 오직 주는 영존할 것이요 그것들은 다 옷과 같이 낡아지리니 의복처럼 갈아입을 것이요 그것들이 옷과 같이 변할 것이나 주는 여전하여 연대가 다함이 없으리라 하였으나"

이 말씀은 시 102:26-27 말씀을 인조한 것인데, "그것은 장차 멸망할 것이나, 우리 사람이 보통으로 생각하기를 이 천지는 튼튼하여 폐하지 아니할 것으로 알지만, 그 천지를 창조하시고 붙드시며 보존하시는 전지전능하신 하나님께서는 말씀하시기를 천변지이(天變地異)가 있겠다고 하시고(마 24:29, 35, 사 34:4) 또한 하늘이 큰 소리로 떠나가고 체질이 뜨거운 불에 풀어진다(벧후 3:10) 하였으며, 처음 하늘과 처음 땅이 없어졌다(계 21:1)고 하였으니, 이 천지는 옷과 같이 낡아지고 두루마기처럼 말리어 장차 없어질 것을 가히 알 것이다. "오직 너는 있을 것이요" 주 예수 그리스도는 어제나 오늘이나 영원토록 변하지 않으신다고 하셨으니(히 13:8) 연세가 무궁 무한하신 것이 분명한 증거이다.

● 제13절 : "어느 때에 천사 중 누구에게 내가 네 원수로 네 발등상 되게 하기까지 너는 내 우편에 앉았으라 하셨느뇨"

이 말씀은 시편 110편 1절을 인조한 것이다. "나의 우편에 앉아 하나님께서 보통 어떤 천사에게만 허락지 아니하실 뿐 아니라, 천사장인 가브리엘에게도 당신의 우편 즉 지존지귀(至尊至貴)하여 절대 유일의 영광스러운 자리를 허락하지 아니하셨고, 오직 죄를 정결케하는 일을 하신 그리스도에게만 허락하셨고(1:3), "네 원수로 네 발의 등상이 되게" 어떤 천사에게 이런 승리와 존영을 말씀하지 아니하고 다만 죄와 세상을 이기고, 승천하셨다가 이 지상에 재림하실 주님에게만 허락하신 것이다. (고전 15:25)

● 제14절 : "모든 천사들은 부리는 영으로서 구원 얻을 후사들을 위하여 섬기라고 보내심이 아니뇨"

유대인이 천사를 심히 존경하나 원래 천사와 주 예수와 대조함에는 너무 현격(懸隔 *차이나 거리가 매우 심하게 동떨어져 있음)하여 가히 비교할 수가 없다. 성경을 상고(詳考)하여 보면, 천사는 하나님의 명령을 받고 고넬료에게 거룩하신 뜻을 전달도 하였으며(행 10:3-6), 죽은 나사로를 아브라함의 품에 받들어 두기도 하였으며(눅 16:22), 장차 구원 얻을 후사인 어린아이를 지키기도 하였으며(마 18:10), 주 예수에게 시중드는 자(마 4:11)이니 차별을 말할 수 없으나 예수께서 왕이시면 천사들은 종인 것이다.

제2장

장면 : 인자이신 그리스도

본 장 중에서 구주의 특색이 여러 방면으로 나타난 것을 볼 수 있으니,

1. 뭇 사람을 대신하여 죽으심을 맛보심 (9)

2. 뭇 사람을 영광에 들어가게 인도하심 (10)

3. 구원의 주장(主掌)으로 (10)

4. 성결케 하심으로 (11)

5. 하나님의 영광을 표시함으로 (12)

6. 악한 마귀를 멸하심으로 (14)

7. 죄의 종을 놓아주려 하심으로 (15)

8. 대제사장 되심으로 (17)

9. 시험받는 자를 도우심으로 (18)

1. 구원을 경멸히 여기는 자를 경계함(1-4)

● 제1절 : "그러므로 모든 들은 것을 우리가 더욱 간절히 삼갈지니 혹 흘러 떠내려갈까 염려하노라"

　모든 들은 것을 1장 12절의 말씀과 같이 하나님께서 여러 방면으로 여러 번 직접, 간접으로 말씀하심과 천사나 선지자보다 더 나으사 예수 그리스도로 말씀하신 바를 들음이였다. "잃어버릴까 염려

하라" '잃어버릴까'라는 말은 '방탕할까'라는 말과 비슷하고 또는 급한 물결에 횡단(橫斷)하여 배를 젓는 사공이 게으르고 젓지 않으면 목적지에 도달치 못할 뿐만 아니라 파선에 이르는 것같이 이 글을 받는 자는 소수요, 미신자는 대다수(大多數)이니 그중에서 신앙을 주의하여 지키지 않으며 미신자(未信者)의 악한 감화를 부지중에 받아들여 신앙을 잃고 마침내 파선의 화를 당함과 같다.(딤전 1:19) 우리 신자된 자들은 세상을 향하여 나아갈 때에 주의에 주의를 더하여야 할 것이다. 많은 사람이 각양 은혜를 잃어버리는 원인에 대하여 몇 가지로 말하면,

① 마귀로 말미암아 하나님의 말씀을 의심함으로
② 성신을 의지치 않고 이상(理想)으로 교리를 연구함으로
③ 함부로 미신자를 교제함으로
④ 깨어 있지 아니함으로
⑤ 오락을 탐하므로
⑥ 그리스도보다 더 사랑하는 것이 있으므로

● 제2절 : "천사들로 하신 말씀이 견고하게 되어 모든 범죄함과 순종치 아니함이 공변된 보응을 받았거든"

"천사로 하신 말씀" 하나님께서 율법을 사람에게 맡기실 때에 직접으로 맡기지 않으시고, 천사로 하여금 모세에게 전한 것이다.(신 33:2, 행 7:53) 그러므로 유대인 중에 천사 숭배자가 있었다. "견고하여 공변된 보응을 받았다." 민수기 15장 30-31절을 보면 분명히

"본토인이나 객이나 만일 짐짓 여호와의 말씀을 어기고 죄를 범하면 영영 멸절을 당하리라고" 하였으니 천사로 하신 말씀도 공변된 보응을 받았다.

● 제3절 : "우리가 이같이 큰 구원을 등한히 여기면 어찌 피하리요 이 구원은 처음에 주로 말씀하신 바요 들은 자들이 우리에게 확증한 바니"

"이같이 큰 구원", 주께서 당신의 무죄하신 몸을 지구의 중심지 되는 유대 나라 수도 예루살렘 성 밖 갈보리산 십자가상에서 전 세계 인류의 죄를 위하여 피 흘려 죽으심으로 성취하여 놓았으니, 이제는 유대인이나 이방인이나 누구를 물론하고 공로없이 그 구속을 받음으로 얻은 큰 구원이다. "큰 구원을 경히 보면 어찌 피하리요" 천사로 말씀하신 것도 공변된 보응을 받았거든, 하물며 천사에 비할 수 없는 주께서 친히 말씀으로 증거하시고 그 말씀을 직접 들은 자, 즉 사도들이 성령을 힘입어 확실히 증거 한 것을 믿지 아니한 즉 멸망할 것이다. (요 3:36) 또한 진노하심이 그 머리 위에 있다 하셨다. (요 3:36)

모세의 율법을 폐(廢)한 자도 두세 증인이 있으면 긍휼(矜恤)없이 죽인다 하였거든, 하물며 보혈로 된 언약을 배반하고 성령에게 욕(辱)되게 하는 자의 응당 받을 형벌이 얼마나 중한 것을 말씀하셨으니(히 10:28-29), 지금은 은혜 시대라 해서 하나님의 진노와 심판이 경(輕)하거나 없는 줄 아는 자는 마땅히 경성(警經)할 것이다.

은혜와 사랑이 무한한 비례를 따라 진노하심과 심판하심이 더욱 중한 것을 알아야 할 것이다.

● 제4절 : "하나님도 표적들과 기사들과 여러 가지 능력과 및 자기 뜻을 따라 성령의 나눠주신 것으로써 저희와 함께 증거하셨느니라"

하나님께서 당신의 뜻을 따르는 자에게는 성령을 주셔서 이적과 능력으로 함께 하여 주심으로 도를 확실히 증거하신다. (막 16:20) 과연 당신의 뜻을 받들어 기도한 사도들에게 오순절 성령을 주시사 각처에서 각각 은사대로 사람이 능히 못 할 여러 가지 이적, 즉 나면서 앉은뱅이 된 자가 걷기도 하고 뛰기도 하는 일(행 3:2, 6, 8)과 또한 복음을 증거할 때에 그 말씀을 듣는 자의 마음이 찌르는 것과 같아서 회개하고 사죄함을 받아 구원얻는 것(행 2:37)과 고넬료의 집에서 설교하는 말씀을 듣는 사람들이 성령받은 것(행 10:44)이 다 하나님이 함께 하시어서 이적과 능력으로 증거하심이니, 이런 구원을 경히 보지 못할 것이다.

2. 죽음을 맛보신 구주(5-10)

● 제5절 : "하나님이 우리의 말한바 장차 오는 세상을 천사들에게는 복종케 하심이 아니라"

"장차 오는 세상" 영광스러운 천년 왕국 시대를 가리킴이다. 천사들에게는 복종하게 하심이 아니라 당시의 유대인들은 천사가 비상히 고귀한 지위에 있어 각국을 통치할 줄로 오해하므로 하나님이 천년 왕국을 천사에게는 맡겨 통치하게 하지 아니하시고 도리어 사람인 우리 성도들과 같이 천 년 동안 왕 노릇 하실 것을 분명히 말씀하셨다. (계 20:6)

● 제6절 : "오직 한 사람이 어디에서 증거하여 가로되 사람이 무엇이관대 주께서 저를 생각하시며 인자가 무엇이관대 주께서 저를 권고하시나이까"

이 말씀은 시편 8편 4-6절까지를 인조한 말씀인데, "오직 한 사람"은 다윗을 가리킴이요, "인생이 무엇이관대"는 인생을 잘 아는 성도의 말을 보면 인생의 가치가 물통에 한 방울 물과 같고(사 40:15), 또한 만일 저울로 달면 공기보다 더 경하다고 하였다(시 62:9). 인생은 이렇게 무가치한 것이다. "주께서 생각하시고 권고하시나이까" 아무 보잘 것 없는 인생을 주께서 몸소 희생이 되셔서 구속(救贖)하시고, 또한 영화롭게 하심에는 누구든지 그 자비하심과 은총 베푸심에 감격하여 찬미하지 않을 자가 없는 것이다. (7, 8절 강해 없음)

● 제9절 : "오직 우리가 천사들보다 잠깐 동안 못 하게 하심을 입은 자 곧 죽음의 고난받으심을 인하여 영광과 존귀로 관 쓰신 예수를 보니 이를 행하심은 하나님의 은혜로 말미암아 모든 사람을 위하여 죽음을 맛보려 하심이라"

"우리들이 천사들보다 못하게 하심을 입은 자를 보니" 하나님으로 더불어 교통하던 인생이 하나님의 원목적(元目的)을 파괴하고, 여지없이 타락하여 천사만도 못한 비열한 지위에 처하여 신음하는 이 인생을 구속함에는 부득불 사람의 형상을 입으셔야만 하였기에, 근본 성자이시나 천사만 못한 사람의 모양을 가지고 오신 주님을 보는 것이다. (빌 2:6-7) "죽음의 고난을 받으심으로 인하여 영광과 존귀의 관을 쓰신 예수" 죄의 값으로 의당히 죽을 인생을 구속하시려 오신 주님은 이 악한 세상에 강림하시던 날부터 자기의 백성에게 대접을 받지 못하시고(요 1:11), 헤롯에게는 죽이려 함을 당하셨다. 일평생을 악을 대적함에서 별별 고난, 즉 겟세마네 동산에서 혈한(血汗)을 흘리시는 기도와 자기의 제자인 가룟 유다에게 매도(賣渡)를 당한 일과 또한 십자가상에서 무상한 고난을 일일이 맛보시고 어렵게 대신 죽으셨고, 쉽게 죽으시지 않으셨다.

선(先) 아담은 영광 중에서 타락하여 마침내 실패에 이르렀으나, 후(後) 아담 예수는 음부(陰部)에까지 내려가셨다가 거기서 하나님께서 높이 올리사 모든 이름 위에 뛰어난 이름을 주셨고, 하늘과 땅과 땅 아래 있는 자들로 다 무릎을 꿇게 하시고, 모든 입으로 찬송하는 찬송을 받게 하셨다. (빌 2:9-10)

● 제10절 : "만물이 인하고 만물이 말미암은 자에게는 많은 아들을 이끌어 영광에 들어가게 하시는 일에 저희 구원의 주를 고난으로 말미암아 온전케 하심이 합당하도다"

"만물이 인하고 만물이 말미암은 자"는 만물의 근본이시요 주관자이신 조물주라는 뜻이다. (롬 11:36) "뭇 아들을 이끌어 영광에 들어가게 하실 때" 성령으로 말미암아 양자(養子)의 마음을 얻어(롬 8:15) 확실히 주로 더불어 같이 후사(後嗣)를 이을 우리 성도들인데 (계 7:9), 하나님의 계획은 인생을 멸망에서 구원하실 뿐만 아니라 그 놀라우신 영광에 들어가게 하는 데 있다. 그러므로 주와 같이 영광에 들어가려면 주와 같이 고난을 받아야 할 것이다. (롬 8:17) "고난으로써 온전케" 주께서 사람을 구원키 위하여서 십자가에 이르기까지의 고난이며 또한 일평생 고난을 당하심으로 온전케 하셨다.

3. 우리의 형제시며 제사장이신 예수(1-18)

● 제11절 : "거룩하게 하시는 자와 거룩하게 함을 입은 자들이 다 하나에서 난지라 그러므로 형제라 부르시기를 부끄러워 아니하시고"

"거룩하게 하시는 자"는 그리스도를 가리킴이요, "거룩하게 하심을 입은 자"는 성결함을 받은 일반 성도들이다. 본서에 성결이라 함은 중요한 조건으로 명백히 표시하였는데(9:14, 10:10, 14, 29) 이것은 단지 죄를 덜어 버리는 것뿐이 아니요, 신성하신 하나님의 성질을 받는 것이다. 그러므로 하나님과 일체되는 의미가 있다. "하나에서 난 고로 형제라 하시기를 부끄러워 아니하시고, 주님은 성자시요 사람은 마귀의 자식이라고 하였으니"(요 8:44), 하나에게서 낳다고 할 수 없으나, 주께서 성령으로 말미암아 성자로 탄생하신 것처럼 우리도 성령으로 하나님께로서 신생(新生)하였으니(고후 5:17), 주로 더불어 동기형제(同氣兄弟)이다. 그러므로 주께서 여러 번 형제라 하셨고(마 28:10, 요 20:17 등) 또한 은혜로 부끄러워도 아니하시는 것이다.

● 제12절 : "이르시되 내가 주의 이름을 내 형제들에게 선포하고 내가 주를 교회 중에서 찬송하리라 하셨으며"

"주의 이름을 내 형제들에게 전파" 이 말씀은 시편 22편 22절의 말씀인데, 그리스도께서 하나님께 말씀할 일을 예정적으로 기재한 것이다. "내가 주의 이름을 교회 가운데서 찬미하리라." 주님은 우리의 형님과 같이 우리 가운데 계셔서 하나님께 예배하며 찬미하겠다는 뜻이다.

● 제13절 : "또다시 내가 그를 의지하리라 하시고 또다시 볼지어다. 나와 및 하나님께서 내게 주신 자녀라 하셨으니"

"내가 그를 의지 허리라" 이 말씀은 이사야 18장 17절을 인용한 말씀이다. 주께서 하나님과 동등되심을 취하지 않으시고, 보내심을 입으사 자기로서 인자가 되셔서 무슨 일이든지 스스로 능히 행하지 못하시고 아버지께서 지시하신 대로 하셨고(눅 21:37), 또한 겟세마네에서 기도하실 때에도 '자기의 뜻대로 마옵시고 아버지의 뜻대로 하옵소서' 하고 전임(全任)하신 것을 볼 수 있다. "나와 및 내게 주신 자녀라" 이 말씀은 이사야 8장 18절을 인용한 말씀인데, 주께서 우리와 조금도 간격(間隔)이 없으신 일치의 의미를 명백히 표시함이다. 그러므로 신자를 형제라 자매라고(마 12:5) 친애하시는 말씀을 하셨으니, 우리는 잠시라도 주님께 대한 감사한 향념(向念)이 끊어질 수 없는 것이다. 이와 같은 은혜를 받게 됨은 우리의 무슨 가치나 공적(功績)으로 할 것이 아니니 주님을 더욱 애경(愛敬)하여야 할 것이다.

● 제14절 : "자녀들은 혈육에 함께 속하였으매 그도 또한 한 모양으로 혈육에 함께 속하심은 사망으로 말미암아 사망의 세력을 잡은 자 곧 마귀를 없이 하시며"

"그도 또한 한 모양으로 혈육에 같이 속하심은" 영적 동물인 천사를 구원하지 않으시고, 혈육에 있는 사람을 구원하려 함에는 사람과 같은 인성(人性)을 가지시고 실지로 형제가 된 연약한 사람이 죄로 인하여 당할 시험과 환난과 핍박과 사망을 거두어 받을 만한 몸이 아니면 안 되기 때문에 죄있는 육신의 형상을 입으신 것이다. (롬 8:3) 그리하여 분명히 평범한 사람처럼 생장(生長)하는 법대로 점점 장성하였으며, 지혜가 충족하였고(눅 2:41), 또는 길을 걸으시매 피곤하셨던 것이다. (요 4:6) "사망으로써 사망의 집권자 곧 마귀를 멸하려" 마치 물에 빠져 죽게 된 자를 구원하려 하면 누구든지 그 물 가운데 들어가지 않고는 구원할 수 없는 것같이, 사망이 아니고는 사망의 권세 잡은 자를 멸할 법이 없으므로 마귀의 일을 멸하려 오신(요일 3:8) 주께서 능히 사망에 사로잡혀 죽지 않으실 수 있으나, 사망의 권세를 깨뜨리기 위하여 십자가에 못 박혀 죽으시고, 음부에 내려가셨다가 부활하여 올라오심으로써 완전한 승리를 나타내신 것이다. (고전 15:52)

● 제15절 : "또 죽기를 무서워하므로 일생에 매여 종 노릇 하는 모든 자들을 놓아주려 하심이니"

무릇 사람이 죽기를 싫어하고 살기를 원하는 것은 죽음아래 있는 인생의 정한 이치이다. 죽음이 생긴 후로는 죽음보다 더 두려움은 없다. 그러므로 일생을 죽음의 노예(奴隸) 노릇 하는 것이 사람의 일이 되었다. 아 비참하다! 가련하다! 무슨 놓일 방법이 없을 것인가? 이 같은 즈음에 우리를 위하여 대신 죽으셔서 믿는 사람은 죽어도 살고 살아서 믿는 자는 영원히 죽지 않는다고 하셨으니 이런 복음이 또다시 없는 것이다.

● 제16절 : "이는 실로 천사들을 붙들어 주려 하심이 아니요 오직 아브라함의 자손을 붙들어 주려 하심이라"

"천사들을 도우려 하심이 아니오" 주께서 육체를 입으시고 겸비하셔서 죽기까지 하나님 아버지께 복종하신 것은 천사들을 위하심이 아니라, "아브라함의 자손을 도우려 하심이라" 단지 아브라함의 육체상 자손 된 유대인만 구원하고자 함이 아니오, 믿음으로 주께 속한 영적 자손까지(롬 4:17)를 가리킴이다.

● 제17절 : "그러므로 저가 범사에 형제들과 같이 되심이 마땅하도다 이는 하나님의 일에 자비하고 충성된 대제사장이 되어 백성의 죄를 구속하려 하심이라"

　"하나님의 일에 자비하고"는 어떠한 죄인이라도 긍휼 관용하시며 깊이 동정 위문하시는 하나님이심을 뜻한다. "충성된 대제사장" 백성 중에 한 사람이 택함을 받아 하나님과 사람 사이에 처하여, 중보로써 하나님께 기도하며 백성에게 하나님의 뜻을 선포하는 직분인데, 주께서는 어떤 경우를 막론하고 하나님 편에 서서 인간을 대하여는 하나님의 긍휼로 대하시고, 백성 편에 서서 하나님께 대할 때에는 모든 사람의 죄를 부담하고 책임을 지고 위하여 기도하시는 충성되고 믿을 만한 대제사장이시다.

● 제18절 : "자기가 시험을 받아 고난을 당하셨은 즉 시험받는 자들을 능히 도우시느니라"

　주께서는 원래 죄를 알지도 못하셨고, 이 세상의 고통으로 더불어 상관이 전혀 없는 성자이시지만, 속죄의 구주로 강림하실 때에 육체를 입으시되 인생의 정형(情形)을 다 당하는대로 맛보아 아실 만한 육신을 가지시고 오셨다. (4:15) 그러므로 광야에서 금식하시고 주리실 때에 마귀가 떡으로 유혹하였고(마 4:3), 나그네로 행보(行步)하시매 피곤하셨고, 꼭 우리와 같으신 인성을 가지셨음으로 우리 인생의 얼마나 약한 그 사정을 잘 알으셔서 동정을 가지고 위로 하나님께 자기가 육체로 당하던 실험이 있음으로 유력하게 변호하시며 기도로써 도울 수도 있고, 또는 아래로 뭇 사람에게 성령으로 잘 위로하여 어루만져 주실 수도 있어서 시험받는 자를 능히 도와주실 수 있는 주님이시다. 여기에서 배울 것은 주께서 육체를 가지시고 마귀를 쳐 이기셨으니, 우리들도 성령을 힘입어 주와 함께 함에는 능히 승리할 만한 증거를 실제로 주셨다. 할렐루야!

제3장

1. 예수님의 높고 영화로우심이 모세보다 크심(1-6)

● 제1절 : "그러므로 함께 하늘의 부르심을 입은 거룩한 형제들아 우리의 믿는 도리의 사도시며 대제사장이신 예수를 깊이 생각하라"

"거룩한 형제 하늘의 부르심을 같이 입은 자들" 히 2:11 말씀과 같이 보혈로 성결함을 얻어 은혜로 거룩히 부르심을 입은 자이다. (딤후 1:9) "사도시며 대제사장이신 예수를 깊이" 주께서 몸소 우리를 위하여 큰 사도가 되셔서 하나님의 거룩하신 뜻이 어떠하신 것과 그의 극진하신 사랑을 나타내시며 또는 전장 말단(末段)에도 이미 기록한 바와 같이 백성을 대표하여 하나님 앞에 나가며 하나님께 뵈온 후에는 만민에게 거룩하신 뜻이 어떠한 것을 선포하시는 큰 제사장도 되심을 깊이 생각할 것이다.

이 '깊이 생각하라'는 자의(字意)가 천문학자가 별을 관찰하는 것과 같은 것을 뜻한 문자인데, 여간한 도리의 의미 여하와 가르침을 엄히 지켜야만 할 일을 연구한다는 원론적인 말이 아니다. 천문학자가 별을 관찰할 때에 노고(勞苦)로운 것을 싫어하지 아니하고, 어떤 때에는 고산정상(高山頂上)에서 망원경을 쓰고 철야(徹夜)하며 깊이 생각한다는 문자이다. 우리도 이같이 진력초사(盡力焦思)하여 게으르지 않고 깊이 생각하는가? 신자의 신앙의 장성(長城)과 은혜의 빈부(貧富)가 여기에 있으며 또한 주와 깊이 교통을 유지함과 영혼의 건강 상태를 보존함에도 여기에 있다. 그러므로 우리의 의지가 하나님께 향하여 있는 것만으로 충분한 것이 아니다. 한 걸음을 더 나아가 우리의 생각이 항상 주님께 향하여 있지 아니하면 안 될 것이다. (시 104:24)

● 제2절 : "저가 자기를 세우신 이에게 충성하기를 모세가 하나님의 온 집에서 한 것과 같으니"

이 절은 그리스도와 모세를 대조함이다. 유대인들은 모세를 비상히 존경하였다. 그는 이스라엘 백성을 애굽에서 구원해 낸 자이며, 또한 거룩한 율법을 받은 자이며, 출생 때부터 비범(非凡)한 인물이라는 일컬음을 받았고(11:23), 왕자로써 양육을 받은 결과 부귀공명, 안일에 처할 수 있지만, 그런 것을 초개(草芥 *지푸라기)와 같이 버렸다. (11:24-26) 심신의 고난과 죽음을 무릅쓰고 이스라엘을 애굽에서 구원해 내는 한 가지 일에만 충성을 다하였다. 그러므로 하나님께서 말씀하시기를 오직 내 종 모세는 나의 온 집에 충성되라고 하셨다 (민 12:7). 그러나 주님의 충의(忠義)에는 미치지 못하였다. (빌 2:6-8) 주께서 자기를 세우신 이에게 고락간에 일향 복종만 하시고 한 번도 거역하심이 없이 진충(盡忠)하셨으니, 누가 감히 이에 미치겠는가? 우리는 주님의 충의를 본받아 우리를 세우신 주님께 언제나 충성을 다해야 한다.

● 제3절 : "저는 모세보다 더욱 영광을 받을 만한 것이 마치 집 지은

자가 그 집보다 더욱 존귀함 같으니라"

모세가 사람으로는 범절(凡節)이 존귀하겠으나, 주님의 가장 높으신 지위에는 미치지 못함이 이하의 실례(實例)와 같다. 집이 아무리 훌륭하다고 할지라도 그 집을 세운 자가 더욱 존귀함은 물론인데, 이 집은 보통 그 건물만 의미한 것이 아니고 그 가족을 의미함도 된다. 그러므로 모세는 일가족 중의 한 사람에 불과하다면 그리스도는 그 집을 세우시고 그 집의 주인이 되시니 모세보다 초월한 것은 명백한 사실이다.

● 제4절 : "집마다 지은 이가 있으니 만물을 지으신 이는 하나님이시라"

집마다 반듯이 세운 이가 있으니, 이 집을 세우신 이는 1장 2절의 말씀과 같이 조물주이신 하나님이시다. (암 6:12, 마 16:18) 그리스도는 교회, 즉 하나님의 집을 세우신 분이시다.

● 제5절 : "또한 모세는 장래에 말할 것을 증거하기 위하여 하나님의 온 집에서 사환으로 충성하였고"

모세는 하나님의 온 집, 즉 이스라엘을 애굽에서 인도할 때에, 조금도 자기의 뜻으로 아니하고 일체를 하나님께 품고(稟告 *여쭈어봄)하고 그의 분부(吩咐)하시는 대로만 하여 순경(順境), 역경(逆境) 간에 충의로 봉사하였다. 또 모세는 그리스도의 강림하실 것과 그 구원을 명백히 증거하였고(신 18:15), 그 밖에 그가 전한 의식적

(儀(的) 율법은 모두가 그리스도와 및 그 구원의 모형이며 또한 표호(表號)이다.

● 제6절 : "그리스도는 그의 집 맡은 아들로 충성하였으니 우리가 그 집이라 다만 소망의 담대함과 자랑을 끝까지 견고히 잡아야 할지라"

"그 집 맏아들로 충성" 종은 그 집에 대하여 하등의 권리가 없으나 아들은 그 집의 전권이 있다. 종은 일을 하되 주인의 명령을 따라 거역할 수 없어서 부득이 복종하지만, 아들은 일 할 때에 원하는 마음과 기쁜 마음으로 사업이 잘 성취되기 위하여 죽도록 충성하는 것이다. 그런즉 종인 모세보다 얼마나 초월하신 주님이신가?. "우리들이 그 집", "너희들이 하나님의 성전이 되었다" 함과 같이 우리는 각각 하나님의 거하실 전(殿)(고전 3:16, 엡 2:21)이므로 거룩하지 아니하면 파멸을 당하니(고전 3:17) 거룩하여야만 한다. "소망의 굳셈과 자랑함을 끝까지 견고히 잡아야 함" 기독 신자는 주님의 재림의 영화로운 소망을 굳게 잡고 주님을 높여 자랑하지 아니할 수 없다. "끝까지"라고 하였으니, 혹시 흑암의 권세가 내습(來襲)하여 베드로와 같이 주님을 알지 못한다고 할 만한 경우를 당할지라도 항상 소망을 견고히 잡고 승리자(勝利者)되시는 주와 함께 함으로써 담대히 철두철미하게 끝까지 인내로써(10:26) 주를 자랑하며 소망에 굳게 서서 기뻐해야 한다.

2. 하나님의 음성에 복종하기를 권고함(7-11)

● 제7절 : "그러므로 성령이 이르신 바와 같이 오늘날 너희가 그의 음성을 듣거든"

이 7절로 11절까지는 시편 95편 7-11절까지의 말씀을 인조한 것이다. 옛날 이스라엘 백성이 광야여행 중에 불신앙으로 말미암아 원망하는 말로써 하나님을 배반하여 진노하심을 일으키게 한 때에 된 일을 말한 것이다.(출 17:1-7 참조) 오늘날도 2장 3절의 말씀과 같이 직간접간(直間接間)에 기도할 때나, 설교를 들을 때나, 성경을 읽을 때에 하나님의 권고하심을 성령의 귀가 있는 자는 종종 듣는다.

● 제8절 : "노하심을 격동하여 광야에서 시험하던 때와 같이 너희 마음을 강퍅하게 하지 말라"

하나님께서 옛날 선민(選民)의 완패(頑悖)함을 책벌하심이 우리를 경계하는 전감(前鑑)이다. 그러므로 하나님의 음성이 성령으로 말미암아 들리거든 무지한 마음으로 완패치 말고 무소불능하신 하나님께서 모든 일을 능히 성취하실 것을 믿음으로 즉시 복종해야 한다. 불신앙과 불복종의 결과는 완패에 깊이깊이 빠지므로 주의해야 한다.

● 제9절 : "거기서 너희 열조가 나를 시험하여 증험하고 사십 년 동안

에 나의 행사를 보았느니라"

"나를 수탐(搜探)하여 시험하고" 모세에게 인도를 받은 이스라엘은 광야에서 여행할 때에 불신앙으로 말미암아 음료수와 식물로 인하여 원망도 하며 시험도 하였다. 그러므로 그들이 광야에서 무서운 형벌을 당하였고, 또한 신약 시대에도 아나니아 부부 같은 이는 성령을 시험하다가(행 5:4, 5, 9) 즉사(卽死)하였으니, 어찌 무서운 일이 아니겠는가? "40년" 저들의 불신앙으로 인하여 약속한 땅인 가나안에 곧 들어가지 못하고 광야에서 방황한 기간이다.

● 제10절 : "그러므로 이 세대를 노하여 가로되 저희가 항상 마음이 미혹되어 나의 길을 알지 못하니"

"이 세대를 노하여" 이스라엘 백성이 너무 강퍅하여 여러 가지 이적을 보고도 믿지 아니함으로 미혹을 받아 범죄할 뿐이니 믿지 아니함이 곧 죄의 어미이다. 그러므로 불신앙은 간음죄보다도 살인죄보다도 더 큰 죄이니 극히 주의할 것이다. "나의 길을 알지 못하니" 하나님의 행하시는 기적을 볼지라도 그 보는 것으로 확실히 깨달아 알 수 없고, 다만 믿음으로써 은혜를 받아 진리를 실지로 경험하기 전에는 알 자가 하나도 없는 것이다.

● 제11절 : "그런고로 내가 노하여 맹세하기를 저희가 내 안식에 들어오지 못하리라 하였다 하셨으니"

"노하여" 인생의 연약함을 잘 알아 체휼(體恤)하시는 하나님, 노하시기를 더디하시는 하나님이 노하지 아니하실 것이지만 불신앙으로 말미암아 여러 가지 죄로 여러 번 하나님을 시험하기 때문에 노하지 아니하실 수 없었다. "맹세하기를 나의 안식에 들어오지 못하리라." 민수기 14장 26-35절을 보면, 하나님께서 가나안 복지를 약속하여 주었으나 열 정탐꾼(偵探軍)의 본토인의 기력이 장대(壯大)하다는 보고를 듣고, 불신앙으로 겁을 내어 들어가기를 원치 아니하고, 도리어 미워하여 돌로 쳐 죽이고자 하였다. 그러므로 하나님께서 맹세코 20세 이상 장년은 들어가기를 허락하지 아니함으로 약속의 땅에 들어가지 못하였고, 20세 이하만 들어가기를 허락하심으로 들어갔다. 여기서 깨달을 것은 심령상 참 안식, 즉 성결의 은혜에 들어가는 것도 가나안 본토인을 겁내는 것처럼, 우리의 옛 사람, 즉 죄악의 성질의 죽은 자처럼 죄악에서 공생하다가 죽고 말 뿐이요, 유아(乳兒)가 부모를 신뢰하는 것처럼 단순한 신앙으로 성결할 줄 믿는 자는 성결의 은혜를 받아 참 안식의 복을 금세에서도 누릴 것이다.

3. 불신앙에 관한 경계(警戒)(12-15)

● 제12절 : "형제들아 너희가 삼가 혹 너희 중에 누가 믿지 아니하는 악심을 품고 살아계신 하나님을 떠나 타락할까 염려할 것이요"
　"믿지 아니하는 악한 마음" 어떤 이는 불신앙(不信仰)을 사람의 약점으로 경(輕)히 간과(看過)하나 그 원인을 상고하여 보면 약(弱)

한데서 일어난 것이 아니다. 악(惡)한데서 일어나 하나님의 신실(信實)하심을 믿지 아니하여 하나님을 의심하며 하나님을 시험하여 심령의 건강 상태를 저해(沮害)하는 병기(病氣)이다. 이 같은 마음은 근본적으로 제거하여 깨끗하게 하지 아니하면 아니 될 심히 두려운 큰 죄이니 깊이 주의할 바이다. "타락할까 염려" 믿음에서 타락한 자라 함은 졸지(猝地)에 음탕하여 음주(飮酒)와 호색(好色)하는데 이른 것을 말함이 아니다. 구실로는 어떠하든지 주여! 주여! 하면서도 그 마음에 믿음이 없으므로 사람 앞에는 신자같으나 하나님 앞에는 타락한 자니 삼가 조심할 것이다.

● 제13절 : "오직 오늘이라 일컫는 동안에 매일 피차 권면하여 너희 중에 누구든지 죄의 유혹으로 완패(頑悖)하게 됨을 면하라"

"오늘이라 일컫는 동안에" 하나님은 사람을 무한히 사랑하시사 은혜를 주시지 못하여 애쓰심으로, 오늘 그의 소리를 듣거든(15), 오늘 너희 영혼을 부르신즉(눅 12:20), 지금은 은혜를 주실 때요, 지금은 구원하실 날이라고(고후 6:2) 지금으로 재촉하시나, 마귀는 내일 좀 있다가 차차로 연기하여 은혜를 받지 못하게 하니 극히 주의해야 한다. "권면하여 죄에 빠져 완패함을 면하게" 이 말씀은 성령의 간절하신 권고이다. 무릇 사람의 불신앙의 죄는 안목을 현혹(眩惑)하게 하는 결과 마음이 완패(頑悖, 강퍅)하여 지는 것이니, 그러므로 죄를 예방하기 위하여 신앙생활에는 신앙의 동지(同志)가 있어 서로 권면하여 서로 도와주는 것이 가장 필요한 일이다. (10:24-25) 자기의 옳음에 손실될까 하여 형제의 바른 권고를 받지 아니하고 고립(孤立)함이 심히 위태로운 일이다.

● 제14절 : "우리가 시작할 때에 독실하게 믿는 것을 끝까지 견고히 잡으면 그리스도를 얻는 자가 되리라"

"시작할 때에 독실히 믿는 것을" 누구든지 처음에 회개하고 빛의 비춰임을 받아 주를 믿을 때에 만사를 다 위임(委任)하고 모든 약속에 의심이 없고 자기를 신뢰하지 않고 다만 단순한 영아(嬰兒)와 같아서 솔직히 주 예수를 믿을 뿐이다. "견고히 잡으면" 믿음을 견고히 잡는 자는 어떠한 사정상 어려운 지경에 처하든지 또는 어떤 유명한 신신학자(新神學者)에게 기묘한 새로운 신학설을 듣든지 마귀가 별별 방법으로 유혹한다 하여도 결단코 흔들리지 아니하며, "그리스도를 얻는 자가 되리라." 이것은 그리스도의 형상을 성취하여 나타냄을 가리킴이니, 일찍 주께서 사람의 혈육을 취하시고 인자(人子)가 되신 것처럼 이제 우리들이 심령으로 거룩하신 그리스도로 더불어 한 지체를 이루어 일치한 자가 되는 것을 밝히신 말씀이다. 여기서 그리스도와 우리가 이중(二重)으로 결합됨을 가히 알 것이니 그 비밀은 오직 신앙에만 있는 것이다.

● 제15절 : "성경에 일렀으되 오늘날 너희가 그의 음성을 듣거든 노하심을 격동할 때와 같이 너희 마음을 강퍅게 하지 말라 하였으니"

이 말씀은 성령께서 위의 7, 8절의 말씀을 재록(再錄)하여 강경히 경계하신 말씀인즉 결코 심상히 생각할 수 없고, 마음에 깊이 판각(判刻)하여 완패(강곽)하지 말고 곧 청종하여야 할 것이다. (사 48:18)

4. 이스라엘의 실패를 전감(前鑑)(16-19)

● 제16절 : "대개 듣고 격노케 하던 자가 누구뇨. 다 모세를 좇아 애굽에서 나온 이가 아니냐"

하나님을 격노하게 했던 자가 누구뇨? 민수기 14장 2, 29, 33, 41절을 보면 믿지 않고 우상을 섬기던 이방인이 아니고, 다 모세를 좇아 하나님의 크신 능력의 인도하심을 받아 애굽에서 구원얻어 나온 자들이다. 하나님의 노하심이 가히 없을 수 없다. 아! 오늘날 교회 신자들도 믿음으로 은혜를 맛보고 구원의 경험까지 있는 자들이 진리를 순종하지 아니하고 작당호원(作黨呼怨 *무리를 지어 원통함을 호소함)하는 일을 기탄없이 행하여 하나님의 노하심을 자청하는 자가 적지 않다.

● 제17절 : "또 하나님이 40년 동안에 누구에게 노하셨느뇨? 범죄하여 그 시체가 광야에 엎드러진 자가 아니냐?"

애굽에서 나와 하나님의 권능을 인하여 홍해를 건넌 이스라엘 백성 중 20세 이상자들이 불신앙으로 하나님을 반역하다가 광야에서 다 죽은 것이다.

● 제18절 : "또 하나님이 누구에게 맹세하사 그의 안식에 들어오지 못하리라 하셨느뇨. 곧 순종하지 아니하던 자에게 아니냐"

　이 절 말씀은 위의 11절의 강해와 유사(類似)하므로 다시 강론하지 아니한다.

● 제19절 : "이로 보건대 그들이 믿지 아니하므로 능히 들어가지 못하느니라"

　저 이스라엘 민족이 다 가나안에 들어가지 못한 것은 그들이 간음죄나 우상 숭배한 죄로 인하여 들어가지 못한 것이 아니다. 단지 가나안 족속들을 두려워하고 하나님의 능력을 믿지 아니함으로 들어가지 못하고 평생을 광야에서 유리방황(流離彷徨)하다가 불쌍히 죽은 것을 전감(前鑑)삼아 심령적 이스라엘인 우리들은 중생(重生)한 처지에서 선악이 서로 싸우는 고통의 생애를 떠나기 위하여 나를 권능으로 중생케 하신 하나님께서 확실히 참 안식지(安息地)인 성결의 은혜에 들어가게 하실 것을 믿음으로써 들어갈 것이다. 할렐루야!

제4장

1. 믿음으로 안식에 들어갈 일을 권고(勸告)함

● 제1절 : "그러므로 우리는 두려워할지니 이미 그 안식에 들어갈 허락이 있을지라도 너희 중에 혹 미치지 못할 자가 있을까 함이라"

"두려워해야 할지니" 이는 근신해야 할 것을 주의시키신 말씀이다. "아바"라는 아버지를 부르는 아들로, 종이 상전(上典)을 두려움으로 봉사하는 것처럼 두려워하라는 뜻은 아니다. 단지 자기의 구원을 완성하기 위하여(빌 2:12) 또는 자고(自高)하지 말고 오히려 삼가라는 뜻이다. "혹 미치지 못할 자" 옛날 이스라엘 민족이 안식에 들어갈 약속을 받아 가나안 가까운 땅 가데스 바네아까지 이르렀으나, 이상의 히브리서 3장 전체를 보면 그들이 불신앙으로 말미암아 가나안 복지에 들어가지 못하였다. 예컨대, 물에 빠진 사람을 구원하려고 구원선이 가까이 와 닿았으되 타지 아니하고 구원선 옆에서 빠져 죽는 어리석은 사람과 같다. 오늘날 모든 신자들도 은혜의 길에 잘 전진하여 그 어느 정도까지 이르렀으나, 마침내 완전한 곳에 들어가지 못하는 자가 적지 아니하니 어찌 조심할 바가 아니겠는가?

● 제2절 : "대개 전한 복음이 우리에게 있는 것이 저희에게 무익(無益)한 것은 저희들이 들은 자로부터 믿음에 화합(和合)하지 아니함

이라"

"전한 복음이 우리에게 있는 것이 저희에게 있는 것과 같다" 이 스라엘 백성이 안식의 땅 곧 젖과 꿀이 흐르는 복지에 관한 아름다운 약속과 아름다운 소망을 받은 것과 같이 우리들도 성경으로 말미암아 주의 평안 곧 온전한 안식의 생활에 들어가는 복음을 들은 것을 가르침이다. 가나안의 안식은 곧 심령상 안식의 추형(雛形＊모형)이다.

"그 들은바 말씀이 저희들에게 무익" 하나님께서 복된 약속을 저 선민(選民)에게 들려주셨으나 믿지 아니함으로써 하등의 소용이 없게 되었다. 하나님 편에서 온 약속을 사람 편에서 믿어 약속과 신앙이 화합하여야 효익(效益)이 많을 것인데, 저 이스라엘이 믿지 아니함으로 백성들의 실망도 크겠지만 하나님께서도 크게 실망하셨다. 그런즉 복음을 듣기만 하여 지식을 넓혀 교만을 나게 하지 말고(고후 8:1), 이미 들은 복음을 믿음으로써 조합(調合)하기를 힘써 기도해야 한다.

● 제3절 : "이미 믿는 우리들은 안식에 들어갔는지라 그 말씀하신 바와 같으니 가라사대 그런고로 내가 노하여 맹세하기를 저희들이 내 안식에 들어가지 못하리라 하였다 하였으나 세상을 창조할 때부터 그 일이 이루었느니라"

"이미 믿는 우리들은 저 안식에 들어갔느니라" 안식에 들어가는 일이 극난한 일이 아니니, 저 이스라엘 백성은 믿지 아니함으로 광야에서 40년을 유리(流離)하였으나(민 14:31 이하) 믿음으로 직통(直通)하였다면 불과 몇 날에 안식지에 들어 갈 수 있었던 길이다. 오늘날 심령상(心靈上) 안식에 들어가는 것도 믿지 아니하는 자는 평생을 애쓰고 원하되 들어갈 수가 없으나, 믿음으로는 지금 곧 이 순간에 들어갈 수가 있고 이미 믿은 자는 벌써 안식에 들어간 것이다. "세상을 창조할 때부터 그 일이 이루었느니라" 하나님께서 세상을 창조하실 때에 모든 일을 충분히 성취하시는 중에 참 안식도 성취하여 놓으셨다. (계 21:6) 그러므로 누구든지 믿으면 곧 들어갈 수 있다.

● 제4절 : " 대개 제 칠일을 어디 의논하여 이같이 일렀으되 하나님은 그 모든 일을 필하시고 제 칠일에 안식하셨다 하셨으니"

"하나님이 그 모든 일을 필하시고 제칠 일에 안식하셨다."(창 2:2, 출 20:11) 하나님께서 과거에는 6일간에 천지 만물 창조의 업을 마치시고 제7일에 안식하셨다. 오늘날은 우리 각 개인의 심중(心中)에서 새 창조의 일을 마치신 후에 그로 더불어 안식하시고, 미래에는 죄악된 세상에서 구원의 사업을 6천 년 동안에 마치시고 제7천년 즉 대안식년(大安息年)에 뭇 성도들로 더불어 크게 안식하실 것이다.

● 제5절 : "또다시 거기 일렀으되 저희들이 나의 안식에 들어가지 못하리라 하셨으니"

"내 안식에 들어가지 못하리라" 이는 시편 95편 11절 말씀을 인조한 것이다. 이스라엘이 하나님을 시험하여 탐지(探知)하며 믿지 아니하므로 노엽게 한 까닭에 약속지인 가나안에 들어가지 못하였다. 심령상으로 성령을 힘입어 참 평안한 상태에 들어가지 못하리라는 의미인즉 믿음으로써 들어가는 일을 권면함이다.

● 제6절 : "그러면 들어갈 자가 있거니와 복음 전함을 먼저 받은 자는 신종(信從)치 아니함으로 들어가지 못하였고"

"들어갈 자가 있거니와" 하나님의 자비하심이 깊으심에서 나타나신 성의(聖意)는 결허(缺虛)하심이 없으시사, 고대 이스라엘 사람은 믿지 아니함으로써 은혜받는 일을 막음으로 안식지에 들어가지 못하였다. 그러나 그후 40년을 지나 그 자손이 장성하여 가나안에 들어가 거룩하신 뜻을 성취하였다. 심령상으로는 유대인이 복음을 저버림으로 마태복음 22장 1절 이하의 왕자의 혼연(婚宴) 비유에 청한 손님이 합당하지 아니하므로, 큰 길거리에 가서 아무 사람이든지 청하여 온 것같이 누구든지 믿음으로는 참 안식에 들어갈 수 있다는 뜻이다.

● 제7절 : "오랜 후에 다윗의 글에 다시 하루를 정하여 오늘날이라 이른 바와 같으니 가라사대 오늘날 너희가 만일 그의 소리를 듣거든 너희 마음을 완쾌케 말라 하였으니"

"오랜 후에" 모세의 후계자 여호수아가 가나안을 점령한 후, 사사(士師) 시대를 지내고 사울 왕 시대를 또 지나 다윗 왕에게 미치는 약 500년의 오랜 해 동안을 지났다는 뜻이다. "오늘날 너희가 그의 소리를 듣거든 너희 마음을 완패하게 말라." 다윗 당시의 백성들의 심령 상태도 옛날 광야에서 방황하던 자들과 같으므로 성령께서 깊이 경책하시어 하나님의 안식의 길이 남아있는 것을 증명하여 그 안식에 들어가라는 뜻으로 권면하신 말씀이다. (성령께서 구원을 권면하심은 언제든지 내일이 아니요, 오늘을 재촉하시는 것이다.)

● 제8절 : "만일 여호수아가 저희에게 안식을 주었다면 그 후에 다른 날을 말씀아니하셨느니라"

"여호수아가 저희에게 안식을 주었다면" 물론 여호수아가 안식지에 이스라엘을 인도하였으나, 그는 단지 외형(外形)이요, 추형(雛形)에 불과할 뿐이다. 실제 하나님의 참 안식을 경험으로써 들어간 것은 아니었다. 만일 여호수아가 백성을 가나안에 인도하여 들인 것이 참 안식이라면, 다윗 때에 다시 다른 날을 말할 필요가 없었을 것이다.

● 제9절 : "이로 보건대 안식할 때가 하나님의 백성에게 남아있도다"

젖과 꿀이 흐르는 가나안은 성령에 충만하여 참 평안의 생애에 들어가는 참 안식의 모형적 장소에 불과하다. 이 심령상 안식의 초대는 옛날 이스라엘 사람뿐 아니라 누구든지 믿음으로 참 이스라엘 된 자들도 자유로 들어갈 만큼 여유가 있다. 신자된 자는 마땅히 심령상 경험을 수탐(搜探)하여 완전한 안식, 즉 그리스도 안에 들어갔는지를 반성하여 잠시라도 주저하지 말고 한시 바삐 들어가기를 힘쓰고 힘써야 한다.

● 제10절 : "이미 안식에 들어간 자는 자기가 자기 일을 하고 안식하기를 하나님이 자기의 일을 하시고 안식하심과 같으니"

　　이것은 하나님께서 천지 만물을 엿새 동안에 창조하신 일을 필하시고 안식하심이다.(창 2:1) 또한 여호수아가 가나안의 31명 왕을 진멸하고 평정한 후에 안식의 복을 누림(수 12)과 같이 우리들도 죄와 건과(愆過 *허물)로써 수고하던 그것을 다 회개하고 주님의 구속의 공로를 믿음으로 사유(赦宥)함을 얻을 뿐 아니라 온전히 죄성(罪性)에서까지 깨끗함을 얻어 죄로 고통하는 일을 필하고 심령이 참 안식에 들어간 것을 가리킴이다. 요한계시록 14장 12절의 미래에 모든 수고를 필하고 영원히 누릴 대안식이라고도 생각할 수 있다.

● 제11절 : "그러므로 우리가 마땅히 면려하여 이 안식에 들어갈지니 이는 누구든지 그의 신종치 아니함을 본받아 침륜(沈淪 *물 속에 가라앉음)하지 않게 하려 함이라"

　　"침륜하지 않게" 옛날 이스라엘이 불신종(不信從)함으로 말미암아 광야에서 멸망한 사실을 전감(前鑑 *거울삼아 되돌아올 만한 지난 일)삼아(고전 10:11) 엄숙히 경계하며 적극적 신앙으로 용맹있게 나아가 면려(勉勵)하게 한 뜻이다.

● 제12절 : "하나님의 말씀은 활발(活潑)하고 능력이 있어 좌우에 날선 어떤 검보다도 이(利)하여 영혼과 신 및 근절과 골수를 쪼개기까지 하며 또 마음의 생각과 뜻을 감찰하시니"

"하나님의 말씀은 활발하고 능력이 있어" 본서 11장 3절에 모든 세계를 지으신 말씀이요, 또한 1장 3절에 만물을 붙드신 능력의 말씀이다. 그 응용(應用)상으로 보면 좌우에 날선 예리한 검보다 더욱 정예(精銳)한 성령의 예리한 검(엡 6:7)이다. 한편으로는 마치 외과 의사의 손에 있는 예리한 칼이 사람의 근육과 복부(腹部) 깊은 데와 골격까지 해부(解剖)하여 병독, 즉 부패한 부분을 베어 버림같이 우리 사람의 심정과 의지의 깊은 데까지 철저히 수술하는 능력이 있다. 또 한편으로는 베드로전서 1장 23절 말씀과 같이 생명을 발작(發作)하게 하는 능력이 있다.

● 제13절 : "지으신 것이 하나라도 그 앞에 밟히 나타나지 않음이 없고 오직 만물이 다 우리를 상관하시는 자의 눈앞에 벌거벗은 것같이 나타난지라"

"그 앞에 밟히 나타나지 않음이 없고" 사람은 어떠한 자를 물론하고 공의로 심판하시는 하나님 앞에 각각 자기의 불신앙에 관한 여러 가지 죄와 사특한 의지로써 행한 모든 불의가 진상(眞相)대로

벌거벗은 것같이 나타나리라는 뜻이다. (렘 16:, 시 139:17, 1-10)

3. 동정(同情)있는 제사장과 은총의 보좌(14-16)

● 제14절 : "그러한고로 우리의 큰 대제사장이 있으니 곧 승천하신 자, 하나님 아들 예수시라 우리들이 마땅히 믿는 도리를 굳게 잡을지어다"

"우리에게 큰 대제사장이 있으니 승천하신 자, 하나님 아들 예수시라" 아론의 자손 제사장은 땅에 속한 지성소에서 백성을 위하여 일 년 한 차례씩 양의 피로써 속죄제를 드렸다. 그러나 이보다 더 커서 가히 비교할 수 없는 대제사장 예수께서는 하늘 지성소에서 매일 자기의 몸에서 흘리신 보혈을 가지시고 우리 죄인을 위하여 친히 엄위(嚴威)의 우편에서 기도하신다. (롬 8:34) "믿는 도리를 굳게 잡을지어다." 연약한 인생을 잘 동정하시고 또 완전하고 유력하신 제사장이 계시니 비록 연약하여 종종 죄에 빠질지라도 자포자기(自暴自棄)하지 말라. 신실한 도리를 굳게 잡고 무시(無時)로 그에게 나아가 직접으로 교통(交通)함에서 각양의 놀라운 은혜를 받을 것이다.

● 제15절 : "우리에게 있는 대제사장은 우리 연약함을 체휼하지 아니하는 자가 아니시요 오직 모든 일에 우리와 한결같이 시험을 받은 자로되 죄는 없느니라"

"우리 연약함을 체휼하시는 자이시다." 주께서 우리의 육체와 같은 육체를 입으셨으므로 인간의 신산(辛酸 *맛이 맵고 심, 힘들고 고된 세상살이)한 괴로운 맛을 친히 당하셨다. 그리하여 시험으로 어려운 지경에 처한 자를 잘 동정하시며 능히 도우실만 하신 주님이시다. (2:18) "모든 일에 우리와 한결같이 시험을 받은 자" 혈육의 몸을 입으셨으므로(2:14) 우리와 같이 의식주와 피곤하심과 칭찬의 시험을 받으셨으나 실패하여 범죄하는데 이르지 아니하셨다.

● 제16절 : "그러한고로 우리들이 은혜의 보좌 앞에 담대히 나아가 긍휼하심을 받고 때를 따라 돕는 은혜를 얻을지니라"

"은혜의 보좌 앞에 담대히 나아가" 각양의 은혜가 충만함으로 넘쳐흐르는 보좌이다. 그러므로 약자를 천(賤)히 여기지 아니하고 긍휼히 여기시며, 범죄하여 용기가 없어 떳떳하게 머리를 들지 못하는 자라도 긍휼히 여기심을 믿고 두려움 없이 담대히 나아가 긍휼함을 받으라는 뜻이다. "때를 따라 돕는 은혜를 받을지니라" 사람은 불완전한 육체를 가지고 이 사특한 세상에 처하여 있으므로 때로 약하고, 때로 실망하고, 때로 병들고, 때로 불쾌한 경우에 이르게 된다. 따라서 그때그때에 적당한 은혜를 받지 아니하면 하나님의 자녀요 또한 권속다운 생애를 보낼 수 없다.

제5장

1. 궁휼(矜恤)이 있는 제사장(1-3)

● 제1절 : "대제사장마다 인간에서 취한 자니 사람을 위하여 세워 하나님께 속한 일을 맡아 예물과 속죄하는 제사를 드리게 하나니"

"예물과 속죄하는 제사를 드리게" 백성들이 죄를 범함으로 종종 속죄함을 요구한다. 그러므로 금전, 식물, 동물들로 속죄, 속건(贖愆)의 제사를 드리되 직접으로는 불가능함으로 제사장만 이와 같은 제사를 드릴 수 있다. (레 1:5, 2:2, 3:5)

● 제2절 : "그가 무식하고 미혹한 사람을 능히 잘 용납할 수 있는 것은 자기도 연약에 싸여 있음이니라"

"무식하고 미혹한 사람을 용납" 대제사장도 육신을 입은 사람이므로 연약하고 부족하여 때때로 유혹을 만나 고통을 느낌으로써 무식하여 선악 간에 하나님의 뜻을 잘 분변(分辨辨)하지 못하고 미혹되어 바른 길을 버리고 곁길로 나아가는 어리석은 자까지 잘 용납하여 능멸(凌蔑 *업신여겨 깔봄)히 여기지 아니함으로 지혜로운 자나, 어리석은 자나, 강한 자나, 약한 자가 다 구원을 얻게 하심이다.

● 제3절 : "그러므로 백성을 위하여 속죄제를 드리는 것같이 자기를

위하여 드리는 것이 마땅하니라"

"백성을 위하여 속죄제를 드리는 것이 마땅" 레위기 4장 3절, 9장 7절, 히브리서 9장 7절을 참고하여 보면 제사장도 범죄하는 일이 있으므로 백성들이 범죄한 후에 속죄제를 드림같이 제사장도 속죄제를 드려야 한다. 그러나 하나님의 아들이신 대제사장 예수님은 아론의 자손인 제사장들과 같지 아니하여 한 가지의 죄도 범함이 없으신 분이시다. (고후 5:21, 히 4:15)

2. 하나님이 세우신 제사장(4-6)

● 제4절 : "이 존귀는 아무나 사람이나 스스로 취하지 못하고 오직 아론이 하나님의 부르심을 입은 것같이 입은 자라야 할 것이니라"

"이 존귀는 아무나 스스로 취하지 못하고" 하나님을 대신하여 사람 앞에 서고 사람을 대신하여 하나님 앞에 서는 이 직분은 지극히 존귀하여 누구든지 스스로 취하지 못할 것은 옛날 사울 왕이 망령(妄佞)되이 내가 여호와께 은혜를 빌지 못하겠느냐 하고 제사장이 드려야 할 번제를 드렸음으로 왕위에 오래 있지 못하였다. (삼상 13:12-14) 그 후 웃시야 왕이 교만하여 여호와의 성전에 함부로 들어가 분향(焚香)하려 함으로 하나님께서 형벌하셔서 그 이마에 문둥병이 발생케 되었다. (대하 26:16-19) 과연 이 직분은 사람이 제 마음대로 취하지 못할 것이 확실한 사실이다. 그러나 오늘날 은혜 시대라고 하여 강단 앞에 함부로 아무 사람이나 내세우고 또 서는 것은 대단히 주의할 일이다. "부르심을 입은 자라야 할지니" 이 제사장의 직분은 자기의 임의대로 택하는 것도 아니다. 사람의 선거로 결정하는 것도 아니다. 아론과 같이 특히 하나님께서 선택한 자라야만 할 수 있는 것이다. (출 28:1)

● 제5절 : "또한 이같이 그리스도께서 대제사장 되심도 스스로 높이심이 아니요 오직 말씀하신 이가 저더러 이르시되 너는 내 아들이니 내가 오늘날 너를 낳았도다 하셨고"

"그리스도께서 대제사장 되심도 스스로 높이심이 아니요" 주께서 성자(聖子)이신 몸 그대로 또는 스스로 존귀한 직분을 택한 것이 아니요 그 자격을 얻기 위하여 하늘 영광을 버리고 세상에 강림하시사 인성(人性)을 갖추셔서 사람이 당하는 경험을 다 당하여 맛보시고 죽기까지 복종하셨다. 그러므로 가히 연약한 우리 사람의 동정을 표(表)하실 만한 분이므로 하나님 아버지께서 높이 들어 (빌 2:9-11) 이 직분을 맡기시니 지금은 하늘나라 지성소(至聖所)에 계신 대제사장이 되었다.

● 제6절 : "또한 이와 같이 다른 데에 말씀하시되 네가 세세(世世)에 제사장이 되어 멜기세덱의 반차를 좇는다"

"세세에 제사장이 되어 멜기세덱의 반차(班次)를 좇는다." 시 110편 4절의 말씀인데 아론과 그 후계자인 제사장들은 죽는 일이 있으므로 잠시 직분을 받들다가 체임(遞任 *벼슬을 갈아 냄)하되 그리스도는 한 번 죽은 후에 이 직분을 맡으셨으므로 무시무종(無始無終)한 멜기세덱의 반차를 좇아(창 14:18) 영원히 우리들의 제사장이 되셨다.

3. 온전히 복종하는 제사장(7-10)

● 제7절 : "그가 육체에 계실 때에 자기를 죽음에서 능히 구원하실 자에게 비시고 심한 통곡하고 눈물을 흘리며 간구하셨으니 그 경외하심을 인하여 들으심을 얻었느니라"

"그가 육체에 계실 때" 영원 전부터 영원 후까지 계신 주께서 잠시 동안 육체에 계실 때를 가리킴이다. "심히 통곡(痛哭)하며 눈물을 흘리며 간구" 주께서 사명을 위하여 하신 일생 생애는 철야 기도의 생애였으며(눅 6:12) 눈물의 생애였다. (시 41:, 55:1-13) 그런 중에서도 특별히 겟세마네에서 전 인류의 죄와 저주를 친히 담당하시고 연약한 육체로 기도하실 때에 내 마음이 심히 민망하여 죽게 되었다 하시고 고통을 견디지 못하여 부르짖으시기를 '내 아버지여 만일 할만하시거든 이 잔을 내게서 떠나게 하옵소서' 하고 재삼 애원(哀願)하셨다. 그러나 어디까지나 복종하는 태도로 내가 하고자 하는 대로 마옵시고 오직 아버지의 뜻대로 하옵소서 하심으로(마 26:38-39) 아버지께서 사자(使者)를 보내어 건장(健壯)한 힘을 주셔서 승리하게 하신 것이다. (눅 22:43) "경외하심을 인하여 들으심을 얻었는지라." 여기서 기도의 비밀을 가히 알 수 있다. 쓸데

없이 곰과 같이 소리를 질러 떠든다고(시 59:11) 기도의 응답이 오는 것이 아니다. 또는 조급히 애써 슬피 울기를 비둘기 같이 한다고(사 59:11) 기도의 응답이 오는 것도 아니다. 다만 경외(敬畏)함으로 기도하여야 응답이 오는 것은 주께서 겟세마네 동산에서 고통이 극히 심하여 피땀을 흘리시는 지경까지 이르시며 눈물로 부르짖으셨으나 조금도 자기의 뜻대로 되길 원치 아니하시고 오직 아버지께 전부를 맡기고 복종하여 경외함으로 기도하신 결과로 응답을 받으셨다. 우리들도 이것을 크게 배워야 하겠다.

● 제8절 : "비록 아들이시라도 받으신 고난으로 순종함을 배워"

　주께서는 아들이시라도 세상에 강림하사 육신으로 지내실 때에 자신이 진리요 세상은 전혀 거짓된 관계로 사위(四圍) 환경에 접촉하는 것마다 충돌하지 않을수 없었다. 또한 유대인의 모해(謀害)와 심지어 사랑하는 제자에게 팔리는 일이며 십자가에 높이 달리는 일까지 당하시고 일생을 고통으로 일관하셨다. 이 모든 고통을 피하고 면하실 수도 있으되 한 번도 성부의 뜻을 거스름이 없이 한결같이 순종하시고 마지막으로 죽으시는 데까지 순종하셨다. (빌 2:8) 그러므로 우리도 주를 위하여 뭇 영혼을 위하여 당하는 일에 고난을 면하고 피할 만한 능력이 있을지라도 주님을 본받아 고난의 길을 밟으며 한결같이 진리에 순종하는 생애를 보내야 할 것이다.

● 제9절 : "완전하였은즉 자기를 순종하는 모든 자에게 영원한 구원

의 근원이시고"

주는 고난을 실제로 당하사 순종하심으로 모든 사명을 마치시고 이제 대제사장의 적당한 자격을 완전히 성취하셨다. (2:10) 구약 시대에 의식(儀式)으로 말미암아 얻는 구원은 잠시 동안의 효력이 있을 뿐이다. 그러나 이 구원의 근원 곧 (저술가가 서물[書物]을 저작[著作]함과 공장[工匠]이 가구를 만듦 같으신) 주로 말미암아 얻은 구원은 영원한 구원이다. (히 10:2, 3, 9:12)

● 제10절 : 6절과 의미가 같으므로 강해치 아니함.

4. 신자의 유치(幼稚)함을 탄식하고 태만함을 경계함(11-14)

● 제11절 : "멜기세덱을 의론(議論)하건대 말할 것이 많으나 해석하기 어려운 것은 너희의 들은 것의 둔하여짐이라"

"너희의 듣는 것이 둔하여 짐" 2장의 큰 구원을 등한히 여김과 3, 4장에 불신앙과 불순종을 경계함과 여기에 태만한 것을 경계한 것을 보면 저들의 신앙이 한결같이 진보하지 못하고 영적 지식과 은혜에 대하여 기갈을 느끼지 아니할 뿐 아니라 세상의 문학과 철학에 몰두하여 세상 사업의 성공을 만족히 여김으로 성령의 가르침이 마음에 들어오지 아니하여 영적 이해는 극히 빈핍(貧乏)한 고로 듣는 것이 둔하여지고 또 둔하여져서 진리를 의논하며 해석하기가 어렵게 된 것이다. 우리도 부지런히 성서를 읽으며 기도하지 아니하면 이와 같은 상태에 빠짐을 면치 못할 것인즉 서로 경계할 것이다.

● 제12절 : "때가 오래므로 너희가 마땅히 선생이 될 터인데 이제 누가 하나님의 도의 시작의 몽학으로 너희를 다시 가르쳐야 할 것이요 또 젖이나 먹고 단단한 음식을 못 먹을 자가 되었으니"

"때가 오램으로 너희가 마땅히 스승이 될 터인데" 이 이스라엘 사람은 구속함을 받은 지 여러 해가 되었으므로 미신자(未信者)와 새 신자를 위하여 크게 활동하여 잘 가르쳐 인도하지 아니하면 안 될 것인데 아직까지 기독교 초보에서 그리스도의 신이 있느니 없느니 하고 변론하고 있는 자가 적지 아니하다. "젖이나 먹고 단단한 음식을 못 먹을 자가 되었으니" 아직 심령 상태가 적자(赤子)와 같으니 하나님의 도(道)의 시작인 회개, 구속의 도리를 말하여야 할 정도(程度)요, 한 걸음 더 나아가 진리에 깊은 도리인 성결(聖潔)과 그리스도의 재림(再臨)에 대하여 도저히 이해치 못할 처지이다.

● 제13절 : "대저 젖을 먹는 자마다 곧 어린아이니 의(義)의 도(道)를 연습하지 못한 자요"

히브리 신자들은 아직까지 구약 의식에 얽매여 복음에 나타난 (롬 1:16-17) 기독교의 고상한 교리, 즉 칭의(稱義)와 성결(聖潔)의 도리를 잘 깨닫고 이해하지 못하여 심령상 실험적 가르침을 받아 감당하지 못하였다.

- 제14절 : "단단한 음식은 장성한 사람에게 마땅하니 그 총명이 연달함으로 능히 선악을 분변하느니라"

"그 총명이 연달함으로 능히 선악을 분변" 사람의 총명은 연달(練達 *단련이 되어 익숙하고 훤히 통하게 됨)로 말미암아 감각이 예민하여지며 또한 선악을 분별하는 능력이 나는 것이다. 실례를 들어 말하면, 아무 연달이 없는 젖 먹는 아이는 엿 한가락인지, 양초 한 개인지 분변하지 못하고 먹을 것으로만 알지만, 무엇이든지 다 더듬어 아는 연달이 있는 소경은 손으로 만져만 보고도 쓰는 돈인지, 못 쓰는 돈인지 잘 분변하여 아는 것이다. 그러므로 우리는 하나님의 뜻을 잘 분별하기를 연달하여 진리(眞理)와 이단(異端)을 분변하여야 한다. (요일 4:1)

제6장

1. 완전한데 나아가기를 권고함(1-3)

● 제1, 2절 : "그런고로 우리가 마땅히 그리스도 도(道)의 시작을 말하기를 그만두고 완전한데 나아가고 터를 다시 닦지 말지니 곧 죽은 행실을 회개함과 하나님께 순종하는 것이며 모든 세례를 가르침과 손을 안찰하는 것이며 죽은 자의 부활과 영원한 심판이라"

"그리스도 도(道)의 초보를 버리고" 그리스도교의 초보(初步)인 죽은 행실 곧 모든 죄를 회개함과 모든 세례를 가르침, 곧 유대인의 손 씻는 일(9:10)과 죽은 자를 위하여 세례를 받는 일(고전 15:29)과 요한의 세례와 안수 곧 의식적 안수(행 19:6)와 죽은 자의 부활과 영원한 심판을 말함과 하나님께 신종(信從)하는 터 닦는 일은 그만두고, "완전한데 나아가라" 그때의 신자들이 적자(赤子 *갓난아이)와 같이 유치한데 처하여 항상 그 처지에서 머뭇거림으로 권고하여 그리스도의 장성한 분량(分量)이 충만한데 까지(엡 4:13)와 하나님의 완전하심과 같이 완전한데까지 표준을 정하고 전진하라는 말씀이다. (빌 3:12-15)

● 제3절 : "만일 하나님께서 허락하시면 우리가 그 완전한데로 나아가리라"

범사가 하나님의 도우심을 의뢰하지 않고는 성취되는 일이 없지만 특별히 이 완전한데 나아가려면 마치 세상의 부모가 여러 가지 좋은 양식으로 자식을 공궤(供饋)하여 장성하게 함과 같이 하나님께서도 각양의 좋은 은혜를 신자들에게 풍성히 허급(許給)하셔야만 완전한데 나아갈 수 있는 것이다.

2. 타락(墮落)한 자에게 대한 경계(4-8)

● 제4절 : "무릇 이미 비췸을 얻고 하늘의 은혜(恩惠)를 맛보고 또한 성령을 한 가지로 얻고"

이것은 신자가 신앙이 전진향상(前進向上)하지 못하여 타락한 처지에서도 어느 때에 구원얻었던 것으로써 지금은 어떠한 상태에 있든지 반드시 천국에 들어갈 줄로 생각하고 스스로 속는 어리석은 자를 깊이 책망하는 말씀인즉 반성하여 주의할 바이다. "이미 비췸을 얻고" 우리가 본래 암매(暗昧)하더니(엡 5:8), 하나님께서 빛을 비춰주심으로 말미암아(고후 4:6) 비로소 하나님의 존재와 자기의 죄 있는 것을 깨달아 회개하고 신자가 되는 것이다. "하나님의 은혜를 맛보고" 주를 믿음으로 죄 사함을 받아 영생을 얻고 성도 가운데에 기업을 얻을 은혜를 맛보고(행 26:18), "성령을 한 가지로 얻고" 구원을 얻을 때에 주신 성령을 받은 것을(행 3:38) 가리킨다.

● 제5절 : "하나님의 착한 말씀과 내세의 권을 맛보고"

"하나님의 착한 말씀" 은혜로운 약속의 말씀, 영생하시는 말씀 (요 6:6, 18)을 가리킴이다. "내세의 권능을 맛보고" 내세의 권능은 이 세상 마귀의 권능보다 비상히 굳세어 주께서 재림하실 때에 마귀의 권세를 깨뜨리고 거룩한 나라가 권능으로 임할 것을 믿음으로 실험한 것을 가리킨다.

● 제6절 : "배교한 자는 능히 다시 새롭게 하여 회개하게 할 수 없나니 이는 자기가 하나님의 아들을 다시 십자가에 못 박아 현저히 욕을 보임이라"

이런 사람은 흔히 예배당에 의미 없이 출입 내왕하는 사자(使者)가 아니다. 이상 4, 5절에서 말한바 극히 고상한 각양의 은혜를 체험하고 지극히 높은 곳에서 고의로 하나님을 배반하고 믿음을 버리고 그리스도를 구주가 아니라고 반항하는 자이다. 주를 죄인이라 하여 십자가에 못 박은 유대인과 꼭 같은 자인즉 다시 회개하게 할 수 없는 자들이다. 타락한 천사 마귀를 보라. (겔 28:12-15)

● 제7절 : "땅이 가끔 그 위에 내리는 비를 먹고 채소를 내어 밭가는 자가 쓰기에 합당하게 하면 하나님께 복을 받고"

"땅이 가끔 내리는 비를 받고" 땅은 우리의 심지(心地)를 가리킨다. (마 12:4-9) 자주 내리는 비는 때를 따라 내리시는 하나님의 은혜의 비(약 5:7)를 가리킴이다. "채소를 내어 밭가는 자가 쓰기에 합당하게 하면 하나님께 복을 받고 땅이 단비와 좋은 비료를 받아 채소를 생장하게 하면 하나님께 복을 받음"(시 65:10)과 우리 신자가 때때로 은혜의 소낙비를 받아 과실을 많이 맺으며 은혜 위에 더 하시는 하나님께서 축복하셔서 성령의 열매를 더 많이 맺게 하신다. (요 15:2)

● 제8절 : "만일 가시덤불과 엉겅퀴를 내면 반드시 버림을 보고 저주함에 가까워 그 마지막은 불사름이 되리라"

"가시와 엉겅퀴"는 근본(根本) 아담이 죄를 범한 후에 저주로써 땅에 비로소 난 것인즉(창 3:17-18) 징계를 받은 표적이다. 땅이 단비를 받고도 가시와 엉겅퀴를 내는 것과 같이 우리 신자가 때로 은혜 부어주심을 받고도 마음 가운데 가시와 엉겅퀴가 무성하면 다시 은혜의 구름을 명하여 비를 내리라 하지 아니할 것은 옛날 패역한 이스라엘을 보아 알겠고(시 5:6-7) 또 무시운 형벌, 즉 사탄의 불이 이르지 아니할 수 없는 것이다. (마 7:19, 요 15:6)

3. 은근히 믿음과 인내를 권고함(9-12)

● 제9절 : "사랑하는 자들아 너희를 의론하건대 우리가 비록 이같이 말하나 너희가 이보다 낫고 구원함에 가까운 것을 깊이 믿노라"

"너희에게는 이보다. 나은 것" 6-8절까지의 타락한 자를 여지없이 엄책(嚴責 *엄하게 꾸짖음)하고 이제부터는 적극적으로 장려하는 말씀이다. 믿음이 너무 유치하여 젖 먹는 상태에 처하여 있을지라도 믿다가 타락한 자보다 얼마나 나으며, "구원함에 가까운 것을 깊이 믿음" 깨어 힘쓰면 곧 구원을 얻으리라는 뜻을 은근히 권고하는 것이다.

● 제10절 : "하나님이 불의치 아니하사 너희 행한 일과 그 이름을 위하여 나타낸 사랑으로 이미 성도를 섬긴 것과 이제도 섬기는 것을 잊어버리지 아니하시느니라"

"너희의 행한 일과" 하나님은 우리의 불의와 죄를 기억하셔서 심판하실 뿐 아니라 우리의 착한 일을 낱낱이 기억하셔서 갚아 주신다. (롬 2:26) "그 이름을 위하여 나타낸 사랑으로 성도를 봉사한 것을 잊지 아니하심" 주의 이름으로 소자(小子) 하나에게 냉수 한 그릇을 준 일과 복음을 선전하는 초시대의 환란과 핍박을 당하는 성도들을 환영하여 잘 위로하며 대접한 일은 주께서 결단코 잊지 않으신다. 유업과 상으로 갚아 주시겠다고 하셨은즉(마 10:42, 25:37-40) 하물며 주를 위하여 또 뭇 영혼을 위하여 십자가를 지고 나아가는 일을 잊어버리시겠는가? 결단코 잊지 않으신다.

● 제11절 : "우리가 간절히 원하는 것은 너희 각 사람이 이 같은 부지런함을 나타내어 소망의 충실함을 얻어 끝까지 이름이니"

"이 같은 부지런함을 나타내어" 10절에 성도를 봉사하는 일에 더욱 힘써 부지런하여 게으르지 말고 열심을 품어 주를 봉사하라는 뜻이다. (롬 12:11) "소망의 충실함을 얻어 끝까지 이름이니" 재림의 소망이 불타듯 하면 자연히 주를 위하여, 뭇 사람을 위하여 어떤 어려운 환경에서라도 즐거움으로 잠시뿐 아니라 주 재림하실 때까지 또는 주께서 더디 오시면 죽기까지 소망에 충실할 수밖에 없는 사실이다. (눅 12:4, 12)

● 제12절 : "너희가 게으르지 아니하고 믿음과 참음으로 여러 가지 허락을 얻은 자들을 본받을지어다"

"믿음과 참음으로 허락 얻은 자를 본받아" 믿음과 참음은 수레의 두 바퀴 같은 관계가 있음으로 잠시라도 가히 서로 떠날 수가 없는 형세(形勢)이다. 믿음의 생활은 하늘에 속한 일인고로 세상과는 전혀 배치되는 일뿐이다. 그러므로 게으른 자가 참음이 없으면 그 믿음을 지속할 수가 없고, 허락한 약속을 얻을 수도 없다. 한 가지 예를 들어 말하면, 아브라함이 복지(福地)에 나아갈 약속을 일순간에 받아 믿고 여러 가지 어려운 일을 당하였으나 의심하지 않고 인내로써 믿음을 계속하였다. 또한 그 아들 이삭을 받는 일에 대해서도 약속을 얻은 후 14년이라는 긴 세월을 지내게 되었으니 그 사이에 비상히 인내함으로써 마침내 약속을 이루었다. 우리도 옛날 성도들을 모범하여 믿음과 인내로써 허락하신 약속을 성취해야 한다.

4. 하나님의 약속과 맹세(13-18)

● 제13절 : "하나님이 아브라함에게 허락하실 때에 가리켜 맹세할 자

가 자기보다 더욱 큰 이가 없으므로 자기를 가리켜 맹세하여"

"하나님 이 자기를 가리켜 맹세" 예로부터 지금까지 양방이 약속을 세울 때에는 허위(虛僞 *꾸며낸 거짓)가 없음을 보증하기 위하여 약속의 실물보다 몇 배의 가치가 있는 것으로 맹세(盟誓)하는 풍습이 유대와 이방에 있었다. 그러므로 유대 사람은 하나님의 보좌인 하늘을 가리켜 맹세하고, 이방 사람은 자기의 귀중한 생명으로 맹세함 같이 하나님께서 아브라함이 절대로 하나님을 믿고 외아들인 이삭을 제물로 삼아 바치는 데까지 순종하므로 축복하실 것을 약속하실 때에도 자기보다 더 큰 이가 없음으로 부득이 자기를 가리켜 맹서하였던 것이다. (창 22:16-18)

- 제14절 : "가라사대 내가 복을 주되 참 너를 복을 주고 많게 하되 너의 자손을 많게 하리라 하셨으니"

"참 너를 복을 주고" 하나님께서 아브라함에게 복을 주시되 복의 기관이 되게 하시겠다고 약속하셨다. (창 12:20) "너희 자손을 많게 하리라" 아브라함에게 자손을 허락하시되 하늘의 뭇 별과 같이 해변의 모래 수와 같이 많게 하실 것으로 약속하셨다. (창 15:5, 22:17)

- 제15절 : "저가 이같이 오래 참아 허락을 얻었나니"

하나님께서 아브라함에게 많은 자손과 기업지를 약속하신 후 즉시 성취하지 않으셨다. 아브라함이 여러 해를 지나되 조금도 의심이 나서 흔들리지 아니하고 하나님의 약속을 바라며 믿음에 더욱 견실하며 나가자 약속대로 신실하신 하나님께서 나이 많아 죽은 자와 방불한 사람으로 하늘에 있는 별 수와 해변에 있는 모래 수와 같이 자손을 많이 생육하고 또한 약속지인 복지(福地)에 들어가게 하셨다. 믿으면 믿음대로 성취되는 것을 여기에서 깨닫게 되는 것이다.

● 제16절 : "사람들은 자기보다 큰 자를 가리켜 맹세하고 또한 모든 다투는 일에 맹세가 결국 되느니라"

"자기보다 큰 자를 가리켜 맹세" 이것은 사람의 일을 이끌어 설명함이다. 사람이 사람 사이에 약속할 때에도 위반이 없음을 표명하기 위하여 자기보다 나은 것을 이끌어 맹세한다. 예컨대, 채무자가 자기보다 나은 보증인을 세우는 것이며 또는 유대인은 하늘로 혹은 예루살렘으로 맹세하는 것과 같은 것이다. "다투는 일에 맹세가 결국이 됨" 국제 전쟁이라든지 개인의 분쟁이 다 일체로 맹세한 것이 결국 되는 것이다.

● 제17절 : "이같이 하나님은 허락을 얻은 자에게 그 뜻이 변하지 아니함을 더욱 나타내시려고 그중에 맹세로 보증하셨으매"

"허락을 얻은 자에게… 맹서로 보증" 허락을 얻은 자에게 하나님의 뜻이 결단코 추호의 변함이 없이 약속대로 반드시 은혜주시는 일을 명확하게 하기 위하여 한 번 약속하신 위에 충분히 맹세를 세웠다. 옛날 아브라함에게 대하여 창세기 12장 2절의 약속을 맺으시고, 그 후 22장 16-18절의 맹세를 세우신 후에 그대로 그 자손인 그리스도로 인하여 천하 만민이 다 복을 받게 되었다. 하나님께서 어떻게 우리의 믿음을 요구하시며 또한 어느 만큼을 마음 쓰시는 것을 이것에서 깊이 알 수 있다.

- 제18절 : "이 두 가지는 변치 못할 일이니 하나님이 이 일에 능히 거짓말을 하실 수 없는지라 화를 피하고 앞에 있는 소망을 얻으려 하는 우리로 하여금 안위를 받게 함"

"이 두 가지는 변치 못 할 일이니" 그 첫째는 약속이요, 둘째는 맹세이다. 물론 신실하신 하나님께서 "예"라 하시다가 "아니라" 하시지 못하시는 한결같이 미쁘신(고후 1:17) 하나님이신즉 약속의 맹세가 없으시더라도 거짓말을 하실 수가 없으신 하나님이 변역(變易)하지 못 할 일이다. 하물며 불신실한 우리로 인하여 약속 위에 맹세를 더하셨으니 그 약속이 변치 못할 것은 더욱 명백한 사실이다. "화를 피하고 앞에 있는 소망을 얻으려 하는" 믿는 우리가 다 어떤 곳에 처하였는가? 하면 앞에는 소망이 있고 뒤에는 진노와 화가 있으니 뒤에 있는 그 노(怒)에서 피(避)하여 앞에 있는 소망(所望)을 잡으려고 푯대를 향하여 달음질함으로써 위로부터 부르신 이의 상(賞) 주심을 얻어 큰 안위를 받아야 할 것이다.

- 제19절 : "우리가 이 소망이 있는 것은 영혼의 닻 같아서 튼튼하고 견고하여 휘장 안에 들어가나니"

"이 소망이 있는 것은 영혼의 닻과 같아서 튼튼하고" 이 소망은 주님 자신인데 영혼의 닻이다. 마치 배가 양양한 대해(大海)를 통과할 때에 역풍과 파도를 만날지라도 닻을 깊은 물 가운데 던지면 조금도 흔들림이 없이 안전한 것같이 일엽편주(一葉片舟) 같은 우리가 이 고해(苦海) 같은 세상을 통과할 때에 환란과 핍박의 풍파가 부딪칠지라도 우리의 소망의 닻이 하늘 장막 안에 계신 주님 안에 깊이 박혀 있으면 아무 염려가 없고 항상 안전(安全)한 생애뿐이다.

● 제20절 : "그리로 앞서 가신 예수께서 우리를 위하여 들어가신지라 그는 이미 멜기세덱의 반차를 좇아 영원한 대제사장이 되셨느니라"

"예수가 우리를 위하여 들어가신지라" 세상의 군왕은 행차할 때에 호위자와 선구자가 있어 그 부하가 먼저 선구(先驅)하는 법인데 주께서는 도리어 우리의 선구자가 되셔서 우리 있을 처소를 예비하시니 참으로 두려우며 또한 감사하기 짝이 없는 일이다. "멜기세덱의 반차" 옛날 제사장은 죽어서 갈렸으나 이는 죽지 않고 영원히 살아 계셔서 기도하시는 제사장의 반차라는 뜻이다.

제7장

1. 그리스도와 제사장 멜기세덱(1-3)

● 제1절 : "멜기세덱은 살렘 왕이요 지존하신 하나님의 제사장이라 아브라함이 여러 임금을 죽이고 돌아오는 것을 만나 복을 빈 자니"

"멜기세덱은" 미가서 5장 6, 10절, 6장 20절에 약간의 설명이 있었으나 본 장에는 사실의 설명이 더욱 자세하다. 창세기 14장 18-21절을 보면 아브라함이 자기 조카 롯을 구원해 내기 위하여 다섯 왕과 싸우고 개선가를 부르면서 돌아올 때에 멜기세덱은 떡과 술을 가지고 마주 나아가 아브라함에게 축복을 한 일이 있다. 또한 왕이요 제사장이라 하였으니 이 두 가지의 귀중한 직분은 우리 사람이 감히 겸임(兼任)치 못하는 것인데 유독(惟獨) 멜기세덱이 겸임한 것을 보면, 그리스도의 모형이 되는 것이 분명하다. 우리들이 이 세상에서 매일 선한 싸움을 싸워 이기고 개선가를 고창(高唱)할 때에 우리 주께서 하늘로부터 강림하셔서 생명의 떡과 성령의 새 술을 가지시고 오셔서 우리를 축복하실 것이다.

● 제2절 : "아브라함이 일절 십분의 일을 나눠 주니라 그 이름을 번역한즉 첫째 의의 왕이요 또 살렘 왕이니 곧 평안의 왕이요"

"아브라함이 얻은 것의 십분의 일을 나눠준지라" 아브라함이 멜기세덱을 만날 때에 심히 겸비하여 옛날 이스라엘 백성이 제사장을 만난 것처럼 저를 하나님의 대표자로 인정하고 하나님의 도우심으로 대적을 쳐 이기고 자기의 친근자(親近者)를 구원하였다 하여 기쁘고 감사하므로 십분의 일을 드렸다. "첫째 의의 왕" '멜기'는 '왕'이라는 뜻이요, '세덱'은 '의(義)'라는 뜻인즉 일점(一點)의 불의가 없으신 주님을 표현하기에 적합한 칭호이다. (시 72:2, 사 9:7) 그리고 "살렘 왕" '살렘'은 즉 '예루살렘'인즉 '평화'를 의미하는바 평강의 주님을 표현함이다. (사 9:6, 시 72:7) 다윗은 의의 왕이 되시는 주님의 모형이요, 솔로몬은 태평왕(太平王) 되시는 주님의 모형인 것과 흡사한 것이다.

● 제3절 : "아비도 없고 어미도 없고 족보도 없고 난 시작도 없고 생명의 나중도 없어 하나님 아들과 방불(彷佛)하여 항상 제사장으로 있느니라"

멜기세덱의 시종(始終)은 아론의 계통인 제사장과 판이하여 부모도 없고 생사의 시종도 없고 족보도 없어 우리가 가히 상고(詳考)할 바가 없음으로 아래에 주님의 모형되는 점을 열거한다.

* 멜기세덱과 주 예수와의 대조(對照)

	멜기세덱	주 예수
1.	의의 왕(7:2)	의의 왕(사 9:7, 렘 23:5)
2.	살렘 왕(:2)	화평 왕(사 9:6)
3.	왕이요 제사장(:1)	왕이요 제사장(슥 6:13)
4.	하나님의 아들과 방불(:3)	하나님의 아들(히 4:14)
5.	생사와 시종이 없음(:3)	항상 생존하여 계심(히 7:25)
6.	항상 있는 제사장(: 3)	갈리지 않는 제사장(히 7:24)
7.	아브라함에게 축복(:7)	우리에게 축복(딤후 4:8)

2. 레위의 제사장(祭司長)보다 나은 멜기세덱(4-10)

● 제4절 : "그 사람의 높은 것이 어떠함을 생각하라 조상 아브라함이 얻은바 상품으로 십분의 일을 저에게 주었느니라"

"그 사람의 높은 것이 어떠함을 생각" 유대 사람들이 자기들은 아브라함의 직계(直系) 혈통이라고 선조인 아브라함을 비상히 자랑한다. 그러나 아브라함이 대적으로 더불어 싸워 이기고 돌아올 때에 얻은 물건 중 가장 좋은 것으로 십분의 일을 멜기세덱에게 하나님을 대표한 자로 하여 겸손하게 드렸으니 그가 얼마나 더 존귀함을 가히 알 것이다. 여기에서 배울 것은 우리도 하나님께 드려야 할 것은 드려야 하는데 옛날 이스라엘 사람은 사람의 맏아들과 짐승의 첫 새끼를 구별하여 하나님께 드렸으니 오늘날 심령상 이스라엘이 된(롬 9:6) 우리들도 마땅히 드려야 할 것을 드려야 할 것이다.

● 제5절 : "레위의 자손 중 제사장의 직분을 받는 자가 명령을 받들어 율법을 좇아 백성에게 십분의 일을 취하니라 아브라함의 몸에서 난 형제에게 그러하였으니"

민수기 18장 21절을 보면, 하나님께서 이스라엘 12지파 중에 레위 지파를 특별히 성별(聖別)하여 속된 일에서 떠나 온전히 회막에 봉사하는 일만 맡기셨다. 그리고 다른 11지파에게 십일조를 거두어 레위 지파의 산업이 되게 하여 생활하게 하셨다. 우리가 여기서 배울 것은 오늘날 교회 신자들이 마땅히 드릴 십일조, 헌금을 드려 교역자의 생활을 담당하여야 하겠으며 또한 우리 교역자는 특히 성별 되어 성전을 받드는 일에만 진충갈력(盡忠竭力 *충성을 다하고 힘을 다함)하여야겠고 다른 사회 사업에 일체 간섭하지 못할 것이다.

● 제6절 : "오직 레위의 족보에 들지 아니한 멜기세덱은 아브라함에게서 십분의 일을 취하고 그 허락을 얻은 자를 위하여 복을 빌었나니"

"레위 족보에 들지 아니한 멜기세덱" 레위의 계보에 전혀 관계없는 멜기세덱은 레위 지파의 선조로 아브라함(창 12:11)에게 복을 빌고 십일조를 받았으니 그의 신분이 얼마나 고귀한 것인지를 가히 알 수 있다.

● 제7절 : "폐일언(蔽一言)하고 낮은 자가 높은 자에게 축복함을 받느니라"

멜기세덱이 아브라함에게 축복한 것이 옛날 제사장이 하나님을 대표하여 백성에게 축복한 것과 같으나 그 차별이 하늘과 땅의 비례(比例)이다. 이상과 같이 십일조를 드림과 축복을 받는 점에 대하여 우리가 모든 것을 다 하나님께 받았으매 마땅히 드릴 것은 드리는 일에 대하여 의타 자랑할 수 없는 것이 자기가 마땅히 이행할 의무를 행한 것뿐이다. 그리고 축복하여 주심으로 은혜를 풍성히 받았으면 받은 것만큼 자기의 부족하였던 것을 각오하여야 하겠다. 또한 그뿐 아니라 한 걸음 더 나아가 자기는 전혀 없어져서 주 예수의 것뿐이라 할 만한 정도에 이를지라도 축복하신 그를 향하여 생각하면 도저히 자고(自高)할 일이 없겠고 축복을 받은 그 은혜만 생각하고 또 생각하지 아니하면 어느 때든지 영적(靈的) 교만(驕慢)에 빠지기 쉬운 것이다.

예컨대, 어떤 거부(巨富)가 누구에게 은혜로 금전 몇 만 원을 주어 치부(致富)하게 하여 부자가 되었다면 그 치부한 사람이 다른 사람에게는 부(富)한 교만을 떨칠지는 모르겠다. 그러나 자기를 치부케 한 그 거부에게는 조금도 자랑할 수 없는 것같이 우리도 항상 은혜 베풀어주신 주님만 생각하고 있으면 은혜가 많을수록 더욱 머리를 숙여 겸손하고 감사하여야 할 것이다.

● 제8절 : "또 여기는 죽을 자가 십분의 일을 받고 저기는 산다고 증거를 얻은 자가 받았느니라"

"죽을 자가 십일조를 받고" 레위인의 일인데 저희들은 죽을 자이며, "산다고 증거를 얻은 자" 그리스도의 예표(豫表)이신 멜기세덱과 그리스도를 지칭하신 말씀이다. (히 5:6, 계 1:18)

● 제9절 : "또한 십분의 일을 받는 레위도 아브라함으로 말미암아 십분의 일을 드렸다 할 수 있나니"

레위는 이스라엘 12지파 중에 특수한 직분을 맡아(민 1:47-53) 십일조를 받는 자로서 그의 중조 아브라함을 통하여 십분의 일을 멜기세덱에게 드린 것이 된다.

● 제10절 : "이는 멜기세덱이 아브라함을 만날 때에 레위는 아직 자기 조상의 허리에 있었느니라"

　　이것은 그때에 레위도 아브라함의 몸 안에 있었던 연고(緣故 *사유)이다.

3. 율법(律法)의 폐지(11-19)

● 제11절 : "별(別)한 한 제사장을 세워 멜기세덱의 반차(班次)를 좇고"

　　아론의 반차(班次 *반열)를 좇아 일어난 제사장으로 말미암아 완전한 구원을 얻었으면 율법 이외에 멜기세덱의 반차로 특별한 제사장이신 주님을 일으킬 필요가 없을 것이다. 실제로 아론의 계통 제사장은 불완전하고 또 그 직분으로 말미암아 취하는 율법은 사람을 구원하기에 부족하므로 새로운 제사장을 일으킬 필요가 있어서 세우신 것이다.

● 제12절 : "이미 제사장의 직분이 변역(變易)한즉 율법도 반드시 변역하리니"

　　제사장의 계통이 새로이 변하였기 때문에 율법도 또한 새롭게 변하여 질 수밖에 없다. 구약(舊約)이 불완전하여 그 율법이나 의식(儀式)으로써는 사람을 구원할 수 없기에 변하여 신약(新約)을 세웠다.

● 제13절 : "이 말로 가르친 자는 다른 지파에 속한 자라"

레위 지파 이외에 유대 지파에 속한 주 예수를 가리킴이다. "제단 일을 받는 자가 없나니" 신명기 33장에 모세가 각 지파의 일에 대하여 예언할 때에 유대 지족(支族 *지파)으로부터 제사(祭司 *제사장)가 일어날 것을 예언한 것이 없었다. 따라서 제단을 봉사한 자도 없었다.

● 제14절 : "내 주께서 유다로 좇아 난 것이 분명"

창 49:10에 보면 "홀(笏)이 유다를 떠나지 아니함이여 법관의 권세가 그중에 있으리로다. 실로가 임(臨)하실 때까지 만민이 복종하리로다" 하였은즉 주께서 유다로 좇아 날 것이 분명한 사실이다.

● 제15절 : "율법의 변역한 것이 더욱 분명하도다"

구약의 율법대로 이행하면 아론의 계통자(系統者)가 제사장이 되는 법이다. 돌변(突變)하여 특별한 한 제사장을 일으켰으니 기왕 옛 율법 아래서 섭행(攝行)하지 아니할 것은 사실이다. 새 제사장이 구약의 율법을 그대로 사용하면 이것은 꼭 새 술을 낡은 가죽부대에 넣은 것 같은 것이다. (마 9:17) 제사장의 혈통이 이미 변하였으매 율법의 변함도 또한 당연한 일이다.

● 제16절 : "그는 육체에 상관된 계명의 법을 좇아 선 것이 아니요"

이는 사람의 외부, 즉 육체에 관한 율법과 의식을 좇아 선 자가 아니고 "무궁한 생명의 권능을 좇아 선 것"이다. 한번 죽고 다시 살아나신 그리스도는 영원한 생명을 토대로 하여 서신 영원히 살아 계신 제사장 그리스도이시다. 연로(年老)하여 직분을 감당하지 못하는 일도 없으시고 또한 무엇으로 가히 도살할 법도 없으신 생명의 능력으로 지금도 엄위의 우편에서(1:3) 활동하시는 주님이시다.

● 제17절 : "증거하여 일렀으되 내가 세세에 제사장이 되어 멜기세덱의 반차를 좇는다 하였도다"

시 110편 4절의 말씀인데 그리스도는 영원한 제사장으로써 누구에게든지 직분을 빼앗기지 아니하시고 세세(世世 *대대로)에 계실 존귀한 자이시다.

● 제18절 : "전(前) 계명이 연약하고 무익하므로 폐하였으니"

율법과 계명은 사람의 죄와 허물을 알게 할 뿐이다. 불의한 것을 의롭게 하거나 불결한 것을 정결케 하거나 본성(本性)이 악한 것을 선하게 할 능력이 없는 것이 예컨대, 면경(面鏡 *얼굴을 비추는 작은 거울)이 얼굴의 흠이나 티나 주름이 있는 것을 나타내 보여줄 뿐이고, 그 안면(顔面)을 미려(美麗)하게 할 수 없는 것과 같은 것이다.

그러므로 로마서 8장 3절에 율법이 육신을 인하여 연약하므로 능치 못한다고 하였다. 죄에 깊이 빠진 인생을 구원하기 위해서는 연약하고 무익하므로 폐하였는데 상금(尙今 *지금까지)도 제 칠일 안식일교회에서는 이미 폐한 그 율법과 그 계명을 지킴으로 구원을 얻고자 하니 탄식, 탄식할 노릇이다.

● 제19절 : "율법은 아무것도 완전하게 못할지라"

    옛날 율법 아래 있는 이스라엘 백성들이 범죄를 인하여 제사장으로 하여금 희생을 드려 범한 죄에서 사함을 받음으로써 마음에 평화를 얻되 극히 불안전하여 다시 범죄하는데 이르렀다. "오직 더 좋은 소망이 생기니" 기왕에 선민인 이스라엘 사람이라도 누구든지 하나님께 아무 때나 나가지 못하고 다만 그 가운데 제사장 한 사람만 일 년에 일차씩 우양의 피를 가지고 온 백성을 대표하여 나갔다. 이방 사람은 하나님께 도저히 나아갈 길이 없었으나 소망되시는 주 예수께서 하나님과 사람 사이에 막힌 장벽을 자신이 친히 십자가에 못 박히심으로 허셨다. (엡 2:14, 6)

    오늘날은 누구든지 은혜의 보좌 앞에 나아가게 되었으니 이 얼마나 행복이라 아니하겠는가? 어떤 국민을 막론하고 자기가 직접 군왕에게 배알(拜謁 *높은 어른을 찾아가 뵘)할 수 있는 길을 얻었다면 그는 곧 금전을 많이 얻는 것보다 또는 고귀한 작위(爵位)를 얻은 것보다도 더 영광이라 하겠거든 하물며 하나님께 우리가 직접 나아가 새로 창조함을 받고 또는 각양의 은혜를 받아 다시 범죄하는데 이르지 아니하고(요 15:18), 거룩함으로써 능히 하늘의 영광, 하늘의 평화, 하늘의 희락으로써 충일(充溢 *가득 차서 넘침)함을 얻는 일인가?

4. 예수는 영원한 제사장(20-25)

● 제20, 21절 : "또 예수께서 제사장이 된 것은 맹세없이 된 것이 아니니 저희는 맹세 없이 제사장이 되었으되 오직 예수는 자기에게 말씀하신 자로 말미암아 맹세로 되신 것이라 주께서 맹세하시고 뉘우치지 아니하시리니 네가 영원히 제사장이라 하셨도다"

아론의 자손 제사장은 혈통으로 말미암아 율법을 좇아 제사장이 되는데 아비가 죽으면 그 자식이 대신 서는 일정한 의식을 경유(經由)하여 그 직분에 나가는 풍습이 있어 맹세 없이 제사장이 되는데 오직 예수는 "여호와 맹세하신 것을 뉘우치지 아니하시리니 네가 세세에 제사장이 되어 멜기세덱의 반차를 좇으리라"(시 110:4) 하신 맹세로 제사장이 되셨다.

● 제22절 : "이와 같이 예수는 더 좋은 언약에 보증이 되셨느니라"

이것은 신약(新約)의 골자(骨子 *핵심)가 되는 가장 복된 말씀이다. 구약(舊約) 때에도 하나님께서 모세로 하여금 선민(選民)이 율법을 다 지키면 살리라는 명령을 내리셨고 "온 백성은 율법을 다 지키되"라고 대답하여 계약을 맺었다. (출 19:8) 그러나 백성들이 그 율법을 다 지키지 못하여 종래 파폐(破廢)하는데 이르렀다.

이에 가장 좋은 계약을 세워 어떠한 사람을 막론하고 자기의 공로없이 중생(重生), 성결(聖潔), 신유(神癒), 재림(再臨), 권능(權能) 등 각양의 은혜를 받아 구원을 얻게 하시고 또한 이 계약에 친히 보증이 되셨다. 보증이라는 것은 원래 쌍방 간에 처하는 법이다. 이 그리스도는 하나님과 사람 사이에 서신 보증인이 되어 한편으로는 하나님 편에서 사람을 향하여 여러 가지의 은혜로운 약속을 소개하여 신실하심을 보증하시고, 또 다른 편으로는 우리의 곁에 계셔서 하나님께 대하여 마치 재산가가 어떤 채무인(債務人)의 채무금의 보증이 되듯이 신용할 수 없는 우리를 위하여 책임상 보증인이 되셨다. 거짓이 없으신 하나님 편의 보증은 무난지사(無難之事 *무난한 일)이나 거짓되고 간사한 인간의 보증은 책임상 극난(極難)한 일이지만 자진하시어 이 귀찮은 직분을 취하시고 우리의 범죄를 인하여 몸소 피를 흘려 속량(贖良)하여 내시고(고전 6:26, 20, 29), 또한 지금도 우리들에게 하나님의 참 만족으로 만족하게 하시라고 노력하고 계신다.

● 제23, 24절 : "저희 제사장 된 자의 수효가 많은 것은 죽음을 인하여 항상 있지 못함이로되 예수는 영원히 계시므로 그 제사 직분도 갈리지 아니하나니"

역대(歷代)의 제사장은 죽지 아니하는 이가 없으므로 길이 길이 계속한 자가 없고 70살이나 80살에 죽으면 그 자취를 계승하여 대신 세워지기 때문에 제사장의 수효가 많았다. 그러나 오직 그리스도는 영원히 생존하심으로 그 제사장의 직분도 갈리지 아니하시고 언제든지 진심으로 동정하시며 또한 우리의 보중인으로 항상 기도하시는 것이다.

● 제25절 : "그러므로 자기를 힘입어 하나님께 나아가는 자들을 온전히 구원하실 수 있으니 이는 그가 항상 살아서 저희를 위하여 간구하심이니라"

인류는 어느 종족을 막론하고 죽을 죄를 범치 아니한 자가 없으므로 스스로 감히 하나님께 나갈 자가 없다. 속죄의 보혈을 흘리신 주를 힘입어서만 나가는데 나간즉 제사장되시는 주께서 위하여 기도하실 책임으로 기도하여 주신다. "완전히 구원할 능력이 있는 것은 주께서 우리의 죄 전부를 담당하여 대속하실 뿐만 아니라 승천하시사 지금까지 주야로 위임의 우편에 계셔서 성령의 감화로 기도하는 자의 부르짖음을 중보자로서(9:24, 요일 2:1, 2) 서서 자기가 이미 육신을 입으셨으므로 사람의 연약한 것과 세상의 악한 것을 잘 아신다. 극히 동정을 가지시고 위하여 체휼(體恤)을 간구하시는 연고이다. 그러나 많은 사람은 이와 같은 주님을 두뇌와 이상(理想)으로만 알고 영으로나 실험으로는 알지 못하여 항상 은혜를 받아 하늘의 화평과 하늘의 기쁨으로 충만한 생애를 보내지 못하니 심히 애석하다.

5. 인류에게 적당한 제사장(26-28)

● 제26절 : "이러한 대제사장은 우리에게 합당하니 거룩하고 악이 없고 더러움이 없고 죄인에게서 떠나 계시고 하늘보다 높이 되신 자라"

우리가 자신을 살펴보건대 언행심사(言行心思) 그 외에 전부가 다 악하지 아니한 것이 없어 용납받지 못할 처지에 처하였을 뿐 아니라 무흠(無欠)하신 주께서 몸소 희생이 되시고 또한 친히 제사장도 되셔서 소극적으로는 모든 죄를 사하심과 적극적으로는 각양의 은혜를 요구하는 대로 충분히 받게 하시는 합당한 제사장이시다. "거룩하시고" 이것은 인위적(人爲的)인 도덕상 신성(神聖)이 아니고 하나님과의 관계인 신성을 의미함이다. 하나님처럼 거룩하다는 뜻인바 품성과 생애가 완전함을 이루어 나타났다는 뜻이다. "악함이 없고" 성정(性情)이 순수무탁(純粹無濁)하여 그의 사언행(思言行)이 일체 정결(淨潔)하셔서 비둘기와 같으심으로 사람을 해하심이 조금도 없었다. "더러움이 없고" 이것은 세상에 대한 방면인데 세상은 저를 더럽히려고 악마가 종종 여러 가지 모양으로 와서 유혹하였으나 조금도 더럽히지 못하였고 마치 감탕 가운데 있는 연꽃이 주위의 감탕에 더럽혀지지 않고 청결함과 같다. "죄인에게서 떠나게 하시고" 주는 의인을 부르러 오신 것이 아니고 죄인을 불러 구원하러 오셨다. (마 9:13) 죄인을 친구로 하셨으나 자신은 죄와 인연이 전무(全無)하여 죄에서 완전히 떠나 계시었다. "하늘보다 높이 오르신 자시니라" 에베소서 4장 10절에 "내리셨던 자는 곧 모든 하늘 위에 오르신 자"라고 하였은즉 하나님께서 계신 3층 천에 오르셨다는 뜻이다.

● 제27절 : "저가 저 대제사장들이 먼저 자기 죄를 위하고 다음에 백성의 죄를 위하여 날마다 제사 드리는 것과 같이 할 필요가 없으니 이는 저가 단번에 자기를 드려 이루셨음이니라"

구약 시대(舊約時代) 제사장들은 백성과 같이 죄를 범하는 사람이므로 범죄하여 백성들과 같이 죄얼(罪孼: *죄악에 대한 재앙)을 입게 되면 우선 자기를 위하여 흠없는 수송아지를 여호와께 속죄제를 드리고(레 4:3). 후에 백성을 위하여 매일 제사를 드렸다. "그가 이미 일차 자기를 드려 이루셨느니라" 신약(新約)의 제사장 예수는 백성을 위하여 소나 양을 쓰지 않으시고 자기를 친히 제물로 단번에 드렸으니(9:2, 10:10, 11) 그 서로 같지 아니함이 구약(舊約) 의식(儀式)의 그림자와 신약(新約) 은혜(恩惠)의 사실의 차이이다.

● 제28절 : "율법은 약점을 가진 사람들을 제사장으로 세웠거니와 율법 후에 하신 맹세의 말씀은 영원히 온전케 되신 아들을 세우셨느니라"

인간에서 취(取)하여 세운 제사장들(5:2, 3)은 율법의 명(命)하지 아니한 바를 행할 능력도 없고, 유혹에 대하여 반항할 힘도 없고 드디어 죽고 마는 연약한 사람이다. 수다한 사람들이 대대로 제사장이 되었으나 만족한 결과를 별로 얻지 못하였다. "맹세의 말씀은 아들을 세워 세세에 완전케" 즉 예수님이 서신 것을 가리킴이다. 이 말씀은 지혜나 능력이든지, 사랑이나 생명이든지, 은혜이든지 간에 이 같은 점에 이르러 영원히 완전하신 분이시다. 천사장 가브리엘보다 더 높으시며 또한 사람이 아니시며 하나님과 동등(同等)이자 하나님의 아들로서 우리를 위하여 제사장으로 세움을 받으셨으니 구약의 제사장과는 가히 비교할 바가 아니다. 신약에 속한 그리스도 신자들은 실로 하나님과 우리 주님께 감사하지 아니할 수 없다. 우리 사람들은 누구나 불완전하여 심지어 구약 시대의 제사장들까지도 범죄하여 자기를 위하여 속죄제를 드려야 했으나 우리 주님께서는 그가 이 세상에 계실 동안 한 번도 죄를 범한 일이나 생각하신 일이나 악을 행한 일이 전혀 없으신 것은 성경이 증명하는 사실로 완전하신 분이시다.

제8장

주의(主意): 신약(新約)

분해(分解)
1. 하늘 성막에서 봉사하는 그리스도(1-6)
2. 새 계약 (7-13)

● 제1절 : "이제 하는 말의 중요한 것은 이러한 대제사장이 우리에게 있는 것이라 그가 하늘에서 위엄의 보좌 우편에 앉으셨으니"

　본서의 중심이요 요점이라고도 할 만한 것은 그리스도가 대제사장으로 하늘 지성소에 계셔서 한편으로는 속죄제를 드리시며, 한편으로는 큰 은혜를 베풀어주는 것이다. 그러므로 오늘날 우리 신자된 이는 이와 같은 제사장이 계심을 밝히 알아서 자유로 얻을 수 있는 각양 은혜에 함양(涵養)하여 만족과 승리의 생활을 할 것이다. "위엄의 보좌 우편에 앉으사" 이 입장은 지극히 높고 또한 권능이 있는 처소이다. (시 14:1) 주께서 제사장(主祭司)이시니 종교상 대표도 되시고, 위엄의 보좌 우편에 앉으셨으니 정치상 지배하시는 왕도 되시는 것이다.

　구약 시대는 이 두 가지를 겸하지 못하는 법이라 확실히 구별되어 있으므로 사울 왕이 한번 번제(燔祭)를 드렸다가 사무엘에게 크게 책망을 받았고 또한 그 위(位)가 장구(長久)하지 못하였다. (삼상

12:12-14) 그러나 신약 시대의 주께서는 이 두 가지로써 하나를 만드셔서 우리의 왕(王)이 되시며 또한 제사장(祭司長)도 되신다. 그러므로 때로 하늘 지성소에서 위하여 기도도 하시고, 때로는 땅에 있는 우리를 지령도 하시고, 지배도 하시니 천지의 모든 권리(權利)가 주께 있다. (마 28:18)

● 제2절 : "성소와 참 장막에 부리는 자라 이 장막은 주께서 베푸신 것이요 사람이 한 것이 아니니라"

이 말씀은 봉사(奉仕)의 의미인데 주께서 하늘 성소에서 우리를 위하여 종의 몸으로 노역(勞役 *힘든 노동)하심을 표시함이다. "성소(聖所)"는 레위 사람의 손으로 지은 땅에 속한 성소가 아니고 하늘에 있는 성소인데 구약의 장막은 다 이것의 모형(模型)이다. (9:24)

● 제3절 : "대제사장마다 예물과 제사 드림을 위하여 세운 자니 이러므로 저도 무슨 드릴 것이 있어야 할찌니라"

"제사장은 다 예물과 제사 드림을 위하여 선 자니" 제사장(祭司)을 무엇 때문에 세웠는가? 하면 보통 사람이 직접 하나님께 나가지 못하여 제사장으로 하여금 예물과 제사(祭祀)를 드려 속죄함을 얻어 은혜를 받기 위함인 것이다. "이 대제사장도 또한 무슨 드릴 것이 있어야 마땅함" 그리스도께서 드린 것은 구약의 제사가 드린 것 같은 소나 양이 아니다. 7장 27절에 있는 바와 같이 자신을 제물로 삼아 드리셨다. 또한 그 피를 가지고 아버지 하나님 앞에 나아가 우리를 위하여 무시로 기도하시는 바인즉 어떠한 중대한 죄에 깊이 빠진 자라도 기탄없이 은혜의 보좌에 나아갈 만하니 제물(祭物)의 가치(價値)를 논하면 무한하다.

● 제4절 : "예수께서 만일 땅에 계셨더면 제사장이 되지 아니하셨을 것이니 이는 율법을 좇아 예물을 드리는 제사장이 있음이라"

"예수가 만일 땅에 계시면 제사장이 되지 못할 것은" 이 지상(地上)에는 율법을 따라선 레위 사람 제사장이 많으니 예수께서 땅에 계실 때는 제사장이 될 필요가 없다. 그러므로 그리스도께서는 제사장의 직분을 취하시되 땅 위에 사람의 손으로 지은 성소(聖所)에서 봉행(奉行)치 않으시고 하늘에 있는 성소에서의 제사장이다.

● 제5절 : "저희가 섬기는 것은 하늘에 있는 것의 모형과 그림자라 모세가 장막을 지으려 할 때에 지시하심을 얻음과 같으니 가라사대 삼가 모든 것을 산에서 네게 보이던 본을 좇아 지으라 하셨느니라"

"저들이 봉사하는 것은 하늘에 있는 것의 형상과 그림자라" 옛날 제사장이 봉사하여 장막은 실상(實狀)이 아니요 모형뿐이다. 장막 구조에 대하여서는 출애굽기에 자세히 기재되었거니와 모세가 시내산에서 하나님의 친히 가르치심을 귀로 들을 뿐만 아니고 환상과 같이 하늘에 참 장막을 보여 주신대로 모방하여 지으셨다. (출 25:20, 26, 40) 이 땅의 장막은 하늘에 있는 것의 모형과 그림자에 불과하다.

● 제6절 : "그러나 이제 그가 더 아름다운 직분을 얻으셨으니 이는 더 좋은 약속으로 세우신 더 좋은 언약의 중보시라"

"그러나 이제 그가 더 아름다운 직분을 얻었으니" 이 직분은 하나님의 전(殿)에서 봉사하는 제사장의 직분이다. 구약에 제사장의 법으로써 우양의 피로 봉사하는 것보다 주님 자신이 친히 흘리신 보혈로써 한번 지성소에 들어가서 제사장의 책임을 지심(9:12)이 더욱 아름다우며 "이는 더 좋은 약속으로 세우신 더 좋은 언약의 중보시라" 구약은 사람이 율법을 지키고 선을 행한 공로로 축복을 받는 것이나 우리 사람이 다 부족하고 또한 연약한 육체를 가지고 이 사특하고 패역(悖逆)한 세상에서 능히 하나님의 율례와 법도를 완전히 지키기 극난(極難)할 뿐 아니라 가능성이 별로 없어서 모든 사람이 그 언약 아래서 신음할 뿐이다. 그러나 더욱 좋은 언약 즉 신약(新約)은 주께서 친히 중보가 되셔서(딤전 2:5) 우리들이 하나님을 접근케 하는 길을 열어 주셨다. 그 결과로 하나님으로 더불어 연락(連絡 *상대에게 특정한 정황의 일을 알림)하게 하며 또 각양의 은혜를 공로없이 받게 되었다.

● 제7절 : "저 첫번 언약이 만일 책망이 없었으면 두 번째 언약을 세울 연고(緣故)가 없었으려니와"

만일 구약이 완전무결하여 사람을 죄에서 구원하고 또한 성결케 하여 하나님의 뜻에 적합한 자가 되게 할 능력이 있었다면 그 후에 별달리 신약을 세울 필요가 없었을 것이다. 그런즉 실제에 있어서 구약이 무효한 것이 분명하다.

● 제8절 : "저희들을 책망하여 일렀으되 주(主)가 가라사대 볼지어다 날이 장차 이르면 내가 이스라엘 집과 유대 집으로 더불어 새 언약을 세우리라"

　　7절에는 사람의 방면에서 연약하므로 언약을 드디어 이루지 못하여 구원을 얻을 수 없으니 신약(新約)의 필요를 말씀하셨고, 본 절에서는 하나님의 방면에서 구약의 불완전함을 표시하시고 신약의 필요, 즉 주(主)로 세울 보배로운 약속을 말씀하셨다. (렘 31:31-34) "날이 장차 이르면" 주님이 장차 세상에 강림하실 날이다. (갈 4:4, 눅 22:20)

● 제9절 : "저희들이 나의 언약을 지키지 아니함으로 내가 저희를 돌아보지 아니하였노라"

　　시내산 자락에서 받은 율법을 잘 지킴에는 복이 있었으나 약속을 맺고 지키지 아니하여 파이(破弛 *깨뜨려 없앰)하였으므로 하나님께서 저들을 돌아보지 아니하시고 저주하여 버리셨다.

● 제10절 : "또 주께서 가라사대 그날 후에 내가 이스라엘 집으로 세울 언약이 이것이니 내 법을 저희 생각에 두고 저희 마음에 이것을

기록하리라 나는 저희에게 하나님이 되고 저희는 내게 백성이 되리라"

"내 법을 저희 생각에 두고 저희 마음에 이것을 기록하리라" 구약의 율법은 사람의 외부(外部)를 치리하여 선행에 이르게 하는 것이나, 진리의 법은 사람의 마음속에 잠재하여 외부에 나타내는 것이다. 율법은 돌비(石碑)에 새긴 것이요(출 24:12, 신 4:13). 은혜와 진리는 육비(肉碑)에 쓴 것이다.(고후 3:3) 모세가 그 백성에게 율법을 읽어주었으나 백성의 마음에는 반대하는 마음이 있어 종래 그 율법을 깨뜨리는데 이르렀고, 진리의 법은 순종하시는 주의 보혈로써 근거하였으므로 역경에라도 생명을 아끼지 않고 선을 행하여 악에 이르지 아니하는 것이다. 예컨대, 율법은 살아있는 매(生鷹)를 도롱에 잡아 가둔 것과 같고, 진리의 법은 길들인 매와 같아서 비록 사람의 손과 자기의 처소에서 떠났다 해도 자기 처소로 돌아오는 것과 같은 것이다. 그러나 오늘날 많은 신자 중에는 자기가 선행한 공로로 구원을 얻으려는 자가 적지 않으니 그 얼마나 어리석은 일인가?

"나는 저희들의 하나님이 되고 저희는 나의 백성이 되리라" 복되도다! 우리는 본래 마귀의 백성으로서(요 8:44) 감히 하나님의 백성이 되리라고 상상도 못 할 처지에서 주께서 보혈을 흘리사 우리를 구속하셔서 하나님의 백성이 되게 하셨으니 비할 수 없는 감사한 일이다. 세상 군주들은 어떤 이를 막론하고 외국인을 자기의 백성이라 하지 아니하고 또한 긍휼히 여기지 아니하나 주(主) 홀로 만민의 왕이시니 그의 은덕(恩德)은 우리의 영원한 찬송의 제목이 되는 것이다.

● 제11절 : "또 각각 자기 나라 사람과 각각 자기 형제를 가르쳐 이르기를 주를 알라 하지 아니할 것은 저희가 작은 자로부터 큰 자까지 다 나를 앎이니라"

"주를 알라 하지 아니할 것은" 지금보다 이전 구약 시대에는 적은 자로부터 큰 자(제사장과 학자 같은 계급뿐만 아니라 천민)까지 다 하나님과 사람 사이에 선 제사장으로 말미암아 알았으나 지금은 어떠한 큰 인물이든지 또는 어떠한 적은 신자까지라도 직접 하나님께 나아가 긍휼(矜恤)히 여김을 받아 신생(新生)하고 또 성결(聖潔)에 까지 이르는 결과 우리가 하나님으로 더불어 부자의 관계를 맺어 조금도 구애(拘碍)없이 무시로 교통함에서 그의 일체 품성(品性)과 권능과 영광의 어떠함을 알았으니 더 알려고 할 필요가 없는 것이다.

● 제12절 : "내가 저희 불의를 긍휼히 여기고 저희 죄를 다시 기억하지 아니하리라 하셨느니라"

하나님께서 우리의 죄와 건과(愆過 *허물)를 허물지 아니하실 뿐만 아니라 도리어 불쌍히 여기시고 일체의 죄를 기억치 아니하시되 날 때부터 조그마한 죄라도 범하지 않은 자와 같이 취급하시겠다는 뜻이다. 그러므로 이사야 44장 22절과 미가서 7장 19절을 보면 내가 너희 모든 허물을 도말(塗抹)하기를 안개가 사라짐 같이 하고 너희 죄악을 도말하기를 구름이 흩어짐 같이 하였고, 또 이르시기를 주(主) 다시 우리를 긍휼히 여기사 우리의 죄악을 덜어 버리시고자 백성의 모든 죄를 깊은 바다에 던지리라 하였으니 신약의 보혈로써 약속을 성취하심이 중(重)하고 또 큼을 가히 알 수 있는 것이다.

● 제13절 : "하나님이 신약(新約)이라 말씀하셨으매 첫 언약은 낡아지게 하신 것이니 낡아지고 쇠하여 가는 것은 없어져 가는 것이니라"

예레미야 31장 34절을 보면 하나님께서 기원전 600년경에 예레미야로 하여금 새 언약(新約)에 관한 예언을 하셨으니 이는 처음 계약 즉 구약(舊約)이 낡고 쇠하여 드디어 폐기(廢棄)할 것을 밝히 보이신 것이다.

제9장

분해(分解)

1. 구약의 의식(1-10)

① 유대교인의 성막과 그 안에 있는 기명(器Ⅲ) (1-5)

② 지성소에 들어가는 길이 아직 나타나지 아니함(6-8)

③ 구약의 불완전한 희생(9-10)

2. 그리스도의 희생(11-28)

① 주의 보혈의 공로로 영원한 구속을 성취함 (11-14)

② 주의 죽으심이 신약의 중보에 효력이 있음 (15-17)

③ 피로써 계약을 견고케 하심 (18-22)

④ 하늘의 성소를 깨끗게 하신 그리스도 (23-4)

⑤ 단번에 완전히 구속하신 그리스도 (25-28)

● 제1절 : "첫 언약에도 섬기는 예법과 세상에 속한 성소가 있더라"

"첫 언약" 구약을 가리킴이요, "봉사하는 제법" 제사장이 매년 7월 10일에 우양의 피를 가지고 속죄제를 드리는 일(레 22:27)과 매년 정월 14일에 지키는 유월절 같은(레 23:5) 절기를 지켜 봉사하는 제정한 의식을 가리킴이다. "세상에 있는 성소" 단지 세상에만 잠깐 있다가 없어질 하늘 지성소의 그림자요, 또한 우리의 마음속 성전의 모형(고전 6:19)인 즉 가설막(假設幕) 성소(聖所)와 지성소(至

聖所)를 가리킨다.

● 제2절 : "예비한 첫 장막이 있고 그 안에 등잔대와 상과 진설병이 있으니 이는 성소라 일컫고"

"성소에 있는 등대(燈臺)와 상(床)과 진설(陳設)한 떡이 있으니" 이것은 빛이시오, 생명의 떡이 되시는 주님의 모형이다. (요 6:51) 무릇 등대는 빛의 발원소이니 일곱 등대가 다 한 등대에 속하여 기름을 받아 빛을 발휘함 같이(출 25:31하, 아 4:2하) 우리들도 주께 속하여 같은 빛을 발휘하여야 할 것이다. "진설(陳設 *음식을 상 위에 벌여 놓음)한 떡"(레 24:5-6) 이것을 신령한 뜻으로 말하면 성령의 불에 인성(人性)을 구으사 하나님이 흠향(欽香)하실 만한 주님의 생활이고, 우리들이 먹어 생명의 떡 되시는 주님의 살이다. 우리도 이러한 소제(素祭)의 제물의 생애를 보냄이 당연한 일이다. (롬 12:1-2)

● 제3절 : "또 둘째 휘장 뒤에 있는 장막을 지성소라 일컫나니"

"지성소라 일컫는지라" 대제사장이 일 년 1차씩, 즉 7월 1일에 만민의 죄를 속하는 제사(민 29:7-11, 레 16:29)를 드리기 위하여 들어가 하나님을 뵈옵는 곳이다.

● 제4, 5절 : "금향로와 사면을 금으로 싼 언약궤가 있고 그 안에 만나를 담은 금 항아리와 아론의 싹난 지팡이와 언약의 비석들이 있

고 그 위에 속죄소를 덮는 영광의 그룹들이 있으니 이것들에 관하여는 이제 낱낱이 말할 수 없노라"

"금향로" 출 30장 1절부터 8절까지를 보면 지성소 기물부(器物部)에 편입된 것이다. 대제사장이 속죄제일(贖罪祭日)에 분향(焚香)하기 위하여 지성소에 가지고 들어가심으로(레 16:12) 지성소 기물부에 들어간 듯하고 이 금향로는 그리스도가 지금 우리를 위하여 하늘 성소에서 기도하고 계신 것을 의미하는 것이다. "사면을 금으로 싼 언약궤가 있고"(출 25:10-22) 언약궤 가운데에 모세가 시내산에서 하나님께 받은 십계명을 기록한 돌비(石碑) 두 개(출 31:18)와 그 밖에 이스라엘 백성이 광야에서 여행할 때에 하늘로서 내려 주셔서 먹던 만나를 담은 항아리(출 16:34)와 및 아론의 권위를 증명하여 있는 싹난 지팡이(민 17:1-10)와 또 그 위에는 속죄소(贖罪所)가 있다. 제사장이 일 년 1차씩 희생의 피를 이곳에 부어 백성의 죄를 속하였다. 이는 전부가 다 그리스도로 말미암아 성취할 진리의 모형인데 그중에 율법이 써 있는 돌비는 그리스도가 율법을 온전하게 하여 주신 일을 보여 주심이다. 또한 만나는 하늘에서 내린 양식, 곧 영원한 생명의 떡 되시는 그리스도를 의미함이고, 아론의 싹난 지팡이는 그리스도의 부활을 예표(預表)함이다. 언약궤를 어디든지 메고 다닐 수 있는 것은 그리스도가 오늘날 어디든지 우리와 같이 하여 계실 것을 의미함이다. "일일이 말할 것이 없노라" 이것은 유대 백성은 이미 잘 아는 연고(緣故 *사유, 까닭)이다.

● 제6절 : "이 모든 것을 이같이 예비하였으니 제사장들이 항상 첫 장막에 들어가 섬기는 예식을 행하고"

"이 모든 물건을 이같이 예비(豫備)하였으니" 2절 이하에 기록함과 같이 장막의 구조와 기구품(器具品)이 이와 같이 예비된 것을 가르침이다. 오늘날 은혜 시대에는 주께서 각양의 은혜, 곧 모든 것의 모든 것으로 예비된 것을 의미함이다. "제사장들이 항상 첫 장막에 들어가 봉사하는 예(禮)를 행하고" 제사장들은 매일 그 성소에서 혹 등불을 켜며 등잔을 닦으며 분향하는 일로 봉사의 예식을 행하였다.(출 27:1, 30:7-8) 우리들도 매일 마음속 성전(聖殿)의 기구를 주(主)의 말씀과 보혈과 성령의 역사로 선명(鮮明)하게 닦아 빛나게 하여 매일의 생애가 광명하고 또 분향(焚香)하는 향기의 제사의 생애가 되어야 하겠다.

● 제7절 : "오직 뒷 장막은 대제사장이 홀로 일 년 일차씩 들어가되 피 없이는 들어가지 아니하나니 이 피는 자기와 백성의 죄와 허물을 위하여 드리는 것이라"

뒷 장막, 곧 지성소에는 보통 제사장(祭司)들이 감히 들어가지 못하는 법이다.(레 16:2) 대제사장도 일 년 일차씩 자기와 및 백성의 죄를 속하기 위하여 희생의 피를 가지고야 들어간다.(레 16장 전체) 그리고 23장 23-28절에 기록된 대속죄(代贖罪)에는 반드시 백성들은 입던 의복을 벗고 재를 무릅쓰고 금식하며 근신(謹愼)하고 대제사장도 입던 훌륭한 정복(正服)을 벗고 순결하고 또한 꾸민 것이 없는 의복을 입고(이는 주께서 그 영광을 벗고 사람의 형상을 입으신 일을 표시함) 피를 가지고서야 지성소에 들어가 언약궤 위에 속죄의 피를 붓고 하나님께 기도하는 것이다.

● 제8절 : "성령이 이로써 보이신 것은 첫 장막에 있을 때에 지성소에 들어가는 길이 아직 나타나지 아니한 것이라"

앞 장막, 즉 성소에서 지성소에 들어가려면 간격(間隔)을 한 휘장을 통하여야 들어가는 방법이다. 그 휘장 앞 성소에서 제사장들이 매일 봉사하고 있으나 그 휘장 뒤 지성소에는 대제사장이 일 년 일차씩 들어가되 때를 정하지 아니하고 들어간다든지 또는 대제사장 이외에 보통 사람이 들어가면 죽는 법이다. 그러므로 성령께서 구약 시대에는 아직 하나님과 사람 사이에 교통(交通)이 완전히 열려 있지 못한 것을 분명히 보여주신 바이다.

그러나 오늘날 주께서 십자가로써 하나님과 사람 사이에 죄악의 장벽을 훼파(毀破)하시고 아무든지 직접 은밀한 교통을 할 수 있는 길이 넓게 열렸다. 그러나 일반 신자로부터 심지어 교역자까지라도 성소와 큰 뜰에서 봉사하는 생애를 만족히 여기고 지성소에 들어가기를 힘쓰지 아니하니 이것이 가히 통탄한 일이 아니겠는가? 보라! 저 마르다는 주를 봉사하는 모든 일이 분주하였으되 아직 깊이 지성소에 들어가지 못하였고, 마리아는 표면상 활동은 별로 현저한 것이 없을지라도 심령상 경험은 깊은 데로 들어가 주님과 밀접한 교통이 있음을 가히 알 수 있다. 그런즉 문제는 하나님과 우리의 사이에 막힌 막이 있는가, 없는가를 살피고 지성소. 즉 깊은 교통에 들어가기를 급히 힘써야 한다. (눅 10:38-42)

● 제9절 : "이 장막은 현재까지의 비유니 이에 따라 드리는 예물과 제사는 섬기는 자를 그 양심상 온전하게 할 수 없나니"

"오직 먹고 마시는 것" 금수(禽獸 *모든 짐승) 중에 가려 먹는 것이다. (레 11) "여러 가지 쓰는 것" 세수하고 기명(器皿 *온갖 그릇)을 쓰고 목욕하고 의복을 빠는 것 (레 15)으로 이러한 의식(儀式)을 심히 엄중히 지키었다. 이 의식이 "새롭게 할 때까지" 그리스도로 말미암아 신약(新約)을 성립할 때까지(곧, 진상[眞狀]을 성취할 때까지) 있을 것을 가르침이다. 그러면 구약의 율법과 의식이 다 헛된 것인가? 결단코 그렇지는 않다. 구약을 알지 못하고는 신약을 알지 못함이 마치 환약(丸藥)을 씹지 않고 통으로 삼켜 그 맛을 자세히 알지 못함과도 같다. 그러므로 율법과 의식을 익히고 알고 난 후에야 신약의 모든 진리를 통해(通解 *전체를 통하여 해석)할 수 있다. 그러나 율법과 의식은 신약을 알게 함에 필요한 것 뿐이고, 거룩케 하고 진흥케 할 능력이 없다.

그러나 그때 히브리 사람이나 오늘날 신자들이 다 의식(儀式)만 중대히 생각하고 실지 지성소에 들어가 항상 하나님의 성안(聖顏)을 대하여 하나님과 같이하는 생애를 보내기를 즐기지 않고 잠깐 영(靈)으로 교통함에 있다가 삽시간(霎時間)에 교통(交通)이 두절(杜絶)되어 다시 암흑 중에 들어가 완전한 자유를 얻지 못한다. 성소에서 봉사하는 생애만 하니 가석(可惜)한 일이다. 벌써 주께서 십자가에 못 박히실 때에 성전 휘장이 위로부터 아래까지 찢어져 사람과 하나님 사이에 막힌 휘장이 터지고 은혜의 문이 크게 열린 이때 아무든지 자유로 담대히 직접으로 은혜의 보좌에 나아갈 수 있으니 이 얼마나 복된 일이 아닌가? 그러나 그때 사람이나 지금 신자들이 오순절 후(後)인 것도 생각하지 않고 그 심령 생애는 아직 저 구약 시대에 처하여 완전한 데를 찾아가지 아니하니 심히 탄식할 일이다.

● 제11절 : "그리스도께서는 장래 좋은 일의 대제사장으로 오사 손으로 짓지 아니한 것 곧 이 창조에 속하지 아니한 더 크고 온전한 장막으로 말미암아"

"그리스도가 이미 이르러" 복잡하고 또한 그림자에 불과한 불완전한 율법과 의식 아래서 신음하던 유대인에게나 하나님을 향하여 아무 소망이 없던 이방인에게 기다리고 바라던 메시야가 오심은 그 얼마나 복된 일이며 만족한 일인지 알 수 없는 것이다. 그는 우리 모든 요구에 차고 넘치는 은혜를 베푸사 조금도 수고로움이 없이 소원을 체험하게 되되 진야당백일(盡夜當白日 *밤이 다하고 대낮을 만남)이다. "장래 아름다운 일에 제사장이 되사" 물론 복음, 즉 구속의 도리(道理)의 제사장이시다. (8:6) "더욱 크고 완전한 장막으로 말미암아" 8장 2절에 주께서 세우신 성소인즉 유대 사람 자기들의 손으로 청색, 자색, 홍색, 금은으로 조성(造成)한 장막이 아무리 아름답다고 하나 단지 모형에 불과한 것인즉 실물에는 가히 족(足)히 비교할 수 없는 것이다.

● 제12절 : "산양(山羊)과 송아지의 피로 아니하고 오직 자기 피로 영원한 속죄를 이루사 지성소에 한번 들어가셨느니라"

구약 율법에는 제사장이 양과 송아지의 피로써 백성들의 다만 일 년분(一年分)의 죄만 속(贖)함으로써 그 다음해에는 또다시 속하여야 한다. 주께서는 이러한 짐승의 피를 쓰지 않으시고 자기의 몸에서 흘린 보혈로써 한 번 하늘 성소에 들어가셔서 영원히 아담 이래의 죄와 십자가 이후에 죄 전부를 속하시고 지금도 또한 항상 우리 위해 기도하신다.

● 제13절 : "산양과 황소의 피와 송아지를 살은 재로 부정한 자에게 뿌려 그 육체를 거룩케 하여 정결케 하거든"

구약 시대에 더러운 사람에게는 소와 양의 피로써 깨끗함을 얻는 일(암송아지의 살은 재)과 여기에 대하여 민수기 19장 2, 5, 11, 12절을 참조하면 그 사실을 잘 알 수 있다. 사람의 시체(屍體)를 접촉하였거나 사람의 뼈와 무덤을 만진 자면 7일간은 부정하니 예배에 참례하지 못하였다. 또한 장막에도 들어가지 못하되 더럽힌 지 제3일에 깨끗게 하는 예전(禮典)을 따라 암송아지를 죽여 보통 다른 불에 사르지 않고 다만 향단불(香壇火)에 태운 것같이 주께서 죽임을 당하시되 십자가 제단에 죽으셨다. 잿물을 만들어 뿌린 사람이 정결함을 얻는 것과 같이 주의 죽으심과 약속의 말씀을 화합하여 죄로 더러워진 사람에게 뿌리면 뿌림 받는 즉시로 정결함을 얻는 것이다.

● 제14절: "하물며 영원하신 성령으로 말미암아 흠 없는 자기를 하나님께 드린 그리스도의 피가 어찌 너희 양심을 죽은 행실에서 깨끗하게 하고 살아 계신 하나님을 섬기게 하지 못하겠느냐"

"흠이 없는" 구약 시대에 제물로 사용하는 우양도 흠과 티가 없이 완전하지 아니하면 못 쓰는 법이다. 이것은 그리스도의 생애의 가장 완전하신 것을 표시함이다. 그리스도께서 참으로 티가 없으시고 죄를 아시지도 못하시고(고후 5:21) 순수무후(純粹無垢)하여 완전히 정결하신 분으로서 우리를 위하여 희생이 되시기에 넉넉하신 분이시다. "자기를 하나님께 드렸으니" 옛날에 제물이 우양은 죽기가 싫어서 도망하는 것을 억지로 잡아서 제사를 드렸으나 주께서는 자진하여 헌신하셨다. 능히 하늘에 열두 영(營) 더 되는 천군(軍)을 불러 악당을 진멸하고 죽음을 면하실 뿐만 아니라 생명을 더 얻을 권세도 있으나(요 10:18) 아버지의 뜻이 인간 편에 서신 자기를 향하여 요구하심이 무엇인 것을 아시고 마침내 사람을 위하여 희생이 되셨다. "그 피가 어찌 너희 양심을 깨끗하게 하여" 성령은 비상히 이 보혈의 공(功)을 증명하셨다. 옛날에 우양의 피와 암송아지의 태운 재물을 사람에게 뿌려 부정한 것을 깨끗하게 하였거든 하물며 모든 죄에서 우리를 깨끗하게 하시는 귀중한 보혈이 우리 양심을 깨끗하게 할 능력이 없겠는가? 오- 죄를 맑히는 절대의 능력을 믿을 것이다. "죽은 행실을 버리고" 단지 죄뿐만 아니라 구약의 의식과 같은 불필요한 행사, 즉 마귀를 섬김과 하나님을 불신종(不信從)하는 모든 일은 다 죽음의 행실이다. 종래의 결과는 사망이지만, 주의 보혈의 능력은 이런 죽음의 행실을 버리며 그 마음을 깨끗하게 함에 있는 것이다.

"생존하여 하나님을 봉사하게 못하겠느냐" 사람이 본래 마귀를 섬기고 죄와 욕심에 부리는 바 되어 항상 신음하며 절망에서 부르짖던 자가 이제 주의 보혈로 범한 죄에서 사함을 받고 또한 생래의 죄에서 깨끗함을 얻어 원수의 손에서 완전히 구원함을 받고 거룩과 의로 두려움 없이 살아계신 하나님을 봉사하게 되었다. (눅 1:74-75) 이에서 더 큰 특권, 행복, 영예(榮譽)가 없다. 예컨대, 한 나라의 국민이 그 나라 왕의 지배(支配)하에서 평안히 거하며 보호를 받아 여러 가지로 오는 화(禍)를 면함도 막대한 행복이라 하는데 하물며 조석(朝夕)으로 왕께 입시(入侍)하는 일이야 무상한 행복이라 아니하겠는가?

● 제15절 : "이로 말미암아 그는 새 언약의 중보자시니 이는 첫 언약 때에 범한 죄에서 속량하려고 죽으사 부르심을 입은 자로 하여금 영원한 기업의 약속을 얻게 하려 하심이라"

"신약의 중보" 모세가 구약의 중보자가 된 것과 같이 그리스도는 신약의 중보이시다. 옛날에 장막에서 귀한 희생을 드리는 일보다 더욱 새롭게 주께서 친히 하나님과 사람 사이에 서 계셔서 계약을 체결(締結)하시나 말씀과 무슨 형식으로만 하신 것이 아니고 자신의 죽음을 당하여 보혈로써 견고하게 하셨다. "첫 언약 때에 범한 죄를 속하려고 죽으사" 첫 언약은 물론 구약이다. 율법 아래 있는 백성들이 다 죄를 범하여 형벌을 면하지 못할 곳에 처하였는데, 그 죄를 속함에는 죽음이 필요하므로 주께서 피를 흘려 대속하셨다. 구약의 속죄물인 희생은 모형(模型)에 불과하여 그것으로는 참 속죄하는 일이 되지 못하나 그리스도의 피는 구약 시대 사람들과 신약 시대 사람들을 위하여 죽으셨으므로 능히 속죄할 수 있다. "허락하신 영원한 기업을 얻게 하심이니" 구원의 중보자이신 그리스도가 또한 영원한 기업을 얻게 하여 주셨다. 할렐루야! 어떤 부자의 기업은 영원히 계속하지 못하여 마침내 죽음과 치패(致敗)로 종국(終局)할 뿐이나 영원한 생명을 가진 우리들이 받게 되는 기업은 썩지도 않고 쇠하지도 아니하여 영원히 차지할 후사(後嗣)이다.

● 제16, 17절 : "유언은 유언한 자가 죽어야 행하나니 대개 유언은 사람이 죽은 후에야 견고한즉 유언한 자가 생존할 때에 무슨 효력이 있으리요"

"유언은 유언한 자가 죽어야 행하나니" 보통 세상 사람의 일을 인용하여 말할지라도 사람이 사경에 이르러 자기의 재산에 대하여 유언이나 혹 유언서를 남겼으면 그 사람이 죽은 후라야 유력히 적용되고 유언자가 생존하여 있는 동안은 그 말과 그 글이 아무 효력을 내지 못한다. 그러나 그 사람이 죽은 후에 유력하여 설령 분산(分產)으로 인하여 소송이 된다 하더라도 유언서에 맏아들과 둘째 아들에게 각기 얼마라고 기재되었으면 그대로 맏아들과 둘째 아들이 현량(賢良 *어질고 착함)하고 불량(不良)한 것은 조금도 관계없이 유산을 나누어 줄 능력이 있다. 이와 같이 우리에게 대하여 그리스도의 죽으심은 신구약(新舊約) 간에 유언, 즉 많은 약속을 성취하게 하는 권능(權能)이다. 그러므로 성령께서 신앙을 고취(鼓吹)하기 위하여 이와 같은 사실을 기록하여 주셨다. 그런즉 이것을 요해(了解 *사정이나 형편이 어떠한가를 알아봄)하는 때에 유언자이신 주님이 죽으셨으매 주로 말미암아 나에게 대한 모든 귀한 약속은 다 성취된 것을 믿을 것이다. 가히 놀라운 축복은 믿는 자의 소유이며 또한 감사함으로 받을 것 뿐이다.

● 제18절 : "그러므로 첫 언약도 피 없이 세운 것이 아니니"

● 제19절 : "모세가 율법대로 모든 계명을 여러 백성에게 말한 후에 송아지와 산양의 피와 물과 붉은 빛털과 우슬초를 취하여 그 책과 모든 백성에게 뿌려"

● 제20절 : "이르되 이는 하나님이 너희에게 명하신 언약의 피라 하고"

이상 3절의 말씀을 약해(略解)하면 첫 언약은 둘째 언약, 즉 신약의 그림자요 모형임으로 구약(舊約)의 피의 필요를 논술하여 피로 세운 신약(新約)을 알게 하심이다. (마 6:28) 구약에도 피 없이 세운 언약이 없고, 피 없이 사람에게 은혜 베푸신 사실이 도무지 없다. (출 4:3, 5-8, 레 4:4-7) 이와 같이 피의 필요를 보이심은 다 그리스도를 모형하여 나타낸 것이다. 소는 중한 짐을 지어 주시는 주님의 모형이요, 비둘기는 하늘에 속한 유화(柔和 *부드럽고 따듯함)하신 그리스도를 표시함이다. 그러므로 레위기 14장에 문둥병자를 깨끗하게 하는 법을 미루어 살피면, 새 한 마리는 죽이고 한 마리는 놓아 보내어 뿌린 것이다. 이것은 그리스도의 죽으시고 다시 사신 것을 의미함인바 주께서 피를 가지시고 승천하신 일을 밝히 보이신 것이다.

● 제21절 : "또한 이와 같이 피로써 장막과 봉사하는 일에 쓰는 모든 그릇에 뿌렸느니라"

장막과 장막에 속한 모든 기구를 성별(聖別)케 함에도 오직 피로써 성별케 하였다. (수 29:12-36) 오늘날 신령(神靈)한 장막인 교회와 기구인 모든 제직(諸職)은 당연히 보혈로써 성별함을 받지 않고는 아니 될 것이다.

● 제22절 : "율법을 따라 거의 모든 물건이 피로써 정결하게 되나니 피흘림이 없은즉 사함이 없느니라"

하나님께서 죄인에게 대하여는 어떠한 사정과 형편에 처하였든지 그는 관계하지 않으시고 피를 보시지 않고는 승인하지 아니하시며 또한 사유하지 아니하시나 오직 피로써만 속량하셨다(레 7:11). 죄는 어떠한 죄든지 그리스도의 피로서 사함 받지 못할 죄가 없고 또한 지극히 적은 단 한 가지 죄라도 피 없이 사함을 받는 죄는 도무지 없는 것이다. 그러므로 진실로 사죄에는 피가 절대의 필요와 능력이 있음을 가히 알 것이다. 찬송하리로다. 주님의 보혈이여! 이 피를 힘입지 않고는 옛날과 지금을 막론하고 사람이 하나님을 가까이 하지 못하고 또한 안심을 가지지 못하여 항상 흑암 중에서 공포에 눌려 있을 뿐이다. 그러나 그 피를 의뢰할 때는 비로소 마음에 흑암이 깨어지고 참 빛이 생기며 변화가 생기고 질병이 낫고 모든 은혜의 약속이 성취되어 이 보혈이 어떻게 귀하고 필요함을 더 잘 깨닫게 되는 것이다.

그러므로 마귀는 어찌하였던지 이 피의 효력을 의심케 하려고 노력함으로 피 없이 하나님께 나가게 하려고 옛날부터 오늘까지 쉬지 않고 역사하는 것이다. 옛날에 가인이 피 없이 하나님께 친근히 하려 하였으나 마침내 실패하여 말세에 계감(誡鑑)의 표를 세웠건만 오늘날도 많은 신자들이 피 없이 하나님을 가까이 하려 한다. 그러나 하나님을 가까이 함과 또 자기를 온전히 구원함에는 이 피가 아니고, 하나의 도덕적 선한 행사와 수양상 단련으로는 도저히 능치 못하는 것이다. 이 피는 하나님의 놀라우신 사랑과 신비로우신 오의(奧義 *깊은 뜻)의 지혜를 나타내는 것이다. 이 뜻을 밝히 깨닫는 자는 복이 있는 자이다.

● 제23절 : "그러므로 하늘에 있는 것들의 모형은 이런 것들로써 정결하게 할 필요가 있었으나 하늘에 있는 그것들은 이런 것들보다 더 좋은 제물로 할지니라"

이것은 옛날 구약 시대에 지상에 있는 장막, 즉 하늘에 있는 성소의 모형에 불과하다. 새와 짐승의 피로도 능히 충분히 정결케 하였거니와 "하늘에 있는 근본 것은 이 같은 것보다 더욱 좋은 제물로야 할 것이니" 모형이 아니요, 진상(眞狀 *참 모습)인 하늘의 성소는 구약의 제물, 즉 새와 짐승의 피보다 더 나은 하나님의 독생자의 피로써 정결하게 하지 아니하면 도저히 정결케 할 법이 없는 것이다.

그런 가운데 우리의 마음만 정결하면 그만인데 하나님의 성소를 정결케 할 필요가 무엇인가? 첫째는 우리의 죄와 허물이 하늘에까지 상달하기를 마치 이층집에 있을 때에 아래층에서 오물을 태우는 악취가 이층에 상달하여 있는 사람을 괴롭게 하는 것같이 우리의 죄와 허물이 하늘의 성소 곧 하나님의 보좌 앞에까지 상달한 바 되어 하나님을 괴로우시게 한 연고로 정결하게 할 필요가 있다. 그리고 둘째로는 우리의 범한 모든 죄가 하나님의 심판록에 기록되어 있다. (계 20:12) 그러므로 그것을 안개가 사라짐 같이 하고 구름을 헤치는 것같이 형적도 없이 도말해야 하기 때문이다. (사 4:22)

● 제24절 : "그리스도께서는 참 것의 그림자인 손으로 만든 성소에 들어가지 아니하시고 바로 그 하늘에 들어가사 이제 우리를 위하

여 하나님 앞에 나타나시고"

　그리스도께서 친히 화목제물이 되시고 또한 부활 승천하신 것은 이 세상이 염증(厭症)이 난 연고가 아니고, 우리의 구원을 완전케 하기 위하여 승천하셨다. 옛날의 대제사장은 일 년에 한 번 속죄하는 날에 짐승의 피를 가지고 아무 구애없이 지성소에 들어가 그곳에 있는 은혜의 자리인 속죄소(贖罪所) 하나님 앞에 나타나면 신전(神殿) 뜰에 있는 백성들은 무한히 안심하고 기뻐하였다. 그와 같이 대제사장이 되시는 주께서 우리의 구속을 완전케 하기 위해 하늘 지성소에 들어가 하나님 앞에 나타나셔서 자기의 귀하신 몸에서 흘리신 보혈을 가지고 기도하고 계신다. 우리가 비록 죄와 허물에 처하였을지라도 그 범한 죄와 허물만 보고 실망하고 낙담할 것이 아니라 이 그리스도를 믿음으로 쳐다볼 때에 거꾸러진 자라도 능히 일어날 만 하다. 그리고 항상 생존하시니 우리가 무시로 그 은혜의 보좌에 나아가 긍휼히 여기심을 받을 수가 있다. 할렐루야! (히 4:14-16)

● 제25절 : "또한 대제사장이 년년(年年)이 다른 피로써 성소에 들어가는 것같이 여러 번 자기를 드리지 아니하셨으니"

　옛적에 많은 제사장 중에 한 사람도 자기의 피로써 하나님께 나아간 자가 없고 모두 우양의 피로써 일 년에 한번 지성소에 들어가 속죄제를 드렸다. 그러나 그 이듬해는 반드시 또 체임(替任)치 아니치 못하였다. 그러나 주께서 구속하심은 불완전하지 아니하여 자기를 단번에 희생하여 속죄하시는 일을 완전히 성취하셨으니 여러 번 희생(犧牲)할 필요가 없었다.

● 제26절 : "그리하면 그가 세상을 창조한 때부터 자주 고난을 받았어야 할 것이로되 이제 자기를 단번에 제물로 드려 죄를 없이 하시려고 세상 끝에 나타나셨느니라"

"이제 말세에 나타나사" 이 말세(末世)는 주께서 다시 강림하실 때를 가리킴이 아니다. 처음 강세(降世)하신 때를 가리킴이다. 하나님 앞에는 이미 말세이므로 1장 2절에 이 모든 날 마지막에 그 아들로 우리에게 말씀하셨다고 하였다. (요일 2:18 참조) "한번 자기를 제사(祭祀)로 드려 죄를 없게 하셨느니라" 인생이 옛날부터 몇 천년 동안 각양의 의식과 노력을 다하여 죄를 제거하려 하였으나 마침내 죄를 근본적으로 없게 하는 일을 성취하지 못하였다. 그러나 우리 주님께서 죄를 근본적으로 없애심은 무슨 의식과 방법을 의지하여 악한 행사를 개량(改良)하거나, 혹은 선한 일에 점점 진보케 하는 술책으로 하지 아니하시고 오직 세상 죄를 걸머지신 하나님의 어린 양의 몸으로 친히 희생하여 대속의 공을 세우셨다. (롬 3:24) 이 희생에는 죄를 완전히 성결(聖潔)케 할 능력이 있다. 그러므로 사도 요한이 말씀하기를 "그가 우리의 죄를 없이 하시려고 나타나신 것을 너희는 아는 바라"고 하였다. (요일 3:5) 이것은 실로 주님께 감사하지 아니 할 수 없는 일이다.

● 제27절 : "한번 죽는 것은 사람에게 정해진 것이요 그 후에는 심판이 있으리니"

"사람이 한 번 죽고" 아담 하와가 범죄한 이후로 인생이 한 번 죽는 비참한 운명은 가히 면치 못하는 천도(天道 *천지 자연의 도리)의 상경(常經 *사람이 마땅히 지켜야 할 떳떳한 도리)이며, 고금(古今 *옛날과 지금)의 통례이다. 그러므로 전도서에 이르기를 "인생에게 임하는 일이 짐승에게도 임하나니 이들에게 임하는 일이 일반(一般 *매한가지)이라. 이는 죽고 저도 죽어 다 한곳으로 가니 다 진토(塵土 *티끌과 흙)에서 나서 진토로 돌아가느니라."(전 3:19-20) "그 후에 심판을 받는 것은 정한 것이니" 사람이 죽은 후 모든 행위와 모든 은밀한 일에 대하여 선악 간에 심판을 받는 것은 정한 법이다. 육신이 진토에 돌아가고 영혼이 하나님께로 돌아가기 전에 조물주를 기억하라 하였다.(전 12:7) 또한 우리의 구주가 모든 사람의 죄를 지고 심판을 받아 십자가에 죽으신 것을 보면 누구든지 사후에 심판을 면치 못할 것은 명백한 사실이다.

● 제28절 : "죄와 상관이 없이 자기를 희망(希望)하는 자에게 재차 나타나사 구원하시리라"

주께서 성취하여 놓으신 속죄의 공로로써 소극적으로는 모든 죄와 허물의 근성(根性)까지 씻어 맑힘을 받아 죄와 상관이 없다. 또한 적극적으로 각양의 은혜, 즉 성덕(聖德)과 사랑과 권능이 충만한데서 주의 재림을 간절히 앙망하고 사모하는 모든 성도들(딤후

4:8)을 구원하기 위하여 재차 나타나시겠다고 하셨다. 그때의 구원은 불완전한 구원이 아니고, 저주를 받아 불완전한 천한 몸을 변하여 영체(靈體)로 영화(榮化)케 하여 자기의 영화로우신 몸과 같이 완전히 구원하실 것을 말씀하신 것이다. (빌 3:21)

제10장

분해(分解)

1-4 불완전한 제물

5-10 우리를 정결케 하기 위하여 요족한 제물

11-18 완전한 희생과 영원한 구원

19-25 지성소에 들어가 사랑을 능히 실행할 만한 일

26-31 주의 보혈과 성령을 능모하는 자에게 대한 경계

32-36 신앙의 인내의 필요

37- 소망과 신앙

1. 불완전한 제물(1-4)

● 제1절 : "율법은 장차 오는 아름다운 일에 그림자요 진상이 아니니 연년이 늘 드리는 바와 같은 제사로 나아가는 사람을 능히 완전하게 못할지니"

    율법의 모든 의식적 제물은 다 그리스도와 그 구원의 은혜를 모형적으로 예시함에 불과한즉 그림자요(8:5), 진상은 되지 못한다. "연년이 드리는 제사로는 능히 나아가는 사람을 완전케 못함" 하나님께 나아가는 사람은 제물로써 하나님께 예배하는 사람인데 구약의 희생은 불완전하여 백성을 능히 죄에서 완전히 구속하여 내지 못함으로 해마다 그 제물을 다시 드리지 아니하면 안 된다.

● 제2절 : "만일 완전케 할진대 어찌 봉사하는 자가 한번 정결케하여 다시 죄를 깨닫게 할 것이 없으므로 제사를 그치지 아니 하였으리요"

만일 이 제사로써 우리의 마음을 한 번에 정결하게 하여 구원할 능력이 있었다면 해마다 다시 제사를 드릴 필요가 없었겠으나 이스라엘 백성들이 죽기까지 죄로 인하여 제사를 폐하지 못한 것은 완전히 정결케 하거나 구원할 능력이 없는 증거이다.

● 제3절 : "그러나 이 제사들은 연년이 죄를 생각하게 하는 것이 있으니"

매년 드리는 제사로 말미암아 죄 사함을 받되 완전한 안심과 만족을 얻지 못하여 죄를 느끼게 되니 이것은 죄가 아직 남아있는 표징(表徵)이다.

● 제4절 : "대개 수소와 산양의 피가 능히 죄를 없게 하지 못하나라"

신약(新約)에 예수 그리스도의 피가 우리 믿는 자의 모든 죄를 사하시며 정결케 씻는다 하였다.(요일 1:7, 9) 그러나 구약(舊約)에 우양(牛羊 *소와 양)의 피로는 아무리 제사장이 매년 제사를 드리나 죄의 인연을 끊지 못하여 종종 죄를 느끼어 안심(安心)을 길이 지속하지 못하게 되니 실로 우양의 피로는 능히 죄를 온전히 없이 하지 못하는 것이 사실이다.

● 제5, 6절 : "그러한고로 세상에 임하실 때에 가라사대 하나님이 제사와 예물을 원치 아니하시고 오직 나를 위하여 한 몸을 예비하셨도다 전체로 번제(燔祭)함과 속죄(贖罪)하는 제사는 기뻐하지 아니하시나니"

이것은 시편 41편 6-8절까지의 의미를 인조하여 신약을 말한 것이다. "오직 나를 위하여 한 몸을 예비하셨도다" 여호와, 혹 수양 수천이나 또 수만 강물 같은 기름을 기뻐하지 아니하심으로(미 6:7) 주께서 처녀 마리아의 복중에 육체를 예비하여 탄생하시고 또한 아버지 하나님의 기뻐하시는 뜻을 따라 그 육신으로 희생할 것을 의미함이다.

● 7절 : "이에 내가 가로대 하나님이여 보시옵소서 성경 중에 나를 가리켜 기록한 것과 같이 하나님의 뜻을 행하려 왔나이다 하더라"

"하나님의 뜻을 행하려 왔나이다 하더라" 이 세상 사람들은 거의 자기의 명예를 도득하며 사업에 성공하기 위하여 출생한 자 같이 한다. 그러나 주께서는 근본 하나님의 형상이 있으나 동등됨을 취할 것으로 여기지 않을 뿐 아니라 그 영광을 버리시고 오히려 자기를 비우되 자기란 도무지 없이 다만 종의 형상을 취하시고 역경과 순경 간에 일체를 자기의 뜻대로 행하지 않으시고 오직 아버지 하나님의 뜻대로만 절대 복종하되(요 5:30) 피를 흘려 죽는 지경에 까지 이르는 것으로 일생을 일관하셨다.

이로 말미암아 보건대 먼저 아담과 후 아담의 차이를 가진다. 먼저 아담은 하나님의 영광을 위함이 없이 반역하여 자기를 위하여 자기의 욕심대로 행동하다가 마침내 범죄하였다. 그러므로 아담의 혈통으로 난 이 육체를 가진 우리들도 모든 죄가 이 육체를 통하여 오는 일을 망이(忘弛 *잊어버리는 것을 늦추거나 없앰)하거나 또는 주의하지 아니할 수 없고 이미 구원 얻은 우리들은 이제 무엇을 위해 처세하는 것이 옳은가? 우리에게 본을 끼쳐 주신 주께서 세상에 오신 유일의 목적이 아버지 하나님의 거룩하신 뜻을 성취하기 위하는 것 외에 아무것도 없으신 철두철미한 생애를 효칙(效則 *본받아 법으로 삼음)하여 이제부터 우리들도 하나님의 뜻을 성취한다는 일을 일생의 표어로 하고 하나님의 뜻이 아닌 일은 어떤 일이라도 행하지 말아야 한다.

● 제8절 : "이에 이미 말씀하시기를 제사와 예물과 전체로 번제함과 속죄제는 원치도 아니하고 기뻐하지도 아니하신다 하셨으니 이는 율법을 좇아 드림이요"

시편 40편 6-8절에 "여호와가 나의 귀를 열어 주셨으니" 이것은 하나님께서 소와 양의 피로써 제사하는 것을 만족히 여기시지 아니하시는 그 불만의 음성이 그리스도의 귀에 들리심으로 주께서는 아버지 하나님의 뜻을 만족하게 하시려고 부득이하여 이 세상에 오신 것이 아니다. 자진하여 오셔서 우양의 피로 제사하지 않으시고 자기의 육체를 제물로 삼아 죄를 없이하지 아니하면 안 될 것을 아서서 죽으려고 이 세상에 강림하셔서 사람의 죄의 희생이 되시고 또는 "내가 주의 뜻을 행하기를 즐거워 한다"라고 한 바와 같이 아버지 하나님을 사랑하여 이같이 무거운 짐을 인수(引受)하셨다.

● 제9절 : "그 후에 말씀하시기를 보시옵소서 내가 하나님의 뜻을 행하러 왔나이다 하셨으니 그 먼저 일은 폐(閉)하고 후(後)의 일은 설립하려 하셨느니라"

"그 먼저 일은 폐(閉)하고" 즉 불완전한 구약의 의식적 제사는 무익하니 폐하시고 "후(後)의 일은 설립하려 하셨다" 완전하신 주의 헌신, 복종, 희생으로 성취한 신약은 우리를 죄에서 구속하기에 넉넉함으로 설립하려 하심이다.

● 제10절 : "이 뜻을 좇아 예수 그리스도의 몸을 단번에 드림으로 우리들이 거룩함을 얻었노라"

하나님께서 요한복음 3장 16절에 표시한 바와 같이 그 독생자를 세상에 보내셔서 저를 믿는 자는 구원을 얻으리라 하였다. 또한 한 걸음 더 나아가 그의 혈조(血潮)로 말미암아 믿음으로 성결함을 얻게 하신(행 15:9, 요일 1:7) 심고원대(深高遠大 *깊고 높고 원대함)하신 계획을 좇아 그리스도께서는 몸을 구약의 희생(犧牲)과 같이 여러 번 드릴 필요가 없이 단번에 드려 거룩함을 얻게 하셨다.

● 제11절 : "무릇 제사장이 매일 서서 봉사하며 여러 번 같은 제사를 드리되 이 제사는 도무지 죄를 없게 하지 못하거니와"

이것은 율법의 희생과 그리스도의 희생을 대조(對照)함이다. 구약 때는 모든 제사장이 매일 서서 그 백성을 위하여 의식(儀式)에 비상히 장엄함과 또 제물에 우양(牛羊)을 도살(屠殺)하여 피를 흘리는 엄숙한 봉사로써 능히 죄를 도무지 없게 하지 못하였다.

● 제12절 : "오직 그리스도는 죄를 위하여 한 영원한 제사를 드리시고 하나님 우편에 앉으사"

그리스도께서 죄를 위하여 제사를 드렸다함은 위에 여러 번 기재(記載)하였거니와 제사장도 되시고 희생도 되시는 주의 제사는 참으로 완전하여 한 번에 영원한 제사를 드리셨다. 솔로몬이 한 번에 1,000마리의 희생을 드린 것으로나 예로부터 몇 시대를 통하여 몇 만 마리로 능히 헤아릴 수 없는 희생으로도 영원한 제사를 드리지 못하였으나 주(主)께서 한번 희생하심으로 하나님의 요구를 충실하게 하시고 또한 사람의 흠핍(欠乏 *빠지거나 이지러져서 모자람)도 채우셨다.

● 제13절 : "그 후에 원수들로 그 발등상이 되게 하시기를 기다리시나니"

물론 영적으로는 그리스도께서 이미 원수 마귀의 머리를 십자가로써 깨뜨리시고 또한 죽은 자 가운데서 부활하심으로 사망과 음부의 권세를 계속해서 승리하셨으나(요 16:33) 그러나 유형하게 구체적으로 승리가 표(表顯)되지 않았으므로 마귀는 오직 이 세상에서 왕으로서 활동을 마지않는다. (고전 15:23, 26, 살후 2:8) 그러므로 그리스도는 이제 그 모든 대적으로 하여금 구체적으로 발등상이 되게 하시기를 기다리시는 것을 고대에 전쟁에 승리한 자가 대적의 머리를 발로 천답(踐踏 *발로 짓밟음)하는 풍습이 있는 것으로써 예증하여 원수를 온전히 정복할 것을 표시하심이다. 그리고 우리들도 사탄의 머리를 천답하는데 이르기를 기다리는 바이다. (롬 16:20, 시 110:1)

- 제14절 : "대개 한 번 드리심으로 거룩하게 된 자들을 영원히 완전케 하셨느니라"

그리스도께서 많은 고난을 당하시고 또 친히 희생이 되심으로 우리를 성결하게 하시고 영원히 완전하게 하신 은혜를 하나님 편에서 성취하여 놓으신 그대로 사람이 믿음으로 말미암아 그 사실이 인간 편에 실제 경험으로 나타나 영원히 거룩함을 성취하고 완전한 생애를 보내게 하셨다. 그러나 인생이 연약한 육체를 입고 죄성에 포로된 입장의 이상(理想)으로 일시의 성결(聖潔), 일시의 완전(完全)으로만 생각하고 죄악의 근성(根性)에서 정결(淨潔)함을 얻어 죄를 범하려야 범할 수 없는 사실에서(요일 3:9) 영원히 완전한 생애를 보낼 수 있는 것을 믿지 못하여 거룩하고 악함이 교체함으로 고통을 당하는 자가 많으니 탄식할 노릇이다. 진리의 공효와 능력에 모든 종교보다 초월하여 있는 것을 믿어야 할 것이다.

● 제15절 : "또한 성령이 우리에게 증거하여 일렀으되"

성령은 주의 구속에 관한 진리를 감화, 감동하여 성서에 증거하셨다.(딤후 3:16)

● 제16절 : "주께서 가라사대 그날 후로는 저희들과 언약을 세울 것이 이같으니 나의 율법을 그 마음에 두고 그 뜻에 새기리라 하신 후에"

이것은 예레미야 31장 33-34절의 말씀을 인용함이다. "그날 후" 신약을 세운 이후를 가리킴이다. "율법은 그 마음에 두고 그 뜻에 새기리라" 구약의 옛 계명은 돌비(石碑)에 새겨 있고, 신약의 새 계명은 마음에 새겨 있으므로 마음으로 자연히 하나님을 사랑하고 또 형제를 대하여 사랑을 실행할 수밖에 없다. 율법이 마음 밖에 있는 때에는 사람이 연약함으로 짐짓 짓는 죄의 세력, 즉 반동(反動)하는 힘이 강하여 사람이 하지 말라는 것은 짐짓 더 하고 싶어 교묘히 도적질하기를 좋아하며 불의한 가운데에 일종의 낙(樂)을 두는 것이 죄의 능력(能力)이며 또 율법이 올 때에 반항하는 것이 죄의 세력(勢力)이다. 그러므로 죄가 계명을 의지하여 기회를 틈타 나에게 각양 탐심을 행동하게 한다.(롬 7:8)

그러나 신약의 은혜의 율법, 즉 사랑은 마음 가운데 판각(板刻 *나무 조각에 새김)되었음으로 외부에 관한 율법이 필요 없다. 예컨대, 부모가 자식을 사랑하는 것이나 남편이 그 아내를 사랑하는 것이 율법이나 또는 어떠한 이유로 말미암지 않고 단지 사람의 마음 가운데 사랑이라는 율법이 있으므로 자연히 사랑하게 된다. 그와 같이 신약에 속한 자면 그 마음에 사랑이 있어 율법에 완전함을 성취하였은즉 살인하지 마라, 도적질하지 말라, 간음하지 말라 하는 여러 가지의 율법으로써 외부(外部)를 속박할 필요가 없다.

● 제17절 : "또 일렀으되 저희들의 죄와 불법함을 내가 다시 기억치 아니하리라 하셨으니"

"죄와 불법함을 내가 다시 기억치 아니하리라 하셨으니" 우리가 죄를 잊어 버리는 것은 하나님께서 죄를 기억하지 아니하심으로써 기인함이다. (사 44:22) 만일 하나님께서 죄를 기억하신다면 성령은 근심하심으로 우리에게 알게 하여 주실 수밖에 없고 또 우리가 아는 생각에는 참으로 양심이 괴로워 견디지 못할 것이나 주께서 우리의 죄를 위하여 희생이 되어 죽으심으로 하나님께서 중심으로 우리의 죄에 관한 기억을 온전히 잊어버리신다 하셨으니 어찌 감탄할 바 아니겠는가? 할렐루야!

● 제18절 : "이를 사유(赦宥)하셨은즉 속죄하는 제사를 드릴 것이 없느니라"

구주께서 우리를 위하여 한 번 희생하셔서 속죄의 공을 세우심으로 믿는 우리는 벌써 영원히 완전함을 성취하였다. 또한 하나님께서 우리의 죄를 기억하지 아니하시니 재차 사죄를 위하여 희생을 드릴 필요가 없다. 주의 보혈이 죄의 문제를 장사(葬事)하여 버릴 능력이 없겠느냐? 또 적극적으로 성령께서 선한 일을 하게 하여 주실 능력이 없겠느냐? 깊이 생각하여 진리를 믿음으로 실지에 나아갈 바이다.

3. 지성소에 들어가 사랑을 능히 실행할 만한 일(19-25)

소해부(小解部)

제1 신약의 4대 축복(19-21)

1. 열린 지성소 2. 새로운 영생(永生)의 길 3. 대제사장 4. 담대함을 주는 보혈

제2 신약의 예배자의 특색(22)

1. 성실한 마음 2. 독실한 신앙 3. 악념(惡念)을 정결하게 한 마음 4. 맑은 물로 씻는 몸

제3 신약에 대한 성도의 주의(23, 25)

1. 하나님께 가까이 할 일 2. 소망을 굳게 지킬 일 3. 사랑과 선행을 격발케 할 일 4. 집회를 게을리하지 말 일

● 제19절 : "그런고로 형제들아 우리가 예수의 피를 힘입어 담대히 지성소에 들어가나니"

● 제20절 : "그 길은 우리를 위하여 휘장 가운데로 열어 여신 새 영생의 길이라 휘장은 곧 그 육체시니라"

구약 때에 장막(帳幕)에 성소(聖所)와 지성소(至聖所)가 있고 그 중간에는 막힌 휘장이 있는데 대제사장이 우양의 피를 가지고서 일 년에 한 번 밖에는 어떤 사람을 막론하고 지성소에 들어가지 못하는 법이었다. 이제 우리와 하나님 사이에는 중간에 막힌 것 같은 죄가 있어 이것 때문에 하나님께 가까이 하는 일에 자유가 없어 능하지 못하더니 주께서 사탄에 속한 혈육의 몸을 넘으시고, 이 휘장(揮帳), 즉 죄를 제거해 버리기 위하여 친히 십자가에서 죽어 주실 때에 예루살렘에 있는 성전의 휘장이 위로부터 아래까지 찢어지어 (마 27:51) 하나님과 사람 사이에 막힌 장벽(障壁)이 퇴패(頹敗 *무너져 깨뜨림)하여 새 영생 길이 열렸다. 그러므로 유대의 평민이나 제사장이나 이방 사람이나 막론하고 누구든지 자유로 주의 보혈을 힘입어서 그 열린 길로 거리낌 없이 담대히 지성소 즉 하나님과 상대하는 처소(處所) 후궁(後宮) 깊은 데까지도 들어가 교통할 수 있다.

● 제21절 : "또 하나님의 집 치리하는 크신 제사장이 있으니"

우리가 보혈을 힘입어 거리낌(忌憚) 없이 하나님 앞에 나가게 된 것만도 감사하며 찬송할 일이다. 특별히 주께서 먼저 부활 승천하셔서 중보자요, 대제사장으로서 우리들을 하나님께 인도하여 합치(合致)하게 하여 주신 일은 어떤 행복이라고 가히 형언할 수 없다.

어떤 사람이 고관대작(高官大爵)을 심방을 해야 하는데 어떻게 인사할 줄을 알지 못하여 염려할 때 자기의 지기지우(知己之友 *서로 마음이 잘 통하는 친구)가 먼저 가서 그 대관에게 인도하여 잘 소개하여 줌으로 말미암아 서툴지 않게 교제하고 또 간곡(懇曲 *간절하고 정성스럽게)히 대접을 받은 것과 같이 그리스도는 하나님 앞에 먼저 가셔서 우리를 영접하여 '이 자가 나의 피로 말미암아 구원을 얻은 자'라고 소개하여 주심으로써 거리낌 없이 지성소에 들어갈 수 있다.

많은 신자 중에 이 곳이 불급(不及 *어떤 기준이나 정도에 미치지 못함)한 자가 적지 않다. 헌신한 자 중에도 이곳에 들어가지 못하고 세상 속된 일에 얽매여 활동하고 있는 자가 얼마이며 또 마음 가운데 수건이 가리워 있어 하나님과 진정한 일치가 되지 못하여 밝고 어둠이 항상 교차하여 완전히 지성소에 들어간 생애를 보내지 못하고, 어떤 때는 하나님과 교통함에 있고 어떤 때는 교통이 끊어져 가련한 상태에 처하는 자여! 어서 보혈의 공로를 믿음으로 이 지성소에 들어가서 이곳으로 거처를 삼자.

● 제22절 : "우리가 참 마음을 가지고 독실(篤實)히 믿고 마음에 믿고 마음에 뿌림을 받아 양심에 자책하는 악을 버리고 몸을 맑은 물로 씻어 그의 앞으로 나아갈 것이요"

"참 마음을 가지고" 하나님께서 사람에게 제일 필요로 생각하는 것은 의식(儀式)의 엄장(嚴壯)함이나 외부를 단장하는 것이 아니라는 사무엘상 16장 70절의 말씀과 같이 여호와는 사람의 마음을 보신다. 그러므로 요한복음 4장 23절의 말씀과 같이 영과 참으로써 예배하지 아니하면 아무리 지성소의 문이 열려 있고, 보혈이 흘러 있으며, 영생의 길이 열려 있고, 주께서 친히 중보로 계신 것이 다 무익할 뿐이다. 아무쪼록 각각 자기의 마음을 잘 조사하여 흠결(欠缺)이 없어야 할 것이다. 참 마음은 복종에만 있을 것이 아니고, 반드시 현실에 있을 것이다. 따라서 헌신(獻身)과 복종(服從)은 실체물(實體物)의 그림자와 같이 은연히 따르는 것이다. "독실한 신앙" 일점의 의혹과 공포가 들어갈 여지가 없는 확실한 믿음, 즉 하나에서 열까지 전부 믿음 뿐임을 가리킨다. "마음에 뿌림을 받아 양심에 자책하는 악을 버리고, 구약에는 산양과 수소의 피와 및 암송아지의 태운 재로써 부정한 자에게 뿌리어 그 육체를 성결(聖潔)케 하였으나 지금은 주의 보혈로써 양심에 자책(自責)되는 악을 버리고" 선한 양심으로 담대히 지성소에 들어갈 수 있는 것이다. "몸을 맑은 물로 씻어 그의 앞으로 나아갈 것이요" 위에서 참 마음과 양심과 신앙에 대하여 정신적 일에만 밝혔으나, 이제 유형적(有型的)인, 즉 외부적 생애에까지 미쳐 온전히 깨끗한 제물이 되지 아니하면 하나님 앞에 불가(不可)하다.

옛날 유대 사람의 장막 설비를 보면 장막 뜰에 동단(銅壇)과 세수통이 있어 동단 위에는 희생의 피가 있고 세수통에는 맑은 물이 있어 성소에 들어가는 제사장이 꼭 이 두 가지의 피와 물로 그 몸을 씻지 아니하고는 들어가지 못하였다. 그와 같이 오늘날도 우리가 하나님께 나아갈 때에 반드시 주의 옆구리에서 흘리신 피와 물로써(요 19:34) 영과 육의 죄와 허물을 온전히 씻어 깨끗함을 받은

후에라야 능히 지성소에 들어갈 수 있다. (시 24:3, 4, 고후 7:10)

● 제23절 : "우리가 바라는 대로 굳게 지켜 옮기지 아니할지니"

　　신자가 어떤 집회에서나 혹은 조용히 기도할 때에 성령으로 말미암아 얻은 소망을 끝까지 굳게 잡아 진실히 지키지 못하여 중도에 그 은혜에서 타락하는 자가 부지기수이니 가석(可惜 *애틋하고 아까움)한 일이다. 우리는 한번 굳게 잡은 소망의 닻을 하늘에 던졌으니 간교한 마귀가 어떤 모양으로 유혹하든지 또는 여러 가지의 환란 풍파로써 위협하든지 닻을 깊은 물 가운데 던진 배와 같이 조금도 요동치 말아야 할 것이다. (6:19) "허락하신 이는 미쁘시니라" 하나님은 거짓이 없으시고 진실하시사 (요일 1:9) 개인으로 아브라함에게 많은 자손을 약속하시고(창 15:5), 전 세계 인류에게 구주 예수를 주시기로 약속하셨다. (신 18:15) 그리고 진리상 보혈로 말미암아 신생(新生), 성결(聖潔), 신유(神癒), 재림(再臨)에 관한 모든 약속을 그대로 성취하실 뿐 아니라 당신이 약속하신 바를 어기지 않으셨다. (딤후 2:13)

● 제24절 : "우리가 서로 돌아보아 사랑과 선행을 격발케 할 것이요"

　　"서로 돌아보아" 성령으로 말미암아 은혜를 받은 자는 자기의 일만 돌아보거나 혼자만 기뻐하여 만족할 것이 아니다. 보혈(寶血)로 한 지체(肢體)를 성취한 형제가 혹 죄에 미혹한바 되어 완패(頑悖 *완고하고 어지러짐)함에 이르지 않도록 형제의 일도 돌아보아야 할 것이다.(빌 2:4) 또 형제가 범죄하였을지라도 온유한 마음으로써 정도(正道)로 인도하며 각각 자기도 언어와 행동 간에 시험을 받을까 조심하여 신앙과 은혜로써 덕을 세우며 또한 어떠한 감화의 영향을 형제에게 끼쳤나 살필 것이다. "사랑과 선행을 격발(激發 *감정이 거세게 일어남)하게 할 것이요" 무릇 사랑은 마음속에 숨겨 있을 뿐 아니라 반드시 실행으로써 표면에 나타나는 법이다. 하나님의 사랑이 예수를 보내심으로 나타나셨고 주의 사랑이 죽어 주시는데서 나타났다. 또 선행에 대하여 물론 신자 자신이 각각 진리로 생활하여 당연히 선을 행한 일이거니와 기타 형제, 자매들에게 격발케 아니하면 안 될 것이다. 격발(激發)케 함이라 함은 곧 도리(道里)를 순설(脣舌 *입술과 혀)로써 강연하거나 혹은 교수함만이 아니다. 누구든지 자신이 친히 사랑과 선행을 힘써 행하여 상대방이 크게 감화를 받아 그도 사랑과 선행을 힘써 행치 아니할 수 없게 하는 것이 큰 격발이다. 우리는 다 타인의 감화를 잘 받는 자이므로 피차에 실행으로 격발케 하는 일은 참으로 신앙상 진보(進步)에 극히 대절(大切 *크게 바로 잡음)한 일이요 가장 필요한 일이니 가히 없지 못할 바이다.

● 제25절 : "어떤 사람의 본을 받아 모이기를 폐하지 말고 오직 서로 권하여 그날이 가까움을 볼수록 더욱 모일지니라."

"어떤 사람의 본을 받아 모이기를 폐하지 말고" 당시 자칭 믿음이 아름답다 하며 또 은혜를 받았다는 사람이 집회를 중(重)히 여기지 아니하여 말하기를 '자기는 집회에서 별로 유익을 얻지 못하였다고 차라리 단독으로 성경을 읽고 예배하는 것만 같지 못하다' 하여 집회를 무익하게 생각하고 방해하는 자가 있기 때문에 성령은 그 불가한 것을 표시하여 저들을 본받지 말라고 깊이 경계하신 말씀이다. 또 집회를 폐한다고 개인이 은혜를 받지 못하는 바는 아니요 다만 신앙상 도움이 작고 열정이 점점 냉각(冷却)하기 쉬워 마치 숯불을 합하면 불길이 강하고 낱낱이 흩어 놓으면 소화(消火)되는 것 같을 뿐이다. 또한 주께서 특별히 집회를 소중히 여기시는 의미로 고조하심을 볼 수 있다. "두세 사람이 내 이름으로 모이면 내가 그 가운데 거하리라"고 말씀하셨다. (마 18:20) 그리고 유익한 바는 우리가 받는 은사와 은혜가 각각 다름으로써 각자가 덕을 세우며 은혜를 끼침으로 피차에 유익이 많은즉 집회를 중요시하지 아니하는 자를 효칙(效則)하지 말 것이다. "그날이 가까움을 볼수록" 이는 주께서 재림하실 날로서 각 사람의 공로가 행한 대로 나타날 날이다. (고전 3:13) 그날이 가까움을 볼수록 어제보다 오늘은 한층 더 열심으로 집회해야 할 것을 성령은 더욱더욱 노력하여 촉진하게 하시는 말씀이다.

● 제26절 : "만일 우리가 진리를 분명히 안 후에 짐짓 죄를 범하면 다시 속죄하는 제사가 없고"

우리가 이미 진리의 광선의 비춰임을 얻고, 하나님의 은혜를 맛보고 또 성령을 일체(一體)로 얻고 하나님의 선한 말씀과 내세의 권능을 맛보고도(히 6:4-5) 짐짓 마음을 강퍅케 하여 하나님을 거역하여 범죄하면 그런 사람을 위하여는 다시 속죄하는 제사가 없어 마침내 죽는데 이르는 죄가 된다.(요일 5:16) 그러나 사람이 몽롱하거나 연약하여서 허물되거나 부지(不知)중에 죄에 빠졌다 할지라도 이는 고범죄(故犯罪 *일부러 범한 죄)가 아니므로 요한일서 2장 12절 말씀과 같이 주께서 친히 대언자(代言者)로서 화목제를 드려 죄와 허물을 완전히 속량하신다. 여기에 대해 실례를 들면, 베드로 같은 자는 세 번씩이나 주를 모른다고 하였으나 중심으로 모른다 하지 아니하고 약(弱)하여서 죄를 범하였음으로 사함을 받았다. 그러나 가룟 유다는 이와 반대로 처음에는 약소(略少)한 금전에 유혹을 받았으므로 주께서 여러 번 회개할 기회를 주셔서 인도하시다가 최후만찬 석상에서까지 심판적(審判的) 선고(宣告)를 받고도 그 마음을 굳게 닫고 종시 회개치 아니함으로 도저히 용서할 수 없는 것과 같다.

● 제27절 : "오직 두려운 마음으로 심판을 기다리는 것과 대적(對敵)을 소멸할 맹렬한 불만 있으리라"

　복음을 순종하지 아니하여 짐짓 죄를 범한 자의 갈 곳은 오직 흑암뿐이다. 기다리는 것은 하나님께 대적하는 자를 소멸하는 맹렬한 불이 저희들 위에 임할 뿐이다.(슥 1:14-18, 살후 1:6-9)

● 제28절 : "모세의 율법을 폐한 자도 두세 증인이 있으면 긍휼히 여

김이 없이 죽였거든"

아래는 구약의 형벌과 신약의 형벌을 대조함인데 먼저 모세의 율법을 폐한 자에게 대한 형벌을 말했다. 누구든지 구약 율법이라면 물론 엄(嚴)하고 그 형벌이 무서운 줄로 안다. 그러나 신약이라면 하나님은 사랑이시라 죄와 형벌에 대한 염려는 잊어버려도 가한 줄로 알고 오해하는 자가 있으나 신약(新約)의 죄(罪)의 두려움은 멀리 구약에 비하여 몇 배나 더 중(重)하다. 신약의 은혜가 고상하니만큼 그 형벌도 은혜의 높은 비례대로 심중(深重 *깊고 무거움)하다. "이미 연약하고 무익하여 폐한 모세의 율법을 폐한 자도 두세 증인이 있으면 용서없이 죽였거든"(신 17:2-7).

● 제29절 : "하물며 하나님 아들을 밟고 자기를 거룩하게 한 언약의 피를 속된 물건으로 여기고 은혜를 베푸는 성령에게 욕되게 하는 자의 응당받을 형벌이 어떻게 더욱 중하겠느냐 너희는 생각하라"

"하물며 하나님의 아들을 밟고" 모세의 율법을 폐한 자가 아니요, 아버지 되시는 하나님과 같으신 영광의 주 하나님의 참 형상이신 하나님의 아들을 유린하여 범죄한 자의 형벌이 얼마나 더욱 중하겠는가? 어떤 곳에 방탕한 아들을 둔 부모가 있었다. 탕자가 주야로 외출하여 방탕히 노는 비행을 고치기 위하여 그 부친이 여러 방면으로 타일렀으나 언제나 그릇될 뿐이요 도무지 듣지 아니하였다. 나중에 그 집 문에 막아서서 자식의 외출을 방어하며 말하기를 '만일 네가 이렇게 하여도 외출한다면 나는 네 앞에서 거꾸러질 터이니 나를 밟고 외출하라' 하였다. 그러자 그 자식이 어찌나 불효막심하였든지 그 부친의 말씀대로 부친을 밟고 외출하였다고 한다. 이와 같이 주께서 피 흘리신 두 손을 펴시고 우리를 더욱 잡아 죄의 길을 다니지 못하도록 막아서심도 불구하고 그 하나님의 아들을 밟으며 감히 죄의 길을 걷는 것은 실로 두려운 일이 아닐 수 없다. "거룩한 언약의 피를 속된 물건으로 여기고" 이것은 신약의 피이다. 이로 말미암아 우리는 죄에서 정결함을 받은 실험(實驗)까지 있는 자로써 그러나 그 공로를 잊어버리고 보혈이 속죄한다는 것은 진실로 용납하지 못할 일이다.

스웨덴 박물관에 갔다 온 사람의 말에 의하면, 그 박물관 상층 중앙에 특별히 경외하는 상자 하나가 있는데 그 중에게는 오직 '피 수건' 하나 뿐 이라고 한다. 그 유래를 아는 자는 반드시 그 앞을 통과할 때에 엄숙히 몸을 굽히여 경의를 표하고서 통과한다. 그 연유를 탐문하니 이것은 고대에 어떤 왕이 어느 전장에 친히 출전하여 지휘하는 중에 전세가 불리하여 대단히 위급하게 된 때에 왕은 용기를 떨쳐 군사를 독려하다가 적병의 탄환이 왕의 한편 눈을 맞추어서 그 눈이 상한 것도 불구하고 왕은 땀수건으로써 상한 눈을 막고 여전히 지휘함으로 사졸(士卒 *군사)들도 조금도 저상(沮喪 *기운을 잃음)의 기(氣)가 없이 용전분투하여 드디어 승리하였다고 한다. 그리하여 그 왕의 피가 스웨덴 국가를 구원하고 승리하였다 하여 뜻있는 자는 경의를 표하는 것이라고 한다. 한 나라의 왕의 피도 이렇게 귀하다고 하여 극히 경외하거든 하물며 왕(王)의 왕이시요,

주(主)의 주이신 예수께서 우리를 저 멸망에서 구원하여 내시기 위하여 자신의 피를 흘려주신 그 귀한 보혈을 경멸히 여김은 실로 두려운 일이 아닐 수 없다. "은혜를 베푸는 성령에게 욕되게 하는 자" 주의 보혈의 공(功), 즉 그 은혜를 가지고 와서 우리의 마음 문을 두드려 물으시는 성령을 능멸(凌蔑)이 여기는 자가 어떠하겠나 생각하여 볼 것이다.

한 나라 왕이 그 신하의 문병을 위하여 일부러 찾아왔는데 문전걸객(門前乞客)과 같이 대접하여 문을 열지 아니하고 그 집 안에 들이지도 아니한다면 얼마나 불경한 죄이겠는가? 그런데 그리스도의 신 즉 성령께서 많은 긍휼로 우리에게 은혜를 베푸시려고 찾아 오셔서 감화하심을 사마(邪魔)와 같이 생각하여 이를 방어하고 업신여기는 자가 그 응당히 받을 형벌이 얼마나 중하겠는가? 신약의 죄에 대한 형벌을 구약의 죄에 대한 형벌보다 더욱 중할 것은 가히 알 수 있는 것이다.

● 제30절 : "대개 우리가 이 말을 하신 자를 아나니 가라사대 원수를 갚는 것이 내게 있으니 내가 갚으리라 하시고 또 가라사대 주가 그 백성을 심판하리라 하셨으니" "원수 갚는 것이 내게 있으니 내가 갚으리라"

앞 절의 죄, 곧 하나님의 아들을 밟고, 거룩케 한 언약의 피를 속된 물건으로 여기고, 은혜 베푸는 성령에게 욕되게 한 죄는 다 직접 하나님께 대한 죄이므로 하나님께서 그 죄를 벌하시는 것이

다. (신 32:35-36)

● 제31절 : "생존하신 하나님의 손에 침륜(沈淪)케 되어 들어가는 것이 두려울진저"

　당시 히브리 신자들이 직접 그리스도의 은혜를 맛보고 다시 유대교화(敎化) 되어 주를 현저히 십자가에 못 박는 자와 오늘날도 진리를 깨달아 은혜를 맛보고도 타락하여 여러 가지 죄를 범함으로 하나님의 손에서 떨어진 자는 그 무서움이 악어의 입에 들어가는 것보다, 사자의 어금니에 잘리는 것보다, 불 가운데 던짐을 입는 것보다도 더욱 무서운 일이다. 아무리 중한 죄를 범하였을지라도 참으로 회개하고 긍휼히 여기심을 구하면 무한한 은혜를 힘입어 다시 사함을 받을 수 있으나 만일 자기 마음대로 살면서 죄를 회개하지 아니하고 은혜를 구하는 자는 극히 무서운 처지에 처하지 않을 수 없다.

● 제32절 : "전에 너희들이 빛에 비취임을 받은 후 많은 고난의 큰 싸움에 인내한 것을 생각하라"

　이 히브리 신자들이 최초에 주를 믿음으로써 참 빛을 받아들인 때에 유대교인과 기타 반대자가 있을지라도 조금도 구기(均忌 *피하거나 꺼림)치 아니하고 그로 말미암아 오는 수다한 큰 박해를 잘 인내한 그때 일을 돌이켜 생각하여야 한다. 많은 사람이 처음에는 신앙의 길로 잘 전진하다가 중도에서 처음 열심을 잃고 그 종말이 불미(不美)함이 통례(通例)인 바(갈 5:7) 히브리 사람들도 또한 그러하다. 그러므로 성령은 이러한데 처한 그들을 위하여 근심하며 다시 처음 신앙, 처음 사랑, 처음 충실에 귀착하도록 노력하여 권면하신 말씀이다.

- 제33절 : "혹 비방과 환란을 받아 사람에게 희롱거리가 되고 혹 이 같은 고난을 받는 자로 더불어 같이 받았으니"

"비방과 환란을 받아" 너희가 내 이름을 인하여 모든 사람에게 미움을 받을 것이라고 함(눅 21:17)과 같이 1세기 로마의 유명한 사람 다시도스라는 이가 말하기를 "기독교도는 만인이 소중(所重)히 여기는 바"라고 하였다. 또한 사실상으로 그와 같이 유대인과 이방인들이 자기들의 규례와 풍습이 불합하다 하여 무쌍(無雙)히 비방하고 욕할 뿐 아니요 4세기 초기까지 신자들이 종종 격렬한 박해를 당하였고 또한 끊임없이 환란을 겪었다. 이 히브리 신자들은 요행히 최초에 고난받은 일로 인하여 조금도 실망치 아니하고 기쁨으로 인내하였다. "희롱거리가 되고" 고린도전서 4장 9절에 바울이 말하기를 "우리는 세계와 천사와 사람에게 관광(觀光)꺼리가 되었노라"고 한 것처럼 우리 신자에게는 여러 방면으로 무서운 핍박이 답지(遝至)함을 가히 면하지 못할 사실인바 특별히 당시 미신자들은 기독 신자를 박해하는 일로써 일종의 쾌락으로 삼아 심지어 연극장(演劇場)에서 신자들을 사자와 같은 맹렬한 맹수의 미끼로 하여 이것으로써 관람자의 낙(樂)으로 삼는 일까지 있었다.

● 제34절 : "대개 너희들이 갇힌 자를 긍휼히 여기기도 하고 너희의 산업을 빼앗기는 것도 기쁘게 용납한 것은 더욱 아름답고 항상 있는 산업이 있는 줄 앎이니라"

"갇힌 자를 긍휼히 여기기도 하고" 당시의 신자가 믿음으로 옥에 갇힌 자를 심방하여 위로하는 일은 극히 두려운 일이지만 형제를 찾아 위로하는 일을 조금도 두려움 없이 사랑과 독실한 믿음과 담대함으로써 깊이 동정하였고, "산업을 빼앗기는 것도 기쁘게 용납" 권리로 말하면 각 사람이 다 자기의 재산을 누구에게든지 빼앗기지 아니할 것이나 무리하게 산업을 빼앗으려 하는 자가 빼앗으려 할 때 빼앗기지 아니하려면 쟁송(爭訟)하여야 하는데 신자가 원래 고난을 당하여 사는 것이 정한 이치라 그런 일을 당할지라도 실망함이 없이 또는 불평이 없이 차라리 산업을 빼앗기고 하늘의 산업 그 은혜를 멀리 바라봄으로 기쁨으로 잘 용납하는 것이다. "항상 있는 산업이 있음을 앎이니" 이 세상의 재산은 잠시요, 또한 믿을 수 없는 것이다. 좀도 먹고, 동록(銅綠)도 쓸고, 도적이 구멍을 뚫고 도적질하되(마 5:9), 하늘에 쌓아 둔 산업은 더럽지 않고, 썩지 않고, 쇠하지도 아니하는 영영한 산업이 있음을 앎이다. (벧전 1:4)

● 제35절 : "그러므로 너희 담대함을 버리지 말라 이것이 큰 상을 얻느니라"

"너희의 담대함을 버리지 말라" 소망의 강경(强勁)한 믿음과 또 보혈을 힘입어 담대함을 버리지 말라는 뜻이다. 이곳 신자들이 최초에는 독실한 믿음으로 환란과 핍박을 무릅쓰고 주를 경애(敬愛)하며 도리를 잘 지켰으나 점점 믿음이 박약(薄弱)하여 다시 구약의 복잡한 의식을 지키고자 하는 자가 많음으로 이와 같이 권면한다. "상을 얻느니라" 제34절에 항상 있는 하늘의 산업을 가리킨다.

● 제36절 : "너희에게 인내가 있어야 너희 하나님의 행한 후에 허락하신 것을 얻으리니"

"너희에겐 인내가 있어야" 믿음과 인내는 수레의 두 바퀴와 똑같으므로 잠깐이라도 가히 분리하지 못할 형세이다. 따라서 35절에는 신앙을 버리지 말라고 권면하고 본 절에 이르러 믿음의 선한 싸움을 잘 싸우려면 인내가 절대 필요한 것을 밝히 보이셨다. 어떤 사람을 막론하고 잠깐 동안은 서로 사랑하며 환란에 인내하며 박해 가운데 있는 형제를 체휼히 여겨 도(道)를 잘 실행한다. 그러나 종말까지 인내하는 자가 심히 적으니 이것은 다 돌짝 밑에 떨어진 종자와 같이 곧 났다가 잠시 후에 말라 죽는 것과 같은 것이다. 그러므로 성경에 인내를 많이 장려하여 말씀하시기를 참고 선을 행하는 자에게는 영생으로 갚으시고(롬 2:7), 인내로써 너희 영혼을 보존하리라(눅 21:19) 하셨다. 그리고 아직 보지 못하는 것을 바라며 차마 기다릴지니라(롬 8:25)고 하였을 뿐 아니라 주께서 주(主) 되심도 2장 10절의 말씀과 같이 천신만고(千辛萬苦 천 가지 매운 것과 만 가지 쓴 것, 온갖 어려움을 겪으며 심하게 고생함의 의미)를 능히 참으심에 있다고 할 수 있다. 그런즉 주(主)를 체(體 *몸)받은 우리로는 인내가 가히 없지 못하겠고 또 성도의 자격을 성취하는 비밀은 곧 이 인내에 있는 것이다. "허락하신 것을 얻을지니 인내로써 하나님의 뜻을 행한 후에 진실무이(眞實無異)하신 허락의 큰 상급을 얻을 것이다.

● 제37절 : "일렀으되 잠시 잠깐 후에 오실 이가 오실 것이 오래되지 아니하시리라"

● 제38절 : "나의 의로운 자는 믿음으로 말미암아 살려니와 만일 뒤로 물러가면 내 마음이 저를 기뻐하지 아니하리라 하였느니라"

　　이것은 구약 하박국 2장 23절을 인용한 것이다. 당시에 유대 사람들이 갈대아 사람에게 많은 고통을 당함으로 하박국 선지자가 태평왕 되시는 메시야가 오시리라고 한 묵시(默示)가 속히 성취할 것으로 그 백성을 위로하여 당한 고난을 감인(甘忍 *기쁘게 참음)하라고 면려한 말씀이다. 이때 히브리 사람에게는 재림하시겠다고 하신 영광의 주가 속히 오실 터인즉 고난을 당하되 인내하라는 의미이다. "나의 의로운 자" 이 세상의 의인이 아니요, 원래 죄인이었으나 하나님의 의(義)라고 하신 의인(義人)을 가리킴이다. "믿음으로 산다" 믿음으로 사는 것은 꼭 동물의 호흡과 흡사하여 잠시라도 믿음에서 떠나면 떠난 그 시간은 곧 죽음이다. "뒤로 물러가면 내 마음이 저를 기뻐하지 아니하리라" 믿음과 인내를 바라고 뒤로 물러가면 하나님께서 기뻐하지 아니하시고 믿음과 인내로써 종말까지 계속 전진(前進)한즉 하나님께서 가장 기뻐하시는 바이다.

● 제39절 : "우리는 뒤로 물러가 침륜에 빠질 자가 아니요 오직 믿어 영혼 구원함에 얻는 자니라"

"뒤로 물러가 침륜(沈淪 *물속에 가라앉음)에 빠질 사람이 아니오" 믿음으로 표준을 향하여 전진함에 있어서 역풍노도(逆風怒濤)가 당면하여도 만난(萬難 *온갖 어려움)이 부딪힐지라도 인내로써 능히 종말까지 믿음의 도를 지켜 구원을 얻을 자라는 의미이다.

제11장

주의(主意): 믿음의 진의(眞意)와 그 실례

분해(分解)

1. 믿음의 정의와 그 능력 (1-3)

2. 믿음의 본론 (4-38)

1) 아벨의 믿음 (4)

2) 에녹의 믿음 (5-6)

3) 노아의 믿음 (7)

4) 아브라함의 믿음 (8-10)

5) 사라의 믿음 (11-12)

6) 믿음과 여행 (13-16)

7) 아브라함이 이삭을 바치는 일 (17-19)

8) 이삭, 야곱, 요셉의 믿음 (20-22)

9) 모세의 어머니의 믿음 (23)

10) 모세의 믿음 (24-27)

11) 믿음으로써 홍해를 건넘 (28-29)

12) 믿음으로써 여리고를 깨뜨림 (30)

13) 라합의 믿음 (31)

14) 믿음의 여러 가지 사업 (32-34)

15) 박해를 능히 견디는 이름 없는 믿음의 용장들 (35-38)

3. 결론(39-40)

● 제1절 : "믿음은 바라는 것들의 실상이요 보지 못하는 것들의 증거니"

"믿음은 바라는 것들의 실상이요" 이로 말미암아 보건대 믿음이라는 것은 그중에 소망이 잠재한 것을 가히 인식하여 믿는 것이다. 무슨 과학자같이 이상의 합리처(合理處)만 인식하며 현실만을 긍정하는 것은 아니다. 그러므로 장차 천국에 간다는 것이나 또 하나님께 각양 은혜를 받는다는 것을 소망하는 바이다. 그런즉 미래에 속한 일, 또한 보지 못한 일을 소망하되 마치 망원경으로 멀리 있는 물건을 눈앞에 있는 실물을 보는 것같이 마음의 안목으로 멀리 있는 것을 가까이 이끌어 밝히 보는 것이다. 그러므로 옛적에 아브라함이 믿음으로써 그리스도의 날을 보고 즐거워하였다 하였다. (요 8:5, 16) 또 미래의 것을 꼭 현재 자기가 실물을 잡은 것과 같이 생각하는 것이 참 신앙이니 신앙은 미래의 것을 조금도 의심하지 아니하는 것이다.

"보지 못하는 것들의 증거"는 육체의 안목으로는 장자(障子 *종이로 싸서 바른 장지) 한 장이나 혹 하나의 담벽이 가로막히더라도 상대편을 도무지 보지 못하지만 신앙의 안목으로는 신성(神聖)에서 타락한 육체로 말미암아 하나님과 함께 교유(交遊)함에 있지 못하나 영(靈)에 속한 일과 하나님의 존재를 신앙으로 인식하는 것이 아니요, 친히 목도하여 알되 육체의 안목으로 실물을 보아 진실하다고 인정하는 것보다 더욱 분명한 실지 증거가 있다. 과연 신앙이라는 것은 시간(時間)의 망원경이요 또 사람의 내부와 골수를 관통하는 엑스 광선과 같은 것이다.

● 제2절 : "옛 사람들이 이로써 아름다운 증거를 얻은지라"

하나님의 칭찬하시는 바는 다만 믿음의 사람뿐이다. 우리 사람처럼 수완이 좋고 두뇌가 명석하여 어려운 일이라도 잘 처리하는 사업가가 아니다. 하나님은 오직 그 신앙의 유무(有無)를 보아 인정하시는 바 이 일이 결코 그리 어려운 일도 아니다. 그러므로 옛적부터 1절에 있는 이 신앙을 가지고 아름다운 칭찬을 얻은 자가 적지 않다.

● 제3절 : "믿음으로 우리들이 모든 세계가 하나님의 말씀으로 지으신 줄을 우리가 아나니 곧 보이는 것은 나타난 것으로 말미암아 된 것이 아니니라"

"모든 세계가 하나님의 말씀으로 지으신 줄을 아나니" 이 세계나 또는 모든 세계 곧 태양 세계(太陽世界), 달 세계(世界), 별 세계(世界) 여러 세계(世界)가 있는데 이 만유(萬有)가 다 어떻게 되었는지 그것을 또한 무엇으로 어떠하다고 판정하든지 하나님께서 태초에 말씀으로 그것을 창조하셨다고 창세기 1장에 기재한 그 진리를 믿지 아니하면 별달리 해석할 법이 없다. "이 보이는 것은 나타나는 것으로 말미암아 된 것이 아니니" 보이지 아니하는 하나님이 그 말씀으로써 만유를 지으셨다고 하셨으매 여기에서 비로소 신앙의 필요를 알 수 있다.

신앙의 토대는 보이지 않는 하나님과 그 말씀이니 우리는 천지창조에 대하여 창세기 1장 이외에는 다른 빙거(憑據)를 더듬어 찾을 필요가 없고, 다만 이 세계가 하나님의 말씀으로 지으신 것을 믿을 뿐이다. 믿음이 없는 사람은 이렇게 믿는 것을 우준(愚議)하다 하겠으나 우리는 보이는 바가 그 보이지 아니하는 하나님의 창조하신 바라 하여 조금도 의심이 없으니 신앙의 기초가 여기에 있는 것이다.

● 제4절 : "믿음으로 아벨은 가인보다 더 나은 제사를 하나님께 드림으로 의로운 자라 하시는 증거를 얻었으니 하나님이 그 예물에 대하여 증거하신지라 그가 죽었으나 그 믿음으로써 오히려 말하느니라"

"믿음으로 아벨은 가인보다 더욱 아름다운 제사를 드림으로 의로운 자라 하시는 증거를 얻었으니" 가인은 하나님께 나아갈 때에 자기가 죄인임을 기억치 아니하여 속죄의 필요를 느끼지 않고 다만 자기의 수족(手足)으로 수고하여 얻은 소산 곧 과실과 채소로써 제물을 삼아 드려 하나님을 기쁘시게 하려 하였으니 이는 일신교도(一神敎徒)의 모형에 불과하다. 그러나 아벨은 그렇지 아니하여 자기가 하인임을 밝히 깨닫고 아담이 범죄하였을 때 하나님께서 어린 양을 도살하여 피를 흘리고 그 가죽으로 가죽옷을 지어 입히신 것은 구속의 의미를 실물 교훈으로써 보여주심을 기억하여 희생으로써 하나님께 드렸다. 이것은 곧 구속의 피를 신뢰하는 참 그리스도 신자의 모형인바 하나님께서 이로써 의인으로 간주하신 것이다.

"그 예물에 대하여 증거" 가인은 죄인이면서도 희생을 신뢰하지 아니하고 자기의 작업한 것으로 하나님을 가까이 하려 하니 그 예물에 대하여 돌아보지 아니하셨다. 이것은 현대인이 자기 수양과 극기로써 안심을 얻고자 하는 자의 행위에 불과하다. 아벨은 죄인이 하나님께 나아갈 때에 예물 없이는 나아갈 수 없는 것을 깨닫고 희생을 의뢰하여 나아갔음으로 하나님께서 그 예물에 대하여 기뻐 받으심을 불로써 증거하셨다.

오늘날 어떤 자는 하나님을 믿고 알되 그리스도는 못 믿겠다고 하는 자가 있으며 또한 진정한 신앙으로 그리스도를 의뢰하여 하나님께 나아가는 사람은 그 즉시로 성령을 받으며 또 정결한 은혜를 받아 안심을 얻는 것이 사실의 증거이다. 그리스도의 희생을 믿지 아니하는 자에게 무슨 일이든지 하나님께로 증거가 없고, 십자가를 의뢰하여 하나님께 나아가는 자는 사실상 하늘로부터 불이 내려 증거하시나니 이것이 참과 거짓의 분별이다. "그가 죽었으나 오히려 말하느니라" 그는 죽기는 죽었으나 다만 그 육체만 죽었을 뿐이요, 영혼은 생존하므로 지금도 오히려 말하고 있다. 오직 그때에만 아벨의 피가 지상에 하나님께 규호(叫號 *큰 목소리로 부르짖음)할 뿐 아니라 6천 년이 지난 지금도 오히려 그는 우리에게 말하고 있다. 아 그는 순교자로 제1위를 점령한 복된 자이다. 우리가 이 아벨에 대하여 배울 만한 일이 두 가지가 있으니,

첫째, 아벨이 믿음으로 유일(唯一)의 제물 어린 양, 즉 그리스도를 의뢰하여 하나님께 나아간 것으로써 신앙의 토대는 이미 도살(屠殺)한 어린 양인 것을 충분히 표시함이다.

둘째, 아벨이 직접 제물이 됨이다.

우리들이 그리스도가 우리를 위하여 죽어 주신 그 사랑을 깊이 느낄 때와 같이 우리도 몸을 희생하여 드리는 데까지 이르러 저 아벨의 종적(踪蹟 *발자취)을 따르지 아니하면 안 될 것이다. (롬 12:2)

● 제5절 : "믿음으로 에녹은 죽지 않고 승천하였으니 하나님이 승천하게 하심으로 사람이 다시 만나지 못한지라 그 승천하기 전에 하나님을 기쁘시게 하는 자라 하는 증거를 얻었느니라"

"에녹은 죽지 않고 승천" 에녹은 가히 놀랄 신앙인이다. 그의 특색은 하나님으로 더불어 동행함이다. (창 5:22-24) 세상에 있는 동안 평생을 동행하다가 마침내 죽지 않고 천국까지 동행하였다. 그런즉 승천한 비결이 어디 있는가? 항상 자기를 낮추고 비우고 겸손하여 완전히 승천할 준비 중에 하나님만 의뢰함으로 하나님께서 승천하게 하신 것이다. 그러므로 사람이 옛날부터 지금까지 그를 발견한 자가 하나도 없는 것이다. "그 승천하기 전에 하나님을 기쁘시게 하는 자라는 증거를 얻었느니라" 많은 사람은 일평생을 두고 하나님을 근심하게 하고 그 즉시로 성령을 받으며 또 정결한 은

혜를 받아 안심을 얻는 것이 사실의 증거이다. 그리스도의 희생을 믿지 아니하는 자, 혹 어떤 자는 얼마 동안 하나님을 기쁘시게 하다가 종국에는 슬프시게 하는 것이 상사(常事)이나 오직 에녹은 일생을 하나님을 기쁘시게 하여 살았다. 그러므로 거룩하다 가히 찬송하지 아니할 수 없다. 무슨 법으로 그러한가? 고행난행으로써 인가? 무슨 자선 사업으로써 인가? 아니다. 아니다. 가장 용이한 일은 신앙으로써만 기쁘시게 하는 것이다.

● 제6절 : "믿음이 없은즉 하나님을 기쁘시게 못 하나니 하나님께 나아가는 자는 반드시 그가 계신 것과 또한 그가 자기를 찾는 자들에게 상 주시는 것을 믿어야 할지니라"

"믿음이 없은즉 하나님을 기쁘게 못하나니" 저 유대 사람들과 같이 열심히 율법을 행하거나 무슨 자선 사업을 크게 하는 것이 아니다. 다만 간사한 마음이 없는 유아가 절대로 그 모친을 믿고 의뢰함과 같이 하나님의 전지전능하심과 또 사랑이 무한하시고 우리가 알지 못하는 것까지 다 통달하시는 분이시며 또 그의 경륜과 계획은 누가 가히 측량해 알 자가 없으므로 단독으로 사람의 시종(始終) 전부를 자유로 주장하시는 하나님이심을 믿는 것이 가장 그를 기쁘시게 하는 일이다. "그가 계신 것을 믿어야 할지니라" 믿음의 첫째 일은 우리가 하나님께 나아갈 때, 즉 기도할 때에 하나님의 존재를 인식(認識)하여 믿되 내가 있는 처소, 내 눈앞에 계신 것으로 믿고 혹 어떤 자와 같이 이론으로써 하나님은 우주에 두루 계시거니 하고 생각하거나 또는 천리 만리 밖에 계시거니 하는 것이 아니다. 하나님이 나와 같이 하시되 얇은 종이 한 겹도 사이함이 없이 곧 나의 눈앞에 계시고 또한 나의 일동일정(一動一靜 *하나하나의 움직임)을 다 살피시는 분으로 알지 아니하면 안 될 것이다.

"자기를 찾는 자에게 상 주시는 것을 믿어야 할지니라" 하나님께 나아가 믿음으로 단순히 간구하는 자에게 그대로 버려두시지 않으시고 반드시 하늘에 계신 하나님께서 구하는 자에게 더욱 좋은 것으로 주시지 않겠느냐고 하심과 같이 곧 갚아 주신다. (마 7:11) 믿음이 있으면 이 일을 믿으나 불신앙에 있는 자는 아무리 구하여도 하나님께서 대답하지 아니하신다고 또는 아무 효과가 없다고 할 뿐이나 참 믿음이 있는 자는 유아가 그 어머니를 구함과 같이 구하니 어김없이 상으로 갚아 주심을 은혜로 받는 것이다.

● 제7절 : "믿음으로 노아는 아직 보지 못하는 일에 지시하심을 받아 경건함으로 방주를 예비하여 그 집을 구원하였으니 이 믿음으로 세상의 죄를 정하고 믿음을 좇는 의의 후사가 되었느니라"

"노아는 아직 보지 못하는 일에 지시함을 받아" 노아는 신앙의 모범 인물이다. 그러므로 노아는 아직 보지도 못한 120년 후에 하나님께서 홍수로써 심판하여 온 세상을 멸망케 하실 일을 묵시하시매 그대로 신앙할 뿐이었다. 이것은 경험으로 보더라도 개벽 이래로 전 세계가 홍수로써 멸망을 당한 일이 없었고 또한 사실에 이해도 없었으나, 그는 오직 하나님의 말씀이므로 이 일을 그대로 믿고 지시대로 행하였다. "경건함으로 방주를 예비하여 그 집을 구원하였으니" 하나님께서 이 세상을 멸하실 것을 노아에게 고하시자 그는 확실히 믿었고 또 그 믿은 결과로 비상히 하나님을 경외하고 경외하는 마음으로써 그 가족과 다른 사람의 영혼을 구원하기 위하여 방주를 예비하였다. 옛날부터 어느 때든지 참 믿음이 있는 자는 자기 개인의 구원으로 만족하지 않고 다른 영혼을 위하여 열심히 기도하고, 활동하여 구령(救靈)에 급급하지 아니할 수 없다.

"이 믿음으로 세상의 죄를 정하고" 노아는 자신이 모든 것을 다 버리고 이 세상에서 떠나고 모든 사람에게도 지상의 보화를 버리고 이 방주에 상승(上乘)하여 구원을 얻으라고 120년간을 널리 돌아다니며 자기가 하나님의 말씀을 순종하여 믿음으로써 모든 사람의 불의와 불신앙의 죄를 밝히 보여 높이 부르짖었다. 그러나 아직도 사람의 마음이 세상을 떠나 보화를 버리고 방주에 들어와 구원 얻기를 싫어하는 자들은 다 하나님의 심판을 면치 못할 자로 정하였던 것이다. "믿음을 좇는 의인의 후사가 되었느니라" 노아는 자기의 의로써 의로워져 구원을 얻는 것이 아니고, 오직 믿음으로 말미암은 의(義)인데 그는 방주(그리스도의 모형)로 구원함을 얻었다. 오늘날 우리가 구원을 얻은 것도 자기의 의로 말미암지 않고 그리스도의 의로 말미암은 의이니 이로 보건대 노아의 의의 후사가 됨이 분명하다.

● 제8절 : "부르심을 받은 아브라함은 믿음으로 순종하여 장래 기업

으로 받을 땅에 나아갈 때 갈 바를 알지 못하고 간지라"

"부르심을 받은 아브라함은 믿음으로 순종하여" 아브라함은 본래 갈대아 우르 사람으로 하나님께 인도를 받을 때에 "너는 네 본토와 친척과 아비의 집을 떠나 내가 지시할 땅으로 가라"(창 12:1)는 명령이 임하였다. 그는 아직 그 땅이 어떠한 방면에 있는지 또한 선불선(善不善)간에 보고 들은 일이 없으되 애착(愛着)한 고향에 일가 친족을 이별하고 멀리 외국으로 가족을 인솔하고 출발도 주저함이 없이 순종하였으니 이는 절대 신종자(信從者)이다. 우리도 심령상으로 죄악 세상에서 마음과 관념(觀念)까지 완전히 떠나 영원한 나라로 가라는 명령이 임할 때에 절대로 순종함이 축복받는 초보인 것을 배워야 하겠다.

"갈 바를 알지 못하고 간지라" 아브라함은 자기의 가는 처소가 처신할 곳인지 알지 못하고 다만 하나님께서 가장 좋은 처소를 예비하여 주셨을 것으로 믿고 그 곳을 정탐하여 볼 생각도 없이 맹종적(肓從的) 신앙(信仰)으로 그곳을 향하여 출발하였다. 옛날부터 사람들이 하나님의 말씀과 그 일을 의심하여 연구 탐찰(探察)한 후에야 믿겠다고 하니 이것은 참 신앙이 아니다. 저 아브라함의 참 신앙을 우리는 배워야 하겠다.

- 제9절 : "믿음으로 저가 외방에 있는 것같이 허락하신 땅에 나그네가 되어 같은 허락을 받은 자 이삭과 야곱으로 더불어 장막에 거하였으니"

아브라함은 약속지인 가나안에 들어갈 때에 모든 물품이나 땅이 미리 준비되어 그가 도착하기를 기다렸느냐 하면, 결코 그런 것이 아니다. 하나님께서 그곳을 허락하셨다고 할 것 없이 창 12장 5절에 있는 말씀과 같이 그곳에는 수다한 가나안 사람이 거류할 뿐 이어서 그는 발붙일 땅도 없었다.(창 23:4) 그가 만일 애굽에서 인도를 받아 나온 이스라엘 백성 같으면 무서운 원망이 적지 아니하였을 것이지만 그는 조금도 원망이 없었고, 그 자손 대에 이르러서도 오히려 약속의 땅이라고 주신 증거가 없었으나 오직 신앙으로써 이 땅에 거처할 곳을 삼아 살아가는 동안 영영 거처할 곳으로 아니하고 나그네의 생애 곧 장막 생활을 그 자손 이삭, 야곱으로 더불어 함께 하였다. 앞에 있는 새 예루살렘에 관한 소망이 확실함으로 이 세상에서 낙심하고 낙망할 만한 경우에 처음부터 끝까지 한 가지로 나간 것을 보면 신앙의 조상이 될 만하다.

● 제10절 : "대개 터가 있는 성을 바랐으매 경영하시고 지으신 자는 곧 하나님이시니라"

"대개 터가 있는 성을 바랐으매" 아브라함의 믿음의 인내한 비밀은 이에 있다. 아브라함의 안중에는 언제든지 새 예루살렘이 영사(映寫)되어 있으므로 저가 이방인 중에 거처하여 적지(敵地)에서 걸객(乞客)과 같이 생활하면서도 하나님의 도성(都城)만을 향하여 사모하는 정이 간절하였다. 이 세상 경성(京城 *서울)에 보화가 어떠하든지 병력(兵力)이 어떠하든지 그는 이런 것은 조금도 염두에 두지 아니하고 하나님의 능력으로 조성하신 경성(京城 *서울)만 촉망(囑望 *잘되기를 바라고 기대함)할 뿐이었다.

● 제11절 : "믿음으로 사라도 연로(年老)하여 단산(斷産)하였으나 잉태하는 힘을 얻었으니 이는 허락하신 자를 미쁘신 줄 앎이라"

　사라의 나이가 90세에 이르러 자기 육체의 혈기가 쇠잔함을 따라 경도(經度 *월경)까지 이미 말랐으므로 수태할 소망이 없는 것은 자기도 잘 아는 일이지만(롬 4:19) '아들을 주시마' 하고 약속하신 이가 전능하시고 신실하심으로 때가 늦은 것도 불구하고 믿음으로 수태하는 힘을 얻어 허락하신 대로 자손을 하늘의 별과 해변의 모래 수와 같이 생육하였다. 그러므로 참 신앙은 이지(理智)를 의지하지 아니한 초자연(超自然)의 기적의 본원(本源)임을 가히 알 수 있다. 우리도 사라와 같은 신앙으로 수다한 영혼의 자녀를 산출(産出)하여야 할 것이다. 하나님은 거짓이 없으신 성실하신 분이시다. 그러므로 그 성실하신 하나님을 믿는 일은 그리 어려운 일이 아니요, 용이한 일이며 억지로 할 일이 아니요 당연히 할 일이다.

● 제12절 : "이러므로 한 죽은 자와 방불한 사람으로 말미암아 하늘에 별의 수다함과 또 해변에 있는 모래의 다수(多數)함과 같이 생육하였느니라"

　사라는 한 죽은 자와 방불(行佛)한 자로되 믿음으로써 아들 이삭을 낳고 이삭은 야곱을 낳고, 야곱은 이스라엘 12지파를 낳고, 그

12지파는 많은 자녀를 성취(成就)하였다. 우리가 사라에게 대하여 배울 것은 복음의 자녀를 낳는 것도 나라는, 즉 의뢰할 만한 지식, 사상, 수단 같은 것이 일체 없고 온전히 내가 죽되 생명이 도무지 없는 마른 나무와 같이 죽어야 아론의 지팡이에서 새싹이 난 것처럼 그런 사람에게 하나님께서 약속을 주시고 또한 성령의 능력으로 무수한 자녀를 생육케 하시는 것이다.

● 제13절 : "이 모든 사람은 다 믿고 죽었고 허락하신 것을 받지 못하였으되 약속을 믿지 못하였으되 그것을 멀리 바라보며 기뻐하고 또 자기가 땅에 있어 외국인과 행려(行旅 *나그네)로라 증거하였으니"

아브라함, 이삭, 야곱을 보라! 우리보다 그 얼마나 극히 곤란한 처지에 처하였으나 이에 아름다운 신앙을 품고 일생을 마치었다. 그러나 저들이 아름다운 신앙을 가졌으나 그 일생의 목적한 바를 보지 못하고, 죽었으니 가련하다 하겠다. 그러나 육안(肉眼)으로는 보지 못하였으나 신앙으로써는 바라보며 기뻐하였다고 하였다. 이 기쁠 희(喜)자가 원문에는 안을 포(抱)자로 기재되었다고 하니 소망을 안았다는 의미인즉 육체의 손으로는 멀리 있는 것을 능히 저희가 잡아 안을 수 없으나. 믿음의 손으로는 멀리 있는 것을 능히 먼 곳, 즉 하늘에 있는 소망을 붙잡을 수가 있다. "땅에 있어 외국인과 행려(行旅)로라" 이 말씀은 공공연히 자기의 신앙을 표시함 입니다. 비록 육체가 세상에 처하였으나 세상의 금전이나 명예나 지위를 사모하여 도모함이 없이 단지 하늘의 소망만을 사모하여 일생을 천국 고향가는 나그네로 종신하였다. 오늘날 우리들도 그리스도와 함께 부활하였으면 위에 있는 것을 사모하고, 위에 있는 것을 찾는 것은 고금(古今 *옛날과 지금)에 통한 의(義)인 것이다.(골 3:1-2)

● 제14절 : "이같이 말하는 자들은 그 본향 찾는 것을 밝히 표(表)함이니라"

13절 하반절의 말씀은 이 세상에 처하여 일정한 주소가 없는 것을 표시함이다. 일정한 주소가 없다는 것은 한편으로 만족을 가지지 아니한 표이고, 또다른 한편으로는 고향, 즉 영원한 주소를 찾는 표시이다. 그들의 참 고향은 하늘에 있으니 그곳을 바라보고 급히 달리는 것이다. 우리도 또한 국적(國籍)이 하늘에 있으면 하늘에 착안(着眼)하고 세상을 좌우로 돌아볼 것이 없이 하늘을 향하여 급히 달릴 것이다.

● 제15절 : "저희가 나온 바 본향을 생각하였다면 돌아갈 기회가 있었으려니와"

"나온 바 본향" 유브라데 하수 하류인 갈대아 우르를 지칭한다.(창 11:31) "본향을 생각하였다면 돌아갈 기회가 있었으리라" 정처없이 가나안에서 방황하는 일과 또는 외국인 중에 거생(居生)함을 만족하지 않게 생각하고 하나님의 약속을 믿지 아니하여 광야에서 애굽을 연상하던 이스라엘과 같을진대 자기의 친척이 있는 고국에 돌아갈 기회가 있었을 것이다. 그러나 그들은 더욱 좋은 하늘에 있는 소망을 사모하기 때문에 어떠한 시험에 있든지 여하한 고난을 만나든지 앞에 있는 것을 취하려고 전진할 뿐이요, 위에 있는 소망을 잡으려고 향상(向上 *수준이나 실력이 나아짐)하여 살 뿐이다.

● 제16절 : "저희들이 이제는 더욱 아름다운 본향을 사모하니 곧 하늘에 있는 것이라. 그런고로 하나님이 저희의 하나님이라 칭함을 부끄럽게 여기지 아니하시고 저희를 위하여 한 성을 예비하셨느니라"

상반절은 위에서 거의 강술되었으니 다시 강설할 필요가 없고 하반절, 즉 '저희들의 하나님이라 하시기에 부끄럽지 아니하다' 하심은 아브라함, 이삭 야곱은 단순히 행려(行旅 *나그네)의 정신으로 신앙에 굳게 섰다. 하나님은 이와 같은 종류의 신앙 있는 자를 내 백성이라 하고 일컫기를 부끄럽다 아니하시나 세상의 재보(財寶 *재화와 보물), 영예(榮譽 *영광스러운 명예), 권세와 같은 것을 사모하여 구하는 자를 내 백성이라기에는 부끄러워하시는 것이다.

보라! 세상에서라도 명예있는 자식을 둔 부모는 어떠한 친구에게든지 부모라기를 부끄러워 아니함 같이 하나님은 전 세계 인류와 천사들 앞에 아브라함, 이삭, 야곱의 하나님이라 하시기를 부끄러워하지 아니하셔서 종종 성경에 기재하였다. (출 3:6, 사 41:8) "저들을 위하여 한 성을 예비함" 10절에 하나님께서 경영하시고 조성하신 처소, 즉 천국을 아브라함, 이삭, 야곱과 같은 신앙과 그 생애 중에 있는 자를 위하여 예비하였으니(요 14:3), 신앙이 있는 자는 하늘의 것을 추모(追慕)할 것이다.

● 제17, 18절 : "아브라함은 시험을 받을 때에 믿음으로 이삭을 드렸으니 저는 허락을 받은 자로되 그 독생자를 드린지라 저희에게 이미 말씀하시기를 너희 자손이라 칭할 자는 이삭으로 말미암음이라 하셨으니"

아브라함은 먼저 고국과 친척과 가문을 떠나라는 명령을 순종하여(창 12:1) 인정상으로 극히 난감(難堪)한 시험을 한번 겪었다. 이보다도 더욱 심한 고통의 시험이 재습(再襲 *다시 엄습함)하였다. 이것은 그 독자(獨子) 이삭을 제물로 바치라는 명령이었다. 오늘날도 신앙 생애란 이같이 우리의 사상, 우리의 힘으로 능히 감당하기 어려운 시험, 또한 가장 제일 애석히 여기는 것을 바치라고 하는 하나님께로부터의 명령이 종종 임한다. 이삭은 하나님께서 특별히 약속으로 주신 독자, 즉 아브라함이 약속을 받은 지 14년간을 기다려 얻은 유일한 후사(後嗣)요, 형용색색의 신산(辛酸)을 맛보아 가며 사랑으로 길러 점점 잘 장성하였는데 이 밖에도 이런 아들을 바치라고 하시니 이는 하나님께서 이삭으로 말미암아 장차 큰 민족을 이루시겠다고 약속하심과 위반됨이 아닌가? 그리고 하나님의 말씀이 사실과 모순됨이 아닌가? 라고 생각할 만한 경우이지만 그는 조금도 그런 이유를 품(稟 *여쭐)한 일도 없었다. 슬피 운 일도 없이 오직 순종하여 모리아 산까지의 3일 노정(路程)을 가서 독자 이삭을 제물로 드렸던 것이다. 우리들도 아브라함을 본받아 하나님께서 바치라는 것은 금전이나 시간이나 몸까지라도 애석히 여기는 마음이 없이 곧 순종하여 바쳐야 한다.

● 제19절 : "저가 하나님이 능히 사중(死中 *죽은 자)에서 다시 살게 하실 줄로 뜻한지라 비유컨대 사중(死中)에서 도로 받았느니라"

　　아브라함이 이삭을 바침은 물론 첫째로는 절대 복종이요, 둘째로는 하나님의 약속이 있으매 반드시 저를 죽은 가운데서라도 다시 살게 하여 주실 것을 의심 없이 믿은 위대한 신앙이 있었기 때문이다. 저 마리아와 마르다가 그 오라비 나사로의 다시 살리실 것을 믿지 못한 것(요 11:32)에 비교하면 아브라함의 믿음은 어찌 위대한지 가히 측량하여 말할 수가 없다. 그는 이와 같은 신앙이 있으므로 모리아 산에 올라가 가장 사랑하는 독자를 결박하여 제단 위에 올려놓고 칼을 번쩍거리며 찔러 죽이려 할 때에 육신으로 부모된 저의 심정이 어떠하였겠는가? 그렇지만 그는 조금도 사정이나 인정에 빠지지 아니하고 하나님의 명령만 순종하였으니, 저 용기는 놀라지 않을 수 없다. 신앙의 능력이 비상함을 만방에 떨친 것이다. 할렐루야!

● 제20절 : "믿음으로 이삭은 장차 오는 일에 대하여 야곱과 에서에

게 복을 빌었으며"

　이 말씀은 이삭이 하나님을 대표하여 두 아들에게 믿음으로 장래를 축복한 것이다. 창세기 27장 27-40절에 기재된 사실인데, 이삭이 그 아들 야곱에게 축복한 것은 단지 자기의 자식의 복 받기를 원하는 것뿐이 아니요, 하나님의 약속에 기초하여 믿음으로써 장래의 행복을 예언으로 축복하였다. 그뿐 아니라 아브라함, 이삭, 야곱이 다 같이 약속지에 들어가지 못하여 정주지가 없이 방황하였다. 그러나 이때 후계자로서 그 자손에게 축복한 것은 참 산 믿음의 역사(役事)이다. 우리 그리스도인도 이와 같은 믿음으로써 장래의 영화로운 기업을 받는 것이다.

● 제21절 : "믿음으로 야곱은 죽을 때에 요셉의 두 아들을 각각 복을 빌었고 또 지팡이를 의지하여 경배하였으며"

　"야곱은 죽을 때에 요셉의 두 아들에게 각각 복을 빌고" 이 요셉의 두 아들은 야곱이 애굽에 이르기 전에 생장한 자로써(창 48:5) 므낫세과 에브라임의 장래를 알지 못하나 하나님의 계시를 인하여 동생 에브라임이 형 므낫세보다 큰 족속이 될 것을 예언하여 좌석(座席)의 순위(順位)를 바꾸어 축복하였다. (창 48:13-16) "그 지팡이를 의지하여 경배하였으며" 그는 임종(臨終) 때에도 약한 몸을 떨쳐 하나님께 감사하며 예배한 것을 보면 믿음의 풍부한 종교의 관념이 충만함을 가히 볼 수 있다.

● 제22절 : "믿음으로 요셉은 임종시에 이스라엘의 자손들이 장차 애굽에서 떠나는 것을 말하고 또 자기의 해골을 위하여 유언하였으며"

　　이 말씀은 요셉이 믿음으로 예언한 말씀이다. 그가 사람의 편으로 보면 애굽의 총리대신인 영귀(榮貴)한 지위에 처하였고 또 큰 권능이 있어 만족할 것이로되, 그는 하나님의 약속만을 믿고 가나안을 자기의 본국으로 하여 사랑하고 사모함으로써 하나님의 미워하시는 애굽 땅에서 죽는 것까지 섭섭히 생각하여 그 자손에게 유언하기를 너희 조상 아브라함에게 맹세하신 하나님께서 권고하셔서 약속하신 땅에 반드시 돌아가리니 나의 해골을 가나안에 이장(移葬)하여 달라는 부탁을 하였다. 과연 출애굽기 30장 19절을 보면 그대로 성취되었으니 그는 진실로 소망에 의심치 않고 아직 보지 못하는 바를 성실히 믿는 신앙의 사람이다. 우리도 그와 같이 믿음을 가지고 재림의 주가 나타나실 때에 하늘나라, 즉 가나안에 휴거(携擧)되기까지 바라고 기다릴 것이다.

● 제23절 : "믿음으로 그 부모가 모세가 낳을 때에 준수한 것을 보고 3개월 동안 숨기며 임금의 명을 두려워하지 아니하였으며"

　　모세의 양친의 믿음으로 진행된 사실은 우리의 믿음에 용기를 크게 돕는 것이다. 당시 애굽 왕 바로가 이스라엘이 애굽에서 비상히 번식(繁殖 *붙고 늘어서 많이 퍼짐)하는 것을 두려워하여 번식하지 못 하게 할 방침으로 이스라엘 백성이 남자를 낳으면 하수(河水

*강물)에 던져 몰살(沒殺)하게 하라는 명령을 내렸다. 이러한 학정임에도 불구하고 모세의 부모는 담대히 석 달 동안을 숨겨 양육하였다. 하나님의 명령을 두려워하는 마음으로 위험함에 처하였으므로 하나님께서 특별히 이 아이를 보호하여 지키셨다. 이로 보건대 오늘날 우리들도 주의 명령을 준행함에 있어서 혹 위험에 처할 경우가 있어 위험에 처할지라도 주께서 보호하여 지키실 것을 의심 없이 믿을 것이다.

● 제24절 : "믿음으로 모세는 장성하여 바로의 공주의 아들이라 함을 거절하고"

모세는 믿음으로 말미암아 세상의 부귀영화를 분토(糞土 *썩은 흙)와 같이 던져 버렸으니 우리들도 믿음으로 말미암아 세상의 영화를 버릴 만한 결심을 얻을 수 있다. 모세는 애굽 공주의 아들로서의 양육을 받아 교육도 상당히 자기가 하고자 하는 대로 하여 출세하기에 부족함이 없이 되었다. 또한 그가 장성함에 있어서는 고관대직(高官大職 *높은 벼슬과 직위)에 처하게 되었으나 그 영광스러운 명예직에 나가게 될 때에 단호히 거절하고 애굽 사람에게 우마(牛馬 *소와 말)와 같이 천대받는 이스라엘 백성 측에 서서 저희들을 방조(幫助 *도와줌)하였다. 그의 믿음의 아름다움이여! 애굽의 영광을 해어진 짚신짝과 같이 버리고 돌아보지 않았으니 과연 우리의 모범이 될 만한 신앙가이다.

● 제25절 : "도리어 하나님의 백성으로 더불어 고난받기를 잠시 죄악의 낙을 누리는 것보다 더욱 좋아하고"

사람마다 쾌락을 버리는 것은 용이한 일이 아니라 비상한 힘을 요구한다. 예로부터 지금까지의 영웅호걸이 많지만은 다 주색(酒色)이란 쾌락에 실패한 자 뿐이다. 그러나 유독(唯獨) 모세는 고린도후서 4장 18절 하반절에 보이는 것은 잠깐이요, 보이지 아니하는 것은 영원이라 함과 같이 현세의 무상(無上)한 행복이라고 하는 쾌락은 온전히 버리고 하나님의 뜻대로 천직에 충성을 다하여 애굽 사람이 천대하는 이스라엘 사람과 같이 고난받는 것을 더욱 좋게 여겼다. 이것이 지금은 실로 천하고 또 괴로울지라도 장래에는 큰 영광과 영원한 행복을 얻기 위하여 간난(艱難 *어려움)을 감심(甘心 *괴로움을 달게 여기는 마음)으로 겪는 것이니 이것은 믿음이 아니면 가히 능히 못 할 일이다.

● 제26절 : "그리스도를 위하여 받는 능욕을 애굽의 모든 재물보다 더욱 중히 여겼으니 이는 갚아 주심을 바라봄이라"

"그리스도를 위하여" 이때는 아직 그리스도를 위하여 능욕을 받았다 할 수 없겠으나 저자(著者)의 생각에 이스라엘 사람의 중대한 천직(天職)은 주 예수 그리스도의 길을 준비하는 일임으로 이스라엘을 위하여 능욕을 받음은 간접으로 그리스도를 위하여 능욕을 받았다고도 할 수 있다. "능욕을 애굽의 모든 재물보다 더욱 중히 여겼으니" 모세는 믿음의 용장이라 20절의 높은 지위와 25절의 세상의 쾌락과 본 절의 재물을 초개(草芥)와 같이 던져 버리고 믿음으로 도리어 그리스도를 위하여 능욕당함을 더욱 중히 여겼으니 이는 실로 갚아 주심을 명백히 바라봄이다. 믿음에 있어서는 모세 뿐 아니라 바울(빌 3:8)도 세상 모든 것을 분토와 같이 여기고 그리스도를 위하여 때때로 위험에 처하여 매일 죽음을 무릅쓰고 나아가는 생애를 보낸 것은(고전 15:30-31) 앞에 있는 소망이 극히 아름다움을 인함이다.

● 제27절 : "믿음으로 애굽을 떠나 임금의 노함을 두려워하지 아니하고 곧 나타나지 아니하시는 자를 보는 것같이하여 참았으며"

"애굽을 떠나 임금의 노함을 두려워하지 아니하고" 모세는 벌써 애굽 공주의 아들이라 하는 영예와 세상 향락과 세상 재물을 다 던져 버리고 희생적 각오를 품고 자기 백성으로 더불어 동고동락하려고 하였다. 왕의 노하는 것을 불고(不顧 *돌아보지 않음)하고 떠났으니 아무 두려움 없이 미디안 들판에서 40년 동안 양치는 자로 있었다. "보이지 않는 것을 보는 것같이 참았으며" 보이지 아니하는 하나님을 보는 것같이 자기의 하나님으로 조상에게 약속하신바 이스라엘이 가나안에 들어가리라 한 말씀을 믿고 있는 힘을 다해 충성하며 사명을 받들었는데 이는 히브리서의 독자들이 유대교를 떠나 눈에 보이지 아니하는 그리스도를 보는 것같이 자기의 주로 하여야 할 것을 밝히 보임이다.

● 제28절 : "믿음으로 유월절과 피 뿌리는 예(禮)를 정하여 장자를 멸하는 자로 저희들을 해(害)하지 않게 하셨으며"

　이 말씀은 구속의 피에 대한 믿음을 명시(明示)함이다. 유월절에 대하여는 출애굽기 12장 1-28절에 역력(歷歷)히 기재된 것이므로 다시 설명하지 아니하고, 이때 천사가 죽음을 가지고 와서 애굽 전국에 왕의 장자(長子)로부터 서민(庶民)의 장자까지 심지어는 짐승의 첫 새끼까지 다 멸살시키는 때에 이스라엘 백성들은 모세가 하나님의 지시를 받은 대로 양을 잡아 그 피를 좌우 문설주와 문지방에 발라 애굽 사람의 그 재앙을 면하여 죽음에서 구원함을 받게 하셨다. 과연 하나님의 말씀을 그대로 믿고 순종하여 문에 피를 바르고 집에 있는 자로 하여금 재앙을 면하고 평안히 있게 하였으니 이것이 믿음의 일이다.

● 제29절 : "믿음으로 저희들이 홍해를 육지 같이 건넜으나 오직 애굽 사람들은 이것을 시험하여 행하다가 곧 빠져 죽었으며"

　믿음은 절대의 능력이다. (막 9:23) 이스라엘 백성이 애굽에서 나올 때에 바로의 마음이 도로 강퍅해져서 놓아 보냈던 자를 다시 잡으려고 대병(大兵 *대군)을 출동시키며 기세를 떨쳐 뒤를 쫓고 앞에는 홍해가 가로막히어 인간 편으로 보면 절대로 어찌할 수 없는 경우이다. 이런 때에 모세는 두려워하지 아니하고, 염려하지 아니하고 믿음으로 백성들을 안위시키고 막대기를 들어 홍해를 가리킬 때에 그 믿음이 하나님의 능력에 접촉한바 되어 기적으로 그 물이 좌우로 갈라져서 벽같이 서매 믿음으로 이스라엘 대중은 바다를 육지 같이 건넜다. 믿지 아니하는 애굽 사람들은 하나님을 시험하다가 전체가 함몰(陷沒)을 당하였으니 같은 사람이요, 같은 장소에서 이스라엘은 믿음으로 안전함과 구원함을 얻어 하나님의 영광을 찬미하였다. 그러나 애굽 사람은 믿지 아니함으로 환란과 죽음을 당하였으니 믿음의 위대한 능력을 가히 찬송치 않을 수 없다.

● 제30절 : "믿음으로 칠일 동안 여리고를 두루 다니매 성(城)이 무너졌으며"

이 믿음은 삽시간의 믿음이 아닌 계속한 진격적인 믿음이다. 그러므로 여리고 성이 견고하여 금성철벽(金城鐵壁 *방비가 견고한 성)이라 할 만하지만 약하고 또 약한 이스라엘 군세(軍勢)가 함락하게 하였다. 그들이 다른 길로 갈 길이 있으나 이 성을 진격적으로 공격하여 취하게 하셨다. 그런데 시간상으로 말하면, 잠시가 아니라 장시간 걸리어서 매일 한 번씩 돌고 제7일에는 일곱 번을 돌았다. 사람의 방면으로 보면 무구(武具)라고는 화살 하나도 놓지 않고 어리석게 순행(巡行)하였다. 또한 그들도 장시간 동안 장원(長遠)한 길을 걸어도 한 줌의 흙도 떨어지지 아니하니 시험이 생길 듯 하고 시간과 노력만 허비하는 미친 짓 같았다. 그러나 하나님이 돌라 하심으로 단순히 그를 믿고 6일 동안은 한 번씩 돌다가 칠 일에는 일곱 제사장이 일곱 나팔을 들고 법궤 앞에 서서 일곱 번을 돌며 나팔을 길게 불매 백성이 다 큰 소리로 부른즉 그 성이 곧 기적으로 무너졌다.

　그러므로 이 성을 함락한 유일의 무구는 믿음이다. 여기에 대하여 이론상으로 보면 도저히 해석할 수 없으나 천지 만물을 창조하신 하나님의 능력이 이것을 붕괴(崩壞)케 하심이 별 이상한 일이 아니요, 찬송할 일이다. 오늘날 우리가 악마의 여리고 성을 함락함에도 믿음뿐이다. 가족을 구원하며 전도 임지(任地 *임무받아 근무하는 곳)의 영혼들을 구원함이 매우 어려우나 믿음으로 단순히 복음의 나팔을 길게 불므로 악마의 여리고 성은 곧 무너지고야 말 것이다. 이것이 즉 진격적(進擊的)인 신앙의 승리이다.

● 제31절 : "믿음으로 기생 라합은 신종(信從)치 아니하는 자와 같이 멸망하지 아니하였나니 이는 정탐꾼을 평안히 대접한 연고라"

　이 기생 라합은 하나님의 선민(選民)이 아니다. 이방인 가운데 죄가 많아 지천(至賤 *매우 천함)하여 가치없는 신분에 처한 자다. 하나님의 눈에도 저주를 받기에 합당한 죄인이지만 단지 믿음으로 말미암아 구원을 얻어 여리고 사람과 같이 멸망치 아니하였을 뿐 아니라 주 예수의 족보에까지 귀한 신분으로 삽입(揷入)되었다.(마 1:5) 그러므로 우리의 지체가 어떻게 지천하든지 또한 신분이야 어떻게 추하든지 생각할 것 없이 풍성하신 주(主)의 구속을 믿기만 하면 구원 얻지 못할 영혼이 없을 것을 가히 알 수 있다.

● 제32절 : "내가 무슨 말을 더 하리요 만일 기드온과 바락과 삼손과

입다와 다윗과 사무엘과 선지자들의 일을 말하려면 시간이 부족하겠노라"

사사 기드온은 본래 약한 사람이라 천사에게 부름을 입을 때까지라도 자기로는 가히 그 소임을 감당치 못하겠다고 하였다. 그러나 하나님의 능력을 믿고 또 하나님께서 과연 함께하여 주실 것을 확실히 안 후에 적은 군사를 일으켜 적군을 타파(打破)하고 영광을 크게 돌렸다. (사 6:7) 바락은 가나안 왕 야빈, 즉 이방인의 수중에 빠져 있는 동족을 구원하여 낸 사실(사 4:55)과 또 삼손이 헌신의 태도를 보존하여 있는 동안에 하나님의 능력이 저에게 나타나 영광을 돌리게 된 사실(사 15:16)과 다윗이 대적 골리앗을 죽이고 또 연전연승(連戰連勝)한 사실과 이 밖에 다른 사례를 말하면 일일이 다 매거(枚擧 *낱낱이 들어 이야기함)할 수 없다.

● 제33절 : "저희들이 믿음으로 방국(邦國 *국가)들을 이기기도 하고 의를 행하기도 하고 허락하신 것을 얻기도 하고 사자(獅子)의 입을 막기도 하고"

"믿음으로 방국(邦國)들을 이기기도 하고" 이스라엘의 사사들과 다윗이 믿음으로 하나님의 능력을 힘입어 모든 적국을 쳐 이겼다. "허락하신 것을 얻기도 하고" 옛날 이스라엘이 허락을 받아 오래 기다림으로 허락이 이루어졌다. (히 6:15) "사자의 입을 막기도 하고" 다니엘이 불행히 사자 굴에 떨어졌으나 기적으로 하나님의 보호함을 입어 해를 받지 아니하였으니(단 6:23) 믿음의 능력의 위대함은 가히 측량할 수 없다.

● 제34절 : "불의 기세(氣勢)를 멸하기도 하고 칼날을 피하기도 하고 연약하다가 강하기도 하고 전쟁에 용맹(勇猛)되어 이방인의 진을 물리치기도 하고"

"불의 기세를 멸하기도 하고" 다니엘의 세 친구가 박해로 인하여 불구덩이에 들어갔지만 믿음으로 하나님의 보호를 받음으로 말미암아 안전하여 아무 해를 당한 일이 없다. (단 3:25) "칼날을 피하기도 하고" 사울 왕이 창을 던져 다윗을 찔러 벽에 박겠다고 하였으나 다윗이 믿음으로 말미암아 하나님의 능력으로 인하여 수차 인간의 칼을 면하였다. (삼상 18:11) "연약하다가 강하기도 하고" 예컨대, 기드온이 본래 약하다가(사 6:15) 믿음으로 가장 강한 자가 되고, 삼손이 삭발한 후에 약하였으나 회개함으로 강한 자가 되었다. (사 15:22, 28, 30) 우리도 본래 무력하지만 회개하고 믿으면 주를 힘입어 세상과 마귀를 이기신 능력 전부가 우리의 강한 힘이 될 것이다. "전쟁에 용맹되어 이방인의 진을 물리치기를" 여호수아와 기드온 기타 현왕명장(賢王名將, 어진 임금과 뛰어난 장군)들이 믿음으로써 중적(衆敵)을 격퇴(擊退)하였다.

● 제35절 : "부녀(婦女)들은 저희를 사자(死者 *죽은 사람)를 부활(復活)함으로 다시 만나기도 하고 또 어떠한 사람은 더 좋은 부활을 얻고자 하여 혹독한 형벌을 받되 구차(苟且)히 면하지 아니하였고"

"부녀들은 저희 사자(死者)를 부활함으로 도로 만나기도 하고" 엘리야를 공양하던 사렙 땅 과부의 아들이 죽었을 때에 엘리야가 기도하므로 부활함(왕상 17:22)과 또한 수넴 여인의 아들이 죽었을 때에 엘리사가 믿음으로 기도하여 부활한 사실(왕하 4:32-37)을 실험하였다. "더 좋은 부활을 얻고자 하여 혹독한 형벌을 구차히 면하지 아니하였고" 더 좋은 부활은 주께서 재림하실 때에 영광스런 몸으로 부활하는 부활이다. 사렙 땅 과부의 아들의 부활과 수넴 여인의 아들의 부활은 다 육체 그대로의 부활이다. 얼마를 지내면 종래 다시 죽으나 더 좋은 부활은 썩지 아니하고 다시 죽지도 아니하여 영원히 영광에 들어가는 부활이다. 그러므로 무서운 박해로 인하여 참혹한 형벌을 받아 죽었을지라도 이 부활의 믿음으로써 구차히 피신하려 하지 아니하고 자원하여 능히 감당하였으니 옛날부터 순교자들의 죽음이 다 그 예가 된다.

● 제36절 : "또 어떠한 사람은 희롱과 채찍을 받을 뿐 아니라 결박과 옥에 갇히는 시험을 받았으며"

세상 사람은 진리를 알지 못하고 또한 악마의 도구라 진리를 강경히 말하며 또한 지켜 사는 사람들에게는 옛날부터 어느 때든지 조롱하며 박해가 심하나니 실례를 말하려면 다 매거(牧擧)할 수가 없거니와 구약의 요셉(창 29:30)과 예레미야(렘 33:1)이며 또한 신약에는 바울과 같은 사람들이다. (고후 11:23-25) 특별히 이때에 심한 것은 유대인이 여호와를 믿음으로써 이방인의 지배하에 처하여 비상한 박해를 입을 수밖에 없었다. 원컨대 우리는 마음의 날개를 펴서 저 순교자의 뒤를 따라 하나님을 위하여 그리스도를 위하여 간고(艱苦 *가난하고 고생스러움)를 겪으면 용진(勇進 *용감하게 나아감)할 것이다.

● 제37절 : "돌로 치는 것과 톱으로 켜는 것과 시험과 칼에 죽는 것을 당하고 양과 염소의 가죽을 입고 유리하여 궁핍과 고난과 고생을 받았으니"

"돌로 치는 것" 나봇이 애매히 돌에 맞아 죽음(왕상 21:13)과 스데반의 죽음과 같은 것이다. (행 7:59) "톱으로 켜는 것" 전설에 의하면 이사야가 므낫세 왕에게 톱에 켜 죽었다고 한다. "칼에 죽는 것을 당하고" 아합 왕이 선지자들을 칼로 죽인 것이 한 예증이며(왕상 19:10), "유리하여 궁핍과 환란과 고생을 받았으니" 아합 왕조에 궁내 대신 오바댜가 이세벨이 여호와의 선지자를 멸할 때에 선지자 100명을 데려다가 50명씩을 굴속에 넣고 떡과 물을 먹인 일이 있다. (왕상 18:30)

● 제38절 : "이 같은 사람은 세상이 감당치 못하도다 저희들이 광야와 산중과 암혈(巖穴 *바위 동굴)과 토굴에 유리(流離)하였느니라"

이 음란하고 죄가 많은 세상(막 8:38), 또한 흉악한 세상(요일 5:19)임으로 하나님께 속하여 믿음으로 거룩함을 성취하여 능력을 나타내는 사람을 용납하지 못한다. 그러므로 빙탄(氷炭 *얼음과 숯으로 정반대를 의미함) 불합지세(不合之勢)로 성령의 불꽃의 사자 엘리야와 예레미야 같은 이를 이 냉랭한 세상이 감당하지 못하여 참혹히 핍박하였다. 오순절에도 성령의 불을 받은 자를 세상이 감당하지 못하였나니 오늘날 우리도 참 믿음에 있고 성령의 불에 싸여 있는데 우리에게도 무서운 핍박이 당착할 것이되 현대 신자들이 다 믿음의 표준이 낮아서 세상과 조화하여 세상을 용납하는 생애를 보내니 가히 통탄할 일이다.

- 제39절 : "이 모든 사람이 믿음으로 말미암아 칭찬함을 얻었으니 허락하신 것을 얻지 못하였으니"

  멀리 아벨로부터 시작하여 많은 신앙의 대가들을 거론(擧論)하여 왔으나 그들이 믿음으로 말미암아 칭찬함을 받았는데 그 약속은 아직 성취되지 못하였다. 비유하건대 노아, 아브라함, 이삭, 야곱이 가나안을 얻을 약속은 있었으나 마침내 얻지 못하고 죽은 것과 같은 것이다.

- 제40절 : "이는 하나님이 우리를 위하여 더 좋은 것을 예비하셨은즉 만일 우리들이 아니면 저희들로 하여금 완전함을 이루지 못하게 하심이라"

  "우리를 위하여 더욱 좋은 것을 예비" 우리는 구약 성도들이 아직 보지 못한 더 좋은 그리스도를 이미 보았다. 그들보다도 일층 믿음이 견실하지 아니하면 아니 될 처지에서 도리어 구약 성도에게 부끄러운 일이 없는가? 그들은 믿음을 품고 잘 달리다가 마침내 최후 사지(死地 *죽는 지경)에까지 이르렀으나 우리들은 주의 보혈로써 구속함을 얻었은즉 더욱 잘 달려야 하겠다. "우리가 아니면 저희들로 하여금 완전함을 이루지 못하게" 믿음의 포상(褒賞)은 주 재림 때에 있는 것이다. 그러므로 구약 성도든지, 신약 성도든지 다 함께 참여하게 되므로 뒤로 가는 신약 성도가 경주장에 다 가기 전에는 완전함을 이루지 못함이 마치 세상 경주장에도 앞선 자와 뒤떨어진 자가 다 달아나기 전에는 상을 주지 아니함과 같다.

제12장

분해(分解)

1. 신자의 목표와 인내에 관한 권고(1-4)

① 믿음의 경주장 (1)

② 믿음의 선도자요 완성자이신 예수 (2)

③ 경주를 장려함 (3, 4)

2. 사랑으로 말미암은 하나님 아버지의 징치(懲治) (5-13)

3. 성결의 필요와 권고 (14-17)

4. 신도의 입장 (18-24)

① 시내산이 아님 (19-21)

② 시온산 임 (22-24)

5. 경계 (25-29)

● 제1절 : "이러므로 허다한 간증자들이 구름 같이 우리를 둘렀으니 마땅히 모든 거리끼는 것과 속박하기 쉬운 죄를 벗어버리고 참음으로 우리 앞에 있는 경주장에 달리며"

"이러므로" 전장에서 수다한 신앙가들의 실례를 들어 우리를 비상히 장려하는 말씀이다. "허다한 간증자들이 구름 같이 우리를 둘렀으니" 어떤 운동회든지 경주자가 질주하는 동시에 수다한 관람자의 응원하는 소리가 높이 날 때에 경주자들은 더욱 용기를 낸다. 우리의 주위에는 몇 만의 신앙 경주의 실험한 용사들이 둘러서서 관람하며 응원하고 있으니 그들의 응원하는 소리는 실험담(實驗談 *실제 경험한 이야기)이므로 일언일구(一言一句 *한마디 말이나 글귀)가 비상히 힘이 있다. 그중에는 베드로, 스데반, 바울 등도 우리들을 관람하고 있을 줄 아니 우리는 힘을 다하여 질주해야 하겠다. "모든 거리끼는 것" 질주하는 이에게 제일로 필요한 것은 몸을 경첩(輕捷 *굳세고 날래게 함)하게 하는 것이다. 무엇이든지 아끼지 말고 버리지 아니하면 안 된다. 사상의 번다(煩多)한 것이든지, 금전을 탐하는 욕심이든지, 명예를 얻으려는 생각 등 이 모든 것이 우리의 신앙의 발걸음을 느리게 하는 여러 가지의 거리낌이 되는 것이다. "속박하기 쉬운 죄를 벗어버리고" 원죄(原罪) 즉 생래(生來)의 죄의 성질에서 벗어나지 아니하면 죄와 인연의 줄을 끊지 못하였으므로 전진하다가 도부(倒仆 *넘어져 죽음)하기 쉬운즉 악마에게 이미 유질(流質)된 원죄를 벗어 버려야 하겠다. (엡 4:22) 우리는 깊이 조사하여 보고 속박될 것이 없이 자유로 경주함이 가하다.

"경주장에 달리며" 이 경주는 주(主)를 믿는 자의 일상 생애 전부의 일이다. 이 일은 표면적 역사가 아니고, 소위 활동이란 것도 아니고, 각 사람의 심령이 하나님 앞에 질주하는 것인데 잠시적 경주가 아니며 일평생의 일이다. 그러므로 무엇보다도 인내(忍耐)가 제일 필요하며 온갖 어려움을 당하여도 배제하되 끝까지 인내하여야 상(賞)을 얻겠고 포식난의(飽食暖衣 *배불리 먹고 따듯하게 지냄)하며 안일을 탐하여 중간에 타락하는 자는 승리의 면류관을 얻지 못하는 것이다.

● 제2절 : "믿음을 주장하사 또 환전케 하시는 예수를 바라보자 저는 그 앞에 둔 즐거움을 위하여 십자가의 고난을 참으사 부끄러움을 개의치 아니하시더니 하나님 보좌 우편에 앉으셨느니라"

우리가 전력을 기울여 경주하여 상을 받는 비결은 그리스도를 쳐다보고 달음질하는 데 있다. 주는 우리와 같은 육체를 입으시고 인생의 험로(險路)를 통하여 행하실 때 말할 수 없는 핍박과 환란과 겟세마네와 갈보리 산까지의 간난(艱難 *힘들고 고생을 함)을 당하였으되 한결같으신 믿음으로 하나님의 말씀에 의지하여 달림으로써 성공자로 하나님 우편에 앉으셨다. 그가 우리를 주장하시는 선도자가 된 것은 어떠한 행복이라고 가히 어떤 말로도 표현할 수가 없다. 그런즉 우리는 주 예수께만 착안(着眼)하고 믿음으로 경주한즉 마침내 실족함이 없이 상을 얻을 것을 굳게 믿어야 할 것이다.

"그 앞에 둔 즐거움을 인하여" 이는 주께서 지상에 계셔서 경주하신 일이다. 그의 안목에는 소망의 즐거움이 충일(充溢)하여 어떠한 능욕도, 수치도 또는 벌거벗겨 십자가에 죽이는 고통을 당하실지라도 조금도 형용으로나 사색(思索)으로나 억울하다 함과 비참한 기색이 없이 오히려 바라는 마음으로 감고(堪苦)하시더니 하나님께서 높이 올리셔서 모든 이름 위에 뛰어 나는 이름을 상급으로 주셨다.

● 제3절 : "그가 악인의 이 같은 거역을 받고 참으신 것을 생각하고

너희들이 피곤하여 낙심치 말라"

"피곤하여 낙심치 말라" 경주자의 몸에 피곤함이 부딪혀 중간에 중지할 생각이 있는 것과 같이 우리 신앙의 경주하는 자에게도 많은 시련의 파란(波瀾 *갖가지 어려움)을 겪음에 자연히 심신이 피곤하여져서 낙심하기 쉽다. 이런 때에 피흘리시기까지 대적하신 주 예수를 깊이 생각하라. (3:2) 우리의 당하는 고통은 아무것도 아닌 마음이 들어 낙심치 아니할 뿐 아니라 오히려 새로운 용기를 얻게 된다.

● 제4절 : "너희가 죄를 대적하되 오히려 피흘리는 데까지는 힘쓰지 아니하고"

우리가 믿음으로 오늘날까지 선한 싸움을 싸워 온 것을 생각하여 보면 사실 아무것도 아니다. 종종 박해를 인내하여 왔으나 아직 피 흘리는 데까지는 미치지 못하였으니 주 예수께서 우리를 위하여 죽어주시는 데까지 악을 대적하신 것을 생각하고 우리는 좀 더 혈전(血戰 *생사를 가리지 않고 싸움)하는 데까지 나아가야 하겠다.

이 싸움의 최종점은 피 흘리고 죽는 데까지이다. 저 12사도의 전기(傳記)를 보면 모두가 순교이다. 어떤 사도는 철봉에 죽고, 어떤 이는 화살에 죽고, 어떤 이는 끓어오르는 기름 가마에 던짐을 받아 죽고, 어떤 이는 돌에 맞아 죽고, 어떤 이는 십자가에 거꾸로 달려 죽었으니 우리로서 사도들과 같이, 아니 주 예수와 같이 죽는 데까지 더욱 분투해야 하겠다.

● 제5절 : "또 아들에게 권(勸)하는 것과 같이 너희에게 권면하신 말씀을 잊었도다 일렀으되 내 아들아 주의 징계하심을 경하게 여기지 말며 책망을 받을 때에 낙심하지 말라"

원래 고난에 두 가지 종류가 있다. 첫째는 자기가 무슨 잘못한 것이 없으나 정의를 위하여 또는 신앙을 위하여 박해를 당하는 고난이 있고, 둘째는 죄인이 자기가 잘못했기 때문에 징계로써 당하는 고난도 있다. 그러므로 우리는 박해를 받든지, 징치(懲治 *징계하여 다스림)를 받든지 인내로써 잘 감수해야 하겠다. 이러한 경우에 빠지기 쉬운 과실 두 가지가 있는데 그 하나는 이것을 경히 여기기 때문이요, 그 하나는 그것 때문에 낙심하는 까닭이다. 우리의 생애에 당착하는 징치는 어떠한 적은 의미가 있어서 징치하는 것을 경하게 생각하여서는 안 되겠다. 그러므로 아무리 신산(辛酸 *맛이 맵고 심, 힘들고 고된 세상살이)한 중에라도 주의 음성에 귀를 기울여 잘 들어야 하겠으나 당한 고난을 경히 여기어 무돈착(無頓着)하여 그 원인 즉 하나님의 뜻이 어디 있는가를 탐색치 아니하는 일이 적지 않다.

예컨대, 무슨 병에 걸렸다든지 무슨 역경을 당하여서 하나님의 뜻이 어디 있는가? 하고 탐성(探省)함은 일체 없고 다만 무슨 기후 부조니 또는 환경이 그렇게 하였거니 하고 이 징치를 경히 여기어 하나님이 자기를 경계하는 사랑의 채찍인 것을 생각지 못하고 겸손하여 회개할 줄 모르니 개탄할 일이다. 또한 어떤 사람은 고난을 당할 때에 낙심하여 하나님이 자기를 벌써 버린 줄로 생각하여 실망하므로 악마의 그물에 빠지는 폐단이 적지 않다. 그러나 하나님은 버리지 아니하시고 은혜를 주시지 아니한 것이 아니다. 하나님은 우리를 교정하시며 힘써 경주하기 위하여 이 일을 허락하신 것뿐이니 고난을 당할 때에 경하게도 생각하지 말고 낙심하지도 말 것이다.

● 제6절 : "주가 그 사랑하시는 자를 징계하시고 또 그 모든 받아들이신 아들을 채찍질하시느니라 하였으니"

여기에 징치의 연원(淵源)을 명시하심을 가히 알 수 있다. 징계의 채찍만 보면 실로 공포를 느끼지 아니할 수 없다. 채찍이라 하면 여러 가지의 재앙이나 질병일는지 알 수 없으나 그 무엇이든지 사랑으로 말미암아 오는 것이니 이것을 경히 여기는 것은 이것을 허락하시는 아버지 하나님을 경히 여김과 같은 일이다. "받아들인 아들" 곧 사랑하시는 아버지의 품에 안기어 있는 아들이므로 채찍질하시는 것이다(계 3:19). 그러므로 징계를 받을 때에 하나님의 사랑으로 당하는 일인 줄을 알아 차라리 감사할 것이다.

● 제7절 : "너희들이 참는 것이 징계를 받는 것이라 이러므로 하나님이 아들과 같이 너희들을 대접(待接)하시는 것이니 어찌 아버지의 징계를 받지 않는 아들이 있으리요"

이에 우리에게 대한 하나님 아버지의 태도가 밝히 나타났다. 하나님은 결코 박정(薄情 *정이 없음)하게 대접하지 않으시고 아들과 같이 대우하심으로 모든 것에 불완전하여 잘못 나가는 우리에게 종종 징계가 없지 아니할 것이다. 또한 징계가 있음으로써 부자의 관계가 더욱 명확할 것이다. 그런즉 우리가 징계를 당할 때에 주의 사랑을 더 깊이 느껴 곤란한 경우에 처하여 그 사랑을 찬송할 것이다.

● 제8절 : "징계는 모든 자식이 받는 것이거늘 만일 너희에게 없으면 사사로운 아들이요 참 아들이 아니니라"

아비가 되어 자식의 결점을 견책하는 것은 애석한 마음이 가히 없을 수 없다. 그러나 이는 미워서 함이 아니요 자식을 유익하게 하기 위함이니 즉 참 아버지 되시는 증거이다. 사사로운 자식이면 그 자식의 행위의 선불선(善不善)을 무론하고 냉담하여 선(善)을 포상하지도 아니하고 악(惡)을 징계하지도 아니하여 일체를 간섭하지 않는 것이다. 그러나 오늘날 신자들은 사랑으로 징계하는 것을 싫어하고, 하나님이 선악간에 불간섭하여 방임하여 버리시는 것을 다행으로 여기니 심히 통탄한 일이다.

● 제9절 : "우리의 육체의 아버지가 우리를 징계하여도 공경하였거든 하물며 모든 신령의 부모께 더욱 복종하여 생활함을 얻지 않겠느냐?"

육체의 아버지가 세상에서 생활할 일을 위하여 종종 혹심(酷甚 * 심히 독함)히 꾸짖어도 공경하거든 하물며 신령의 아버지께서 징계하심이야 더욱 복종하여 생활함을 얻지 않겠는가! 무조건하고 절대 복종함이 행복의 비밀이다. 징계를 받을 때에 주의할 것은 악마는 '항상 죽는다, 죽는다' 하나 성령은 고통을 당할 때도 '산다, 산다' 하는 두 가지 음성이 들리나니 징계를 받고자 하면 감사한 마음으로 복종할 것이다.

● 제10절 : "저희들은 잠시 자기의 뜻대로 우리를 징계하였거니와 오직 하나님은 우리를 유익하게 하여 그 거룩하심을 같이 얻게 하시느니라"

　육체의 아버지의 징계로써는 지상의 생명에 관한 유익을 얻으나 하나님 아버지의 징계로써는 영생, 즉 완전한 생명에 유익을 얻는 것이다. "잠시 자기의 뜻대로" 육체의 아버지는 전지한 분이 아니며, 그 자식의 심사를 충분히 아는 자가 아니시다. 또한 지식의 유익한 교육은 다 아는 자도 아니므로 다만 자기가 옳다고 생각되는 대로 어떤 때에만 잠시 징계하나 불완전하게 하되 하나님은 우리를 유익하게 하여 그 거룩하심을 같이 얻게 하나님은 전지하시고 중심을 다 아신다. 또한 교육하실 바도 다 아시는 분이시다. 그의 징계를 받는 자면 반드시 무한한 유익을 얻는다. 징계라면 보통 악한 일을 제거하는 소극적 일로만 생각하나 이 징계는 적극적으로 그 아들에게 성결을 주시기 위해서이다. 즉 세상의 정욕으로 썩어질 것을 피하여 하나님의 성품을 얻게 하심이라는 뜻과 같은 것이다. (벧후 1:4) 그러므로 이런 일에 대하여 변별(辨別)이 없으면 안 되겠다. 예컨대, 사람이 자기가 깨끗하다고 생각하나 하나님께서 성결하기 위하여 징계하신다. 옛날 욥이 스스로 성결하고 선하다고 하였다. 그러나 하나님 앞에는 그의 오만함이 있으므로 이를 제거하여 아름답게 깨끗하게 아니하시면 만족치 아니하셔서 크게 징계하신 사실을 우리가 다 아는 바이다. (욥 12:12)

● 제11절 : "무릇 징계는 당할 때에 즐거운 것이 아니요 슬픈듯 하나 그러나 후에 그로 말미암아 연달한 자에게는 의의 평강한 열매를 맺나니"

징계는 마치 환자가 의사에게 수술을 당함과 고약을 바름과 같아서 단 것이 아니요 실로 매웁고 아프고 슬픈 듯하다. 그러나 하나님께서는 크신 계획을 가지시고 징치(懲治)하시니 매를 맞을 때에 아프나 이로써 단련을 잘 받으면 의의 열매를 맺을 것이다. 그러므로 하나님이 징계하시는 자는 복이 있다. 그러므로 전능하신 자의 징계를 경히 여기지 말라 하셨다. (욥 5:17) "의의 평강한 열매" 우리가 과거에는 불의의 열매를 맺었으나 하나님의 징계를 받아 연단함으로 의의 평강한 열매를 충만히 맺어 하나님을 영화롭게 하게 된다. 이것이 성령께서 우리에게 요구하시는 바이며 우리가 또한 마땅히 힘쓸 일인 것 같다.

● 제12절 : "그러므로 피곤한 손과 연약한 무릎을 마땅히 강건(强健)하게 하고"

이 말씀은 물론 신앙이 박약하여 생명의 도(道)에서 혼미(昏迷)한 자에게 장려하는 말씀이다. 이사야 35장 3절 말씀과 같이 약한 손이 견고하여야 하겠고, 떠는 무릎이 건장해야 하겠다. "손"은 기도할 때에 드는 손이며(딤전 2:8), 또는 물건을 집는 손 즉 약속을 붙잡는 표이다. 그러므로 징계에 징계를 더해 오더라도 기도하는 손은 강해야 하겠고 또 약속을 잡은 손은 굳세어야 하겠다. "연약한 무릎"을 꿇어 기도하는 무릎이 약해서는 안 되겠다. 설사 징계를 받을 때라도 꿇어 기도하는 무릎이 건장해야 언제든지 용기를 떨쳐 기도함으로 영혼이 건전해질 것이다.

● 제13절 : "너희 발을 위하여 곧은 길을 만들어 저는 자로 하여금 어그러지지 않고 나음을 얻게 함이라"

사람이 경계를 당할 때에 그 신앙의 길을 바로 걸어가지 못해 종종 상심이 되어 곁길로 들어가 방황한다. 그리고 자포자기하여 하나님께서 성결케 하시고 의의 평강한 열매를 맺게 하시려는 뜻을 성취하지 못함이 대부분이니 가석한 일이다. 그러므로 곁길로 미혹되어 들어가지 않기 위해 자포자기하는 마음이 있으면 그 함처(陷處 *빠지는 곳)를 메우라. 남에게 무슨 부덕이 되는 거리낌이 있거든 벗어버려라. 그리고 부정직한 것이 있거든 그 구부러진 것을 곧게 하여 평탄한 길을 예비하여라. 그러면 자기도 실족하는데 이르지 않고 다른 사람도 곧 저는 이로 하여금 어그러지지 않고 나음을 얻게 할 것이다.

● 제14절 : "모든 사람으로 더불어 화목하고 거룩함을 좇으라 거룩치 아니하는 자는 주를 보지 못하리라"

"모든 사람으로 더불어 화목하고" 특별히 교회 안의 교제에 관한 권면이다. 즉, 교회 전체가 서로 화합하여 일취월장(日就月將)해야 하겠고 또한 일보 더 나아가 미신자와 교제하는 일에도 화평을 구해야 할 의미가 포함하였다. (롬 12:18) "거룩함을 좇으라" 아직 성결의 은혜를 받지 못한 사람은 열심히 그 은혜를 구하지 아니하면 안 되겠다. 또한 얻은 사람은 그 은혜에서 만족하여 두류(逗留 *머무름)할 것이 아니요 앞으로 진보하여 아름다운 결실이 풍성한 데까지 이르지 않으면 성결을 믿지 아니하는 자와 다름이 없는 생애를 보내게 되는 것이다. 그러므로 성결의 은혜를 촉구하되 완전히 결실하는 데까지 면려해야 한다. "거룩치 아니한 자는 주를 보지 못함"이 성결은 순간적 성결이 아니라 일점의 더러움이 없고 일선(一線 *한번)의 추문(醜聞)이 없는 상태를 일컬음이다. 그러한 성결에 처하지 아니하여서는 일생에 주를 볼 수 없을 뿐만 아니라 주 재림시에도 만나지 못할 것이다. 우리가 그때에 떨어져 있지 아니하려면 온전히 깨끗하지 않으면 안 될 것이다. "마음이 청결한 자는 복이 있나니 그 사람이 하나님의 볼 것임이요"(마 5:8) 라고 하였다.

● 제15절 : "너희는 마땅히 돌아보아 하나님 은혜에 끊어진 자가 있을까 두려워하고 또 쓴 뿌리가 나서 너희를 흔들게 하고 모든 사람

이 이로 말미암아 더러움을 입을까 두려워하고"

"하나님의 은혜에 끊어진 자가 있을까 두려워하고" 4장 1절 말씀에 이스라엘 백성들이 애굽에서 구원을 얻어 나왔으나 가나안 안식에 들어가지 못한 자가 있음과 같이 하나님의 은혜에서 끊어져 산 신앙으로써 도(道)를 실행치 못하고 중도에 실패하는 자가 부족하여 그런 것이 아니다. 사람이 주의하지 아니하기 때문에 또는 노력하지 아니하기 때문에 하나님의 온전한 은혜에 미치지 못함인즉 우리가 극히 주의해야 할 일이다. "쓴 뿌리" 이 뿌리는 평생 숨어있는 것이다. 일조(一朝 *어느날 아침)에 나타날 때는 자기만 해를 받는 것이 아니요 다른 사람까지 해를 받게 된다. 교회로서는 고린도 교회와 갈라디아 교회에 악마의 자식이 들어와 이단을 창도(唱導 *주장하여 이끔)하여 전체를 해(害)한 일이다. 개인으로는 이것이 죄악의 성질 곧 악독한 마음인데(행 8:23) 이 쓴 뿌리가 잠재하면 속히 성령의 맹렬한 불에 소각해야 한다. 그렇지 아니하면 자기도 알지 못하는 사이에 부패하여지고 다른 사람도 더럽히는데 이를 것이다.

● 제16절 : "음행하는 자와 혹 에서와 같이 망령된 자가 있을까 두려워하라 저는 한 그릇 음식을 위하여 장자의 기업을 팔았더니"

에서는 자기의 의를 가지고 하나님의 기업을 경멸히 여긴 자이다. 저의 안목에는 보이지 아니하는 하나님께 대한 산 신앙이었고, 다만 안목에 보이는 식물로써 잠시의 쾌락을 얻기 위해 보이지 아니하는 영광스러운 장자(長子)의 기업(起業) 즉 장래의 행복을 한 그릇 죽으로 값을 삼아 매도해 버렸으니 그 어찌나 망령되고 어리석은 자인지 알 수 없다. 에서의 장자권(長者權)이 심령상으로 우리에게는 성령이다. 그러므로 우리는 천국의 가독권(家督權 *맏아들의 신분 권한) 수형(手形 *어음)으로써 성령을 받게 될 것이다. 이러함에도 불구하고 오늘날 신자 중에 육에 속한 생각으로 세상 재물을 사모하여 사소한 일에 거짓말과 자고한 마음과 약간의 금전으로 성령과 영적 은혜를 가볍게 여겨 매도하는 자가 적지 않으니 현대는 에서보다도 더 어리석은 신자가 어찌 많은지 다 헤아릴 수가 없다. 깊이 경성하지 아니하면 안 될 것이다.

● 제17절 : "그 후에 축복함을 얻으려고 눈물을 흘리며 구하되 버린 바가 되어 그 그릇된 일을 고칠 기회를 얻지 못함을 너희들이 아는 바니라"

창세기 27장 30절 이하를 보면 이삭이 연로하여 장자를 축복하려 할 때에 야곱은 형의 받을 축복을 받았다. 그러나 그때 에서는 아버지의 축복을 잃고 근심하며 크게 탄식해 낙루(落淚 *눈물을 흘림)하며 나에게도 축복을 달라고 간곡히 애원하였으나 마침내 그 형으로서 받을 축복을 얻지 못하였다. 아! 영적 은혜를 경히 여기는 자도 역시 후회하나 그릇됨을 고칠 기회를 얻지 못할 때가 오는 것이다. 그때에는 아무리 후회하며 통곡할지라도 무익하여 그 운명은 바깥 어두운 곳에 처해 애곡절치(哀哭切齒 *이를 갈며 슬피 욺)

할 뿐이다. 그런즉 이 은혜 시대에 처하여 있는 동안에 하나님의 성결(聖潔)함을 받아야 한다. 모든 은혜를 받으라고 명령하실 때에 기회를 놓치지 말고, 마음을 완고하게 하지 말고, 주저하지 말고 급속히 나아가 은혜를 받아 저 에서와 같이 후회하나 무익한데 이르지 말기를 힘쓸 것이다.

● 제18절 : "너희들의 이른 곳은 형상이 있고 화분(火焚 *불붙는)하는 산도 아니요 흑운과 혼암(昏暗 *어두움)한 것과 폭풍과"

"불붙는 산도 아니요" 시내산을 말한다. 유대 사람들이 직접 하나님께 물질적 제전(祭典 *제사 의식)에 관한 율법(9:10)과 육체에 속한 의문(儀文 *의식의 표)과 세상에 속한 성전에 관한 일로써 (9:1) 묵시를 받는 곳이다. "흑운과 캄캄한 것과 폭풍" 출 19장 18절에 여호와 불꽃 가운데 시내산에 강림하시니 온산에 연기가 옹기점 연기와 같이 떠오르고 온 산이 크게 진동하며 신명기 4장 32절에 불 가운데서 나오는 그 말씀을 너희가 들었느니라 하신 것을 보면, 하나님께서 자비와 자애로써 나타나심이 아니라 정의를 나타내시는 위엄의 실경(實景 *실제의 광경)이다.

● 제19절 : "나팔 소리와 말하는 소리도 아니라 무릇 그 소리를 듣는 자들은 다시 말하지 아니하시기를 구하였으니"

"나팔 소리와 말하는 소리도 아니라" 이것은 하나님이 강림하실 때에 나타나는 위엄의 광경이다. (출 20:18, 19) "다시 말하지 아니하시기를 구하였으니" 유대인에게는 묵시를 받는 것이 이방인보다 초월한 특권이요 자랑이다. 그러나 하나님의 음성이 두려워서 죽을까하여 다시 듣고자 아니하였다. 그러나 오늘날 우리는 주의 음성을 듣고자 하니 이로 보건대 율법과 은혜는 소양(霄壤 *하늘과 땅)의 차별인 것이 분명하다.

● 제21절 : "그 나타난 바가 이같이 두렵기로 모세가 이르되 내가 심히 두렵고 전율(戰慄)한다 하였으나"

여호와께서 모세에게 율법을 위하여 시내산에 친히 강림하신 그 위엄의 광경(출 19:12)은 이하에 역력히 기재된 바 지경을 정하고 사람이든지, 짐승이든지 그 산에 범촉(犯觸)하는 자는 용서없이 죽인다는 선언이 있었다. 그러므로 백성들은 그의 음성을 직접 듣기를 두려워하여 모세에게 이르기를 "하나님이 우리에게 말씀하시면 죽을까 두려우니 당신이 말씀하소서. 우리가 들으리이다"(출 20:19)라고 하였다. 고금(古今 *옛날과 지금)을 막론하고 하나님의 정의가 나타나는 처소에 거룩한 자 외에는 누가 능히 설 수 있겠는가?(시 24:3-4)

● 제22절 : "그러나 너희들이 이르는 곳은 시온산과 생존하신 하나님의 성(城) 하늘 위의 예루살렘과 천만(千萬) 천사와"

"너희들이 이르는 곳은 시온산과" 이 시온산은 옛날 모세가 율법을 받던 시내산과 같이 하나님의 위엄이 대진(大振 *크게 떨침)하여 무엇이든지 가히 가까이 할 수 없는 곳이 아니다. 손이 정결하고 마음이 성결하며 허탄한 데에 뜻을 붙이지 아니하고 거짓 맹세를 하지 아니하는 자는 누구든지 다 갈 수 있는 곳이다.(시 24:2, 4) 예루살렘의 일부분인 하나님의 전(殿)이 있는 곳이다. 이곳은 위엄에 찬 시내산이 아니므로 하나님의 사랑의 성안(聖顔 *거룩한 얼굴)의 광휘(光輝)와 은총의 보좌가 상설된 천성(天城) 예루살렘이므로 극히 찬란하고, 정결하고, 영광이 충만한 복지이다. "천만천사" 저들의 직분은 피선된 성도들을 봉사하는 직책에 있는 자리이다.

● 제23절 : "하늘에 기록한 모든 장자의 총회와 교회와 모든 사람을 심판하시는 하나님과 및 완전케 된 의인의 영혼과"

"하늘에 기록한 장자의 총회" 출애굽기 4장 22절을 보면, 옛날에 이스라엘 사람을 하나님의 장자라 하였으나 우리 이방인이 그 이스라엘인 중에 삽입케 된 일은 실로 비상한 특권이라고 아니할 수 없다. 우리는 영적으로 이스라엘이 되어 즉 장자의 지위로서 가독권을 차지하였으니(약 1:18, 롬 8:17) 어찌 감탄치 않겠는가? "모든 사람을 심판하시는 하나님" 우리는 선악 간에 공의대로 심판하실 하나님과 동거할 자임으로 세상에 있는 동안에 소심하여 두려움으로 지내지 않으면 안 된다. "완전케 된 의인의 영혼" 이것은 주를 위하여 믿음의 경주를 마치고 이미 천국에 들어간 성도들 즉 아벨, 에녹, 아브라함, 바울, 베드로, 요한, 루터, 웨슬레 같은 이가 다 그 무리 중에 있을 줄로 믿는다. 우리도 우리의 마땅히 달려갈 길을 다 달리고 그 무리와 같은 반열에 참예하지 않으면 안 된다. 그런즉 매일 모험적(冒險的)인 생애로 달음질할 것이다.

● 제24절 : "신약의 중보되신 예수와 및 뿌린 바 피니라 이 피가 말하는 것은 아벨의 피가 말하는 것보다 더욱 나으니라"

"신약의 중보" 모세는 구약의 중보자이나 이 모세보다 더 나은 예수는 더 좋은 신약의 중보자로서 우리들을 위하여 갈보리 산상에서 친히 피를 흘려 중보가 되시고 지금도 그 피를 가지고 중보적 기도를 하고 계신다. 이 예수를 가까이 하는 자는 두려울 바가 조금도 없다. "뿌린 바 피니라" 제사장이 지성소의 속죄소(贖罪所)에 희생의 피를 뿌림과 같이 주께서는 하늘 지성소에서 자신의 흘린 피로써 뿌리신 것이다. "이 피가 말하는 것은…." 아벨의 피가 지상에서 부르짖은 것(창 4:10)은 가인의 죄를 호소하여 형벌해 달라는 요구에 불과하나, 그리스도의 피의 부르짖음은 "아버지여 저들을 용서하여 주옵소서. 저들은 그 하는 바를 알지 못하여 악으로 부르짖으니, 아무쪼록 이 피를 보시고 저들의 죄를 사하여 주옵시고", 긍휼을 부르짖은 피, 기도의 공로 되는 피이다. 그러므로 우리는 이 피로 말미암아 기탄없이 은혜의 보좌에 가까이 할 수 있는 것은 무엇보다도 귀한 특권이다.

● 제25절 : "삼가 말씀하신 이를 싫어 버리지 말라 이미 땅에서 명하신 이를 저들이 싫어 버리고 오히려 피하지 못하였거든 하물며 하

늘로 좇아 명하신 이를 우리들이 배반하면 어찌 피할 수 있으리요"

이하의 말씀은 하늘로부터 계시하는 자를 거역하는 일에 대한 경계인데 실로 가공(可恐)할 경계이다. 주의할 것은 은혜의 특권이 크면 그 비례로 경계의 클 것을 가히 생각지 않을 수 없다. "말씀하신 이를" 하나님이 이에 우리에게 은혜를 주시겠다고 말씀하신다. "땅에서 명하신 이를" 모세가 하나님께 받은 묵시이다. "하늘로 좇아 명하신 이를" 이는 천래(天來)의 복음을 가르침이다. 우리가 이런 놀라운 은혜에 대하여 퇴박(退迫)하거나, 혹 거역하는 것은 심히 두려운 일이다. 구약에서 모세가 하나님께 받은 묵시를 거역하는 자는 용서없이 죄를 형벌로 당하였다. (민 15:31) 하물며 이 하늘로서 친히 강림하신 그리스도의 복음을 듣고도 거역하여 믿지 아니하는 자는 어찌하였든지 결국 무서운 심판을 면할 수 없다. (요 3:36) 그러므로 죄는 그들이 나를 믿지 아니함이요(요 16:9) 하셨을 뿐, 10장에도 하나님의 아들을 유린하는 자의 응당 받을 형벌이 어떻게 더 중할 것을 명시하였다. 또 하나 그 장에도 이같이 큰 구원을 경시하면 어찌 피하리요 하였으니 은혜가 깊으면 깊은 만큼 형벌도 또한 중한 것을 가히 알 것이다.

● 제26절 : "그때에는 그 소리가 땅을 진동하였거니와 이제는 허락하여 가라사대 내가 또 한 번이면 땅만 아니라 하늘도 진동하리라 하셨느니라"

"그 소리가 땅을 진동", 이는 시내산에서 된 일이다. (출 19:18) 하나님의 권위있는 음성이 나타날 때에 땅이 진동한 것이다. "또 한 번이면 땅만 아니라 하늘도 진동하리라." 이는 학개서 2장 11절에 있는 말씀이다. 옛적에는 시내산 자락에서 백성이 하나님의 음성을 들으면 죽을 것으로까지 생각했으나 그보다도 더 공구(恐懼 *몹시 두려움)한 하나님의 위엄스런 광경이 나타날 때가 내도(來到)할 것을 의미함이다.

● 제27절 : "이에 또 한 번이라 하신 말씀은 진동할 것들을 지은 물건처럼 폐하고 진동치 아니할 것을 길이 있게 함을 밝히 보이심이라"

"진동할 것들을…." 이 세상에는 마땅히 진동해야 폐사(廢捨 *폐하여 버림)할 것이 있음으로 지은 물건처럼 폐하나, 그러나 "진동치 아니할 것을 길이 있게 함을 밝히 보이심" 옛 그리스도로 말미암아 성취한 구원, 즉 천국은 조금도 동요없이 영영 있을 것은 진동할 것들이 폐함에 진동치 아니하고 보존되어 있음이다. (벧후 2:9) 할렐루야! 우리는 이 나라를 얻었도다! 어찌 이 행복을 노래하지 아니하리요. 사람들이 잠시 불의의 쾌락에 탐취(探醉)해서 즐겁다고 하나 이것은 그들을 멸하고 진동할 천국을 건설하시는 계획 기간에 불과한 것이다. 이것이 마치 사형 선고를 받은 죄인에게 사형 집행 때까지 식물을 주어 공궤(供饋)하며 보존하여 둠과 같은 것이다. 그런즉 멸망할 이 세상에 애착하는 자처럼 어리석은 자는 또 없는 것이다.

● 제28절 : "그런고로 우리가 이미 가히 진동(振動)치 못할 나라를 받았은즉 선당(宣當)히 은혜를 얻어 경건함과 두려움으로써 하나님을 기쁘시게 봉사할지니라"

요행히 우리는 진동하지 아니할 나라를 얻었다. (벧후 3:12-14) 물론 지금은 영적으로 이 나라를 얻었으나 주께서 미구(未久 *얼마 오래지 않아)에 신천지를 완필(完畢)하신 후에 우리를 환영하실 것이니 실로 감사하지 아니할 수 없다. 그러므로 우리는 형벌을 공구(恐懼)하여 근신(謹愼)할 것이 아니라 한층 더 나아가 은혜를 느끼며 경건한 생애를 보내야 할 것이다. 또한 경건한 생애뿐 아니라 더 나아가서 하나님의 뜻에 합의하시게 봉사하지 아니하면 안 될 것이다. 주께서 피 흘리신 목적이 우리를 성결케 하시려는 것뿐이 아니라 생존하신 하나님을 봉사(奉仕)케 하기 위함이다. (히 9:14) 그런즉 성도된 우리는 첫째, 생애에 있어서 경건해야겠고 둘째, 하나님의 뜻을 알아서 적극적 봉사에 노력하지 않으면 안 될 것이다. 성령께서는 이 일을 면려하신다.

● 제29절 : "우리의 하나님은 소멸하는 불이시니라"

이는 실로 두려운 말씀이니 이제 누구든지 겸손히 자기를 탐찰(探察)해 죄와 허물을 깨닫고 소멸하는 불, 즉 성령을 받아 성결하면 이(已 *그침)거니와 만일 마음을 완고히 하면 언제든지 주님의 심판의 불로써 형벌하심을 가히 면하지 못할지니 어찌 두렵지 아니한가? 우리는 삼가 죄에서 떠나 하나님의 심판을 면해야 할 것이다.

제13장

주의(主意): 사랑과 선행

분해(分解)

1. 사랑으로 흘러 나오는 동정(1-3)

2. 경계와 장려(4-6)

3. 세상을 떠난 선배자들을 모범할 일(7-9)

4. 그리스도를 본받아 생활할 일(10-14)

5. 하나님을 기쁘시게 하는 제물(15-16)

6. 인도자에게 대한 주의(17-19)

7. 축도(20-21)

8. 부록과 문안(22-25)

● 제1절 : "형제 사랑하기를 그치지 말고"

　　우리 하나님 아버지의 독생자 예수의 안에 있는 자는 다 형제이다. 그러므로 한 몸에 속한 지체인 형제로서 항상 우애하지 않으면 안 된다. "볼지어다. 형제가 화목하여 동거하는 것이 심히 아름답고 심히 착하도다."(시 132:1) 우리 신자들이 어떠한 외부적 활동이 있다 할지라도 내부적으로 서로 사랑하는 과실(果實)이 없으면 이는 소리나는 구리와 울리는 꽹과리에 불과한 것이다.

● 제2절 : "손 대접하기를 잊지 말라 혹(或)이 이같이 부지(不知)중에 천사(天使)를 대접하였느니라"

　1절에는 신자에게 대한 사랑을 설명하였다. 2절에는 먼데 사람 또는 알지 못하는 사람에게 대하여 본 바와 같이 어떤 이가 우리를 여행 중에 간곡히 대접하여 주면 언제든지 기억에 잊을 수 없는 감사가 있는 것같이 자기도 역시 다른 사람에 대하여 간곡히 대접하지 않을 수 없는 것이다. "혹(或)이 부지중에 천사를 대접" 이것은 아브라함의 일이다. (창 18:2) 그가 처음에는 보통 손님으로 생각하여 대접하였으나 얼마 후에야 천사인줄 알았고 그의 조카 롯도 역시 천사를 대우하였다. 그런즉 우리는 표면의 여하함은 불구하고 누구에게든지 사랑으로 대하지 아니하면 안 되겠다. 특별히 우리 전도자로는 더욱 그러하다. 주는 빈한(貧寒)한 사람과 난경(難境)에 처한 사람으로서 우리의 사랑을 시험하시나니 그런고로 먼데 사람 접대하는 일을 잊지 말라는 말씀을 깊이 주의할 것이다.

● 제3절 : "갇힌 자에게는 자기가 갇힌 자로 생각하고 고생을 받는 자에게는 자기가 또 한 몸에 있는 것으로 생각하고"

　대저 사랑은 여러 방면으로 나타나는 것인데 이것은 옥에 갇힌 자에게 대한 동정이 있어야 할 것을 명시하심이다. 우리가 주를 위하여 박해를 당해 옥에 갇힌 자에게 대해서도 자기가 그런 경우에 처한 것처럼 생각하여 동정하는 것이 사랑의 열매이다. 그러나 사람이 은혜에 처하여서도 타인의 고통을 생각지 않음으로 주는 특별히 여기에 여러 번 동정하라고 부탁하셨다.

● 제4절 : "혼인(婚姻)을 귀히 여기고 침소(寢所)를 더럽다 말라 음행하는 자들과 간음하는 자들을 하나님이 심판하시니라"

하나님을 경외하는 마음으로서 하나님이 작배(作配 *남녀가 짝을 정함)해 주시는 일부일처(一夫一妻)의 혼인법을 엄수해야 하겠다. 그러나 현대 신자들은 미신자보다도 더 문란한 폐(弊)가 적지 아니하다. 이것은 소위 친애함으로 예의를 잃음으로 어지러운데 처하기 용이한 까닭이다. 그러므로 육체에 있는 우리는 특별히 이성간의 교제에 주의하지 않으면 안 되겠다. 또한 어떠한 이유이든지 하나님이 작정해 주지 않는 것은 참 혼인이 아니다. 그러므로 결혼의 일을 귀중히 생각하여 먼저 하나님의 지도와 정당한 길을 밟지 아니하고 경솔히 일을 하여 실패한 후에 아무리 엄중한 의식을 거행한들 무슨 쓸데가 있겠는가? 하나님을 도외시하고 자기 맘대로 먼저 야합(野合)한 후에 중매인을 세워 혼인한 자는 마땅히 회개하지 않으면 불가하다.

"침소를 더럽다 말라" 사람이 정욕을 스스로 금치 못하여 사탄에게 틈을 주지 않게 하기 위하여 부부간에 수응(隨應)해야 성결의 생애에 방해 없이 지내는 것이 당연하다. "음행하고 간음하는 자…심판" 사람이 무슨 죄를 범하는지 다 몸 밖에 있거니와 이 음행만은 자기 몸에 죄를 범함이라 하였다. 제일 무서운 죄인 것을 가히 알겠고 고린도전서 6장 9절을 보면 음행하는 자는 하나님 나라를 유업으로 얻지 못한다고 하였다.

● 제5절 : "범사에 돈을 탐(貪)하지 말고 있는 바를 족(足)한 줄로 알라 대개 하나님이 말씀하시기를 내가 과연 너희들을 버리지 아니하고 결코 떠나지 아니하리라 하셨느니라"

"돈을 탐하지 말고" 신앙이 약한 자가 부(富)하려 하여 시험과 유혹을 받아 정욕에 떨어져 침륜(沈淪)과 멸망에 빠지는 이도 적지 않다.(수 7:21, 요 12:6) 그러므로 돈을 탐하는 것은 만악(萬惡)의 뿌리라고 하였다. 우리가 하나님의 뜻을 따름에 있어서 어떠한 빈궁에 처할지라도 불평을 할 일이 없고 또는 하나님의 사랑을 의심할 것도 없을 것이며 도리어 믿음으로 자기의 기업을 빼앗길지라도 기쁨으로 당하여야 하겠고(히 10:34), 있는 바를 족한 줄로 아는 것이 성도의 적당한 처세법(處世法)이다. "너희들을 버리지 아니하고 떠나지 아니하고" 모든 것의 모든 것이 되시는 하나님 우리를 보호하시고 우리를 양육하시는 하나님이 항상 우리와 같이 계시면(창 28:15, 31:8) 물질이 부족할지라도 우리에게 가장 큰 만족이다.

● 제6절 : "그러한 고(故)로 우리가 담대히 가로되 주는 나를 도우시는 자시니 두려움이 없노라 사람이 나에게 어찌 하리요 하노라"

이것은 자기의 신앙을 굳세게 발표한 말씀이다. 주께서 도와주시면 아무리 역경이라도 근심할 것이 없고 전 세계가 다 나의 대적일지라도 하나님이 지키시면 두려울 것이 없다. 그러므로 기원 후

370년경에 로마 황제가 바실 감독을 협박하여 말하기를 내가 너를 내어 쫓거나 또는 살육(殺戮)하거나 할 것이라고 할 때에 그 감독은 대답하기를 "나는 어느 곳에 내어 쫓기더라도 천지의 주재되시는 하나님의 손 노릇 할 것이니 근심할 것이 없고 또한 살육을 당하더라도 하루 바삐 하나님이 계신 곳에 갈 것을 인하여 도리어 기쁘다"고 하였다고 한다. 누가 능히 우리를 대적하리요. (롬 8:31) 우리에게 있는 재산을 탈취(奪取)하거나, 육체를 괴롭게 하거나, 육체의 생명까지 탈취할 수 있으나 우리 속에 계시는 하나님은 탈취할 수 없을 것이니 사람이 나에게 어찌 하리요 하는 활기(活氣)가 크게 나지 않을 수 없다.

● 제7절 : "너희를 인도하여 하나님의 도(道)를 가르치던 자를 생각하여 그 행하는 바의 종말을 궁구(窮究)하여 보고 그 믿음을 본받을지어다"

"하나님의 도를 가르치던 자를 생각하여" 이는 육체를 떠난 성도, 즉 하나님의 도를 가르쳐 인도하던 선배의 전도자와 신자를 생각하라는 뜻이다. "그 행하는 바에 종말을 궁구" 선배들의 일생 생애를 궁구(窮究 *속속들이 깊히 연구함)함에 그가 온화한 태도로 대함이라든지 친절히 인도하여 교훈한 일을 생각할 때에 은혜되는 바가 적지 않을 뿐 아니라 그들이 사경(死境)에까지 믿음을 보존함이라든지 또는 내세에 반드시 주를 본다고 하는 산 소망으로써 기쁨으로 죽음을 맞은 일과 순교자로서 사형에 처하는 등 일을 생각할 때에 자연히 그 믿음을 본받게 되는 것이다.

● 제8절 : "예수 그리스도는 어제나 오늘이나 영원토록 변(變)치 아니하시느니라"

　　예수 그리스도는 옛적이나 지금이나 언제든지 불변하시는 귀하신 구주이시다. 전일(前日)에 우리를 인도하던 전도자는 이 세상을 떠났으나, 이 그리스도는 과거 현재 미래까지 영원히 우리 속에 계셔서 불변하는 은혜로 보호해 주신다. 그런즉 우리가 단순한 신앙으로서 만세 반석(萬世盤石)이시오, 영원불변하시는 그리스도께 토대하여 굳게 서면 동요함이 없을 것은 확실한 사실이다.

● 제9절 : "별(別)다른 교훈(敎訓)과 이단(異端)에 끌리지 말라 마음은 은혜로써 견고(堅固)하게 함이 아름답고 음식으로써 하는 것이 아니니 음식으로 행한 자는 유익을 얻지 못하느니라"

　　자고(自古 *옛날부터)로 마귀는 별 방면으로 곧 이상한 교훈과 이단으로서 사람을 사로잡고자 한다. 바울 시대는 유대교의 의식으로써(골 2:7, 8, 엡 4:14) 사로잡고자 하였고, 현대에는 소위 신신학설(新神學說)로써 우리를 동요하게 하고자 한다. 그러므로 크게 근신하여 방어(防禦)를 아니하면 안 되겠다. "마음은 은혜로서 견고함이 아름답고" 저 유대인들은 예수를 그리스도로 받아 믿으면서도 유대교의 의식(儀式)을 전혀 떠나는 일을 유감으로 생각하여 그리스도교와 유대교를 합병(合倂)하려고 하는 사상(思想)과 운동(運

動)이 있었다. 그러므로 유대인이 싫어하는 돼지와 토끼의 고기를 먹음은 불결하다 하여 음식을 잘 구별하여 먹음으로 의(義)롭게 하고, 깨끗하게 하여 마음을 견고케 하려 하였다. 그러나 은혜로 말미암아 견고케 함이 아니면 참 견고함이 아니다. 요컨대 그리스도를 굳게 잡고 그 속에 있는 은혜를 나의 소유로 삼는 것 외에 다른 도리가 없다. 그러므로 하나님의 나라는 음식에 있지 않고, 의(義)와 평화(平和)와 성결(聖潔)함으로 말미암은 기쁨이라고 말하였다. (롬 14:17)

● 제10절 : "우리에게 한 제단(祭壇)이 있으니 그 위에 있는 제물은 장막에서 섬기는 자들이 가히 먹지 못하리라"

구약 시대에 제단(祭壇)은 나무와 동(銅 *구리)으로 만들어 그 위에 우양을 잡아 드렸으나 신약 시대의 우리의 제단은 그리스도의 십자가인데 그 위에는 그리스도가 희생의 제물이 되었다. 구약의 제단에 갖춘 제물을 제사장이 먹을 수 있는 것같이(레 6:16, 29, 7:21-24) 신약의 제사 곧 우리는 그리스도의 살을 먹을 수 있다. 그러므로 살은 참 먹을 것이요, 나의 피는 참 마실 것이라고 말씀하셨다. (요 6:55) 그러나 "장막에서 봉사하는 자들이 가히 먹지 못하리라" 구약의 기반 아래 있는 제사로서 신약의 제단 위에 있는 그리스도의 살을 먹을 권세가 없다.

● 제11절 : "대제사장이 속죄하기 위해 가지고 성소(聖所)에 들어가

는 그 피의 희생(犧牲)의 전체(全體)는 영문(營門) 외(外)에 사르나니"

제물에 대하여 보통은 희생의 기름을 제단 위에 불사르고 그 고기는 먹는 풍(風)이 있다. (레 6:29) 그러나 특별히 온 회중의 죄와 허물을 속하기 위하여 매년 속제의 제전을 집행할 때에는 희생의 피는 속죄소 위에 붓고 그 전체(全體 *몸뚱이)는 영문 밖에서 불사르고(레 16:27) 먹지 않는다. 이것은 믿지 않는 유대인이 그리스도의 희생으로 말미암아 희생에 참예할 수 없는 의미로 볼 수 있는 일이다.

● 제12절 : "그러므로 예수도 자기 피로써 백성을 거룩케 하려고 성문 밖에서 고난을 받으셨느니라"

"성문 밖에서 고난을 받으셨느니라" 옛날 속죄제의 제물을 성문 밖에서 불살라 버림과 같이 그리스도도 예루살렘 성 밖 갈보리 산에서 십자가에 정사(釘死 *못박혀 죽음)하셨다. "자기의 피로 백성을 거룩케 하려고" 속죄제의 제물의 피를 지성소에 가지고 들어가 속하는 것과 같이 그리스도는 십자가에 흘리신 피로서 하늘 지성소에 들어가서서 우리의 죄악의 근성(根性)까지 정결케 하셨다. (히 2:14, 9:12)

● 제13절 : "그런즉 우리도 그 능욕(凌辱)을 지고 영문 밖으로 그에게 나아갈지어다"

그리스도와 같이 행동하려 함에 능욕을 당함은 필연의 일이다. 그리스도를 위하여 능욕을 당하면 이에서 더 영광스러운 일은 없다. 우리가 진리대로 살려고 하면 부패한 사회에서, 타락한 교회에서 축출을 당할 수밖에 없으되 그리스도는 환영하시니 그에게로 나아 갈 것이다. 특별히 주의할 것은 10장 19절에는 지성소에 들어가라고 권면하였고, 여기에는 성문 밖으로 나아가라고 함이다. 우리가 은혜의 보좌에는 지성소까지도 들어가야 하겠고 그다음, 즉 지성소에서 하나님과의 교제함에서도 십자가를 지고 성문 밖으로 나가지 않으면 안 되겠다. 신자로서는 이 두 길을 마땅히 실천하여야 하겠다.

● 제14절 : "우리가 이곳에는 항상 거(居)할 성(城)이 없고 오직 장래의 성을 찾느니라"

이 세상은 나그네와 외국이라 하였다. (히 11:13) 이 지상에는 장구히 살 곳이 없으며 또한 우리의 나라는 하늘에 있다 하였다. (빌 3:2-10) "장래 성을 찾는다" 히브리서 11장에 아브라함도 이 정신으로 일생을 살았다. (히 11:9, 10) 또 이곳은 우리의 있을 곳이 아니라고 하였다. (미 2:10)

● 제15절 : "이러므로 우리가 예수로 말미암아 항상 찬미의 제사를 하나님께 드릴지니 곧 그 이름을 증거하는 입술의 열매이니라"

이것은 실로 승리자이다. 세상 사람에게는 버림을 받을지라도 하늘을 소망하여 찬미하면 하나님은 기뻐 받으신다. 그러므로 기쁜 때나 슬픈 때나 아침부터 저녁까지 하나님 앞에 수소를 대신하여 찬송의 제사를 드림이 성도의 당연한 일이다. (호 14:2)

● 제16절 : "그러나 선(善)을 행하고 서로 구제(救濟)하기를 잊지 말라 이 같은 제사를 하나님이 기뻐 받으시느니라"

하나님께 감사와 찬송의 제사를 드려야 당연한 것같이 사람에게 선행을 하지 아니하면 아무것도 아니다. 그러므로 기회 있는 대로 뭇 사람에게 선을 행하라고 하셨다. (갈 6:10) 또한 부모가 없는 아이와 과부에게 긍휼함을 베풀라 하셨다. 바울은 빌립보 성도에게 구제함을 받고 이것은 아름다운 향기요 받으실 만한 제사이니 하나님을 기쁘시게 하는 것이라고 하였다. (빌 4:16-18)

● 제17절 : "너희를 인도하는 자에게 순종하고 복종하라 저희는 너희 영혼을 위하여 경성(警醒)하기를 자기가 회계(會計)할 자인 것같이 하는 자니 저희들로 하여금 즐거움으로 하게 하고 근심으로 하게 말라 그렇지 않으면 너희에게 유익함이 없느니라"

"너희를 인도하는 자에게 순종하고 복종" 지금의 인도자는 구약시대에 혈통으로 제사장을 세우는 것처럼 법으로 세우는 것이 아니다. 성령께서 직접 세우시고 (행 20:28) 각각 은사를 따라 사용하신다. 그러므로 순종하고 복종함은 신자의 의무이다. 혹시 우리는 직접 하나님께 복종한다 하여 목자에게 불순종하면 이는 큰 오해이다. 인도자를 불순종하는 것은 하나님께 불순종하는 것이다.

"영혼을 위하여 경성하기를 자기가 회개…." 교역자는 수진(守陣 *진영을 지킴)하는 파수꾼이라고 하였다. (겔 33:19) 파수꾼은 항상 불면(不眠) 불휴(不休 *쉬지 않음)하고 온 진을 수호하며 또는 적진에서 침입하려 하면 나팔을 불어 일반을 경성하게 하는 것처럼 전도자는 항상 경성하여 신자들의 영혼을 수직(守直)하며 때로는 복음의 나팔을 불어 적진으로 침입하는 이단(異端)을 방비하며 퇴치하는 책임에 전력하는 자이다. 그러므로 그들은 근심함으로 하게 말고 희락(喜樂 *기쁨과 즐거움)으로 역사하게 함이 유익하다.

● 제18절 : "우리를 위하여 기도하라 우리가 모든 일에 선하게 행하려 하므로 우리에게 선한 양심이 있는 줄을 깊이 아노니"

이 말씀은 기도를 의뢰한 말씀이다. 모든 일에 선하게 행함은 오직 간절한 기도로서만 성취하는 일이므로 히브리서 기자(記者)는 겸손히 신자의 기도를 구하였다.

● 제19절 : "내가 속히 너희에게 돌아가기를 위하여 너희 기도함을 더욱 간구하노라."

이 때에 무슨 일로 인함인지 미상(未詳 *확실하거나 분명치 않음)하나, 혹은 작업을 마치지 못하였다고, 혹은 옥에 갇힌 때라고, 또 혹은 병중이라고 하니 무슨 연고인지를 지적하기 어렵다. 좌우간 면회(面會)할 생각이 간절함에 사람으로서 상면(相面 *서로 만나서 얼굴을 마주함)할 길을 도모하지 않고 하나님께 길을 열어 주시기만을 바라고 기도함을 더욱 간구하였다.

● 제20절 : "양의 대목자(大牧者)되신 나의 주 예수를 영원한 언약의 피로 죽은 자 가운데서 끌어내신 평강의 하나님이"

"영원한 언약의 피로" 이것은 신약이다. 구약의 피는 일시적 계약을 위하여 사용한 것이나 영원한 계약의 피는 신약의 보증인이다.(눅 22:20) 이 피의 공적을 믿는 자는 다 그 공효(功效)를 성취하는 것이다. "평강을 주시는 하나님" 우리가 아무리 고통스럽고 비애스러운 때에라도, 하나님을 쳐다보면 그 고통과 비애는 안개가 사라지듯 다 소멸되어 버리고, 아무리 중한 짐에 눌렸을지라도 하나님께로 나오면 지각(知覺)에 초월하는 평강을 얻는 것이다.(빌 4:6-7)

● 제21절 : "모든 선한 일에 너희를 완전(完全)케 하사 자기 뜻을 행하게 하시고 그의 앞에 즐거운 것을 그리스도로 말미암아 우리의 마음에 이루기를 원하노라 영광을 세세에 돌릴지어다 아멘"

"모든 선한 일에 완전케 하사" 우리가 스스로는 무슨 일에든지 완전히 성취하였다 하여 만족할 수 없고 다만 모든 선한 일, 즉 영(靈)에 속한 일이나, 또는 물질에 관한 일에 대해 완전함을 이루어 만족한 것은 오직 하나님의 은혜로 말미암음이다.(고후 3:5) 그러므로 일을 성취하시는 이도 여호와라 하셨다.(렘 33:2) "자기의 뜻을 행하게 하시고" 성령께서 우리의 마음속에 임하시사 범사를 주장하심으로 하나님을 바야흐로 행하게 되는 것이다.

● 제22절 : "형제들아 이제 내가 수자(數字)를 기송(記送)하노니 권면하는 말을 용납하라"

"권면하는 말" 유대교화(化) 하지 말고 은혜의 보좌 앞에 나아가라는 뜻이다. "용납" 자기가 직접 치리하는 교회가 아니므로 겸사(謙辭 *겸손한 말)의 말씀이다. 이것에서 자기의 간절한 권고임을 크게 느낀다.

● 제23절 : "우리 형제 디모데가 놓인 것을 너희가 알라 만일 그가 속히 오면 내가 저와 함께 가서 너희를 보리라"

기자 바울은 독자인 히브리 신자들을 면회하고자 하는 마음이 간절하여 속히 가고자 하되 할 수 있는 대로 디모데와 동행하고자 하였다.

● 제24절 : "너희를 인도하는 자와 및 모든 성도에게 문안하라 이탈리아 국(國)에서 온 자도 너희에게 문안하느니라"

● 제25절 : "은혜가 너희 모든 사람에게 있을지어다 아멘"

사랑으로 말미암은 문안과 따뜻한 축도이다.

* 곽재근 목사의 히브리서 강의는 "希伯來書講義" 제목으로 1928년을 시작으로 약 5년 기간에 걸쳐 총 39회로 활천에 연재되었다. 통권 64호(1928. 3.) 1회로 시작하여 통권 126호(1933.5.) 39회로 종료되었다. 필자가 임의로 독자의 편의와 이해를 돕기 위해 원문(성경 포함)을 현대체로, 그리고 어려운 한자는 뜻풀이를 하고, 문장도 교열하였음을 밝혀 둔다.

7부

부록

부록

Ⅰ. 대한예수교장로회(합동한신)총회

1. 총회 신조

교회는 하나님의 경륜(徑綸)의 중심이요, 목적인 유일의 존재이다. 이중 독생자 예수 그리스도로 말미암아 성취하시나니, 저에게 속한 모든 성도들은 다만 그 보이신 성경의 진리로 믿으며, 행하는 바가 곧 경륜의 실현으로 되어야 하는 것이다. 그런고로 우리는 이 하나님의 성지를 준행하면서 우리 교단의 정신을 이에 선언한다.

① 교회는 원래 성경상 단일성 존재이니 진리대로 교단을 초월하여

모든 성도는 주안에서 하나가 되어야 할 것을 주장한다.

② 정치적 기관을 두나 그 운영을 교회의 머리되신 그리스도께 순복하는 신앙으로 한다.

③ 신구약 성경은 하나님의 말씀으로 생활과 신앙에 대하여 정확 무오한 유일한 법칙으로 믿는다.

④ 우리 교단은 각 교회의 협동을 요하는 주님의 사업에 대하여는 이의없이 상호 연합하여 성취해 나간다.

⑤ 하나님의 본체에 삼위가 계시니 성부, 성자, 성령이시다. 이 삼위는 한 하나님이므로 본체가 하나이요, 권능과 영광이 동등하심을 믿는다.

⑥ 예수 그리스도는 성령의 권능으로 잉태하사 동정녀 마리아에게 낳았으며 전혀 죄가 없으신 분이다. 죄인을 대신하여 십자가에 죽으심으로 하나님의 공의를 만족시키시고 하나님과 나를 화목하게 하셨다.

⑦ 예수 그리스도는 죽은 자 가운데서 사흘 만에 다시 부활하셨다. 그리고 죽은 자를 다시 살리시고, 세상을 심판하시려고 다시 오심을 믿는다.

⑧ 세례는 그리스도를 믿는 신앙을 고백하는 자와 그들의 자녀들에게 베푸는 것이요, 성찬은 그리스도의 죽으심을 기념하여 떡과 잔에 참여하는 것이니, 주와 함께 여러 교우로 더불어 교통하는 표증이다.

⑨ 성령님은 인생으로 죄와 비참을 깨닫게 하시며, 그 마음을 밝혀 그리스도를 알게 하시고 설득하여 복음으로 값없이 주시는 예수 그

리스도를 받아 들일 수 있게 하시며, 그로 인생 안에서 역사하여 모든 의의 열매를 맺게 하신다.

⑩ 신자의 본분은 입교하여 서로 교제하며, 그리스도의 성례와 기타 법을 지키며, 주의 법을 복종하며, 항상 기도하며, 주일을 거룩하게 지키며, 주를 경배하기 위하여 함께 모여 말씀으로 설교함을 자세히 들으며, 하나님께서 저희로 풍성하게 하심을 따라 헌금하며, 그리스도의 마음과 동일한 생각과 뜻을 서로 표현하며, 또한 일반 인류에게도 그와 같이 할 것이요, 그리스도의 나라가 온 세상에 확장되기 위하여 힘쓰며 주께서 영광 가운데 나타나심을 바라고 기다릴 것이다.

2. 총회에 토지 기부: 곽재근 목사의 뜻을 이은 김정순 권사

김정순 권사는 전남 무안군 운남면 연리 연동마을에서 1945년 3월 7일 김금진 집사와 나말례 권사의 셋째 딸로 출생하였다. 어려운 가정 형편을 돕기 위해서 어려서부터 생활 전선에 뛰어 들었는데, 당시 전남 무안군 운남면 소재지에 있던 운남중앙교회 담임 목사 최해

출 목사의 추천으로 목포에 있는 복지시설 성덕원의 간호부에서 일하게 되었다. 간호사로 일하면서 목포 순성교회에 출석하게 되었고, 당시 순성교회 담임 목사였던 곽재근 목사님의 신앙적인 양육을 받으며 성장하다가 세례를 받았다.

성덕원에서 일하던 때에 곽재근 목사님께서 아침마다 보건실 앞을 지나 유달산으로 찬송하며 기도하러 올라가시던 모습에서 늘 신앙적으로 힘을 얻었고 도전을 많이 받았으며, 곽재근 목사님의 설교를 들으면서 예수 그리스도의 뜻을 깨닫고 자신도 곽 목사님처럼 사랑과 헌신의 삶을 살 것을 결단하였다. 그 결단과 꿈을 이루기 위해서 일평생을 검소하게 살면서 자산을 모으기 시작하였다. 모아진 자산으로 1987년에 경북 문경시 산북면 거산리의 임야 24596㎡를 구입하였고, 이 땅으로 언젠가는 하나님의 일을 위해서 사용할 계획을 세웠다.

그런 가운데 2013년에는 무안군 운남면 연동에 있는 둘째 언니의 집을 본인이 구입하고는 운남중앙교회에 헌물하였는데, 이 헌물을 통해서 운남중앙교회의 부속 시설인 금말에덴도서관이 새롭게 확장 및 단장하게 되어 운남면의 많은 어린이들과 성인들에게 독서의 공간이 되었다. 이 일을 계기로 당시 운남중앙교회 담임 목사였던 이향우 목사(현 서울성동교회 담임 목사)와 교류하게 되었고, 이향우 목사와 함께 2018년 교단과 목포순성교회와 덕인학원 등이 연합으로 주최한 '곽재근 목사 50주년 기념 학술세미나'에 참석하면서 곽재근 목사님이 보여 주신 사랑과 헌신의 복음에 대한 열정을 다시 한번 더

상기하게 되었다.

　그리하여 하나님을 위해 사용하려고 준비한 문경의 땅을 곽재근 목사님이 세우고 지킨 교단에 기증하기로 마음을 먹었고, 2021년 4월 12일 마침내 기증하였다. 곽재근 목사님의 뜻을 잇고자 하는 꿈이 결실을 맺게 된 것이다. 김정순 권사는 곽재근 목사님의 헌신과 사랑을 통해서 주님을 만나 구원을 받고 변화되었으며 자신도 곽 목사님의 뒤를 이어서 사랑과 헌신의 삶을 살고자 하였는데 마침내 그 뜻을 이루게 된 것이다. 김정순 권사가 기증한 땅은 그 뜻대로 하나님의 일을 위해서 사용되게 될 것이다.

II. 정상운(지은이, 대표 집필), 『한국성결교회 백년사』(예수교대한 성결교회/ 성결교회와 역사연구소, 2019년) 관련 부분

"아. 제3회 총회와 교단의 분열"(하나님의 교회 창설, 1936년)

앞서 살펴본 바와 같이 1933년 제1회 총회 이후 성결교회는 자치의 시작을 대내외적으로 선포하였음에도 불구하고, 여전히 경제적으로는 자급을 이루지 못하고 있었다. 이는 각 선교지 교회에 대하여 '선 자급 후 자치'를 기본정신으로 하고 있었던 동양선교회의 취지와 어긋나는 것이었으며, 쌍방 간의 갈등이 전개될 수밖에 없었다. 즉 한국성결교회는 경제적으로 선교부에 의존할 수밖에 없는 상황에서 자치를 추구하였고, 정치적 자치를 요구하는 한국성결교회 교역자들에게 동양선교회는 자치의 전제 조건으로 경제적 자립을 우선적으로 요구하였다.

이러한 상황에서 제2회 총회가 1934년 4월 23일-28일 경성성서학원에서 열렸다. 한국인 교역자 중심의 총회와 총본부 사이의 갈등은 2회 총회에서도 계속되었다. 이명직 목사가 다시 총회장으로 선출돼 정치적 자치 운동이 계속됐지만, 동양선교회는 제1회 총회가 결의한 이사 선출권을 총회에 이양하는 정치적 자치를 반대했다. 한국성결교회는 1933년에 총회로 전환되면서 자치 선언과 달리 재정적인 측면이 수반되는 자립은 감당할 능력이 없었다. 한편 동양선교회는 완전 자급을 빌미로 모든 인사권을 관장하려 하였다. 동양선교회 총본부는 총회 기간 중인 4월 24일 킬보른(E. A. Kilbourne) 총리의 권사(勸辭)를 통해 미국의 불경기를 이유로 한국 교역자들의 봉급을 끊겠다고 언급하면서 자치 운동에 제동을 걸기도 했다.

총회 둘째 날인 24일, 이사회 대표는 총회에 이사 선출에 대한 권한을 이양하지 않을 것임을 보고하였다. 그러자 2차 총회에서는 강송수, 변남성, 유기태, 배신환을 교섭 위원으로 선출하고 이 문제를 킬보른 총리와 직접 교섭하기로 가결하였다. 동양선교회 총본부에서는 총회의 요청을 거부하였다.[1] 이로 인하여 이사회를 장악한 동양선교회 총본부는 1935년에 열리기로 예정되어 있었던 제3회 총회를 소집하지 않았다.

그러나 한국인 목회자들의 자치, 자립 운동은 계속되어 1935년 8월 22일에 6개 지방 순회 목회자들과 한국인 이사들이 재차 모여 자치 선언을 하고 뜻을 굽히지 않았다. 그러자 한 달 뒤인 9월에 『活泉』 편집자였던 이명직 목사가 경질되고, 허인수(P. E. Haines) 선교사가 임명되었다. 이후 『活泉』에서는 자치·자립 운동에 대한 관련의 글이 실리지 못했고, 이를 비판하는 허인수 선교사의 글이 매호 들어갔다.

이후 동양선교회는 총회 개회를 1년 동안이나 연기하다가 1936년 3월이 되어서야 제3회 총회 개회를 인준하였다. 제3회 총회는 1936년 3월 24일에 경성성서학원 대강당에서 제3회 총회 및 심령수양회

---

1 Ibid., 198-99.

로 열렸다. 이어진 총회장 선거는 기득권을 가지고 있던 동양선교회의 주장을 수용하는 이사회와 연관된 측과 그 반대 측의 표 대결 양상이었다. 투표 결과 총본부 이사회의 예상과 달리 1, 2회 총회장이었던 이명직 목사가 아니라 개혁과 자치를 요구하는 젊은 대의원들의 표를 얻은 변남성 목사가 무기명 투표에 의해 총회장으로 선출되었다.

그러나 당시 동양선교회의 허락에 의해 개회된 절차상 합법적인 총회였고, 1, 2회 때와 똑같은 방식의 총회장 선출이었음에도 불구하고, 동양선교회 총본부 이사회는 어처구니없게도 이 총회를 회기 중임에도 불과하고 불신임하였다. 총회 첫날부터 참석하여 투표과정을 지켜봤던 동양선교회 총리인 킬보른 선교사에 의해 속회도 하기 전에 총회 해산이 선포되었다. 해산의 부당성과 절차적 하자가 없는 총회 진행과 총회장 선출에 대하여 이의를 제기하자 보복성 인사 조치가 감행되어 합법적 선거 절차를 통해 총회장이 된 변남성 목사는 3월 25일로 면직 처분되는 참으로 안타까운 파행적 사건이 일어났다.

이 사건 직후 당시 이사였던 부총회장 곽재근 목사의 징계와 면직받은 교역자들에 대한 구명 운동이 일어났으나, 그러나 결과는 별 소용없이 끝났다. 결국 이 사건으로 인하여 성결교회는 감독 정치로 회귀하였고 순회 목사 제도가 강화되었다. 곧 이전에 시행되었던 감리 목사 시대로 회귀하게 되어 신헌법을 공포하여 이전 총회를 무력화시키고, 이사회를 통치 기관으로 정하였으며, 이사회는 동양선교

회 총무부에서 선출하는 강공책이 이어졌다.[2]

사태가 여기까지 이르게 되자 일방적인 면직 조치를 당한 교역자들이 중심이 되어 1936년 11월 평양에서 '하나님의 교회'(원명, '하느님의 교회')가 창립되었다.[3] 좀 더 자세히 하나님의 교회 창립 과정을 들여다보면, 다음과 같다. 교단을 떠난 이들과 1935년 12월 27일 이미 동양선교회 이사회에 의해 면직된 정남수 목사는 총독부 당국에 '하나님의 교회' 포교원을 제출하고 이듬해 5월 당국의 공인을 받았다. 그리고 이후 탈퇴 목사들을 중심으로 1936년 11월 25-29일 평양 상수리교회에 모여 '하나님의 교회 제1회 공의회'를 조직하였다. 창립 당시 참가 교역자들은 14명, 교회는 15곳이었다. 하나님의 교회는 정치적 통제 기관의 하향식 조직 체제를 거부하고 민주적 대의제인 공의회 제도를 받아들였으며 또 특정한 신앙에 매이기보다 단순히 성서를 신앙의 기준으로 삼는 모습을 보이는 등, 교리와 제도에 매인 제도권 교회를 거부하고 있음을 창립 선언을 통해 밝혔다.

一. 하느님의 教會는 그 名稱을 하느님께서 聖書에 보이심에 依한 것임(고전 1:2, 10:32, 11:16, 22, 15:9, 고후 1:1, 갈 1:13, 살전 2:14, ?

---

2 이사장에 허인수 목사를 비롯하여 상무 이사로는 지일 목사, 이명직 목사, 최석모 목사, 이건 목사, 박현명 목사 등 5인과 순회 이사로는 강시영목사, 이문현 목사, 김응조 목사, 박영순 목사, 강송수 목사, 이정원 목사 6인을 발표하였다.

3 변남성 목사. 곽재근 목사. 안형주 목사. 오계식 목사. 송태용 전도사. 서재철 전도사 등이었고 이후 하나님의 교회 창립 총회(1936.11.1) 때 약 30여 명의 대표가 참석하였다. 그리하여 창립 총회 선언문 제5항에 하나님의 교회는 정치적 통제 기관을 두지 않으며, 또한 성서 이외의 법규를 세우지 않고 각 교회가 다만 교회의 머리되시는 그리스도의 통치에 직속하여 성서를 유일한 정칙(정치와 규칙)으로 함이라고 하였다. 곧 성서 중심의 교단을 추구하면서 정치 조직의 무용함을 천명한 것이다.

전3:5, 15절 등).

二. 하느님의 敎會는 聖書上 元來 單一性 存在이매 이 眞理대로 모든 聖徒들이 主 안에서 하나이 되어야 할 것을 主張함.

三. 하느님의 敎會는 信仰個條를 制定치 않고 單純히 聖書를 信仰의 基準으로 함.

四. 하느님의 敎會는 政治的 統制機關을 두지 않으며 또한 聖書 이외의 法規를 세우지 않고 各個敎會가 다만 敎會의 머리이신 그리스도의 通治에 直屬하야 聖書를 唯一의 政則으로 함.

五. 하느님의 敎會는 各 個敎會의 協同을 要하는 主의 事業에 대하여는 互相聯合하야 行함.

主後 一九三六年 十一月 二十九日[4]

당시 성결교회 한국 지도자로서 최고 위치에 있던 직전 총회장 이명직 목사는 1, 2차 총회에서 지금까지 보인 태도와 달리 제3회 총회의 적법한 선거 결과에 받아들이거나 한국 교역자들의 입장에 서지 않고, 이사회 편으로 섬으로서 선교사들의 재신임을 얻었다. 그러면서 그가 동양선교회 이사로 복귀할 9월쯤 『活泉』 편집인(주간)직도 다시 맡게 되었고, 해방이 되기까지 한국 교역자들 중에 누구와도 비교할 수 없는 한국성결교회의 대표적인 일인자로 부상하였다. 1936

---

4 『聖化』, 通卷 24號 (1937, 1), 34-35.

년 제3회 총회는 안타깝게도 당시 부총회장 곽재근 목사를 비롯해서 개혁과 자치를 주장하던 변남성, 안형주, 서재철, 김광원 등 의식있는 신진 개혁 세력들이 대거 성결교회를 떠나는 인적 손실의 결과를 초래하였다.

출처: 정상운, 『한국성결교회백년사』 (용인: 성결교회와 역사연구소/킹덤북스, 2019), 248-253.

Ⅲ. 李泉泳, 『聖潔敎會史』(기독교대한성결교회 출판부, 1970년) 관련 부분

"제4절 하나님의 교회 사건(敎會事件)"

이렇게 요원(遼遠)의 불길처럼 일어나기만 하는 성결교회는 1936년 연차(年次) 총회를 맞이하게 되었다. 호사다마 격(格)으로 불붙는데 냉수(冷水) 끼얹는 듯, 부흥 발전(發展)하는 교단(敎團)에 분열(分裂)의 불씨가 튀게 되었으니, 중앙(中央)의 이사회원 (理事會員) 중(中) 서선 출신(西鮮 出身)인 곽재근(郭載根) 목사와 서울 출신(出身)의 이사(理事)들과 다소(多少)의 의견 대립(意見 對立)이 있었다. 마침내 평양(平壤)을 중심(中心)한 소장(少壯) 목사들과 결탁하여 중앙 세력(中央 勢力)을 장악하고자 정치적 활동(政治的 活動)을 꾀하게 된 것이다. 그리하여 중앙(中央)에 있는 곽(郭) 목사와 지방(地方) 목사들이 긴밀한 연락 아래 1936년 총회를 장악함에 이르렀으니 성결교회 유사 이래(有史以來) 처음으로 지방(地方)출신 소장(少壯) 변남성(邊南星) 목사가 총회장에 당선(當選)되었고 따라서 중앙(中央)집권제의 정체 개혁(政體 改革)을 꿈꾸었으나 세불리(勢不利)하여 이사회(理事會)에서 기성(旣成) 총회 측과 제휴(提携)하여 새 총회를 불신임(不信任)하게 이른 것이다. 이로써 총회(總會)는 해산되고 이사회(理事會)가 전권(全權)을 잡고 총회장 대신 이사장(理事長)이 직권(職權)을 담당하게 되었다. 이에 불만(不滿)을 품은 대부분(大部分)의 서선 출신(西鮮 出身)들이 이탈(離脫)하게 되었으니 중앙(中央)에서는 정남수

(鄭南洙) 곽재근(郭載根) 씨 등이요, 평양 중심(中心)으로는 변남성(邊南星) 오계식(吳癸植) 안형주(安衡柱) 목사 등이요, 서울에는 송태용(宋台用) 서재철(徐載哲) 제씨였다. 이렇게 분리(分離)된 파(派)가 "하나님의 교회(教會)"로 명칭하고 교세 확장에 노력(努力)하였으나, 분파(分派) 교역자들이 사방(四方)으로 흩어지게 되었으니 정남수(鄭南洙) 목사는 교회 역사를 그만두고 만주(滿洲) 신경(新京)으로 떠났고, 변남성(邊南星) 목사는 일찍 별세(別世)하였고, 송태용(宋台用) 목사는 장로교회로 전적하였고, 서재철(徐載哲) 목사는 "나사렛" 교회로 옮겨갔고, 그 남은 목사들도 1943년 성결 교단 해산 당시 함께 해산되었다가, 8.15 해방과 동시(同時)에 오계식(吳癸植) 목사마저 별세하였고, 곽재근(郭載根) 안형주(安衡柱) 양씨가 교회 재건(再建)과 함께 한양신학교(漢陽神學校)를 설립(設立)하여 현재(現在)에 이르렀으나, 미약한 존재(存在)로써 겨우 명맥(命脈)을 이어가는 형편이다. 이로 인(因)하여 불일듯 하던 성결 교단에 사소한 일로 틈이 생겨 마침내 쓴잔을 맛보게 된 것이다.

*독자의 이해를 돕기 위해 필자 임의로 원문 본문 중의 한자는 한글로 함께 표기함

출처: 李泉泳, 『聖潔敎會史』(서울; 기독교대한성결교회 출판부, 1970), 81-82.

IV. 곽재근 목사 가계도(家系圖)

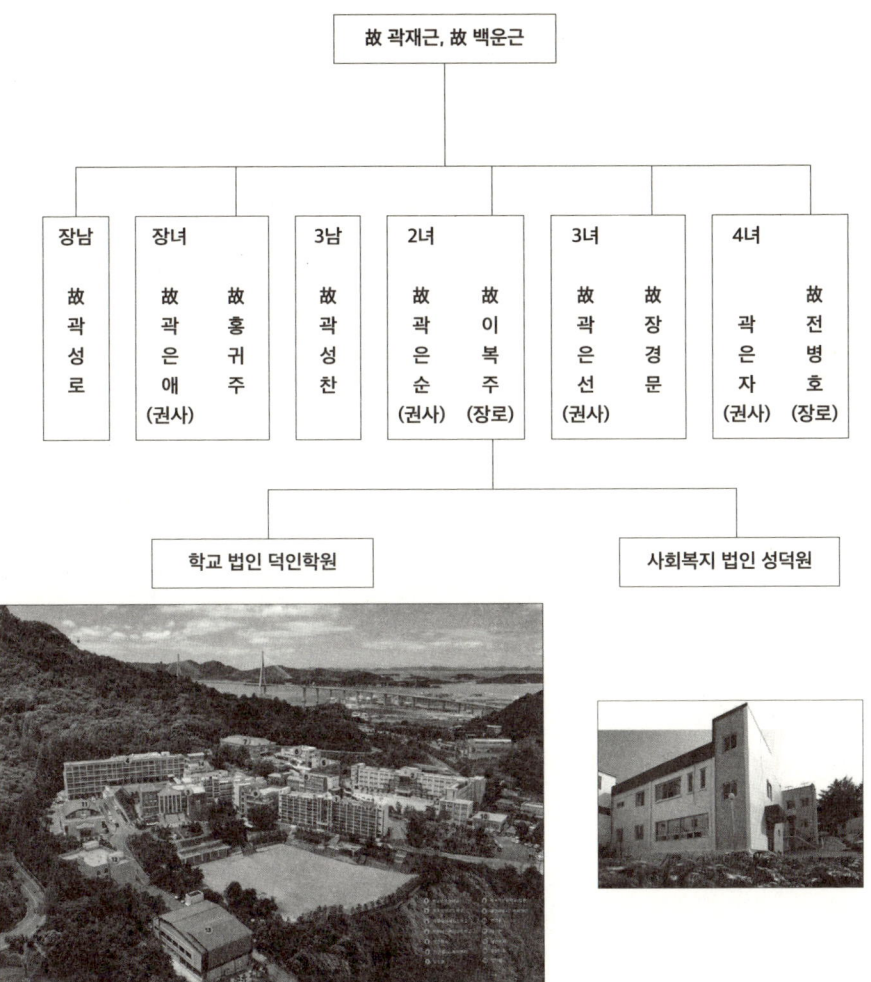

- 기독교 명문사학 덕인학원(德仁學園) (*이사장 : 이경애 권사)
  부설 기관: 목포덕인중학교, 목포덕인고등학교, 목포혜인여자중학교, 목포혜인여자고등학교

- 사회복지 법인 성덕원(*이사장 이경숙 집사)